Stefan Aust, Jahrgang 1946, machte in Stade Abitur. Von 1966 bis 1969 war er Redakteur bei »Konkret« und ist seit 1970 Mitarbeiter des Norddeutschen Rundfunks, vor allem für das Fernsehmagazin »Panorama«. Stefan Aust schrieb zahlreiche Fernsehdokumentationen und Bücher. Außerdem schrieb er das Drehbuch zu dem Spielfilm »Stammheim« (1986) und gründete das Magazin »Spiegel-TV«, das von RTL ausgestrahlt wird.

Von Stefan Aust sind außerdem erschienen:

»*Der Baader-Meinhof-Komplex*« (Band 3874)

Vollständige Taschenbuchausgabe Februar 1992
Droemersche Verlagsanstalt Th. Knaur Nachf., München
© 1990 Hoffmann und Campe Verlag, Hamburg
Umschlaggestaltung Manfred Waller
Druck und Bindung brodard & taupin
Printed in France 5 4 3 2
ISBN 3-426-04850-7

Stefan Aust

DER PIRAT

Die Drogenkarriere des Jan C.

Inhalt

Vorbemerkung 9

1. Teil: Der Haschprinz 11

Die sieben von Zelle 1 13 Aus gutem Hause 16 Hoch hinaus 19 Das schnelle Feuer 20 Haustürschlüssel und Likör 24 Die neue große Freiheit 25 Drogensommer 28 Die Szene am Hauptbahnhof 30 Die Drogen auf dem Lande 31 Im Visier der Behörden 34 Die Toten am Wegesrand 34 Heimkehr aus dem Exil 37 Die letzte Maske 39 Die Party-Knacker-Bande 40 Erfahrungen mit der Polizei 43 Verkaufen für den Yogi 45 Tricks beim Dealen 46 Nachschub für die Prominenz 47 Freiraum für die Drogenszene 48 Das Grübeln der Eltern 50 Drogen und Politik 52 Abschied 53 Mildtätige Spenden für die Drogensucht 55 Die Szene 56 Ein Nachfolger für den Haschkönig 58 Endlich eine Villa 60 Ein Blick in die Zukunft 63 Der Weg nach oben 64 Linkereien 66 Zugang zu den Quellen 69 Nach oben keine Grenze 72 Die drei Firmen 76 Stoff aus dem Nahen und Fernen Osten 78 Der junge Herr Geschäftsmann 79 Neue Märkte 81 Die Flucht 84 Auf der Liste 85 Räuber-und-Gendarm-Spiele 88 Reklamationen 89 Geldwäscherei 90 Ein Versuch mit neuer Ware 91 Einblick in den Haschimport 96 Der Haschprinz kommt ins Schleudern 98 Urlaub hinter Gittern 100 Ein harter Junge wird weich 103

2. Teil: Der Junkie   105

Erste Knasterfahrungen 107   Der Verrat 110   Hilfe aus der Spritze 113   Zurück in die Freiheit 114   Ein Wiedersehen 116   Die Abrechnung 118   Eine Aussprache unter Freunden 121   Geschäfte gehen vor 123   Der Griff zur Spritze 125   Ein neuer Anlauf mit Koks 126   »Den Affen wirst du mit auf den Friedhof nehmen...« 128   Eine Festnahme zur Weihnacht 129   Ein Rachefeldzug 133   Blut in der Badewanne 136   Die Versuchsratte 137   Die Dealerin im Terroristentrakt 139   Im Kokain-Wahn 140   Hochzeit eines Junkies 142   Ein Junkie wird Vater 145   Zwei süchtige Brüder machen ein Geschäft 146   Eine LSD-Fabrik fliegt auf 148   Fluchtversuche 153   Knastalltag eines Junkies 162   Vorbereitungen auf die Freiheit 165   Aufwind 167   Eine Pleite und ein neues altes Geschäft 175   Abschied von der Sklaverei der Freiheit 180

3. Teil: Der Spitzel   185

»Mit dem Affen im Genick verkauft sich jeder« 187   Jan C. legt sich mit der Zuhälterszene an 190   Das Gefühl, ein Dreigroschenjunge zu sein 194   Ein Verräter wird verraten 197   Der Grenzgänger 198   Ein Wiedersehen mit der Polizei 204   Ein Prozeß, ein schlauer Lude und ein leerer Asservatenschrank 205   Als Spitzel im Gefängnis 209   Ein Urlaubs-Trip 212   Beinahe vergewaltigt 214   Langzeittherapie – erster Versuch 217   Zwischen Psychospiel und Gehirnwäsche 219   Arbeitsbeschaffung 224   Bankkredit für einen Jungunternehmer 226   Frischfleisch für den Strich 230   Wieder hinter Gittern 233   Gemeinschaftserlebnisse in der Zelle 234   In der Knast-Schule 236   Die Hinterlassenschaft eines Gefängnisarztes 240   Allergien 241   Hungerstreik als Rausch 243   Ein Deal mit der Anstaltsleitung 245   Außendienst mit Schnaps und Zwiebel 246   Das fidele Gefängnis 249   Die Party geht weiter 251

4. Teil: Das Wrack   255

Kadaver im Schlafzimmer 257   Flucht am Tropf 259   Rezepte selbst gemacht 261   Peepshow und Krankenbett 265   Ein Blick zurück ins Leben 268   Die Leichenfledderer 272   Zwischen Delirium und Strich 276   Ein Dealer versucht sein Comeback 280   Der direkte Weg zu den

Drogen 285   Begegnung mit einem Ex-Junkie 293   Der letzte Frontalangriff 294   Hilferuf aus dem Junkie-Loch 298   »Gleich geht es dir besser...« 303   Gruppentherapie mit Drogen 306   Der Todesschuß 308   Anwalt in eigener Sache 310   Vergessen hinter Gittern 313

5. Teil: Der Todgeweihte   317
Zur Therapie verurteilt 319   Der Schicksalsspruch 321 Der »Stuhl als Vater« 325 Die Todsünde 328   Innere Einkehr 331   Abschied von der letzten Chance 333 Wiedersehen im Elend 336   Aufgegeben 340   Erbschaft für die Nadel 341   Drogenbrüder 343   Der dreckigste Teil der Gosse 346   Warten auf den Tod 348

Nachtrag   350

Vorbemerkung

Dies ist die Geschichte eines Drogenlebens, mit dem es nach einem kurzen, äußerlichen Hoch im Grunde immer nur bergab ging, einer »Karriere«, die gesteuert wurde von Rauschgiften verschiedenster Art. Der kurze Kick der Droge und das schnelle Geld aus dem Handel damit machten einen jungen Mann für eine Weile zum erfolgreichen Drogen-Piraten – und er bezahlte dafür mit dem Rest seines Lebens.

Die Geschichte des Jan Christopher ist die Geschichte eines Junkies, der wie so viele andere, die ebenfalls in den Sog der Droge geraten, Opfer und Täter zugleich ist. Ungewöhnlich ist, wie genau er sich und seine Handlungen beobachtet hat. Ich kenne Jan seit frühester, gemeinsamer Kindheit, habe aus der Distanz über Jahre seinen Weg in den Untergang verfolgt, ohne mich für die schrecklichen Details zu interessieren. Wie man eben gemeinhin einen großen Bogen um jeden Drogenabhängigen macht.

Vor gut zwei Jahren meldete er sich dann bei mir und sagte, er wolle sein Leben erzählen. Zwei Dinge hatten ihn dazu veranlaßt: Zum einen wußte er, daß ihm nicht mehr viel Zeit blieb, mit sich und seinem Leben ins reine zu kommen, da er sich mit Aids infiziert hatte. Zum anderen bekam er jetzt Methadon, eine Ersatzdroge, die seinen Hunger auf Drogen stillte, ohne ihn völlig zu betäuben. Dadurch befreit von der täglichen Jagd nach dem Rauschmittel, hatte er begonnen, über seinen Weg durch die Drogenhölle nachzusinnen.

Jan mobilisierte seine letzten Kräfte und stückelte die Erinnerungen seiner zwanzigjährigen Drogenkarriere zusammen. Über ein Jahr lang sprach er Woche für Woche in stundenlangen Sitzungen seine Erlebnisse auf Band, behutsam befragt und geführt von Maria Gresz, der dafür besonderer Dank gebührt. Aus den Protokollen, insgesamt mehreren tausend Seiten, habe ich die Geschichte seines Lebens destilliert; so genau wie möglich. Einzelne Episoden stehen fast genauso in diesem Buch, wie er sie geschildert hat, andere habe ich zusammengefaßt oder aus den übrigen zur Verfügung stehenden Materialien und Informationen rekonstruiert. Von einzelnen möglichen kleinen Fehlern in Jans Erinnerung einmal abgesehen – viele Dinge wurden gesondert noch einmal überprüft –, ist diese ebenso abenteuerliche wie bedrückende Geschichte absolut authentisch.

Natürlich wurden die Namen aller Gefährten, die Jan über die Jahre auf seinem Weg durch den Untergrund der bürgerlichen Gesellschaft begleitet haben, verändert, ebenso wie die der übrigen Handelnden und sein eigener Familienname. Im Einzelfall wurde auch einmal ein Schauplatz verlegt oder ein Ereignis zeitversetzt.

Das Buch schildert Jans Leben bis zu jenem Zeitpunkt im Sommer 1988, an dem er das erste Mal die Ersatzdroge Methadon bekam. Damit war seine Drogenkarriere beendet – jedenfalls soweit sie aus jenem teuflischen Kreislauf von Sucht, Beschaffungskriminalität und Gefängnis bestand –, und damit geht es ihm heute besser als jenen Tausenden, die immer noch an der Nadel hängen und für den täglichen oder stündlichen Schuß alles tun, was ein zermartertes Gehirn sich und anderen an Unmenschlichkeiten zufügen kann.

Die Geschichte des Jan C. ist ein Beispiel dafür.

Stefan Aust

1. Teil

DER HASCHPRINZ

1964 wurden in der Bundesrepublik 992 Fälle von Rauschgiftkriminalität polizeilich erfaßt, drei Jahre später waren es 1 349, 1968, im Jahr der Studentenrevolte, 1 891, ein Jahr später dann 4 761. 1970 wurden 16 104 und 1971 und 1972 schließlich jeweils über 25 000 Fälle registriert.
Vor 1968 wurde in der Bundesrepublik noch kein Heroin sichergestellt, danach steigerte sich die jährliche Rate von fast zwei Kilogramm 1968 auf knapp vier Kilogramm 1972. An Haschisch wurden 1964 etwas über vierzig Kilogramm beschlagnahmt, 1972 bereits über sechs Tonnen.
Drogentote wurden bis 1972 überhaupt noch nicht registriert.

Die sieben von Zelle 1

»Sucht, mit allen Konsequenzen, das ist etwas, was nicht zu schildern ist, was gesunden Leuten nicht erklärt werden kann. Ich will es dennoch versuchen: Sucht, Abhängigkeit, Ausgeliefertsein – man ist gleichsam ein Zombie, eine lächerliche Gliederpuppe an den Strängen von virtuosen Spielern, ist fremden, unmenschlichen Gesetzen und Zwängen vollkommen unterworfen.

In meinen großen Zeiten, die vor allem mir so groß vorkamen, nannte man mich den Haschprinzen, und ich hörte es gern. Das Ende kam ein paar Jahre später, unwiderruflich und zunächst unbemerkt: Fünf bis sieben Jahre soll sie dauern, die Inkubationszeit, doch der erste Test – mit dem Ergebnis: positiv – war der Beginn der letzten Wegstrecke: vom Großkotzdealer zur Aids-kranken Kanalratte.«

Jan Christopher, geboren am 4. April 1951 in Hamburg. Staatsangehörigkeit: deutsch. Diese Daten werden über mehr als zwanzig Jahre ergänzt durch Aktenzeichen: (35) StVK 150/78-143 Ja 1881/73. (35) StVK 168/78-143 Js 642/76. Und so weiter. und so weiter... Merkmale eines Täters. Die des Opfers finden sich in seinen zerstochenen Armen, in den Erfahrungen von über sieben Jahren Gefängnis, aufgeteilt in verschiedene Episoden – und schließlich im Virus.

An den Tag, an dem er sich infizierte, kann er sich in allen Einzelheiten erinnern. Und nicht nur er.

Walter und Sven waren dabei, Karl, Joe, Heiner und Matz. Zusammen mit Jan waren sie die sieben von Zelle 1, Haftanstalt Hamburg-Fuhlsbüttel, einer Gemeinschaftszelle. Und Willi kam noch dazu, der lag eine Etage tiefer.

Es war das Jahr 1983. Nach einer weit mehr als zehnjährigen Drogenkarriere außerhalb und innerhalb verschiedener Gefängnisse war Jan Christopher mit zweiunddreißig Jahren in die Anstalt 1 der Fuhlsbütteler Anstalten eingeliefert worden, eine sogenannte »Relais«-Anstalt. Von dort aus wurden die Gefangenen auf verschiedene Haftanstalten in der ganzen Bundesrepublik verteilt. Manche blieben auch in Fuhlsbüttel; die wanderten dann zum Beispiel in Anstalt 2, den Aufbewahrungsort für »Langstrafer« zwischen fünf Jahren und lebenslänglich.

Jan jedoch kam in Anstalt 8, den »Gemischtwarenladen«, in dem vom Autodieb bis zum Sicherheitsverwahrten, vom Klein-Dealer bis zum Drogengroßhändler alles zusammengepackt wurde, was man nirgendwo anders unterbringen konnte. Jan sollte hier zunächst eine Reststrafe, eine widerrufene Bewährung, absitzen. Kurzzeitig auf freiem Fuß und sofort wieder der Droge verfallen, hatte er drei Apotheken überfallen und sich mit Narkotika aller Art eingedeckt.

Einundzwanzig Monate Fuhlsbüttel lagen vor ihm. Kurz zuvor, in der Untersuchungshaft, hatte er einen Ausländer kennengelernt, der nur wenige Brocken Deutsch sprach und mit dem er sich leidlich auf englisch hatte verständigen können. Jan hatte dem Mitgefangenen bei ein paar kleinen Geschäften geholfen und traf ihn dann in Anstalt 8 wieder. Aus Dankbarkeit für die Gefälligkeiten drückte der Mann Jan ein Päckchen mit drei Gramm reinstem thailändischen Heroin in die Hand. Er sagte, Jan solle auf keinen Fall seinen Landsleuten etwas davon erzählen, dann war er verschwunden.

Jan stopfte die drei Gramm in seine Hosentasche und machte sich auf den Weg in die Gemeinschaftszelle. Man verstand sich sehr gut untereinander, denn er und seine Zellenkumpane waren alle wegen des gleichen Problems und wegen ähnlicher Straftaten inhaftiert worden. Alle sieben waren Junkies. Jan deutete seinen Kollegen an, welchen Schatz er in der Hosentasche trug. Was fehlte, war ein Spritzbesteck. Aber man kannte die Haftanstalt, und man kannte die Gefangenen. Eine Etage tiefer lag einer, der Willi hieß und von dem man wußte, daß er eine »Pumpe« hatte, eine fünf Kubikzentimeter große mit dikker Kanüle. Und man wußte auch, wie man an diese Spritze kommen konnte: Der Besitzer mußte zur Drogensession eingeladen werden.

So wanderten die sieben von Zelle 1 durch die tagsüber ständig geöffneten Innentüren der Anstalt ein Stockwerk tiefer und besuchten Willi, der dort mit Nicht-Junkies ebenfalls in einer Gemeinschaftszelle saß. Jan, der Inhaber des weißen Gifts, übernahm die Organisation. Er schickte die Nicht-Drogensüchtigen aus der Zelle, damit die Auserwählten unter sich bleiben konnten. Willi holte sein Besteck, und das erste Gramm wurde in einer Art Suppenkelle aufgekocht.

Die Vorbereitungen für den Schuß hatten ziemlich lange gedauert: der Umzug in die andere Zelle, das Herausschicken der Nicht-Junkies, die Sicherheitsvorkehrungen gegenüber dem Aufsichtspersonal. Sie hatten die Wartezeit mit selbstangesetztem Schnaps überbrückt, und als die Spritze endlich die Runde machte, waren alle schon ziemlich betrunken, so sehr, daß einer von ihnen den ersten Schuß gar nicht miterlebte. Er lag bis zur Bewußtlosigkeit voll auf einem Zellenbett. Das rettete ihm das Leben.

Willi und die sieben von Zelle 1, allesamt Morphinisten, die seit Monaten nicht gespritzt hatten, waren wie ausgetrocknete Schwämme. Gierig darauf, sich einen Druck zu setzen, ging der Streit los, wer der erste sein durfte, wer der zweite, wer der dritte. Es war wie immer in der Szene: Wer sich am besten durchsetzen konnte, war zuerst dran. Privilegiert war auch der Besitzer der Spritze mit der riesengroßen, dicken, stumpfen, verbogenen, angerosteten Zweierkanüle. Jan konnte souverän abwarten, er hatte schließlich noch zwei Gramm in Reserve. Doch als er endlich an der Reihe war, da war auch Jan so heiß geworden, daß er die Spritze nur einmal kurz mit kaltem Wasser ausspülte, das nur eben aufgekochte Heroin in die Kanüle zog und sich die Nadel in die Ader stach.

Eine gute Stunde später, als das Gift bei den Zellengenossen noch voll seine Wirkung tat, erwachte der vom selbstgebrauten Schnaps betäubte Sven aus dem Delirium. In der Zelle verstreut sah er die anderen mit vollgeschossenen Augen herumliegen. In der Suppenkelle war ein Rest Heroin. Sven kochte den Stoff noch einmal auf und setzte sich den letzten Schuß.

Und alle bis auf Sven verließen Santa Fu später als Aids-Infizierte. Die Pause von einer guten Stunde hatte das von einem der Junkies eingeschleppte Virus offenbar absterben lassen.

Wenige Wochen nach der Heroinnacht in Santa Fu kam einer der Beteiligten, Willi, ins Haftkrankenhaus. Er war an Gelbsucht erkrankt, und als die anderen davon erfuhren, bekamen sie Angst, sich ebenfalls an der Pumpe angesteckt zu haben. Daß sie sich tatsächlich infiziert hatten – allerdings nicht mit Gelbsucht, sondern mit Aids –, sollten die meisten von ihnen erst viel später erfahren ...

Aus gutem Hause

»Knapp siebzehn Jahre alt, schmiß ich meinem Vater eine Puddingschüssel, die gerade zur Hand war, vor die verdammten polierten Schuhe und ging meiner Wege, das große Geld, sprich Glück, zu machen. Denn mit süßen siebzehn bekommt man so was leicht durcheinander.

Auf ging's, mit kaum Gepäck, außer einer schwangeren Schlampe, die der eigentliche Grund unseres Zerwürfnisses war. Sie galt in meinem Elternhaus als nicht ganz stubenrein. Eine ›Mesalliance‹ nannte man so etwas. Logisch, daß der Geldhahn bald versiegte. Aber das wollte ich ja gerade: allen beweisen, was für ein Pirat ich war. Und dann wollte ich es den feinen Herrschaften vor die Füßchen donnern ... Und spätestens mit dreißig meine erste Million, das war klar.

Leider kam alles etwas anders, als ich entdeckte, daß meine Zirbeldrüse überaus dankbar auf jedes Quentchen Morphin reagierte. Von da ab hatte ich nur noch einen Wegweiser.«

Jan wurde im Zeichen des Widders geboren, als zweites Kind seiner bis dato bereits mit einem Sohn gesegneten Eltern. »Wohlbehütet« wurde er von wechselnden weiblichen Bezugspersonen an den wogenden Busen gedrückt, ein, wie man ihm später nachsagte, phantasievolles, aber gleichzeitig etwas weltfremdes, zudem sehr verspieltes Kind.

Der Vater, bei Jans Geburt bereits achtundvierzig Jahre alt, war damals leitender Angestellter der Hamburger Flughafengesellschaft, nachdem er sich die gesamte Vorkriegs- und Kriegszeit in Ostasien aufgehalten hatte. Als kaufmännischer Angestellter verschiedener deutscher Unternehmen in Shanghai hatte er seine Wochenenden vorwiegend auf einer Segelyacht zugebracht, mit der er nicht selten in diversen Männer- und Frauengesellschaften zwischen Japan und dem Festland hin und her gesegelt war.

Die letzten Kriegsjahre in britischer Internierung auf Taiwan, schaffte es Jans Vater, den Zweiten Weltkrieg verhältnismäßig bequem zu überstehen. Erst nach Kriegsende kehrte er in die Heimat zurück und heiratete eine attraktive, vierundzwanzig Jahre jüngere Frau. Nach dem Abitur und Kriegseinsätzen an der »Heimatfront« war sie in die Ehe gestolpert, ohne so recht mit dem Leben begonnen zu haben. Sie hatte einen Mann von Welt geheiratet, wie Jan ihn später schilderte, »mehr britisch-kühl, nicht so gefühlsbetont«.

Der Vater war der Sohn eines erfolgreichen Unternehmers, einer sehr dominanten Persönlichkeit, dessen Söhne und Töchter viele Jahre im Ausland zugebracht hatten. Jans Vater, der Älteste, hatte den Sprung aus den Freiheiten der Kolonialzeit in China in die Bescheidenheit des zerbombten Nachkriegsdeutschland kaum verkraftet. Es war die Zeit der Rosinenbomber, und über einen britischen Besatzungsoffizier, den er aus Ostasien kannte, bekam er dann zumindest einen Job am Hamburger Flughafen, dazu eine Wohnung im fünften Stock mit Blick aufs Rollfeld. Die Welt hatte ihn wieder.

Jans erste Erinnerungen gelten uniformierten Piloten, startenden und landenden Superconstellations sowie einem Hausmädchen mit mehreren seelischen Defekten, das als junges Ding während des Bombenkrieges gegen Hamburg für Stunden verschüttet gewesen war. Wollte sie Jan für irgendwelche

Unartigkeiten strafen, griff sie zu den seltsamsten Mitteln. Eines davon war, den kleinen Kerl an den Füßen mit dem Kopf nach unten aus dem Fenster zu halten und ihm damit zu drohen, ihn fallen zu lassen. Im nachhinein verklärte Jan die Sache etwas und zog daraus einen gewissen frühkindlichen Prestigegewinn: »Die Sache war, genaugenommen, ein herrliches Vergnügen für mich, da meine kindliche Phantasie nicht ausreichte, mir vorzustellen, was passiert wäre, hätte sie mich tatsächlich fallen lassen.« Schwindelfrei sei er schon von klein auf gewesen und habe sich unter anderem bei seinen großen und kleinen Geschäften dem Publikum gern auf der Fensterbank gezeigt, auf dem Topf thronend und bei geöffneter Gardine, wobei er meist allerlei Possen aufgeführt habe.

Woran er sich selbst nicht erinnert, sind Szenen, in denen er und sein zwei Jahre älterer Bruder Ludwig vom Vater aufgeschnappte schmutzige Worte »in den Mund nahmen«, der ihnen anschließend von der Mutter mit Rasierpinsel und Seife ausgewaschen wurde. So war ohnehin allerhand Widersprüchliches in der Erziehung des kleinen Jan und seines Bruders Ludwig festzustellen.

An seinen ersten Sieg über die Eltern allerdings erinnert sich Jan sehr gern. Es war die Zeit, in der er noch in der Kinderkarre geschoben wurde, weil er kaum laufen konnte. Die Mutter erstand für ihn und seinen älteren Bruder zwei teure knallrote Baskenmützen, allein für Jan waren das »Bastelmützen«, und er haßte nichts auf der Welt mehr als den »Bastel« obendrauf und die Tatsache, daß seine Mutter ihn zwang, dieses abscheuliche Ding zu tragen.

Eines Tages, während eines Spaziergangs in einem Park voller Menschen und roter Rosenbüsche riß er sich die Mütze vom Kopf und warf sie tief in den nächstgelegenen Rosenstrauch hinein. Als die Mutter mit zerrissenen Nylons die Baskenmütze aus den Dornen herausgezerrt hatte, mußte Jan sie zwar unter Brüllen wieder aufsetzen, doch anschließend verschwand sie tief im Wäscheschrank und damit aus seinem Leben.

Hoch hinaus

Schon bald danach ergriff seine Mutter die erstbeste Gelegenheit, ins Berufsleben einzusteigen, als Vertreterin für allerlei kuriose Dinge wie Schallplattenaufnahmegeräte für den Hausgebrauch, Luftbild- und schließlich Scherzpostkarten, mit deren Vertrieb sie über mehrere Jahrzehnte hin erfolgreich war.

In Harburg, auf der anderen Seite der Elbe, lebten die Großeltern mütterlicherseits, die damit hauptberuflich zuständig wurden für die zwei kleinen Jungen und ihre Bedürfnisse nach Liebe und Zärtlichkeit – die rüstige Oma hatte sich nebenbei auch noch um ihren sanften und ruhigen Mann zu kümmern, der allerdings dem Alkohol sehr zugetan war.

Einer der Bäume in Omas Garten verhalf Jan zu seinem ersten Auftritt in der lokalen Presse. »Jan wollte hoch hinaus«, hieß es über einem ausführlichen Artikel mit Foto. Eine Zeile, die als eine Art Motto für sein späteres Leben gelten konnte. Auf einem Apfelbaum hatte Jan sich eine Baumbude gebaut, in die er sich zurückzog, wenn er mit irgendeinem kindlichen Kummer allein sein wollte.

An jenem denkwürdigen Tag kam ein Karpfen auf den Mittagstisch, den Jan bereits eine Woche lang in der Badewanne gehegt, gefüttert und auf den Namen Otto getauft hatte. Er hatte ihn nach ein paar Tagen für genauso unsterblich wie sich selbst gehalten und weinte bitterlich, als sich das als Irrtum herausstellte. Jan sträubte sich hartnäckig, seinen mittlerweile ganz blauen Freund Otto, wie er da so tot auf dem Tisch lag, auch nur anzusehen. Aber die Oma konnte sehr harsche Maßnahmen ergreifen, um kleine Jungen zu etwas zu zwingen. Nach dem Würgeessen verschwand Jan im Dickicht seiner Baumhöhle, um von dort den letzten Bissen, welchen er immer noch als Kloß im Mund mit sich trug, auszuspucken.

Eine unglückliche und plötzliche Bewegung bewirkte schließlich, daß der Haupttrageast, auf dem Jan seine ganze fragile Budenkonstruktion befestigt hatte, abbrach. Zunächst fiel er ins Bodenlose, bis ein wesentlich tiefergelegener Ast seinem Flug den Hauptschwung nahm, was allerdings nichts daran änderte, daß Jan immer noch mit einiger Wucht auf den Boden aufschlug. Mit Martinshorn und Blaulicht wurde der Junge ins Krankenhaus verfrachtet. Die erste, richtungweisende Schlagzeile war geschaffen.

Nicht viel später siedelten Jans Eltern nach Blankenese um, woher der Vater ursprünglich stammte. Zunächst zogen sie in ein Haus mitten im Ort und später in eine Etage der Villa des inzwischen verstorbenen Großvaters am Elbabhang.

Jan wollte tatsächlich schon sehr früh ganz hoch hinaus. Er hatte einen Traumberuf, nämlich ein verwunschener Rauschgiftschmuggler zu werden. Er verschlang die Romane Joseph Conrads, und wenn er später auf Segelbooten, die er sich mit oder ohne Erlaubnis ausgeliehen hatte, auf der moddrigen Elbe herumkreuzte und das Piratenbeil auf der Segelfläche im Wind flattern sah, dann träumte er von kühnen Abenteuern fernab in Übersee und auch in anderen Zeiten.

Doch die Abenteuer, die vor ihm lagen, spielten hauptsächlich innerhalb der Grenzen seiner Heimatstadt. Sie waren ein Trip in den Untergrund der gutbürgerlichen Gesellschaft.

Das schnelle Feuer

Jan galt als intelligentes, sensibles Kind mit einer blühenden Phantasie. Er liebte es, Geschichten zu erzählen und seinen Spielkameraden damit höchst erfolgreich zu imponieren.

Als er noch nicht in die erste Klasse ging, behauptete er, schon schreiben zu können, und kritzelte zum Beweis irgendwelche Zeichen in die Sandkiste. Andererseits entwickelte er massive irrationale Ängste, zum Beispiel davor, fotografiert zu werden. Er bekam dann einen echten Horror, weil er glaubte, in dem Moment, in dem ein Foto von ihm gemacht würde, müsse er aus der Realität verschwinden und sei nur noch als Bild vorhanden. Das führte dazu, daß er in Schreikrämpfe verfiel, wenn sich die Familie zum Gruppenbild aufstellen sollte oder wenn auch nur auf der Straße ein Vermessungstechniker durch ein Okular blickte, das im entferntesten einem Fotoapparat ähnelte.

Die Eltern hielten Jan für zu zart, um ihn der Hackordnung eines Kindergartens auszusetzen. Diese Ängstlichkeit erwies sich jedoch als übertrieben, denn als Jan schließlich mit einjähriger Verspätung in die Schule kam, eroberte er sich in kürzester Zeit einen respektierten Platz unter seinen Mitschülern. Dabei kam ihm zugute, daß er die Spielregeln zuweilen kraß durchbrach.

Eines Tages geriet er in eine Schlägerei mit dem Sohn des Hausmeisters seiner Schule, der bulliger gebaut und einen Kopf größer war als er selbst. Jan trug ein blaues Auge davon, was er erst nach Ende der Prügelei feststellte und was ihn in blinde, rasende Wut versetzte. Er zog sein billiges Taschenmesser aus der Tasche, klappte es auf und rannte schreiend hinter dem siegreichen Rivalen her. Der aufsichtführende Lehrer auf dem Schulhof packte die beiden am Kragen und schleppte sie zum Direktor. Es wurde eine Staatsaffäre daraus. Die Schulleitung stellte das Messer sicher, benachrichtigte die Eltern und schickte Jan nach Hause.

Ansonsten blieb Jan ein eher unauffälliger Schüler, der langsam in den Freundeskreis seines zwei Jahre älteren Bruders Ludwig hineinwuchs. Es waren dies die Söhne der Blankeneser Oberschicht, von wohlhabenden Kaufleuten, Reedern und Werftbesitzern, die alle ihre großen Villen mit riesigen Gärten am Elbhang von Blankenese und Falkenstein hatten. Es gab dort Diener in Livree, Hausmädchen, Köchinnen, Chauffeure und fünf verschiedene Autos in der Garage. Die Kinder hatten Ponys im Garten und die Eltern fast sämtlich eigene Reitpferde im Stall.

Jan wurde von den Eltern der Freunde gern gesehen, denn er besaß mehr Kreativität und Unternehmungsgeist als deren eigene Sprößlinge, die in aller Regel ziemlich isoliert aufwuchsen und vor lauter materiellen Dingen wenig mit sich selbst anzufangen wußten. Jan fühlte sich gut in dieser Atmosphäre von

Wohlstand und großer Welt, in der auf Ponys geritten und mit kleinen Go-Karts durch den Park gefahren wurde, wo ein Swimmingpool zur Grundausstattung gehörte und es allnachmittäglich Eis und Kuchen im Überfluß gab.

Jan entschloß sich, in der anderen, der reicheren Welt seinen Platz zu suchen. Und zwar möglichst schnell.

Trotz seiner eher mittelmäßigen Schulleistungen meldeten die Eltern Jan gegen den Rat seiner Klassenlehrerin zur Aufnahmeprüfung für das Gymnasium an. Und wider Erwarten schnitt Jan als Bester seines Kurses ab. Es wurden nämlich keine konkreten Leistungen getestet, sondern die Phantasie und die Kreativität der Kinder – und da war Jan unschlagbar. Er konnte reden ohne Unterlaß, und so stach er aus der Masse der anderen heraus und fiel den Lehrern positiv auf.

Allerdings entsprachen die schulischen Leistungen später keinesfalls den Erwartungen, die Jan geweckt hatte. Aber das war nicht außergewöhnlich in seinem neuen Freundeskreis, der sich jetzt mehr zu den jugendlichen »Elbpiraten« hin verlagert hatte. Mit zehn begann Jan im Blankeneser Segelclub, jenem Abenteuerspielplatz für die männliche und weibliche Jugend des traditionsreichen Elbvorortes, zu segeln. An Talent stand er seinem Vater hierbei kaum nach, der inzwischen ebenfalls wieder Anschluß an die Welt der noblen »Boat-people« gefunden hatte.

Zum eigenen Boot hatte es nach dem Krieg nicht mehr gereicht, doch auf der Yacht eines Freundes segelte der Vater erfolgreich so manche Hochseeregatta. Jan und sein Bruder verbrachten eine Jugend am Elbstrand, die sich nicht sehr unterschied von der, die sein Vater und dessen Geschwister als Blankeneser Jungen erlebt hatten. Mit eigenen oder fremden Booten segelten sie haarscharf vor den vorbeiziehenden Ozeanriesen her, suchten am Ufer nach Strandgut und kletterten beim Taucher Harmsdorf durch die Schiffswracks.

Eines Tages entdeckten Jan und seine Freunde einen kleinen Frachter, der in der Elbmündung gehoben worden war, vollgeladen mit völlig durchweichten Zigaretten. Kistenweise schleppten sie die nasse Ware aus dem Wrack, breiteten sie auf der Terrasse eines Freundes aus und ließen sie in der Sonne trocknen. Dann kletterten sie auf den Wasserturm oben auf der Spitze des Falkenstein am Rande von Blankenese und rauchten ihre erste Zigarette – mit den üblichen Folgen. Jan übergab sich fürchterlich, und er rollte den Berg mehr hinunter, als daß er lief, weil ihm ungeheuer schwindelig geworden war.

Ostern war für die Jugendlichen in Blankenese traditionell die große Zeit, in der sie miteinander konkurrierten, was die Größe ihrer Osterfeuer anging. Das fing im Westen an, bei Taucher Harmsdorf, und endete schließlich am Mühlenberg. Seit Jahren wetteiferten vier verschiedene Jugendbanden, wer den größten Berg an Tannenbäumen aus der Weihnachtszeit zusammenbrachte. Es war ein Spiel, das sich über Monate hinzog und bei dem Trupps von zehn bis zwanzig Jungen durch die Hanggebiete an der Elbe zogen, bei den Anwohnern klingelten, die Bäume einsammelten und in einem Versteck deponierten. Darüber hinaus spionierte man sich gegenseitig aus und plünderte die Tannenbaumlager der gegnerischen Banden.

Jan zeigte sich auch hier erfindungsreich. Er hatte sich der Gruppe bei der Taucherwerft Harmsdorf angeschlossen. Dort gab es die besten technischen Möglichkeiten. Mit dem Kranwagen der Werft errichteten sie einen Mittelbalken, der knapp zehn Meter hoch war. Um diesen Balken herum wurden die Tannenbäume aufgeschichtet. Schließlich bespritzten die Jungen auf Jans Anraten hin noch den ganzen Haufen mit Dieselöl. Das war zwar nicht ganz im Sinne der Tradition, und das Feuer stank schließlich bestialisch, doch die Flammen schlugen am höchsten. So trugen sie den Sieg davon, auch wenn die Bäume ungeheuer schnell abfackelten.

Haustürschlüssel und Likör

Seit die Mutter wieder berufstätig geworden war, kam sie oft für Tage, manchmal für zwei bis drei Wochen nicht nach Hause. War sie dann da, versuchte sie ihr schlechtes Gewissen mit einem Übermaß an Mutterliebe wieder auszugleichen. Jan fühlte sich von dieser Flut meist förmlich niedergewalzt. Es wurde ihm eng, zu eng, und er sorgte für Abstand.

Jan und sein Bruder Ludwig trugen ihre Haustürschlüssel an einem Bindfaden um den Hals. Oft brachte Jan den Nachmittag allein zu, denn sein älterer Bruder war wieder einmal unterwegs. Frühreif und stark, wie er sich fühlte, frequentierte er dann nicht selten die Hausbar seiner Eltern. Dort griff er sich die Flasche mit dem sogenannten Lufthansa-Cocktail, einer Mischung aus Weinbrand und Likör, goß sich ein kleines Glas ein und manchmal noch eins hinterher. Jan liebte das Gefühl der inneren Wärme und des leichten Rausches.

Von seinem Taschengeld hatte er sich schon seit Beginn seiner Zeit auf dem Gymnasium Zigaretten gekauft und regelmäßig geraucht. Es kam immer häufiger vor, daß er die Schularbeiten am Nachmittag weit wegschob, sich einen kleinen Drink genehmigte und so mit gestärktem Mut seine erste Jugendliebe vom Blankeneser Bahnhof abholte.

Zum Alkohol war Jan nicht ganz von selbst gekommen. Waren die Eltern mal wieder auf Reisen, kamen am Wochenende die Zugehfrau und ihr Ehemann Heinrich ins Haus. Er war ein ganz Lustiger und arbeitete bei der Dresdner Bank. Und wenn er sich dann am Nachmittag ein paar Gläser Likör genehmigte, durften Jan und Ludwig ganz offiziell jeder einen halben Eierbecher von dem süßen Zeug trinken. Jan kam auf den Geschmack.

Auch wenn er, gerade zwölf, dreizehn Jahre alt, am Wochenende mit dem Jugendkutter des Blankeneser Segelvereins unterwegs war und sie auf der Elbe irgendein Dorf auf der niedersächsischen Elbseite ansteuerten, machten sie nicht selten Station in der Dorfkneipe. Alsterwasser, diese unterelbische Mischung aus Bier und Zitronenbrause, gab es da auch für Jugendliche unter sechzehn, und man mußte nur genügend davon trinken, um die Nacht am Deich betrunken durchzuschlafen.

Die Eltern bekamen davon nichts mit, nur Jans Jugendliebe Renate wußte Bescheid. Wenn sie nachmittags vom Bahnhof abgeholt wurde und Jan ihr mit wehender Alkoholfahne nahe kam, drehte sie den Kopf zur Seite und sagte, daß sie das nicht gut finde. Jan war das ziemlich egal, denn er fühlte sich mit ein paar Gläsern im Leib einfach besser.

Nach den Osterferien, die Renate mit ihren Eltern beim Skilaufen verbracht hatte, war es dann auch mit der ersten Liebe vorbei. Renate hatte sich in einen Ski-Lehrer verguckt. Jan war schockiert und zutiefst in seinem Selbstwertgefühl getroffen. Er lief nach Hause, griff zum Lufthansa-Cocktail und schwor, daß so was künftig nicht mehr vorkommen werde. In Zukunft wollte er immer derjenige sein, der eine Beziehung beendete, damit ihm eine so erniedrigende Erfahrung erspart bliebe. Gerade für ihn, der nach eigenem späteren Eingeständnis schon ziemlich früh zur Aufschneiderei neigte, bedeutete das unrühmliche Ende seiner Beziehung zu Renate eine mittlere Katastrophe.

Die neue große Freiheit

Bereits in der siebten Klasse des Gymnasiums sanken Jans schulische Leistungen stetig ab. Nachmittage lang und ganze Nächte lang, bis zur letzten Minute, schob er die Schularbeiten auf, um dann morgens vollkommen unvorbereitet und oft mit rasenden Kopfschmerzen zum Unterricht zu erscheinen. Dort zeichnete er unter dem Tisch Schiffe und wartete auf das Pausenzeichen.

Jan blieb sitzen. Und auch nach Wiederholung der siebten Klasse klappte die Versetzung nur mit Ach und Krach. Seine Kopfschmerzen wurden zum ständigen Begleiter, nicht selten war ihm regelrecht schlecht, wenn er zur Schule mußte. Die

Mutter unterwegs, der Vater im Dienst, begann er jetzt auch bald mit einigem Geschick seine Entschuldigungen selber zu schreiben.

Es war eine Zeit der Veränderungen, besonders für die Jugend. Statt der schwarzen Nietenhosen gab es plötzlich Bluejeans mit einem dicken Lederschild, auf dem LEE stand. Auf den Parties der mittlerweile Vierzehnjährigen wurden die ersten Beat-Platten gespielt. Tony Sheridan sang »My Bonnie is over the ocean«. Die Beatles standen kurz vor ihrem Durchbruch. In dieser Zeit wurde es schwierig, Jan zu dem sonst einmal im Monat verlangten Gang zum Friseur zu bewegen. Jeder Zentimeter, den seine Haare über die Ohren hingen, war ein kleiner Sieg über die elterliche Autorität. Das ebenso mühsam wie sorgsam gepflegte Selbstbewußtsein maß sich vorwiegend an zwei Dingen: dem Erfolg gegenüber elterlichen Einflußversuchen sowie der Stellung innerhalb der Gruppe Jugendlicher, in der er sich bewegte.

Mary Quant entdeckte den Minirock, die Beatles machten mit ihren Pilzköpfen Furore, der Hamburger »Star-Club« auf der Großen Freiheit 39, dicht neben der Reeperbahn, war aus Hamburger Sicht das musikalische Zentrum der Welt. Jan hatte sich nun ganz der Clique seines älteren Bruders angeschlossen und sprang mit dem des Nachts, wenn alles schlief, aus dem ersten Stock auf den weichen Rasen und schlich sich davon, um mit anderen unbotmäßigen, musikverrückten Stromern aus gutem Hause auf den Kiez zu ziehen.

Auch ohne Führerschein konnten alle längst Auto fahren, und an die Wagen der Eltern, nebst Zündschlüssel, war nicht schwer heranzukommen.

In den »Star-Club« gelangten die noch erheblich Minderjährigen hinter dem breiten Rücken des Portiers oder vorn herum mit Hilfe eines Zehnmarkscheins. Einmal im dunklen Mekka der Rock-Musik, hielten sie sich stundenlang an einem Glas fest und gaben sich den Klängen wechselnder Gruppen hin. Zurück ging es im Morgengrauen, wenn zu Hause noch alles schlief, und Jan und Ludwig kletterten über eine günstig gewachsene Birke ins Zimmer zurück. Manchmal hatten sie allerdings Alkohol aufgetrieben und ihm reichlich zugesprochen; dann war der Weg über den Baum für sie aus Promillegründen unpassierbar, und sie mußten durch den Vordereingang.

Eines frühen Morgens war Jan so abgefüllt, daß ihm beim Öffnen der Haustür das Schlüsselbund mit lautem Gerassel zu Boden fiel. Ohnehin hatten die Eltern die nächtliche Abwesenheit ihrer Sprößlinge bemerkt, und als Jan, vorsichtig geworden, die Haustür öffnete, zerbrach ein Kleiderbügel auf seinem Rücken. Faustschläge und Rippenstöße folgten. Jan nahm die väterliche Strafexpedition nur sehr verschwommen wahr und kroch, so gut es ging, in Richtung Bad. Dort erbrach er sich mehrmals heftig und landete schließlich in der Badewanne, in der er dann auch einschlief.

Am nächsten Morgen, beim ersten Blick in den Spiegel, zerbrach für Jan die Welt. Seine Mutter hatte in ihrem Zorn die »Wurzel allen Übels«, nämlich die zu langen Haare, mit Hilfe einer Nagelschere wahllos, aber hauptsächlich am Hinterkopf, auf das Viertel einer Streichholzlänge gestutzt. Jans labiles Selbstbewußtsein bekam einen gewaltigen Schlag. Wie, so fragte er sich, sollte er mit dieser Schande zurechtkommen?

Inzwischen war die Clique ziemlich autark geworden. Bei einem Freund im Keller wurden Partyräume ausgebaut, und jedes Wochenende war dort die Hölle los. Jan dilettierte am Schlagzeug, und es wurde getanzt und vor allem getrunken. Meistens lief es darauf hinaus, daß alle bereits zu jenem Zeitpunkt, zu dem die Mädchen, ebenfalls aus gutem Hause, daheim sein mußten, ziemlich betrunken waren. Anschließend ging das Besäufnis unter den Jungen allein weiter.

Die Eltern merkten von alledem herzlich wenig, denn meist hatten Jan und sein Bruder erzählt: »Wir fahren am Wochenende mit dem Segelkutter los und kommen erst am Sonntag nachmittag wieder.« Tatsächlich aber saßen sie bei ihrem Freund Hannes in der Wohnung, dessen geschiedene Mutter fast immer verreist war. Eingedeckt mit Alkoholika vom Kaufmann, ließen sie sich vollaufen, um dann spät in der Nacht durch Blankenese zu torkeln und Unsinn anzustellen. Nicht selten fielen sie dabei der Polizei auf, doch wenn die Polizisten riefen: »Halt, stehenbleiben«, waren sie immer noch schnell genug, um durchs Treppenviertel hinunter zum Strand zu laufen, wo sie sich besonders gut auskannten und wohin ihnen kein Streifenwagen folgen konnte.

Drogensommer 66

Außer für Bier und Mädchen interessierten sich Jan und seine Freunde zu dieser Zeit hauptsächlich für Autos. Mit fünfzehn trieben sie irgendwo in Billbrook, auf der entgegengesetzten Seite der Stadt, einen uralten Lancia auf, der allerdings nicht funktionierte. Einer der Freunde meinte, er hätte genügend technische Kenntnisse, um den Wagen zu reparieren. Doch dazu mußten erst mal die annähernd dreißig Kilometer von Billbrook nach Blankenese geschafft werden. So mobilisierten die Jungen all ihre Freunde und schoben das Auto, das sie für hundert Mark erstanden hatten, in Etappen die gesamte Strecke nach Blankenese. Einer saß immer hinter dem Steuer, und drei, vier oder fünf Leute schoben, quer durch die Innenstadt über die Elbchaussee nach Blankenese. In der heimischen Garage wurde der Lancia in alle Einzelteile zerlegt. Leider bekam man ihn nicht wieder zusammen und erst recht nicht zum Laufen.

Das nächste Interesse galt den verschiedensten Mopeds, mit denen sie, ebenfalls ohne Führerschein, ohne Zulassung und ohne Versicherung, durchs Blankeneser Hanggebiet brausten, um daraufhin die eine oder andere Erfahrung mit Polizei und Jugendrichter zu machen. Es gab Arbeitsauflagen, etwa im Stadtpark drei Wochen Laub zu harken.

In der Schule fiel Jan immer weiter zurück. Seine Rekordzeit im Schwänzen reichte mittlerweile nahe an acht Wochen heran, doch lieferte er regelmäßig selbstgefertigte Entschuldigungsschreiben seiner Eltern. In der so eroberten Freizeit werkelte er gemeinsam mit einem Freund an einem Segelboot herum, das sie sich für sechshundert Mark gekauft hatten. Doch die geplanten Segeltörns fielen ins Wasser, weil Jans Schwindel mit den Entschuldigungsschreiben auflog. Er mußte zur Realschule überwechseln.

Jan war inzwischen fünfzehn, und den Sommer über fuhr er gemeinsam mit seinem Bruder und ein paar Freunden per Anhalter nach Schweden. Jeder hatte hundertfünfzig Mark bei sich, einen Kinderreisepaß und ein Schreiben der Eltern, das ihnen gestattete, allein zu verreisen. 1966 war der Sommer der Gammler, der ersten Vorboten der Hippie-Zeit. Jan und seine Freunde trampten durchs Land. Schließlich blieben sie in Karlstadt hängen. Dort traf sich die heimische und angereiste Jugend auf dem Marktplatz in der Mitte der Stadt. Man saß herum, in ausgefransten Jeans, Parka und Turnschuhen, hatte lange Haare und, soweit das schon ging, Bärte. Mit Schnorren versuchte man, das eigene schmale Budget aufzubessern.

Es war die Zeit, in der die ersten Joints in Europa die Runde machten, und eines schönen Abends, Jan saß wieder mal auf dem Marktplatz, kamen ein paar Leute auf ihn zu und fragten auf englisch, ob er Lust hätte, einen Joint mit ihnen zu rauchen. Jan nickte, denn es gab nichts, was er nicht selbst einmal ausprobieren wollte. Er zog kräftig und inhalierte tief, doch merkte er zunächst überhaupt nichts. Später saß er dann vollkommen allein da und kicherte endlos vor sich hin, fand alles außerordentlich witzig und komisch. Und ihm kamen verschiedene Erleuchtungen und Einsichten, die ihm genial erschienen.

Das war für ihn eine neue und überaus erfreuliche Erfahrung. Vom ersten Tag an wurde er ein geradezu fanatischer Haschischanhänger. Alkohol zählte nicht mehr.

Die Szene am Hauptbahnhof

Zurück in Hamburg, ging das Shit-Rauchen weiter. Unweigerlich geriet Jan in jene Gaststätten am Hauptbahnhof und auf dem Kiez, in denen gekifft wurde. Man legte zusammen und kaufte beim Kellner oder bei Stammkunden im »Oblomov« oder im »Grünspan« sein Haschisch. Ein paar Altersgenossen waren im Süden unterwegs gewesen und hatten aus der Türkei Haschisch und Rohopium mitgebracht.

Man traf sich am Wochenende auf der Moorweide, einer großen baumbestandenen Wiese am Hamburger Dammtorbahnhof, tauschte Drogen aus, kaufte, verkaufte, räsonierte über Qualität und Wirkung der verschiedenen Drogen und zog den einen oder anderen Joint durch.

Das Taschengeld reichte nicht sehr weit, und so jobbten Jan und seine Freunde nebenbei mit dem Fahrrad als Aushilfsfahrer für den Supermarkt an der Ecke und verdienten sich so ein Paar Scheine, die sie umgehend in Haschisch anlegten. Gewitzt und nervenstark, wie sie waren, hatten sie bald ergründet, wo in Hamburg am günstigsten der beste Shit zu kaufen war. Und sie begriffen schnell, daß man damit eine schnelle Mark machen konnte. So kauften sie ein großes Stück Haschisch für hundert Mark, teilten es in kleinere Stücke auf und verdealten die Portionen mit Gewinn an andere Schüler.

Erste Erfahrungen mit gestrecktem Haschisch oder gemahlenem Plastik und zerstoßenen Schallplatten, die nur stanken, aber nicht antörnten, machten sie bald zu jugendlichen Experten im Haschischkleinhandel.

Langsam dämmerte auch Jans und Ludwigs Eltern, daß ihre beiden Sprößlinge »irgendwie mit Drogen zu tun haben könnten«, und sie beschlossen, zunächst den Älteren, Ludwig, aus dem Verkehr zu ziehen. Er wurde aufs Internat nach St. Peter-Ording geschickt. Ein Jahr später folgte ihm sein Bruder Jan, nachdem die Eltern seinen Haschischeskapaden auf die Schliche gekommen waren.

Jan empfand den Wechsel in das Nordseebad als Zwangsdeportation, er kannte dort niemanden und fühlte sich endlos weit von seinen Hamburger Freunden aus der Szene entfernt. Er fing an, in sich selbst hineinzuhorchen, bemühte sich mit Hilfe der Werke Sigmund Freuds die eigene Psyche zu analysieren und fühlte sich doch immer unglücklicher und einsamer.

Erst langsam merkte er, daß es im Internat eine ganze Reihe Zöglinge aus gutem Hause gab, die ebenfalls auf den geraden Weg der Tugend und der Mittelklasse zurückgebracht werden sollten. Zudem ließen ihn seine Blankeneser Freunde nicht im Stich und schickten ihm ab und zu Briefe, deren wesentlicher Inhalt flachgeklopftes Haschisch war. Und schon hatte Jan seine Rolle gefunden: Neben der Pfeife für den Selbstgebrauch brachte er den Stoff unter seinen Klassenkameraden an den Mann.

Auch in der Theorie befaßte der inzwischen Sechzehnjährige sich nun mit der weiten Welt der Drogen. Er las Thomas Quincys »Geständnisse eines Opium-Essers« und konsumierte neben den Joints allerhand psychedelische Literatur, die zu jener Vor-Hippie-Zeit auf dem überall boomenden Drogenzubehörmarkt erschien. Neben Haschisch nahm Jan nun auch das Aufputschmittel AN-1, das es rezeptfrei in der Apotheke gab.

Die Drogen auf dem Lande

Bald hatte Jan im Internat den Ruf eines unproblematischen Lieferanten für Drogen aller Art. Er zog ein gutes Dutzend Schulkameraden in seinen »Rauschkreis«. Nachmittags traf man sich in einem Hinterzimmer der »Witthues-Teestuben«, und Jan trieb seine Studien bei den oft noch jungfräulich angetörnten Schulkameraden. Schließlich passierte es, daß einer zuviel geraucht hatte und sich deshalb auch noch abends im Internat übergeben mußte. Der Heimvater drang in ihn und erhielt ein Geständnis: Jan habe ihm Haschisch zu rauchen gegeben. Und so erschien am nächsten Tag der Kommissar Wolf aus Husum im Internat und nahm Jan mit auf die Wache.

Endlich hatte Jan sein Abenteuer. Der Beamte richtete seine Schreibtischlampe auf ihn, nahm den Telefonhörer zur Hand, wählte eine Nummer und sagte dann: »Ich bin jetzt direkt mit dem Gefängnis verbunden. Die haben schon eine Zelle für dich reserviert. Am besten legst du sofort ein Geständnis ab. Wir wissen doch längst, daß du auch diese schrecklichen LSD-Zigaretten im Dorf verteilt hast.«

Jan bestritt alles, ganz routiniert, auch wenn es das erste Mal war. Er wußte von nichts. So ging das eine Weile hin und her, und schließlich fuhr der Beamte ihn frustriert zurück ins Internat. Dort durchsuchte er noch mit Hilfe einer Lehrkraft Jans Schränke und die dort verstaute Post. Aber es fand sich kein Beweismittel.

Damit war die Geschichte auf polizeilicher Ebene zunächst erledigt. Was folgte, war der Dorfklatsch. Als Jan sich eines Tages bei einer Friseuse namens Elisabeth eine Geschlechtskrankheit geholt hatte und zum örtlichen Hautarzt ging, sagte der: »Ach, Sie sind doch der Jan Christopher aus dem Internat, der mit LSD-Zigaretten handelt.«

Jan lächelte nur in sich hinein. Die Leute hatten einfach keine Ahnung. Mit LSD hatte er noch nie etwas zu tun gehabt. Jedenfalls nicht direkt.

Jan dealte mit Haschisch, auch wenn LSD zu dieser Zeit das oberste Pressethema war und nicht wenige Horrorstories die Runde machten, laut derer LSD-Konsumenten in der irrtümlichen Annahme, sie könnten fliegen, aus dem Fenster gesprungen waren. Jan schlug per Brief bei seinen Freunden in Blankenese Alarm: »Schickt nichts mehr mit der Post! Wenn ich in Hamburg bin, komme ich lieber selbst vorbei und hol mir was ab.«

Viel später, als Jan das Internat längst verlassen hatte, kam es wegen der Sache noch zu einer Gerichtsverhandlung in Hamburg – Besitz, Weitergabe und Mißbrauch von Haschisch, Höchststrafe nach dem Opiumgesetz: drei Jahre. Jan wurde jedoch mangels Beweisen freigesprochen, aber der Jugendrichter ermahnte ihn dennoch, so etwas nie wieder zu tun. Bei dieser Gelegenheit erfuhr Jan, daß Kommissar Wolf vom Tag seiner Festnahme an seine gesamte Post hatte kontrollieren lassen.

Jan war inzwischen siebzehn und fuhr gelegentlich auf »Heimaturlaub« nach Hamburg. Das war jedesmal mit erheblichen Begründungsproblemen verbunden. Einmal erzählte Jan dem Heimvater, daß seine Familie Besuch von einer Tante aus Amerika habe, die schon sehr alt und wohl zum letztenmal in Deutschland sei. Dem Urlaubsgesuch wurde stattgegeben. Jan stieß sofort zu seiner alten Clique und genehmigte sich erst einmal einen dicken Joint. Anschließend hörten sie sich im »Star-Club« ein paar Rockgruppen an und betranken sich bis zur Besinnungslosigkeit.

Von seinem Bruder noch im halbbetäubten Zustand nach Hause geschleppt, flog die Sache mit der getürkten Tante aus Amerika auf, und die Eltern machten Meldung im Internat. Zur Strafe mußte Jan für den Heimleiter drei Monate lang Kaminholz hacken.

Jans schulische Leistungen hatten sich inzwischen trotz allem leicht gebessert, denn die Lehrer des verhältnismäßig teuren Internats achteten darauf, daß sich der finanzielle Einsatz der Eltern lohnte. Jan nahm fleißig Aufputschmittel und konnte sich so trotz manch »durchwachter« Nacht äußerst lebhaft am Unterricht beteiligen. Er glänzte durch endlose, wohlformulierte Quasseleien und schrieb äußerst blumige Aufsätze. In Diskussionen, besonders politischen, bezog er klare Positionen und stellte sich häufig gegen die ganze Klasse. Er genoß es, als Außenseiter im Mittelpunkt zu stehen. Das kam auch bei einigen inzwischen leicht revolutionär angehauchten Lehrern gut an und wurde mit entsprechenden Noten belohnt.

Trotz eines einigermaßen ordentlichen Zeugnisses entschloß sich Jan, die Schule nach der elften Klasse zu beenden. Er hatte einfach keine Lust mehr und teilte dieses seinen Eltern in einem Ton mit, der keinen Widerspruch zuließ.

Im Visier der Behörden

Zum krönenden Abschluß wollte Jan jedoch noch an der Klassenreise nach Berlin teilnehmen. Als er dafür in Hamburg einen Reisepaß beantragte, wurde er ihm verweigert. Jan erzählte es seinem Vater, und der explodierte förmlich. Es war das einzige Mal, daß Jan ihn richtig zornig erlebte und der Vater sich für seinen Sohn in die Bresche warf. Er stürmte ins Polizeihochhaus und verlangte sofort den zuständigen Sachbearbeiter zu sprechen. Der erklärte ihm, daß er nur weisungsgebunden handele und verwies ihn an die Staatsanwaltschaft. Es kam zu einem sehr heftigen Zusammenstoß zwischen Jans Vater und dem Staatsanwalt, der ihm sogar mit einer Anzeige wegen Nötigung drohte.

Mit Hilfe eines Rechtsanwalts schaffte der Vater es aber schließlich, daß seinem Sohn innerhalb einer Woche ein Reisepaß ausgestellt wurde. Nebenbei kam bei der ganzen Sache heraus, daß, ohne irgendeine rechtsgültige Verurteilung, der Staatsanwalt die Order ausgegeben hatte, daß es, da Jan C. im Verdacht stehe, mit Betäubungsmitteln Geschäfte zu treiben, zu unterlassen sei, ihm einen Reisepaß auszuhändigen.

Der Staatsanwalt versuchte sich damals als besonders scharfer Drogenjäger zu profilieren. Wenige Jahre später wurde er von einem engen Freund Jans für ein großes Magazin fotografiert. Da der Staatsanwalt vom körperlichen Wuchs her eher klein war, wurde er für den Fototermin auf drei Telefonbücher gestellt.

Die Toten am Wegesrand

Jener Freund mit Namen Hans, der den Staatsanwalt fotografiert hatte, gehörte später zu den zahllosen Gefährten Jans, die er auf seinem Weg durch die Welt der Drogen verlor. Hans hatte sich zunächst durch ausgiebigen Alkoholkonsum die Leber ruiniert und vom Arzt die Anweisung bekommen, alle

Arten von Drogen strikt zu meiden. Doch der tat systematisch das, was ihm der Arzt verbot. Er spritzte Heroin und Kokain, er trank und schluckte alle Sorten von Tabletten. Schließlich starb er einen qualvollen Tod.

Im Laufe der Jahre verlor Jan in kurzen Zeitabständen gleich mehrere Dutzend seiner Junkie-Kollegen, beginnend mit seinem Freund Tonio, dem Discjockey aus dem »Speak-Easy« und ersten Drogentoten Hamburgs. Er starb an einer Überdosis Morphium, wie auch sein Freund Christoph, der erste wirkliche Junkie, den Jan später bei einem seiner schrägen Geschäfte kennenlernen sollte.

Auch von jenen, die Jan während seiner Internatszeit mit Drogen versorgt hatte, starben zwei, wie er erfahren mußte, ein paar Jahre später an einer Überdosis Heroin. Einer von ihnen war jener Markus, der Jan nach der kleinen Haschorgie bei Kommissar Wolf angeschwärzt hatte.

Tim, ein Kumpel aus dem Milieu von St. Pauli, wurde in Spanien von einem seiner Hamburger Kollegen wegen einer größeren Summe Bargelds ermordet.

Gisbert, den Jan schon seit den Anfängen seiner Haschischzeit 1967 aus dem Blankeneser Nachbarort Wedel kannte und der mit seiner Frau zusammen zwei Kinder hatte, erhängte sich, ebenfalls Jahre später, nachdem er die Sinnlosigkeit und den Kreislauf der Sucht, in dem er sich bewegte, erkannt hatte und daran zerbrochen war. Seine Frau hielt noch ein paar Jahre durch, zerstört durch Drogen und Alkohol. Dann sprang sie eines Tages in Anwesenheit ihrer Kinder aus dem Fenster ihrer Wohnung im fünften Stock und setzte so ihrem Leben ein Ende.

Dörte, die älteste von drei Schwestern, die sämtlich zu Jans Blankeneser Clique gehört hatten, Tochter eines Tierarztes aus Rissen, verstarb durch den übermäßigen Genuß der Ersatzdroge Valoron, nachdem sie noch einen Tag halbseitig gelähmt im Bett überlebt hatte.

Ein weiterer Bekannter Jans, Hennie, der sich inzwischen mit dem Aids-Virus infiziert hatte, starb nach einer akuten Typhuserkrankung auf dem Weg ins nächstgelegene größere Krankenhaus. Er war bis zuletzt heroinabhängig gewesen.

Die Zwillingsbrüder Enrico und Dennis, aus einer deutschasiatischen Ehe stammend, ohne Eltern in verschiedenen Heimen aufgewachsen, sind inzwischen ebenfalls beide tot. Dennis starb an einer Überdosis Heroin, sein Zwillingsbruder Enrico, HIV-infiziert, brachte die letzten Wochen seines Lebens auf der Aids-Station eines Krankenhauses zu, abgemagert und mit blutigen Hautausschlägen übersät. Er starb bei vollem Bewußtsein, allein.

Bertold F., ein Junkie der ersten Generation, mit dem Jan oft und lange gemeinsam in Haftanstalten gesessen hatte, wurde irgendwo in Hamburg-Eidelstedt von Rockern und Schlägern, denen er vertraut hatte, wegen ein paar Mark totgeschlagen.

Und jener Gastronom Bodo, in dessen Discothek so viele Jahre der Kleinhandel mit Drogen geblüht hatte, setzte sich irgendwann eine Überdosis.

»Mir wird es langsam schwer, in diesem Stil fortzufahren«, sagt Jan heute, »und eine endlose Kette von Namen aneinanderzureihen. Alles Menschen, denen ich irgendwann einmal im Laufe meines Lebens begegnet bin und die es nicht geschafft haben, von ihrer Sucht loszukommen, die die Zeiten der Substitutionsversuche mit Methadon und anderen Mitteln nicht mehr erlebt haben.

Soll ich vielleicht auch noch Dutzende von Namen von armen unschuldigen Mädchen aufzählen, die während meiner Zeit in St. Georg am Heroin krepiert sind, ohne Hoffnung, ohne Lebensziel und ohne Kraft? Mit vielen von ihnen stand ich auf freundschaftlichem Fuß, so es da überhaupt so etwas wie Freundschaft gibt; ich kannte sie alle, und oft haben wir gemeinsam auf den nächsten Druck gewartet. Nein, ich meine, wir ersparen uns das, und ich erzähle stellvertretend für so viele andere nur von Illa.

Illa war ein Mädchen von der Straße und nichts destoweniger ein Mensch mit Gefühlen, Hoffnungen, Schwärmereien und kleinen und großen Lieben und Verliebtheiten. Sie lebte immer nur von der Hand in den Mund, oder besser: in die Vene. Ein überschlankes, fast magersüchtig wirkendes Mädchen, das nichts kannte als dreckige Hotelzimmer und Absteigen und natürlich die Not der Sucht. Sie versuchte mehrmals, vom Heroin loszukommen, doch kam sie selten weiter als bis zur Entgiftung in Haus 25 des Allgemeinen Krankenhauses Ochsenzoll. Dort brach sie nach der körperlichen Entgiftung die Therapie meist wieder ab, aus welchen Ängsten heraus auch immer, und kam schnurstracks zurück auf die Szene in St. Georg. Das tat sie einmal zuviel. Man fand sie tot auf dem Damenklo des ›Micky-Mouse‹, und auf der Szene gab und gibt es viele Klos und viele, viele Illas.«

Heimkehr aus dem Exil

Jans Eltern hatten schließlich resigniert eingewilligt, als ihr Sohn ihnen eröffnete, er werde nach der mittleren Reife von der Schule abgehen. Jan kehrte zurück ins heimatliche Blankenese und schloß sich wieder jener Clique an, die sich täglich in Baurs Park traf. Dort machte regelmäßig der Joint die Runde. Man tauschte Drogenerfahrungen aus und schmiedete Pläne für Reisen ins skandinavische Haschparadies.

Jan hatte sein Abschlußzeugnis der mittleren Reife in der Tasche, doch das war ihm, wie gesagt, an Zertifikaten genug. Er hatte beschlossen, auf weitere Zeugnisse, Lehr- oder Gesellenbriefe oder akademische Ehren zu verzichten. Er wollte seinen Lebensweg auf andere Weise organisieren. Noch immer waren ihm seine Jugendträume nicht aus dem Kopf gegangen, im Gegenteil. Bei seinen zahlreichen und oft schier endlosen Haschischsessions schwirrten ihm nach wie vor Sehnsüchte nach Abenteuern in den Grauzonen der bürgerlichen Gesellschaft durch die Sinne – ein Joseph Conrad auf den Segelschiffen im Hamburger Untergrund.

Die sehnsüchtig erwartete Rückkehr zu den Freunden vom

Baurs Park erwies sich für Jan als enttäuschend. Er rätselte darüber nach, woran das wohl lag. Hing es vielleicht mit seinem übermäßigen Haschischkonsum und seinen ersten LSD-Erfahrungen zusammen? Er geriet in eine lang andauernde Depression, hatte Kontaktschwierigkeiten mit seinen alten Freunden und Probleme mit den Mädchen. Immer wieder fühlte er sich ausgegrenzt, und das in einer Clique, mit der ihn einiges verband und zu der er sich eigentlich hingezogen fühlte. Mit geradezu masochistischer Energie tauchte er immer wieder bei seinen alten Kumpanen auf, um gemeinsam mit ihnen Shit zu rauchen. Und im Rausch bildete er sich dann ein, daß alle immer wieder versteckte Anspielungen auf ihn machten, daß sie hinter seinem Rücken über ihn lachten. Seine Antennen für Ironie und zwischenmenschliche Feinheiten funktionierten nicht mehr. Sein zumindest nach außen hin demonstriertes Selbstwertgefühl, mit dem er vor seinem Internatsaufenthalt all seine Freunde zu beeindrucken gewußt hatte, war dahin. Er litt unter erbärmlichen Minderwertigkeitsgefühlen und machte sich immer häufiger mit Haschisch total zu. Er begann, sich planmäßig zu betäuben.

Für seine Freunde spielte er mittlerweile nur noch die Rolle des Mitläufers, der unfähig war zu eigener Initiative oder gar zur Programmgestaltung für die anderen. Jan begann sich auf die Suche nach den Ursachen für seine tiefe innere Verstörung zu begeben. Er nahm an jenen typischen pseudowissenschaftlichen Analyseseminaren der End-Sechziger teil, ließ sich mit Theorien vollpumpen, die neben Parolen wie: »Ich muß meine Eltern in mir abtöten«, den kollektiven Konsum von LSD, der Modedroge der damaligen Zeit, propagierten. Jan meinte, mit den Treibsätzen von Haschisch und LSD würde er irgendwann das Ende des Tunnels erreichen.

Eines Abends trat Jimi Hendrix im »Star-Club« auf, und angetörnt mit LSD gaben sich Jan und die Clique der Musik hin. Anschließend zogen sie gemeinsam zu Jan nach Hause und machten sich dort breit. Die Eltern waren auf einem Faschingsball und nicht so früh zurückzuerwarten. Draußen begann es zu schneien, und unter der Wirkung des LSD stürmten alle ins Freie.

Jan wälzte sich im Schnee, und der Schnee fühlte sich an wie Watte, und Jan hatte ein kosmisches Erlebnis: Alles glitzerte und funkelte, die Welt hatte einen Glorienschein aufgesetzt. Doch als er zurückkam ins Haus, da hatten sich die Gesichter der Freunde auf schreckliche Weise verändert. Charly hatte Gesichtszüge, die an einen Hund oder an einen Fuchs erinnerten, eine Raubtierfratze. Bengt, der das LSD beschafft hatte, sah plötzlich aus wie ein gieriger Haifisch.

Die letzte Maske

Bei allem Erschrecken hatte Jan das Gefühl, seinen Freunden in die Seele blicken zu können, und ihn streifte der Gedanke, welche Fratze die anderen wohl ihrerseits auf seinem Gesicht sahen. Doch dazu äußerten sie sich nicht.

Als der Trip abklang, kletterten alle in den alten VW-Käfer, den Jans Bruder vom Vater geerbt hatte. Zu fünft fuhren sie durch den Schnee die Elbchaussee hinunter in Richtung Innenstadt. Am Großneumarkt gerieten sie im Morgengrauen zufällig auf eine andere LSD-Party. Ein halbes Dutzend Leute aus dem weiteren Bekanntenkreis saß auf einem Hochbett und ließ die Beine über die Bettkante baumeln. In der Mitte des Zimmers stand ein Eßtisch mit Stühlen, auf dem Tisch, in einer großen Schüssel, Erbsensuppe mit Würstchen, die inzwischen kalt geworden war und an der Oberfläche eine Fettschicht bildete. In der Suppe schwamm eine Gummimaske, eine Karnevalsmaske mit rosa Gesicht. Jan hat dieses Bild nie aus dem Kopf verloren.

Als er endlich wieder zu Hause war und die Wirkung des LSD langsam abklang, war er erleichtert. Er ging ins Bad, um sich die Hände zu waschen, die ihm furchtbar schmutzig vorkamen. Dabei blickte er in den Spiegel und fixierte sein Gesicht, hinter dem immer wieder ein anderes Gesicht zum Vorschein kam und dahinter wieder ein anderes und wieder ein anderes. Einzelne Schichten lösten einander ab, und Jan bekam es mit der Angst zu tun. Eine Horrorvision ergriff von ihm Besitz, daß am Ende, wenn alle Schichten, eine nach der anderen, abgeblättert wären, nichts mehr übrigbliebe, daß sich herausstellen würde, daß hinter der letzten Maske nichts mehr zu sehen wäre. Geschlagene drei Stunden verbrachte Jan vor dem Spiegel, vermochte den Blick nicht abzuwenden und starrte in die wechselnden Masken seines eigenen Ichs. Dann riß er sich schließlich mit Gewalt von seinem Anblick los und lief hinaus ins Treppenviertel. Ihm war eingefallen, welche Angst er als Kind immer vorm Fotografieren gehabt hatte.

Die Sonne ging auf, und es war ein sehr schöner Tag mit blauem Himmel über frisch gefallenem Schnee. Jan lief zum Tchibo-Stehcafé in der Bahnhofstraße, wo sich die Blankeneser Szene traf. Er war in seiner ganzen Persönlichkeit zutiefst erschüttert und schien sein Selbstbild vollkommen verloren zu haben. Im Café traf er seinen alten Freund Jens, der in derselben Nacht seinen ersten Trip genommen hatte. Gemeinsam liefen sie auf schwankenden Beinen die Treppen zur Elbe hinunter und versuchten, in die Wirklichkeit zurückzufinden.

Die Party-Knacker-Bande

Der Drogenkonsum und die endlosen Nächte in den Kneipen und Discos der Innenstadt kosteten mehr Geld, als Jan und seine Freunde hatten. So gewöhnten sie sich an, zum Tanken an die Elbe zu fahren, wo auf den Parkplätzen ausreichend große Limousinen standen. Sie brachen die Tankverschlüsse auf und saugten mit einem Schlauch das Benzin ab. Ein paarmal wurden sie dabei von der Polizei erwischt und, vollkommen zugekifft, auf die Wache geschleppt. Da sie nicht nach Alkohol rochen, durften die, die einen Führerschein besaßen, ihn auch behalten.

Wegen ihrer Drogengeschichten und als »Party-Knacker-

Bande« geriet die Clique in den Elbvororten ziemlich in Verruf. Sie hatten sich eine völlig neue Masche zugelegt. Wenn sie hörten, daß irgendwo eine Party stattfinden sollte, bei Leuten, die ihnen völlig fremd waren, dann setzten sie sich alle gemeinsam in Bewegung und fuhren vor. Zwei von ihnen, ordentlich gekleidet und mit einem Blumenstrauß in der Hand, klingelten. Wenn die Tür geöffnet wurde, stürmten knapp zwanzig Leute hinterher. Es ging schnurstracks ins Wohnzimmer und an den verdutzten Gästen vorbei in die Küche. Innerhalb von fünf Minuten leerten die ungebetenen Besucher die Flaschen und plünderten den Kühlschrank. Dann wurde die Party wieder verlassen.

Einmal, als die Eltern einer jugendlichen Gastgeberin zu Hause waren, wurde die Polizei alarmiert. Das steigerte die Stimmung. Ein einzelner Polizist erschien und erklärte alle für vorläufig festgenommen. Und dann marschierten sie im Gänsemarsch, völlig betrunken und angekifft, grölend vor dem Polizisten her in Richtung Wache. Mit gezogener Pistole hielt der Beamte die Party-Bande im Schach. Auf der Wache gab es nur zwei kleine Zellen, in die sie gesperrt wurden. Nacheinander wurden sie herausgeholt und zum Sachverhalt befragt. Jeder gab zu Protokoll, er habe gedacht, eingeladen und ein gerngesehener Gast gewesen zu sein, schließlich habe man ja auch Blumen mitgebracht.

Die Aussagen deckten sich, und nach drei lustigen Stunden waren alle wieder auf freiem Fuß. Es war Jans erste Bekanntschaft mit einer Polizeihaftzelle. Die späteren Aufenthalte waren weniger lustig.

Jan hatte sich etwas berappelt, auch wenn das Verhältnis zu seinen Freunden nie mehr wirklich normale Züge annehmen sollte. Immer hatte er irgendwelche Projekte laufen und verstand es, einige seiner Kumpel daran zu beteiligen.

Er war siebzehn und besaß noch keinen Führerschein, wenn auch reichlich Fahrpraxis. Gemeinsam mit zwei Drogenkumpanen, Charly und Reinhart, kaufte er für dreihundert Mark auf dem Schrottplatz einen alten Opel. Dann kratzten sie ihre letzten Ersparnisse zusammen und kauften für fünfhundert Mark ein halbes Kilo Haschischplatten – die Preise waren damals noch erschwinglich. In Skandinavien, das wußten sie, war Haschisch erheblich teurer.

Am Wochenende reiste das Trio dann mit dem Auto nach Dänemark. In Esbjerg bauten sie sich mit ihrem blauen Opel vor dem »Afrikano« auf – oder in Vejle vor der Discothek »Tiroler Landsbühnen« oder vor einer der einschlägigen Lokalitäten in Århus. Sie hatten das Haschisch in kleine Stücke für zehn oder zwanzig Kronen geschnitten, die reißenden Absatz fanden. Es war das erste Mal, daß Jan professionell und systematisch Drogen verkaufte.

Unter den Jugendlichen der dänischen Szene sprach es sich schnell herum, wenn die Leute mit dem blauen Auto wieder da waren und guten »Knaark« im Angebot hatten. Der Handel blühte, und später nahmen Jan und seine Freunde auch LSD mit, das sie auf Löschpapier geträufelt hatten.

Nachschub für das Exportgeschäft zu beschaffen, war nicht weiter schwierig. Auf dem Kiez, im »Grünspan«, im »Oblomov« und am Hauptbahnhof konnte man jederzeit Stoff kaufen. Wenn auch Qualität, Preis und Menge schwankten.

So schafften sich die Jungunternehmer ein paar zusätzliche Anlaufstellen, die verläßlicher lieferten. Dazu gehörte eine Villa in der Nähe der Alster, nicht weit vom populären Ausflugslokal »Bobby Reich«. Die Villa hatte ein gewisser Peter Cramberg gemietet, sie war die erste Adresse für den Ankauf von Haschisch in großen Mengen. Als Mann vor Ort hatte Cramberg seinen Kompagnon mit Namen Theo, der allnächtens seine Tour durch die einschlägigen Lokale auf dem Kiez machte. Bei ihm konnte man immer günstig Haschisch einkaufen.

Jan baute sich eine gute und dauerhafte Connection zu Theo auf und behielt diese, so gut es ging, für sich. Geschäftsverbindungen waren das halbe Kapital und wurden am besten geheimgehalten. Für Jan wurde aus den gelegentlichen Deals eine regelmäßige, nüchterne kommerzielle Angelegenheit. Er kaufte und verkaufte Haschisch, als handelte es sich um ganz normale Brötchen.

Das Geschäft mit dem Shit galt damals allerdings für viele als fast revolutionäre Tat. Es gab Kampagnen wie »Legalize Shit«, um den Konsum von Marihuana und Haschisch dem von Alkohol und Zigaretten gleichzustellen.

In der Aufbruchstimmung der 60er Jahre wurde gemeinsam mit vielen anderen Tabus auch das Tabu des Drogenkonsums in Frage gestellt.

Erfahrungen mit der Polizei

Jan und seine beiden Kumpel reisten mittlerweile fast jedes Wochenende mit mehreren Tüten, vollgepackt mit Haschisch, nach Dänemark und kamen mit Taschen voll dänischer Kronen wieder zurück. Das Problem war, daß die kleinen Shit-Portionen auch mit kleinen Scheinen bezahlt wurden, so daß die drei häufig einen ganzen Schuhkarton von Fünf- und Zehnkronenscheinen dabeihatten.

Um beim Umwechseln des Geldes nicht aufzufallen, tauschten sie die Scheine meist an einer Tankstelle gegen größere Banknoten ein. Das kam schließlich einem Tankstellenpächter verdächtig vor, und er alarmierte die Polizei.

»Die Deutschen mit dem blauen Auto«, das war inzwischen nicht nur in dänischen Drogenkreisen zum festen Begriff geworden, auch die dänische Polizei hatte nicht erst durch den Tankwart Wind von der Drei-Mann-Invasion aus dem Nachbarland bekommen. Eines frühen Morgens, als Jan und seine Kollegen nach einer Haschparty bei einem drei Zentner schweren Dänen und seinen vierzehn Mitbewohnern in einer Wohngemeinschaft schliefen, klopfte es an der Tür.

Jan hatte den Autoschlüssel in der Tasche. Der Wagen stand vor dem Haus, und hinter dem Armaturenbrett, locker in Zeitungspapier eingewickelt, lag ein halbes Kilo schwarzer Afghane. Ein kleines Stück davon trug Jan in der Hosentasche.

Er schaffte es, seine Panik zu kontrollieren, und fragte einen der Polizeibeamten: »Darf ich mal auf die Toilette?« Der Beamte fiel auf den Uralt-Trick herein und nickte. Jan spülte das Haschisch hinunter.

So kam es, daß die Haussuchung keine Drogen zutage förderte, doch dann wurde Jan aufgefordert, den blauen Opel zwecks Durchsuchung zur Polizeistation zu fahren. Ein uniformierter Beamter setzte sich neben ihn, und ein Polizeifahrzeug folgte ihnen. An jeder Ampel und Einmündung bremste Jan so vorsichtig wie möglich, doch jedesmal hörte er, wie das Paket mit dem Haschisch raschelnd ein Stück weiter vorrutschte. Wie durch ein Wunder fiel es dem Beamten aber nicht vor die Füße.

Auf dem Polizeirevier angekommen, wurden die drei Deutschen getrennt verhört.

»Was machen Sie in Dänemark?«
»Wir machen Urlaub. Und wir finden es hier sehr schön.«
»Und was unternehmen Sie hier?«
»Wir fahren gern zu Pop-Konzerten.«
»Und woher haben Sie all das Geld?«
»Wir haben es hier in Dänemark umgewechselt, weil wir uns vielleicht ein Boot mieten wollen.«

Die Beamten waren zufrieden und stellten zum Schluß noch freundlich die Frage, ob die jungen Leute denn Haschisch rauchten oder gar verkaufen würden, was natürlich alle drei energisch bestritten.

»Nun, dann wollen wir mal sehen«, sagte der Polizeichef und ging mit Jan auf den Hof, wo gerade acht Polizisten dabei waren, den blauen Opel auseinanderzunehmen. Jan ging auf den Wagen zu, griff sich vom Rücksitz einen Apfel und kehrte zum Polizeichef zurück. Er begann, wie um sein Leben zu reden, worin er kaum zu schlagen war, eine Fähigkeit, die ihm schon oft aus der Klemme geholfen hatte und ihm auch später noch außerordentlich zugute kommen sollte.

Die Beamten fanden das halbe Kilo Haschisch hinter dem Armaturenbrett nicht und bauten freundlicherweise das Auto auch wieder zusammen. Am Ende erhielten die drei eine schriftliche Aufforderung, das Land binnen fünf Stunden zu verlassen, da sie trotz allem aufgrund verschiedener Hinweise nach wie vor in Verdacht stünden, Drogen verkauft zu haben. Die Ausweisung war verbunden mit einer dreimonatigen Einreisesperre.

Verkaufen für den Yogi

Jan mußte sich nun zunächst einmal nach einer anderen Einkommensquelle umsehen. Dänemark war vorerst gestorben, und im übrigen hatte er sich nach der Rückkehr nach Hamburg mit seinen beiden Kumpanen wegen der Verteilung des Gewinns ziemlich verkracht.

Über einen Blankeneser Freund bekam er Kontakt zu einer Firma, die Werbegeschenke herstellte. Jan heuerte vorübergehend dort an, doch es machte ihm erwartungsgemäß nur wenig Spaß, auf irgendwelche Lederplättchen irgendwelche Namen aufzudrucken. Er erkundigte sich, ob man ihn nicht im Vertrieb gebrauchen könne. Auf diesem Sektor sei er konkurrenzlos.

Die Firma war höchst amerikanisch organisiert: Von den hundertvierzig Verkäufern im Außendienst wurde jeden Monat einer durch Veröffentlichung seines Fotos in der Betriebszeitschrift geehrt. Wöchentlich hielt ein Verkaufspsychologe Seminare ab, die unter anderem in Transzendentaler Meditation nach der Lehre des Maharishi Yogi bestanden. Jenem Maharishi Yogi hingen zu dieser Zeit immerhin auch die Beatles an, und die waren schließlich ziemlich erfolgreich.

Jan war inzwischen gerade achtzehn geworden, und seine Mutter hatte ihm zum Geburtstag den Führerschein finanziert.

So konnte er als neues Verkaufsgenie der Firma die Kunden mit einem BMW 2002 ti abklappern, der als einzigen Schönheitsfehler ein gerahmtes Foto des Yogi mit seinem langen weißen Bart am Armaturenbrett aufwies. Doch weder die Lehrsätze des Guru noch die mühsamen Verkaufsgespräche auf fremde Rechnung waren auf die Dauer etwas für Jan. Einziger Höhepunkt im Leben des Handlungsreisenden und seiner Kollegen war die Mittagspause in der Kantine der Chefetage. Dort kreiste regelmäßig der Joint. Es dauerte nicht lange, da flatterte ihm die Kündigung auf den Tisch, und er meldete sich arbeitslos.

Tricks beim Dealen

Jan wandte sich wieder dem Vertrieb stärker antörnender Artikel zu. Da sein Kapital immer noch knapp war, begann er die Ware zu strecken, um Masse zu machen. Er jagte die festgepreßten Haschischplatten durch elektrische Kaffeemühlen. Das Zeug war so hart, daß rund ein halbes Dutzend Mühlen dabei zu Bruch gingen. Doch schließlich kam man so zu einem Beutel voll von grünem oder schwarzem Haschischpulver. Im nächsten Arbeitsgang wurden dann ein paar Kisten mit billigen Zigarren ebenfalls geschrotet und mit dem Haschischpulver »verschnitten«. Mit Hilfe eines Bindemittels aus der Apotheke wurden aus der Hasch- und Tabakmischung schließlich neue Platten geformt und gepreßt. Das brachte im Endeffekt fast das doppelte Gewicht und damit doppelten Gewinn. Die Kundschaft war damals in aller Regel noch nicht gewieft genug, den Betrug zu bemerken.

Jan brachte den Großteil seiner Zeit in den einschlägigen Drogenlokalen zu. Dort saßen die Kleindealer und ihre Verbindungsleute den ganzen Tag herum, nippten an einer Cola und waren ansonsten mit Drogen beschäftigt. Jan lernte die ersten Junkies kennen, die damals noch relativ frisch aussahen. Nach größeren Deals wurde an den Tischen um Bargeld gepokert.

Wenn in der Kneipe irgendwelche Deals abgewickelt wurden, stellten sich zwei oder drei Leute vor die Tür, um ein Signal zu geben, wenn sich ein Streifenwagen näherte. Bei einer Razzia flog alles, was man bei sich hatte, unter die Tische.

So hatte niemand mehr irgendwelchen Stoff am Körper, und die Polizeibeamten konnten nichts tun, als frustriert mit dem Besen die Drogen unter den Tischen zusammenzufegen.

Nachschub für die Prominenz

Neben den normalen Haschkneipen gab es in Hamburg inzwischen auch ein paar kleine »Flüsterkneipen« nach dem Modell der illegalen Alkoholbars aus dem Amerika der Prohibition. Eine von ihnen war das weiter vorn bereits angesprochene »Speak-Easy«. Dort verkehrten vor allem Musiker, die im »Star-Club« oder in der Musikhalle aufgetreten waren. Der Club hatte eine kleine Klingel an der Tür und ein Guckloch mit Klappe zur Gesichtskontrolle. Jan war Stammgast und einer der Hauslieferanten, und eines Tages hatte er die große Ehre, nach einem Konzert Haschisch an den leibhaftigen Jimi Hendrix verkaufen zu dürfen, der ihm nach dem ersten Zug anerkennend auf die Schulter klopfte.

Die Begleiter des später am Drogenkonsum gestorbenen Stars hatten herumgefragt, wo man etwas bekäme. Es standen zwar noch mehr Kleinhändler herum, doch Jan war der schnellste, und so machte er das Geschäft und heimste zusätzlich in der Szene einen Imagegewinn als der »Drogenlieferant von Jimi Hendrix« ein.

Im »Speak-Easy« verkehrten damals durchaus bekannte Schauspieler und Schlagersänger. Einer hatte die beeindruckende Angewohnheit, seine Cola-Flasche am Tresen zu zerknallen, so daß er nur noch den Flaschenhals in der Hand hielt. Den stopfte er dann mit einem Gemisch von Tabak und Haschisch voll und zog sich so einen Joint rein.

Jan nahm engeren Kontakt zu verschiedenen Musikgruppen auf, die im »Star-Club« und anderswo spielten, um diese bei ihren Ausflügen durch die Hamburger Szene mit Drogen zu versorgen. Gemeinsam mit den ersten Groupies von Hamburg, zwei Mädchen, die »Pinki« und »Ponki« genannt wurden, und die sich bei der Popgruppe Spooky Tooth eingeklinkt hatten, gehörte er zum Troß der Stars.

Freiraum für die Drogenszene

Währenddessen war sein eigener Drogenkonsum weiter angestiegen, und zudem hielt er nach wie vor Kontakt zur heimischen Blankeneser Szene, wo man nach wie vor alles probierte, was antörnte. Einmal schleppte jemand angebliches Meskalin an, das in Wahrheit nur zerhackter Stechapfel war. Mit Tee aufgegossen und in Mengen konsumiert, führte des darin enthaltenen Atropin zu gräßlichen Halluzinationen, Sehstörungen, Schleimhautaustrocknungen und Sprachstörungen.

Vollkommen desorientiert landete Jan in diesem Zustand auf der Mauer des Blankeneser Marktplatzes. Zufällig kam sein Vater zum Einkaufen die Bahnhofstraße herunter und sprach seinen Sohn an. Jan erkannte ihn nicht. Er lachte irre und begriff nicht, wer da vor ihm stand.

In diesem Jahr, 1967, schloß das Zentrum der Hamburger Musikszene, der »Star-Club« auf der Großen Freiheit, und machte viele heimatlos. Jans Clique beschloß, in einem ehemaligen Blankeneser Kino ein Jugendzentrum zu eröffnen, um dort Musikgruppen auftreten zu lassen. Das Projekt »Blankeneser Jugendzentrum e. V.« war vom behördlichen Jugendschutz abgesegnet und wurde von einem progressiven Oberstaatsanwalt, dem Leiter des Jugendschutzes und einem Psychiater-Ehepaar gefördert. Das Zentrum sollte den Jugendlichen Autonomie und Freiraum bieten, und die Polizei war aufgefordert worden, es gleichsam als exterritoriales Gebiet zu respektieren.

Am Heiligen Abend traf sich der Initiativkreis in Anwesenheit des Staatsanwalts, des Jugendschutzleiters und des Psychiater-Ehepaars. Weil die Jugendförderer erfahren wollten, welche Probleme es zu bewältigen galt, wurde in der Zwölferrunde ein Joint gezündet und herumgereicht.

Haschisch und Marihuana waren in jener Zeit durchaus chic und salonfähig geworden. So bildete sich zum Beispiel ein sogenannter »Mittwochskreis«, zu dem Leute aus den besseren Häusern der Elbvororte zusammenkamen, um sich gemeinsam dem Haschischgenuß hinzugeben, darunter Rechtsanwälte, Zahnärzte, Kaffeemakler, Künstler, Staatsanwälte, Beamte vom Jugendschutz, Politiker und Journalisten. Einer der Teilnehmer, ehemals Feuilletonchef eines angesehenen Hamburger Wochenblattes, schrieb später ein durchaus anerkennendes Buch über den Stoff, aus dem die Träume waren – und die Alpträume, aber das stellte sich erst danach heraus.

Wo es Drogen gab, da durften auch die Drogen-Gurus nicht fehlen. In der Aufbauphase des Projektes »Jugendzentrum e. V.« reiste die gesamte Gruppe zur Vorbereitung der erwarteten gruppendynamischen Prozesse zu einem Wochenendseminar aufs Land. In der Wingst, einem bewaldeten Höhenrücken auf der Strecke zwischen Hamburg und Cuxhaven, veranstaltete ein amerikanischer Psychiater, der in Frankfurt praktizierte, ein viertägiges Selbsterfahrungsseminar.

Der Psycho-Experte Jimmy vertrat die wissenschaftliche These, man könne eine Psychoanalyse durch gezielten Einsatz von LSD wesentlich verkürzen – was in Anbetracht der von Urvater Freud veranschlagten Therapiezeit von sechs Jahren bis lebenslänglich als die Lösung schlechthin erscheinen mußte. Jan fuhr also mit der gesamten, inzwischen etwa fünfzig Personen starken Blankeneser-Jugendzentrums-Initiative zum Psycho-Wochenende.

In großer Runde machte man es sich am Lagerfeuer bequem und ließ den nunmehr wissenschaftlich begründeten Joint von Hand zu Hand gehen. Zum Nachtisch wurde noch ein Blättchen LSD auf Löschpapier eingefahren, und damit waren der Gruppendynamik keine Grenzen mehr gesetzt. Jeder einzelne mußte nach vorn und sich in Selbstdarstellung üben. Für Jan war es das erste Mal, daß er ganz offiziell vor einer Gruppe auftreten und über sich Auskunft geben mußte, wodurch er trotz seines Redetalents ziemlich ins Schwimmen geriet.

Der Quintessenz der Lehre des Drogenpsychiaters Jimmy war Jan bereits bei seinen Literaturstudien begegnet: »Ihr müßt eure Eltern in euch abtöten«, was weniger militant gemeint war, als es klang. Es ging lediglich darum, den Abnabelungsprozeß von den Eltern zu unterstützen, um tatsächlich auf eigenen Beinen stehen zu können.

Jan jedoch nahm die Sache so wörtlich wie auch viele andere Parolen der damaligen Zeit. Er meinte plötzlich den Kern seiner Probleme erkannt zu haben, und fühlte sich befreit bis erleuchtet. Nach der Rückkehr vom Psychoseminar erklärte er seinen entsetzten Eltern: »Ich muß euch in mir abtöten.« Seine Mutter, die gerade in der Küche stand, wirkte, als hätte sie mit zwei Fingern in die Steckdose gelangt. Sie begriff die Welt nicht mehr – das heißt, sie begriff zum ersten Mal, daß sie ihren Sohn nicht mehr verstand. Der aber begriff selbst kaum, was er tatsächlich meinte und wollte.

Das Grübeln der Eltern

Die Reise in die Wingst hatte für Jan aber noch eine andere Folge. Er hatte auf dem Seminar ein Mädchen namens Birgit kennengelernt, von der er später rückblickend meinte, sie »hatte auch nicht gerade das Schießpulver erfunden«. Aber darauf kam es auch nicht an. Birgit war der Typ Kind-Frau, entgegen dem damaligen Trend nicht besonders selbständig oder gar emanzipiert. Das sprach Jan an. Er sah in ihr vorwiegend ein Sexualobjekt, mit dem er tun und lassen konnte, was er wollte, und mit dessen Hilfe er seine inzwischen gut einenhalb Jahre dauernde depressive Phase zu bekämpfen trachtete.

Das Experiment hatte Erfolg. Ohne nach den Kommentaren seiner Eltern zu fragen, quartierte er das Mädchen in seinem Zimmer im Untergeschoß des elterlichen Hauses ein. Birgit war zwar noch minderjährig und hatte zwei uneheliche Kinder, aber für Jan war sie eine Offenbarung. Sein Zimmer hatte einen eigenen Eingang und ein eigenes Duschbad, was hätten seine Eltern schon dagegen haben können? Wenn Fragen von seiner Mutter oder seinem Vater kamen, gab er pampige Antworten.

Seinen Lebensunterhalt bestritt Jan nach wie vor durch »nebenberufliche« Haschischdealereien. Den Stoff verschickte er manchmal sogar per Nachnahme an seine Kundschaft. Mittlerweile reichte sein Kundenstamm bis nach Düsseldorf und Frankfurt. Die Bestellungen gingen teilweise übers elterliche Telefon ein.

Eines Tages erhielt er eine Plastiktüte voll von angeblichem Kaschmir-Haschisch. Es waren steinharte Kugeln, die fast wie Plastikbriketts wirkten. Er pulverisierte sie, um sie zu den handelsüblichen Haschischplatten umzupressen. Allerdings hatte er sich ausgerechnet die elterliche Küche für seine Arbeit ausgesucht und wurde prompt von seiner Mutter überrascht.

»Was machst du denn da?« fragte sie ahnungslos.

»Überhaupt nichts«, antwortete Jan. »Wir machen aus Plastik Imitationen von Haschischplatten für einen Film.« Ihm war gerade keine dümmere Ausrede eingefallen.

Die Mutter kam ins Grübeln.

Jan zog sich mit seinen Utensilien ins Kellergeschoß zurück. Von dort aus organisierte er auch den Vertrieb. Doch das angebliche Kaschmir-Haschisch taugte nichts, und die Kundschaft beschwerte sich – telefonisch. Einige besonders aufgebrachte Kunden griffen zu wilden Drohungen, die ausgerechnet Jans Vater entgegennahm.

Das brachte auch ihn ins Grübeln.

Dann fand Jans Mutter ein Tagebuch ihres Sohnes und las auf zwei bis drei Seiten, daß Jan sich über Selbstmord Gedanken machte, was von ihm allerdings nicht weiter ernstgemeint war. Trotzdem wollte die Mutter nun endlich etwas unternehmen und wandte sich an einen Psychotherapeuten in Altona. Um Jan die Sache schmackhaft zu machen, lieh sie ihm ihr Auto für den ersten Besuch. Jan fuhr tatsächlich hin, doch saß er die teuer bezahlte therapeutische Stunde schweigend ab. Auch der Therapeut sagte kaum ein Wort.

Drogen und Politik

Dann flatterte Jan die Aufforderung zur Musterung für die Bundeswehr ins Haus – für ihn in mehrfacher Hinsicht das größte anzunehmende Unglück. Nicht zuletzt betrachtete er sich politisch gesehen als ziemlich links. Kurz nach dem Drogenseminar in der Wingst hatte auch in der Blankeneser Szene die Nachricht wie eine Bombe eingeschlagen, daß in Berlin bei einer Demonstration gegen den Schah von Persien ein Student mit Namen Benno Ohnesorg von einem Polizisten erschossen worden war.

Schon aus politischen Gründen wollte Jan also nicht zur Bundeswehr, hinzu kam die individuelle Abneigung gegen jede Art von Drill. So traf es sich gut, daß er gerade zum Zeitpunkt des Musterungsbescheids von seiner Mutter zum Psychotherapeuten geschickt worden war. Und plötzlich ging Jan auch ein zweites Mal freiwillig in die Sitzung und taute sogar auf.

Bereitwillig schilderte er dem Therapeuten seine Depressionen und gab ihm Einblick in seine Gedankengänge – mit einigen wohlgewählten Zutaten. Dabei kamen ihm aus der psychologischen Literatur entnommene Fallbeispiele als anschauliches Material sehr gelegen. Er vermengte eigenes und fremd Erlittenes und schilderte dem Therapeuten seinen Leidensweg, zum Beispiel während der Zeit im Internat. Nie habe er sich durchsetzen können, vor größeren Menschenansammlungen leide er unter Phobien, und im Zusammenleben in einer Gruppe neige er zu Depressionen. Schon Mannschaftssportarten setzten ihm seelisch ungeheuer zu, so daß es ihm unter anderem unmöglich sei, in einer Fußballmannschaft zu spielen. Dazu sei er einfach nicht in der Lage. Ihm lägen höchstens Sportarten wie Tennis, Tischtennis oder Schach. Sich einem Mannschaftswillen unterzuordnen, das führe bei ihm unweigerlich zu Depressionen und Angstzuständen.

Damit war er beim Punkt. Auf so etwas würde es ja bei der Bundeswehr wohl auch hinauslaufen. Es sei für ihn unvorstellbar, zum Bund zu gehen.

Bevor er sich da unterordne, hänge er am nächsten Baum. Jan zog alle Register und hatte den gewünschten Erfolg. Der Psychotherapeut schrieb ein Gutachten, in dem er ihm Leistungs- und Funktionsstörungen bescheinigte, die ihn zum Dienst in der Truppe ungeeignet machten. Mit diesem Attest und etlichen Valiumtabletten im Magen marschierte Jan dann morgens in die Sophienterrasse zur Musterung.

Der Musterungsarzt forderte Jan auf, ein paar Kniebeugen zu machen, und schon nach der ersten blieb der Proband gleich unten. Drei andere Tests verliefen ähnlich »erfolgreich«.

Als Jan vor der Musterungskommission stand, wurde ihm unter zwei Bundesfahnen und einem Bild des Bundespräsidenten mit Trauerstimme eröffnet, daß er leider für den Wehrdienst untauglich sei. Auch in Krisenzeiten werde man ihn nicht einziehen.

Selbst zum Sandsäckeschaufeln zu dumm, dachte Jan. Im Krisenfall werde ich den Schwarzmarkt beschicken.

Abschied

Von diesem Tag an hatte Jan keine Depressionen mehr, und er brauchte auch keinen Psychiater mehr – so sagte er es jedenfalls der Mutter.

Offiziell war er während all dieser Zeit dann doch wieder auf eine Privatschule gegangen, um sein Abitur nachzuholen. Tatsächlich hatte er meistens geschwänzt. Aber solange die Schulgebühren gezahlt wurden, kümmerte das niemanden.

Jan hauste derweil mit seiner Liebsten im Kellergeschoß des väterlichen Hauses, drehte die Stereoanlage bis zum Anschlag auf und bediente sich und seine Freunde aus dem Kühlschrank der Eltern. Die Butter fingerdick aufs Brot und den Käse zweifingerdick obendrauf: Der Kühlschrank war ständig leer. Es knisterte im Gebäude der familiären Beziehungen. Der Vater entwickelte sogar den Plan, ein Schloß am Kühlschrank anzubringen.

Eines Tages kletterte Jan die schmale Stiege zur Küche nach oben, um dort eine riesige Schüssel Dr.-Oetker-Fertigpudding anzurühren. Ein gutes Dutzend Leute hatte im Kellergeschoß einen kräftigen Joint durchgezogen und verlangte nun nach etwas Süßem. Als er gerade mit dem fertigen Pudding nach unten gehen wollte, versperrte ihm sein Vater den Weg. Er stellte seinen Sohn zur Rede, und dabei ging sein Temperament mit ihm durch.

»Du gehst doch nur weiter zur Schule, damit du mir auf der Tasche liegen und mit deiner dreckigen kleinen Nutte da unten im Keller von unserem Geld leben kannst.«

Darauf hatte Jan gewartet. Er warf seinem Vater die Schüssel Pudding vor die Füße und sagte zu Birgit: »Wir gehen. Sofort.«

Die Freunde verschwanden durchs Fenster, und innerhalb weniger Minuten hatte Jan die notwendigsten Sachen in Taschen, Plastiktüten und Müllbeuteln verpackt und machte sich zusammen mit Freundin Birgit auf den Weg zum Blankeneser Bahnhof. Sie wollten zum Jugendzentrum Nienstedten, um dort eine vorübergehende Bleibe zu suchen.

Kurz vor dem Bahnhof wurde Jan von seiner Mutter im Auto eingeholt. Sie bat ihn um ein Gespräch mit dem Vater, doch Jan schlug den Wunsch aus. Zu nichts hatte er weniger Lust, als mit Vater oder Mutter irgendwelche Probleme durchzukauen, und er sonnte sich in dem Gefühl, endlich seinen Leitsatz in die Tat umsetzen und es seinen Eltern, sich selbst und der Welt beweisen zu können, daß er auch allein seinen Mann stand.

Im Jugendzentrum fanden Birgit und er einen kleinen Raum hinter der Bühne, in dem sie auf einem Betonsockel ihr Nachtlager aufschlagen konnten,

Mildtätige Spenden für die Drogensucht

Die Wohnungsfrage war also erst einmal gelöst, nicht aber die des Einkommens. So paßte es gut, daß Jan in einer Zeitung auf die Annonce stieß: »Junge Leute gesucht, guter Verdienst, kein Verkauf.« Ein gewisser Herr Pfister suchte für sein »Gemeinnütziges Jugendhilfswerk e. V.« Spendensammler. Jan und sein Freund Jens meldeten sich und wurden in einem Hinterzimmer des »Wienerwald« am Hauptbahnhof gemeinsam mit einem Dutzend anderer junger Leute in ihr neues Aufgabengebiet eingewiesen. Kurz zuvor war in einer bayerischen Kleinstadt offenbar ein Heim für behinderte Kinder von seelenlosen Einwohnern niedergebrannt worden. Für diese obdachlos gewordenen Kinder sollte gesammelt werden – angeblich. Herr Pfister hatte alle nötigen Formalitäten erledigt und stellte ein Drittel der gesammelten Beträge als Belohnung in Aussicht.

Jan und sein Freund Jens zogen sofort los und klapperten die Wohngebiete an der Elbchaussee ab. In vier bis fünf Stunden hatte jeder gute achthundert Mark gesammelt, die sie mit Herrn Pfister nach dem vereinbarten Schlüssel teilten. Nach wenigen Tagen hatten Jan und Jens jedoch ihre Meile abgegrast, und so schlugen sie ihrem Auftraggeber vor, das Jagdgebiet nach Kiel und Lübeck zu verlagern. Herr Pfister gab ihnen die nötigen Formulare mit, und Jan und Jens hatten bereits gut von ihm gelernt. In Kiel und Lübeck stellten sie mit Hilfe einer Zeitungsanzeige eigene Sammlerkolonnen zusammen und kassierten hinfort nicht ein Drittel, sondern zwei Drittel der Gesamteinnahmen.

Es dauerte allerdings nicht lange, bis ihnen die Polizei auf die Schliche kam. Sie beriefen sich auf die gemeinnützige Organisation des ominösen Herrn Pfister, den die Behörden dann auch prompt aufzuspüren versuchten. Doch der mildtätige Herr war längst über alle Berge.

Jan und sein Freund legten das gespendete Geld vorwiegend in Drogen an und konnten so erneut ins Geschäft einsteigen.

Die Szene

Die Hamburger Drogenszene bestand damals im wesentlichen aus zwei Bereichen: der Gegend in und um St. Pauli und die Große Freiheit, mit dem »Grünspan« schräg gegenüber dem damaligen »Star-Club«, dem »Club 39«, dem »Speak-Easy« in der Talstraße, dem »Past Ten« in der Detlef-Bremer-Straße und dem »Top Ten« auf der Reeperbahn. Der andere Bezirk lag mehr um den Hauptbahnhof herum: das »Crazy Horse«, der »Club 99« an der Esplanade, die »Bambi-Stuben« und das »Oblomov« gegenüber dem Hauptbahnhof am Glockengießerwall, und schließlich gab es noch draußen in Barmbek das »Big Apple«. Später etablierte sich dann zwischen den beiden Drogenbereichen die Discothek »Madhouse«.

Jan zog nachts allein oder mit seinen Drogenfreunden von Lokal zu Lokal und versuchte, den einen oder anderen Deal zu landen. Schon vor seinem Rausschmiß aus dem elterlichen Haus war er zuweilen mit harten Drogen in Berührung gekommen. So hatte er eines Nachts einen der frühen Junkies mit Spitznamen Elvis, der ständig irgendwelche Beute aus Apothekeneinbrüchen mit sich herumschleppte, zum Schlafen mit nach Hause genommen. Während Elvis sich eine Ampulle Morphium aufzog und in die Vene spritzte, beschwatzte er Jan, den Stoff doch auch zu probieren. Er setzte Jan einen Schuß, aber der fand das nicht so beeindruckend und nicht gerade angenehm. Ihm wurde vielmehr leicht übel davon.

Eine wesentlich stärkere Erfahrung machte er, als er im »Speak-Easy« an ein größeres Stück Rohopium kam. Es war gerade erst früher Nachmittag, und Jan kaufte sich beim Gemüsehändler an der Ecke eine Tomate. Er schnitt sie mit dem Taschenmesser auf, schob das Stück Opium hinein und schluckte das ganze Ding in einem Rutsch weg. Jan erlebte all das, was er Jahre zuvor in Thomas Quincys »Geständnissen eines Opium-Essers« gelesen hatte. Sein Rauschzustand schien nicht aufhören zu wollen, und kurz vorm Morgengrauen fuhr er nach Blankenese, setzte sich auf die Stufen im Treppenviertel und genoß den Sonnenaufgang. Plötzlich hatte die Welt wieder ihren Glanz, sie war phantastisch, ganz einfach wunderbar.

Der Trip dauerte fast vierundzwanzig Stunden, doch als die Wirkung des Opiums nachließ, bekam Jan wahnsinnige Kopfschmerzen. Er übergab sich und lief von Bekanntem zu Bekanntem, um sich rettende Ratschläge zu holen. Erst nach Stunden und nachdem er sich mit viel Alkohol und ein paar Joints betäubt hatte, ließen die Kopfschmerzen nach.

Fast unmerklich wuchs Jans Neigung, sich zusätzlich zum Haschisch auch den harten Drogen zuzuwenden. Nur wenn er bis kurz vor dem Zusammenklappen angetörnt war, verlor er seine Unsicherheit und sein mangelndes Selbstwertgefühl. Nur unter Drogen, und zwar immer stärkeren Drogen, konnte er – was ihm Jahre zuvor auch so noch gelungen war – sicher auftreten, in sich selbst ruhen, auf Leute zugehen und sich in größeren Gruppen behaupten. Seine Hemmschwellen und Ängste ließen sich nur mit immer mehr und immer stärkeren Drogen besiegen.

Es gab in jener Zeit die weitverbreitete Meinung, die von den Anhängern der Legalisierung von Haschisch und Marihuana vehement bekämpft wurde, daß leichte Drogen unweigerlich zu härteren führen würden. Jan hatte sich damals gescheut, offen auszusprechen, daß für ihn selbst Haschisch die Einstiegsdroge gewesen war und er nun tatsächlich nach immer härteren Sachen verlangte.

Sicher, es gab auch Zeiten, in denen er mit wenig oder kaum Stoff auskam. Zeitweise hantierte er geschäftlich mit harten Drogen, ohne sie selbst exzessiv zu konsumieren. Nur gelegentlich nahm er dann eine Tablette mit einem Opiat, denn die Suchtgefahr war ihm durchaus bewußt. Zu Zeiten geschäftlicher Erfolge gelang es ihm sogar, völlig abstinent zu leben. Daß er trotzdem längst süchtig war, mochte er sich nicht eingestehen.

Äußere Erfolge halfen ihm, seine ständigen Minderwertigkeitsgefühle zu kompensieren, seine Depressionen verließen ihn dann, und er konnte sogar über längere Zeiträume vollständig auf Drogen verzichten. Doch jeden bald auch kleineren Mißerfolg bei seinen Geschäften und im privaten Leben schüttete er mit immer härteren Dosierungen zu. Einmal rührte er einen ganzen Teelöffel Morphiumpulver mit viel Zucker in eine Tasse Tee und trank sie aus. Er schlief in der Badewanne ein und wachte erst acht Stunden später im kalten Wasser wieder auf.

Ein Nachfolger für den Haschkönig

Jan hatte sich in der Zwischenzeit auch anderen Geschäften zugewandt. In einer amerikanischen Pop-Zeitschrift hatte er gelesen, daß mit Raubpressungen von Schallplatten ein gutes Geschäft zu machen sei. So besorgte er sich Bänder von Pop-Konzerten und ließ diese von einer Hinterhof-Firma auf Schallplatten pressen.

Das Geschäft lief verhältnismäßig gut an, doch dann fiel sein Freund Jens als Geschäftspartner plötzlich aus. Der hatte seine große Liebe entdeckt und war durch sie auf die ganz harten Drogen gekommen. Und Jens fing gleich an zu spritzen, es war ihm egal, was, alles, was irgendwie nach Ampulle aussah und sich nach Droge anhörte, wurde in die Vene gejagt.

Jan beobachtete seinen Freund, wie er nach einem Schuß hektisch wurde und euphorisch und wie er nach Abklingen der Drogenwirkung schweißüberströmt und voll von Schmerzen auf den »Affen« kam.

Jan wohnte mittlerweile mit Birgit in einer kleinen Zwei-Zimmer-Wohnung in Altona, mit Toilette auf dem Dachboden. Dort hatten sie es sich mit einer zugelaufenen Katze und einem neu erworbenen Fernsehgerät mehr oder minder gemütlich gemacht. Jan kaufte noch einen alten Mercedes und hatte sich damit natürlich prompt finanziell übernommen.

Das alles fiel in die Zeit, in der der Hamburger Rauschgiftkönig Peter Cramberg verhaftet wurde. Theo, Crambergs »Streetworker«, der in seinem langen Ledermantel immer in irgendwelchen Kneipenecken herumstand und Haschisch vermittelte, war nicht mit verhaftet worden und wohnte noch in der ehemaligen Senatorenvilla am Rondeel.

An einem hellen, sonnigen Tag fuhr Jan dorthin, um mit Theo, den er aus gemeinsamen Haschtagen gut kannte, ein ernstes Gespräch zu führen.

Die riesige Halle mit Kamin und großem Kristallüster an der Decke stand leer. Jan klopfte an verschiedene Türen und fragte nach Theo. Die Freundin des verhafteten Drogenkönigs verwies ihn unwirsch eine Etage höher. Jan lief die Treppe nach oben, hörte eine Stimme und öffnete die Tür, hinter der sie hervorzukommen schien. Das Zimmer war stockdunkel bis auf einen Kerzenstummel, der auf einem Tisch vor sich hinkokelte. In einem Ohrensessel saß eine verkommene, in exotische Fetzen gekleidete Gestalt. Jan schaffte es, aus ihr herauszubringen, daß Theo irgendwo im Bad sei, dann rutschte sie zur Seite weg und schlief vollkommen zugedröhnt ein.

Jan ging ins Bad, das so modern und luxuriös ausgestattet und mit Marmor verkleidet war, wie er es niemals zuvor gesehen hatte. Theo, mit riesigen Pupillen, war gerade dabei, sich für seinen nächsten Schuß Tabletten durchzufiltern. Er spritzte Amphetamin, »Speed«, und wirkte dementsprechend paranoid, unruhig und genervt. Jan sagte leise »hallo« und setzte sich dann auf den Badewannenrand, um zu warten, bis Theo sich seine Dosis gesetzt hatte. Die knapp zwanzigminütige Euphoriephase nutzte er aus, um ihm zu erzählen, daß er jetzt ganz groß ins Raubdruckgeschäft mit Schallplatten einsteigen wolle und daß er dafür einen tatkräftigen Partner suche. Großzügig sagte Theo: »Klar, das können wir machen. Voraussetzung ist, du ziehst hier ein. Dann sind wir Zimmernachbarn, und wir wickeln das Ding gemeinsam ab. Ich finanzier das, und du machst das.«

Jan war überrascht, daß die Sache so reibungslos über die Bühne ging. Sein neuer Partner war spindeldürr, rund einsfünfundachtzig groß, trug Haare bis zu den Hüften und hatte eine Hakennase.

»Paß auf«, sagte Theo, »wir fahren jetzt zu meiner Mutter, da holen wir ein bißchen Geld, und das gebe ich dir, und du beginnst mit der Plattenproduktion. Heute abend rückst du mit deinen Klamotten hier an und kriegst das Zimmer neben mir.«

Nur eine kleine Bedingung mußte Jan erfüllen. Seine bisherige Wohnung in Altona werde gebraucht. Da gebe es im Nachbarzimmer diesen völlig zugeschossenen Typen, einen sehr begabten Maler, hinter dem die Polizei her sei. Der brauche dringend einen Unterschlupf. Jan war einverstanden. Das war die Atmosphäre, schien ein Stück von dem Leben zu sein, das er sich immer erträumt hatte.

Endlich eine Villa

Theo hatte einen Leihwagen, ein offenes Cabrio, vor der Tür stehen. Mit seinen wehenden Zottelhaaren raste er mit einem Tempo durch die Stadt, daß Jan ihm in seinem klapprigen Mercedes kaum folgen konnte. In einer abseitsgelegenen Straße in Barmbek bremste Theo plötzlich und wandte Jan sein ausgemergeltes Geiergesicht zu.

»Du, park mal hier und warte«, rief er zu ihm hinüber. Nach einer halben Stunde kam er zurück: »Hier sind achttausend Dollar. Wechsel die um und bring den Zettel mit, was für einen Kurs du gekriegt hast. Und dann mach los und laß die Platten pressen. Wir machen fifty-fifty.«

Befriedigt über soviel Vertrauen zog Jan am Abend mit Sack und Pack, seine Freundin Birgit im Schlepptau, in ein kleines holzgetäfeltes Zimmer in der Villa am Rondeèl. Tags darauf nahm er seinen neuen Geschäftspartner Theo mit ins Tonstudio nach Blankenese, wo er seine Raubpressungen anzufertigen pflegte.

Theo war so auf Droge, daß er fast alle Viertelstunde eine Injektion irgendeiner Art brauchte. Verwirrt und großzügig, wie er war, ermöglichte er Jan eine gute Startposition für den Handel mit seinen Raubpressungen. Jan kaufte sich einen alten

Ford Transit und karrte die Platten bis nach München, wo er dafür einen einträglichen Absatzmarkt fand.

Inzwischen wurde Jans Freundin Birgit für ihn immer mehr ein Klotz am Bein. Er überlegte hin und her, wie er sie am besten loswerden könnte, und als sie ihm schließlich offenbarte, daß sie erneut schwanger war, und zwar in ziemlich fortgeschrittenem Stadium, ergriff Jan die Gelegenheit beim Schopfe und lieferte das Mädchen in einem Heim für ledige, minderjährige Mütter ab. Das Kind wurde geboren und kam gleich anschließend in ein Säuglingsheim, wo es umgehend von einer gutsituierten Rechtsanwaltsfamilie adoptiert wurde. Ein einziges Mal bekam Jan sein Kind zu Gesicht, kurz vor der Adoption. Dann nie wieder.

Jan wohnte auch weiterhin in der riesigen Villa, in der ein gutes Dutzend der unterschiedlichsten Leute lebte – Fotografen, Künstler, Schauspieler, Junkies, die Erben reicher Bankhäuser und Verlagsimperien. Eine bunte Mischung in heruntergekommener hanseatischer Pracht. Zusammengehalten vorwiegend durch Drogen.

Der Handel mit den schwarz gepreßten Platten florierte. Bestseller war eine LP der Gruppe Colosseum, deren Konzert auf dem Derby-Platz in Hamburg-Flottbek Jan und seine Helfershelfer heimlich mitgeschnitten hatten. Die Herstellung der Platte kostete pro Stück gerade eine Mark fünfzig. Die Schwarzhändler konnten also bei normalen Schallplattenpreisen von achtzehn bis zwanzig Mark konkurrenzlos billig sein und machten bei einer Auflage von fünf- bis sechstausend Stück Gewinne, die an die Profite im Drogenhandel durchaus heranreichten.

Der Hauptmieter der Villa am Rondeel, Peter Cramberg, saß immer noch in Haft und hatte, da das alte Opiumgesetz nur eine Höchststrafe von drei Jahren vorsah, nicht sonderlich viel zu befürchten. In seinem Prozeß legte er dann auch ein volles Geständnis ab, machte das aber so geschickt, daß er keine anderen Leute in die Sache hineinzog. Jan ging zu seinen Verhandlungen und notierte die verschiedenen Deals, die

Cramberg zugab. Er kam auf sechseinhalb Tonnen Haschisch, die der Hamburger Drogenkönig im Laufe der Zeit verdealt haben mußte. Hinzu kamen dreißig Kilo, die man in seinem Garten ausgegraben hatte, und eine Ajax-Dose voll Heroin auf seinem Küchenschrank. Das Geständnis wurde mit einer Freiheitsstrafe von achtundzwanzig Monaten belohnt.

Ganz so billig ließ sich der Zoll allerdings nicht abspeisen. Dort ging man nämlich davon aus, daß auch auf illegal eingeführte Drogen Gebühren zu entrichten seien. So flatterte eines Tages eine erhebliche Zollrechnung in die Villa am Rondeel. Crambergs Jaguar wurde beschlagnahmt, außerdem etliche Antiquitäten sowie ein riesiger Seidenteppich mit Zertifikat, der angeblich der russischen Zarenfamilie gehört hatte.

Jan hatte sich inzwischen etwas mit Maren, der Freundin des inhaftierten Dealers, angefreundet und half ihr, die Miete bei den zahlreichen Untermietern der Villa einzutreiben. Als Maren die Sache auf die Dauer zu mühsam wurde, stieg Jan in den Mietvertrag ein und war nun Hauptmieter der Prunkvilla mit einer monatlichen Belastung von fast neuntausend Mark. Er konnte es sich leisten, denn erstens holte er sich das Geld mit der ihm eigenen geschäftlichen Konsequenz bei seinen Untermietern zurück, und zweitens florierte der schwarze Schallplattenhandel nach Theos Kapitalspritze ganz erheblich.

Ein besonders großer Fisch winkte, als Jan und seine technisch versierten Freunde von einem später höchst erfolgreichen Konzertveranstalter engagiert wurden, um bei einem Festival in Aachen die Bühne gegen Schwarzhörer abzusichern. So luden sie Jans alten Ford Transit bis an die Decke mit Nato-Draht voll und machten sich nebst Begleitfahrzeug auf die Reise. Jan hatte heimlich noch eine hochwertige Tonaufnahmeeinrichtung eingepackt, um das Konzert mitzuschneiden. Die Sache konnte steigen. Weniger angenehm war nur, daß Jans Kapitalgeber Theo darauf bestanden hatte, daß der in Jans Wohnung hausende Junkie Klenz mit zu dem Kulturereignis fahren durfte.

Ein Blick in die Zukunft

Auf der Autobahn erzählte Klenz von seinen Orientreisen, auf denen er alle Gifte dieser Welt ausprobiert hatte. Seiner Mutter hatte er säckeweise Walnüsse geschickt, die er alle zuvor mit Opium gefüllt hatte. Jan war fasziniert. Klenz war doch nicht so übel. Die Fahrt, erleichtert durch Joints und Morphintabletten, verging wie im Fluge.

In Aachen wurde der Stacheldraht ausgepackt und sachkundig zum Schutz von Bühne und Stars ausgerollt. Dann installierten Jan und seine Raubkopietechniker ihre Tonanlage und schlossen sie der Einfachheit halber gleich ans große Mischpult an.

Währenddessen ging Alt-Junkie Klenz verloren. Er taumelte über das Festivalgelände, traf uralte Bekannte, vollkommen zugewachsene und vollgedopte Hippies, die er aus Goa oder von sonstwoher kannte. Sein altes Fußleiden war wieder aufgebrochen. Der linke und der rechte Unterschenkel schwollen abwechselnd an, die Folge einer Thrombose in beiden Beinen, an denen er keine Stelle mehr hatte, in die er sich noch einen Schuß hätte setzen können. Jan hatte keinen Blick für ihn. Er mußte seine Geräte installieren und auf die Tarnung achten. Die Freundin des Toningenieurs ließ er Shit-Tee kochen, der im Laufe des Konzerts kannenweise an die Musiker ausgeschenkt wurde.

Das Festival dauerte drei Tage. An die fünfzigtausend Jugendliche nächtigten in Schlafsäcken auf dem Gelände, und die Stimmung glich der von Woodstock. Am Ende hatten Jan und seine Freunde achtundvierzig Stunden Live-Musik vom Feinsten mitgeschnitten: Pink Floyd, Santana, Black Sabbath, Deep Purple. Dazu kam noch die Gage vom Veranstalter für Jan und seine Truppe.

In die musikalische und geschäftliche, von Drogen beflügelte Euphorie brach Alt-Junkie Klenz ein, dessen mitgebrachte Giftvorräte langsam zur Neige gingen. Er war so extrem dosiert, daß er in seiner Not zu hochwirksamen Mischpräparaten mit Scopolamin und anderen psychogenen Drogen griff. Mitten in der Nacht rannte er, nur mit einem Unterhemd bekleidet, durch das Hotel, in dem Jan und seine Leute gemeinsam mit den Musikern untergebracht waren. Im Hauptfoyer okkupierte er die Glasdrehtür, rannte wie ein Hamster im Laufrad im Kreis und verkündete lauthals, er sei auf dem Hamburger Hauptbahnhof und könne seinen Bahnsteig nicht finden.

Vom Nachtportier alarmiert, rückten Jan und seine Truppe an und brachten ihn aufs Zimmer. Dort machten sie ihm klar, daß er jetzt auf Gleis 11 sei und unbesorgt schlafen könne. Doch Klenz wollte sich unbedingt einen neuen Schuß setzen. Inmitten seiner offenen Löcher in den Beinen, seiner Geschwüre an den zerstochenen Armen, suchte er nach einer Einstichstelle. Wieder und wieder grub er die Nadel auf der Suche nach einer Vene ins rohe, verfaulende Fleisch und richtete dabei das größte Blutbad an, das Jan je bei einem Junkie gesehen hatte. Doch er war so euphorisiert vom künftigen Erfolg seiner Raubpressungen, daß es ihm kaum unter die Haut ging, wie Klenz mit abgeschnürten Beinen krampfhaft versuchte, sich den Schuß zu setzen. Stundenlang brauchte der Alt-Junkie, bis er die Kanüle in seinen geschundenen Körper entleert hatte, und am Ende saß er in einem Matsch aus Blut und Exkrementen. Dann schwollen seine Glieder an, und er mußte zum Sanitätszelt auf dem Festplatz gebracht werden.

Auf der Rückreise nach Hamburg mußten sie alle halbe Stunde stoppen, weil es Klenz so dreckig ging. Seine Füße waren ballonartig geschwollen, und nach und nach baute sich das Gift in ihm ab. Er begann zu stöhnen und zu schreien, um dann erneut das Bewußtsein zu verlieren.

Der Weg nach oben

Zu Hause angekommen und nachdem sie die Tonaufnahmen im Studio abgehört hatten, entschlossen sich die Tonpiraten, zunächst den technisch sehr gut gelungenen Mitschnitt der

Gruppe Deep Purple auf Platte zu pressen. Am Ende des Monats hatte Jan zwischen fünfundsechzig- und siebzigtausend Mark in der Tasche. Doch dann kamen die übrigen an der Produktion Beteiligten und wollten ihren Anteil. Als Jan sich beim Teilen geizig anstellte, wurde ihm das gesamte Plattenlager leergeräumt. Daraufhin besorgte er sich zwei Bodyguards und einen Schäferhund und tauchte umgehend bei dem von ihm verdächtigten Toningenieur auf. Nach Mafia-Art wurde zunächst das Telefonkabel herausgerissen, und anschließend wurden dann die vollzählig wiedergefundenen Platten im Lkw verstaut.

Jan platzte fast vor Selbstbewußtsein. Seine Stellung in der Villa am Rondeel festigte sich weiter, was auch damit zusammenhing, daß er immer über guten Shit verfügte und damit nicht kleinlich war.

Oft wohnten bekannte Popgruppen in der Haschvilla, profitierten vom schier unbegrenzten Drogenvorrat und brachten als Gegenleistung immensen Prestigegewinn mit ins Dealerhaus.

Das Geschäft mit den Raubdrucken näherte sich allerdings einem jähen Ende, als der Konzertveranstalter von Aachen die schwarzgepreßte Deep-Purple-Platte in die Hände bekam und Jan darauf ansprach. Der leugnete zwar, aber die lukrative Zusammenarbeit war damit zu Ende. So konnte er nur noch seine Restbestände verkaufen, die ihm allerdings um ein Haar abhanden gekommen wären.

Nach wie vor ging nämlich die Zollfahndung im Haus am Rondeel ein und aus, um irgendwelche Habseligkeiten des inhaftierten ehemaligen Hausherrn zu beschlagnahmen. Dabei stießen die Beamten eines Tages auf die Kisten mit den fabrikneuen Schallplatten, die sie umgehend beschlagnahmten. Jan alarmierte Crambergs Rechtsanwalt, den er inzwischen auch selbst beschäftigte, ließ sich beraten und fuhr dann zum Hauptzollamt Jonas.

Trotz aller Rückschläge immer noch in einer euphorischen Phase, verstand er es, ziemlich zackig aufzutreten, und verlangte, unverzüglich den Dienststellenleiter zu sprechen. Er legte diverse Herstellungsrechnungen für die Schallplattenpressungen vor und sagte: »Sie behindern meine Geschäfte. Wenn ich die Platten nicht binnen zwölf Stunden zurückhabe, werde ich Sie persönlich regreßpflichtig machen.«

Jan durfte die Platten wieder mitnehmen.

Auch im Drogenhandel, dem er sich jetzt wieder stärker widmete, hatte Jan erheblich zugelernt. Hier traute keiner dem anderen. Krumme Geschäfte, Lug und Trug gehörten von Anbeginn zu den allseits akzeptierten Geschäftsbedingungen.

Jan hatte sich allerdings zum Ziel gesetzt, etwas ehrlicher, verläßlicher und sauberer zu arbeiten, um sich so eine gute Marktposition zu sichern. Auf die Dauer, so meinte er, verdiene man mehr, wenn man sich einen Stamm zufriedener Kunden heranzüchte. Linkereien zahlten sich auf die Dauer nicht aus, es sei denn, es handelte sich um Laufkundschaft, die man ohnehin nie wiedersehen würde, und die man deshalb ohne weiteres über den Tisch ziehen konnte. In solchen Fällen nahm Jan von seinen Geschäftsprinzipien Abstand und betrachtete die Angelegenheit mehr von der sportlichen Seite.

Linkereien

Zwei Engländer, frisch aus der Armee entlassen, wollten ihre königliche Abfindung in Hamburg zu Haschisch machen, um es später zu Hause mit Gewinn verkaufen zu können. In der Hansestadt gerieten sie zunächst an eine Clique, die in der Drogenszene aus gutem Grund die »Linker-Gang« genannt wurde. Diese Truppe hatte einen besonderen Trick, ihre Kundschaft um Bargeld zu erleichtern, ohne dafür auch nur ein Gramm Stoff zu liefern.

Ein Eckhaus an der Kreuzung Osterstraße und Heußweg in Hamburg-Eimsbüttel diente ihnen dabei als sichere Falle. Das Haus hatte zu jeder der beiden Straßen einen Ausgang, und so schleppten sie ihre Haschischkunden bis vor eine Tür mit türkischem Namensschild. Dort hieß es dann: »Hier wohnt mein Lieferant. Da kann ich dich nicht mit reinnehmen. Der ist stinksauer auf mich, wenn ich fremde Leute mitbringe. Er hat wahnsinnige Angst vor der Polizei. Aber du siehst ja, ich kann hier im sechsten Stock nicht mit deinem Geld aus dem Fenster springen. Stell dich in die Türnische und gib mir das Geld. Ich hol den Shit raus.«

Auf der anderen Seite der Tür war aber keine Wohnung, sondern nur ein Korridor, der zum anderen Treppenhaus und zum zweiten Ausgang des Hauses führte.

So stand der gelinkte Kunde dann eine Weile vor der Tür herum, bis er vorsichtig hineinlugte und feststellen mußte, daß da keine Dealerwohnung, sondern nur ein schlichter Hausflur war.

Diese Art Tricks versagten aber offensichtlich bei den beiden Engländern, die einfach zu mißtrauisch waren und mit angelsächsischer Gelassenheit erklärten: »Hier ist die Kohle. Wenn du uns was verkaufen willst, okay. Aber bei uns geht's nur ›cash and carry‹.«

Mit fünfzehntausend Mark in der Tasche gerieten sie an Jan, und der fühlte sich herausgefordert, den Kollegen von der Dealerszene einmal zu zeigen, wie man jemanden gekonnt hereinlegt. Jan lieh sich von einem Mitglied der »Linker-Gang« dessen Auto aus und schloß mit ihm eine Wette ab: »'n Tausender, wenn ich die Boys reinlege.« Dann machte er sich auf den Weg zu den Ex-Soldaten Ihrer Majestät der Königin.

»Das waren ja ziemlich halbseidene Burschen, mit denen ihr da zu tun hattet«, erklärte er den beiden. »Die wollten euch abzocken. Haschisch haben die keins und wollten sich von mir nur zum Vorzeigen was ausleihen. Aber so was mach ich nicht mit. Wenn ihr was wollt, dann geht das ›cash and carry‹.«

Genau danach stand den beiden der Sinn, wie er wußte. Sie waren einverstanden. Jan rief seine »Connection« an, Simon in Altona, er möge bitte mit sechseinhalb Tafeln Haschisch umgehend zum Altonaer Bahnhof kommen. Jan habe zahlungskräftige Kundschaft dabei.

Eine halbe Stunde später traf man sich vor dem Gebäude der AOK. Simon parkte zwei Wagenlängen vor Jan.

»Wartet hier im Auto«, erklärte Jan den Engländern und schwang sich aus dem Wagen. Er setzte sich neben Simon und sagte: »Die haben fünfzehn Riesen dabei. Ich will den Deal machen.« Dann handelten die beiden einen Preis aus, bei dem eine hübsche Summe für Jan abfiel.

»Wo ist denn das Geld?« fragte Simon.

»Haben sie bei sich und rücken es nicht raus. Komm, gib mir den Stoff. Das sind nur fünf Meter bis da rüber. Dein Auto ist schneller als meins, und ich stehe sowieso mit der Schnauze zum Zaun in der Lücke. So schnell kann ich da nicht raus. Ich hau dir schon nicht ab. Dafür kennen wir uns zu lange.«

»Ist okay«, sagte Simon, »hier ist die Tüte.«

Jan lief zurück zu seinem Wagen und drückte den Engländern das Paket mit den sechseinhalb Kilo Haschisch in die Hand. Die beiden waren begeistert und machten sich sofort daran, den Stoff zu probieren, während Jan das Geld nach vorn zu seinem Lieferanten brachte.

Dann setzte er sich wieder hinters Lenkrad.

»Ich bring euch noch zum Bahnhof.« Er steckte den Schlüssel ins Zündschloß, drehte aber nur so weit, daß es ein paarmal »klick« machte. Dann fing er langsam an zu fluchen, zuerst auf deutsch, dann auf englisch: »Fuck, this motherfucking son-of-a-bitch-car.« Er drehte sich zu den Engländern um: »Die Batterie ist leer.« Sie müßten das Auto wohl oder übel anschieben. Alle drei stiegen aus und schoben das Auto aus der Parklücke auf die Straße. Als sie dann ein gewisses Tempo erreicht hatten, sprang Jan in den Wagen, zündete den Motor, haute den zweiten Gang rein und brauste mit Vollgas davon.

Im Rückspiegel sah er noch die beiden Haschkunden auf der Straße stehen, in Hemd und Hose. Ihre Jacketts und der Rucksack mit Haschisch waren seine Beute.

Jan hatte den Kollegen gezeigt, wer der beste »Linker« war. Er verstaute das Haschisch in einem Schließfach am Hauptbahnhof und warf den Rucksack in den Müllcontainer am

Rondeel. Die sechseinhalb Kilo besten Schimmel-Afghanen verkaufte er noch am selben Abend für einen guten Preis weiter. Damit hatte er neben seinen viertausendachthundert Mark Provision noch gute achtzehntausend Mark zusätzlich verdient.

Am Ende wollte er auch noch für die gewonnene Wette kassieren. Doch der Vermittler des faulen Geschäfts wollte nicht zahlen, sondern verlangte seinerseits eine Provision: »Wir haben dir die Leute gezeigt. Du bist wohl nicht ganz dicht, jetzt auch noch 'n Tausender zu verlangen.«

Jan war in Spendierlaune und verzichtete auf seinen Gewinn. Großzügig schenkte er dem Vermittler fünfhundert Mark. Trotz seiner Geschäfte galt Jan in der Szene immer noch als Kleindealer. Die Großen im Gewerbe handelten nicht mit Kilos, sondern mit ganzen Zentnern von Haschisch.

Zugang zu den Quellen

In der Villa am Rondeel hatten sich die Bewohner inzwischen gemeinsam einen Billardtisch gekauft, der unten in der Empfangshalle vor dem Kamin direkt unter dem großen Kristallleuchter stand. Rundherum führte eine schön geschnitzte Holztreppe zur Galerie.

Am Rondeel war immer etwas los.

Eines Tages tauchten ein paar Rocker auf, mit denen Jan bis dahin nie auf besonders gutem Fuß gestanden hatte. Doch beim Billardspiel freundete er sich vor allem mit Stan an, der später in den Zeitungen als Hamburger Rockerkönig bezeichnet wurde. Stan hatte einen riesigen Wanst, einen Vollbart wie ein Räuberhauptmann und schulterlange Haare. Er trug immer einen Ledermantel und dazu eine Harley-Davidson-Mütze. Auf seinem Bauch, so sagten seine Rockerkumpane, könnte man Motorrad fahren. Stan und zwei seiner Freunde landeten später als die Führer der Hamburger »Hells Angels« unter diversen Anklagen vor Gericht.

Jan sorgte dafür, daß immer ein gekühlter Kasten Bier bereitstand, wenn die drei auftauchten, versorgte sie auch mit Shit und hatte damit eine zu jeder Schlägerei bereite Leibgarde.

Daneben hatte er auch noch andere Beschäftigte, so einen, der immer bei »Charly Ganz« in der Kneipe saß und darauf achtete, ob jemand Shit kaufen wollte. Dann rief er Jan an, und der erschien umgehend, um sich den Kunden unter den Nagel zu reißen.

Mit seinem Kleinhandel verdiente Jan viel Geld, das er allerdings systematisch zum Fenster rauswarf. Er kaufte irgendwelche Oldtimer, deren Reparaturen Tausende verschlangen, lud seine Freunde ins Restaurant auf dem Hamburger Fernsehturm ein und bewirtete sie aufs feinste. Aus purer Angabe bestellte er einmal im »Grünspan« eine Ladung Bier für fünfzig Mark und gab der Bedienung einen Hunderter: »Stimmt so, Rest ist Trinkgeld.«

Als er eines Nachmittags die Auffahrt der Rondeel-Villa entlanggefahren kam, entdeckte er ein Mädchen, das auf einer Sackkarre einen Kühlschrank vor sich herschob. Da das Mädchen recht attraktiv aussah, sprang er aus dem Auto und half ihr, den Kühlschrank ins Souterrain der Villa zu schaffen. Sie hieß Meike und wollte zu ihrer Freundin in eines der schmalen Kellerzimmer ziehen. Jan freundete sich mit Meike an.

Es war die Zeit, in der er den Sprung vom Kleindealer zum Großdealer machte. Mit seinem Freund Stan, der drei Monate bei ihm gewohnt hatte und sich während all der Wochen nicht einmal gewaschen hatte, saß er eines Abends vor dem Kaminfeuer. Jan hatte sehr viele Kerzen angezündet, um einen etwas neutraleren Geruch in den Raum zu bekommen. Da klingelte es an der Tür, und draußen stand ein gutsituiert aussehender, dickbäuchiger, grauhaariger Türke. Er trug einen Popelinemantel und einen Hut, hatte einen Schnurrbart, eine Brille und ein Glasauge.

»Ich bin Hasan Hasani«, stellte sich der Türke vor, »und suche Peter, Peter Cramberg. Habe nur getroffen Maren. Hat mich geschickt in diesen Raum. Ich vielleicht finden Theo, aber Theo, glaub ich, ist ...« Er machte das Zeichen für Spritzen. »... Theo ein bißchen kaputt jetzt. Ich nicht viel Lust machen Geschäft mit Theo.«

Jan bot dem Mann freundlich einen Platz an und setzte einen Tee auf. Er wußte, seine große Chance lag plötzlich in greifbarer Nähe. Schließlich sagte der Türke: »Mit Theo ist nicht gut, und Peter im Gefängnis. Alle meine Freunde. Und früher immer Shish-Kebab im Garten gemacht.«

Dann holte er ein winziges Stück Haschisch aus seinem Jakkett hervor, hielt es so, als hätte er ein Kaninchen aus dem Hut gezaubert, und sagte: »Hab ich was Gutes.«

Jan zeigte sich interessiert, in Crambergs Geschäftsbeziehungen einzusteigen, machte aber klar, daß er nicht über sehr viel Kapital verfüge. Statt dessen habe er sehr gute Kunden.

»Ist kein Problem ohne Kapital«, sagte der Türke. »Mußt kommen mit nach Wilhelmsburg, hinterher wir rechnen ab.«

So kam es, daß Jan mit nach Wilhelmsburg in Hasan Hasanis Wohnung fuhr, in dessen guter Stube eine ganze Galerie alter Türken saß. Hasan holte in der Küche einen kleinen Beutel mit türkischem Haschisch in Pulverform hervor, zog von einer Zigarettenschachtel die Zellophanhülle herunter, schüttete ein wenig Pulver in die Tüte, feuchtete alles etwas an und wickelte es ganz fest in nasses Zeitungspapier. Das Paket legte er auf eine heiße Elektroplatte, um das angefeuchtete Pulver anzuwärmen. Dann legte er es auf den Fußboden, drückte mit der Hand vorsichtig den Wasserdampf heraus und trat schließlich mit dem Fuß auf das Paket.

Nach dem Auswickeln zeigte er Jan eine streichholzdicke Platte grünes Haschisch. Gemeinsam gingen sie zurück ins Wohnzimmer, und Hasan präparierte ein paar Joints. Jeder zweite in der Runde erhielt einen. Jan zündete sich seinen an und nahm zwei Züge.

Der Stoff war so stark, daß er dachte, ihm explodiere das Gehirn. Nach zehn Zügen war er so angeknallt wie vorher noch nie und nachher niemals wieder.

Zum Schluß gab es Shish-Kebab, und Jan hatte das Gefühl, er habe eine wichtige Prüfung bestanden.

Als sich die übrigen Türken verabschiedet hatten, sagte Hasan: »Alles ist klar jetzt, wir können machen Geschäfte. Wir müssen mit deinem Auto ein bißchen rumfahren, dann alles klar.« Nach einer kurzen Fahrt durch Wilhelmsburg sagte Hasan: »Hier jetzt anhalten, und zwei Minuten ich zurück.« Dann tauchte er mit zwei großen Tüten wieder auf: »Mach Kofferraum auf: Dies ist zwölf Kilo.«

Nach kurzer Fahrt hielten sie wieder an, und das ging so weiter, bis Jan sechzig Kilogramm Haschisch im Kofferraum hatte.

»Für heute alles klar«, sagte Hasan. »Verkauf, soviel du kannst. Hinterher rechnen wir ab, machen halbe-halbe.«

Nach oben keine Grenze

Bessere Konditionen konnte ein aufstrebender Jungdealer nicht bekommen. Jan war so überrascht und euphorisch, daß er sich fühlte, als hätte »mir jemand eine goldene Bratpfanne über den Schädel gehauen«. Hasan hatte ihm gesagt, er solle zu einem realistischen Marktpreis verkaufen, und eine Grenze nach unten genannt. Nach oben gab es kein Limit.

Das Problem war nur, daß Hasan ihm Haschischpulver geliefert hatte, während der Markt nach gepreßten Shit-Platten verlangte. Jan beriet sich mit seinen Stammkunden aus Bremen, Heidelberg und aus Dänemark, wohin er nach seiner Ausweisung längst wieder Verbindungen geknüpft hatte. Sie gaben ihm zusätzliche Tips, wie er aus dem Pulver Platten machen konnte, und wurden im Laufe der nächsten Monate gemeinsam mit Jan zu großen Namen im Geschäft. Hatten sie anfangs mal ein halbes oder auch ein ganzes Kilo gekauft, zum Mindestpreis von tausenddreihundert Mark pro Kilo, kamen sie später mit hundert- oder hundertfünfzigtausend Mark in der Tasche zum Großeinkauf angereist.

Jan hatte mit einem Mal alle Fäden in der Hand, wobei Hasan Hasani seine wichtigste und wesentliche Connection war, über die er wachte wie der Zwerg Alberich über den Nibelungenschatz.

Das Türkenpulver knallte zwar sehr stark an, stand in der Preishierarchie aber ganz unten. Als besser galten Roter oder Gelber Libanese, dann kam pakistanischer, dann afghanischer Shit und schließlich Haschisch aus Nepal. Ganz überragende Qualitäten stammten aus Kaschmir.

Um sein Türkenpulver aufzuwerten, beschloß Jan, Roten Libanesen daraus zu machen. Gemeinsam mit Stan, dem schwergewichtigen Rockerkönig und dessen beiden Kumpels schüttete er fünfzehn Kilo Haschischpulver in eine Badewanne der Villa am Rondeel und vermischte den Stoff mit der gleichen Menge Henna, womit man sich gemeinhin auch damals schon die Haare färbte.

Aus der Apotheke hatte Jan zusätzlich ein Bindemittel besorgt, das sonst zur Tablettenherstellung verwendet wird. Er mischte alles gut durch und füllte es fünfhundertgrammweise in Leinensäcke. Dann schüttete er Waldhonig, den er in großen Mengen im Feinkostladen gekauft hatte, in einen Topf und goß kochendes Wasser darauf. Anschließend zog er Handtücher durch das aromatisierte Süßwasser und legte sie auf die Leinensäcke.

Mit einem alten Bügeleisen drückte er die Handtücher und Leinensäcke mit dem Drogenmischmasch aufeinander, bis alles qualmte und dampfte und die Säcke mit dem Honig durchfeuchtet waren. Am Ende wurden sie zwischen zwei Bretter gelegt, und der dicke Stan stellte sich mit seinen drei Zentnern Lebendgewicht darauf und wippte auf und ab. Das war die Haschischpresse, mit der aus fünfzehn Kilo Türkenpulver dreißig Kilo Roter Libanese wurden.

Zu guter Letzt schnitt Jan dann noch aus Gummi die Umrisse eines Löwen aus, klebte sie auf eine Garnrolle und stempelte die Säcke damit. So entstand der später bekannte und beliebte »Lions-Red« aus dem Libanon.

Nach kurzer Zeit hatten Jan und seine Zwischenhändler den gesamten, dazu noch auf wundersame Weise gestreckten Stoff verkauft. Jan meldete sich bei Hasan, der in der Zwischenzeit kein einziges Mal nachgefragt oder ihn gar gedrängt hatte. Auf Basis der untersten Preisgrenze rechnete Jan mit ihm ab, und Hasan war hocherfreut. Wie beim vorherigen Mal sammelten sie auf einer weiteren Runde durch Wilhelmsburg neue Ware ein. Mit fünfundvierzig Kilo kam Jan zurück in die Villa am Rondeel.

Jans neue Liebe, Meike, vier Jahre älter als er, war ebenfalls Drogenkonsumentin. Was ihm imponierte, war, daß Meike nie »mit dem Arsch an der Mauer gestanden hatte«, wie man den Straßenstrich im Szenejargon bezeichnete. Sie bestritt ihren Lebensunterhalt dadurch, daß sie mit ihrer Handtasche die Kneipen und Hotels auf dem Strich abgraste und für zehn, dreißig und fünfzig Mark kleinere Haschischportionen verkaufte. Mit Jan hatte sie nun einen günstigen Lieferanten erwischt.

Im Gegenzug bemutterte sie den aufstrebenden Jungdealer. Wenn er nach Hause kam, gab es warmes Essen. Sie sorgte dafür, daß seine Schränke mit frischer Wäsche gefüllt waren und die Wohnung sauber und einladend glänzte. Meike ermunterte ihn auch, sich von seiner Rocker-Entourage zu lösen: »Die kannst du doch alle in der Pfeife rauchen. Mach dich von diesen Typen frei, die brauchst du nicht. Du kommst allein viel besser klar.«

Das kitzelte Jans Selbstbewußtsein, und er trennte sich ziemlich abrupt von seinen bisherigen Kumpanen. Meike machte ihm schließlich den Vorschlag, geschäftlich zu fusionieren. In der Tat hatte sie auf dem Kiez einen weiten Kundenkreis. Jan ließ sie in ihrem Bereich völlig souverän schalten und walten und mischte sich nicht ein, wenn sie ihre kleinen Haschischplatten zurechtschnitt und am Abend mit ihrer Handtasche auf die Reeperbahn zog.

Einen ziemlichen Teil ihres Nachschubs bezog Meike nach wie vor von einem Zuhälter, der ständig in einem silbergrauen

Sportcoupé herumfuhr. Die Connection hielt sie Jan gegenüber zunächst geheim, und erst als die Beziehung zu Jan so eng wurde, daß sie ihm ewige Treue schwor und versprach, auf Gedeih und Verderb mit ihm zusammenzuarbeiten, schlug sie ihm vor, ihn mit ihrem anderen Zulieferer zusammenzubringen.

So tauchte eines Tages ein kleiner, untersetzter Mann mit frisch geföhnten Haaren, die rochen, als hätte er gerade in Rasierwasser gebadet, in Jans Wohnung auf. Sein Name war Karl-Heinz Eder. Mit seinen zweiunddreißig Jahren hatte er entsprechend mehr Lebenserfahrung und Raffinesse, war routinierter als Jan, der noch nicht einmal volljährig war. Bei einer Flasche Pommery taxierte man sich gegenseitig und kam überein, in Zukunft zusammenzuarbeiten. Jan wollte auf die Dauer nicht allein von seinem Türken abhängig sein und beschloß, sein Geschäft auf ein zweites Bein zu stellen. Er garantierte Karl-Heinz Eder eine Mindestabnahme von vierzig Kilo Haschisch pro Woche, also hundertsechzig im Monat, denn soviel konnte er mittlerweile an seine Zwischenhändler absetzen. Hasan war schon längst nicht mehr mit dem Nachschub nachgekommen.

Karl-Heinz verfügte über gute Beziehungen zu einigen persischen Lieferanten, aber die hatten nicht genügend Vertrauen zu ihren deutschen Kunden. Jan sollte diese Lücke füllen und ihr Starverkäufer werden. Er selbst war zu diesem Zeitpunkt ganz auf Expansion aus und genehmigte sich selbst nur minimale Gewinne. Er schraubte seine Handelsspanne hinunter bis auf fünfundsiebzig Mark, die er an einem Kilo Schimmel-Afghane bester Qualität verdiente. Bei ihm machte es die Menge. Das Ganze hatte in seinen Augen den Sinn, seine Kunden zu »pushen«, sie mit reichlich Stoff einzudecken. Jan wollte sie groß machen, damit sie zu potenten Abnehmern würden. Auf diese Weise wollte er sich ein regelrechtes Haschischimperium aufbauen.

Die drei Firmen

Nach Abgang des Rauschgiftkönigs Peter Cramberg hatten sich in Hamburg drei Gruppierungen etabliert, die um Marktanteile stritten. Da war zum einen die Gruppe um Klaus Kirchner, der den schönen Beinamen »Klunker-Klaus« trug. Er machte auf Guru und hielt sehr auf Disziplin. Mit seinem Charisma und seiner suggestiven Kraft machte er sich Anhänger und Mitarbeiter gefügig. Seine gesamte Gruppe mußte sich makrobiotisch ernähren, das Tibetanische Totenbuch lesen und sich den östlichen Religionen zuwenden. Dabei war er selbst ein eiskalt kalkulierender Geschäftsmann, der schon seit einiger Zeit in der Szene tätig war und es sogar gewagt hatte, selbst Cramberg zu trotzen.

Die zweite Gruppe gehörte zu Mike Ho aus der großen deutsch-chinesischen Familie Ho. Und den dritten Kreis schließlich bildeten Karl-Heinz Eder, sein persischer Lieferant Pierre und als Newcomer Jan Christopher.

Die drei Gruppen führten im Untergrund einen zum Teil erbitterten Krieg gegeneinander. Einbrüche wurden organisiert, um an etwaige Kundenlisten zu kommen, und auch innerhalb der Gruppen neigte man zu wenig feinen Methoden.

Jan nahm inzwischen mehr Stoff von Karl-Heinz ab, als zunächst vereinbart worden war. In manchen Wochen konnte er sechzig Kilo von ihm sowie zusätzlich sein Kontingent türkischer Herkunft absetzen. Pierre und Karl-Heinz gegenüber hatte er Hasani niemals erwähnt. Nur Meike wußte Bescheid.

Als Jan wieder einmal Nachschub brauchte und bei Hasan in Wilhelmsburg klingeln wollte, prangte an der Tür ein Siegel der Gemeinsamen Fahndungsgruppe Zoll. Hasan war hochgegangen. Jan witterte die Zusammenhänge, doch erst später erfuhr er, was sich abgespielt hatte: Meike hatte Karl-Heinz die türkische Quelle verraten. Und als der von der Polizei mit zehn Kilo Haschisch erwischt worden war, konnte er sich selbst nur retten, indem er den Fahndern einen angeblich größeren Fisch servierte, als er selbst es war.

Er hatte Hasan an die Schmiere verkauft, um seinen eigenen Kopf aus der Schlinge zu ziehen. Was ihm zudem den zusätzlichen Vorteil verschaffte, daß damit Jans zweiter Lieferant ausfiel und der jetzt voll auf ihn und Pierre angewiesen war. Karl-Heinz wohnte damals am Doormannsweg in einem Hochhaus, in dem auch etliche Perser ihre Wohnung hatten und das die reinste Drogenhochburg war. Irgendwann wurde es von der Polizei umstellt, und unter anderem wurde Eders Wohnung gestürmt. Wieder fand sich bei ihm eine größere Menge Haschisch, und wieder bot er sich der Polizei als Informant an und schaffte es so, ein weiteres Mal seinen Kopf zu retten. Diesmal verpfiff er Pierre, dem es allerdings gelang, sich rechtzeitig ins Ausland abzusetzen.

Kurz nach der Polizeiaktion bot Karl-Heinz Jan an, ihn als gleichberechtigten Partner in seine Handelsorganisation aufzunehmen. Als Beweis für seine ernsten Absichten lud er Jan in seinen silbergrauen Mercedes 190 SL ein, um gemeinsam mit ihm ein Haschischdepot zu sichern. In der Nähe des Schwimmbades am Kaiser-Friedrich-Ufer drückte er Jan einen Autoschlüssel in die Hand und deutete auf einen VW 1600: »Hinten drin liegen zwei Koffer mit achtzig Kilo Schwarzem Afghanen. Du kannst die Ware und das Auto haben. Bunker das irgendwo und verkauf den Stoff. Wir rechnen später ab.«

Der Grund für dieses großzügige Angebot bestand darin, Jan vorauszuschicken, damit im Ernstfall er und nicht Karl-Heinz selbst mit der Ware hochging. Doch das Auto war sauber, und Jan konnte unbehelligt abfahren. Er schaffte es sogar, die Verfolger abzuhängen, die ihm sein Partner Karl-Heinz, angeblich zu seinem Schutz, hinterhergeschickt hatte. Jan wollte lieber unbeobachtet bleiben, denn er hatte seine eigenen Verstecke und seine eigenen Kontakte und traute seinem Kompagnon genauso wenig wie der ihm.

Die achtzig Kilo Schwarzen Afghanen verkaufte Jan auf einen Schlag an einen Kunden in Heidelberg, der damit amerikanische GIs im süddeutschen Raum belieferte.

Stoff aus dem Nahen und Fernen Osten

Zusätzlich zu seiner persischen Quelle verfügte Karl-Heinz Eder noch über eine Berliner Drogen-Connection: zu einem gewissen Mustafa Damas, dem Inhaber mehrerer Imbißbuden, Galerien und Kaffeehäuser. Damas beschaffte den Stoff von einem Mann in Ost-Berlin. Karl-Heinz Eder und sein neuer Partner Jan erhielten regelmäßig Mengen zwischen zweihundert und vierhundert Kilo von Damas, und zwar via Frankfurt.

Morgens um sechs trafen sich Jan und Karl-Heinz dann an der Telefonzelle neben der Krugkoppelbrücke an der Alster. In einem gemieteten Mercedes fuhren sie anschließend nach Frankfurt zum Flughafen, wechselten den Wagen und trafen sich in der Stadt mit Mustafa, der in der Zwischenzeit den am Flughafen geparkten Leihwagen mit Stoff gefüllt hatte. Von ihm erfuhren sie, wo sie das Fahrzeug wieder in Empfang nehmen konnten. In Hamburg verteilten sie die Zentnerladung Haschisch dann auf mehrere schrottreife, abgemeldete Autos, die in verschiedenen Garagen standen. Im Kofferraum, neben den Drogen, lagen jeweils ein Stapel Plastiktüten und eine Sackwaage.

Der Vertrieb lief so, daß Jan zunächst von den Kunden das Geld in Empfang nahm und es an einem sicheren Ort deponierte. Dann ließ er sich das Auto des Kunden geben und parkte es an einem Platz, den der Kunde nicht kannte. Er mietete sich einen Leihwagen und fuhr immer abwechselnd, um nicht zu häufig an einem Ort zu erscheinen, zu einer anderen Garage. Er schloß das Tor hinter sich zu und wog die gewünschte Menge in Plastiktüten ab, packte sie in den Mietwagen und fuhr zum Auto des Kunden zurück. Dort lud er die Ware in den Kofferraum des Kunden, ließ seinen Leihwagen stehen und legte die Schlüssel auf einen der Vorderreifen. Dann setzte er sich in das Kundenfahrzeug und stellte es irgendwo in der Stadt ab. Schließlich stieg er in ein Taxi, wechselte unterwegs in ein anderes Taxi oder verschwand in einem U-Bahnhof, um sich schließlich in einem Restaurant oder einer

Kneipe mit dem Kunden zu treffen. Jan gab ihm den Schlüssel und teilte ihm mit, wo sein Auto stand: »Im Kofferraum sind genau fünfundzwanzig Kilo, wie vereinbart. Fahr vorsichtig. Gute Heimreise, und meld dich mal wieder.«

So kompliziert die Abläufe waren und so gewieft Jan mit seinen kaum zwanzig Jahren seinen Geschäften nachging, so wenig überblickte er die Hintergründe und Machenschaften seines Partners. Karl-Heinz hatte immer einen flotten Spruch und einen Scherz auf den Lippen, ging jeden Tag zum Friseur, roch nach teurem Parfum, hatte stets eine messerscharfe Bügelfalte in der Hose und gehörte zum halbseidenen Hamburger Establishment.

Jan ahnte nicht, wie schnell man in diesem Gewerbe fallengelassen und an die auf Erfolge angewiesene Rauschgiftabteilung der Polizei ausgeliefert wurde.

In seiner Blauäugigkeit konnte er von keiner Seite Gefahr erkennen. Inzwischen hatte er an die hunderttausend Mark in bar im Kopfkissen seines Bettes angehäuft. Er bat seinen Bruder, der inzwischen zum mehr als eifrigen Konsumenten der verschiedensten Drogen geworden war, für ein paar Tage die Rondeel-Villa zu hüten. Jan hatte ihm allerlei Verhaltensmaßregeln gegeben und ihm und seiner Freundin in der Zwischenzeit erlaubt, sich all jener schönen Dinge zu bedienen, die in der Wohnung herumlagen: Valium, Opiate, Apothekengifte und Haschisch in rauhen Mengen, dazu eine Meerschaumpfeife, um den Stoff stilgemäß zu sich zu nehmen, und eine riesige Stereoanlage zur Reisebegleitung.

Der junge Herr Geschäftsmann

Die hunderttausend Mark wurden in Meikes Handtasche verstaut, und am Flughafen erstand das junge Erfolgspärchen Tickets erster Klasse nach Zürich. In der Nobelwanne eines First-class-Hotels feierten sie den Wirtschaftsboom und ließen sich vom Zimmerkellner Champagner servieren. Am nächsten

Morgen fuhren sie zur Schweizer Nationalbank in der Bahnhofstraße, stellten sich an einen Schalter, und Jan sagte: »Guten Tag, ich möchte hier ein Nummernkonto eröffnen.«

Der Schalterbeamte deutete ihnen an, ihm zu folgen, und es ging durch eine unauffällige Tür in der Holztäfelung über endlose Gänge und geräuschschluckende Teppiche zu einem Lift. Endlich wurden sie durch eine gepolsterte Tür zu einem der Abteilungsleiter geführt. Da standen sie nun mit ihren Geldtütchen. Jan mußte noch einmal in die Schalterhalle, um alles in Schweizer Franken umzutauschen. Er bekam einen Betrag von rund achtzigtausend Franken ausgehändigt und fuhr mit dem Lift zurück in die Chefetage. Dort nahm man ihm das Geld ab und teilte ihm eine Nummer zu. Außerdem wurde ein Codewort verabredet. Verfügungsberechtigt sollten neben Jan Meike und in Notfällen auch Jans Anwalt, Graf Wolkenhauer aus Hamburg, sein. Fragen stellten die diskreten Schweizer Bankiers nicht.

Stolz wie ein Pfau führte Jan seine Freundin Meike am Abend in Zürich aus. Es war eine laue Sommernacht, sie aßen das obligatorische Fondue und tranken dazu Jans Lieblingsrotwein. Am nächsten Morgen flogen sie zurück nach Hamburg.

Unterwegs stand Jan auf und lief durch den Gang ins Heck der Maschine, um sich bei der Stewardeß etwas zu trinken zu holen. Plötzlich stutzte er. Auf einem Sitz am Gang saß jemand, der aussah wie sein Vater. Zuerst ging Jan vorbei, doch dann drehte er sich um und kam ein Stück zurück: Es war tatsächlich sein Vater.

Beide wußten nicht, was sie sagen sollten. Doch dann meinte Jan: »Hallo, Papa« und reichte ihm die Hand.

»Hallo, was machst du denn hier?«

»Ich hatte geschäftlich zu tun.«

»Ich auch.« Nach einem weiteren verlegenen Moment entließ ihn der Vater mit einem: »Mach's gut. Paß auf dich auf. Und mach keinen Unsinn.«

Jan erzählte Meike kurz von seiner Begegnung und hing dann seinen Gedanken nach. Immerhin hatte sein Vater nicht recht behalten, als er ihm wieder und wieder prophezeit hatte, wo sie sich das nächste Mal wiedersehen würden: Aus seinem Fenster über der Elbe hatte er immer wieder auf die schräg gegenüberliegende Insel Hahnöfersand gedeutet, auf der Hamburgs Jugendgefängnis lag.

»Wenn ihr so weitermacht, werden wir euch eines Tages da drüben besuchen müssen«, hatte er immer wieder zu seinen Söhnen gesagt.

Aber noch war es nicht soweit. Jan spürte in sich ein Gefühl der Genugtuung, weil er seinem Vater gezeigt hatte, daß er in internationalen Geschäften tätig war. Zwar trug er immer noch die von seinem Vater so gehaßten langen Haare. Doch hatte er sich ansonsten für seine wichtige Geschäftsreise in die Schweiz mit einem neuen Anzug ordentlich herausgeputzt. Glücklich lehnte Jan sich in seinem Sitz zurück. Er flog erster und sein Vater nur zweiter Klasse.

Neue Märkte

Bei der Rückkehr in die Villa am Rondeel erwartete Jan eine Überraschung. Ein Kunde aus Frankfurt-Hoechst, Head Sergeant Higgins von der McNear-Kaserne, der auf Teufel komm raus mit Shit gedealt hatte, war ohne Voranmeldung mit einem Freund aufgekreuzt. Jans Bruder hatte ihn hereingelassen und sich seine Geschichte angehört.

Higgins hatte vor der Tür einen Siebeneinhalb-Tonner stehen, der mit nagelneuen Stereoanlagen vollgeladen war, originalverpackt. Die heiße Ware stammte aus einem Einbruch in einem PX-Laden auf dem Militärgelände in Frankfurt. Jans Bruder Ludwig, ein Elektronik-Freak, hatte den Deal schon so gut wie abgeschlossen, und ein großer Teil der Ladung war bereits in die Villa geschafft worden.

Jan war entsetzt, denn er rechnete damit, daß sein Haus von der Polizei observiert wurde. Er nahm Higgins beiseite und ließ sich berichten, daß die Ware frisch aus Übersee gekommen und noch nicht einmal in den Warenlisten des PX registriert worden sei. In seinem Bemühen, die Geräte schnellstens wieder loszuwerden und das Nützliche mit dem Notwendigen zu verbinden, hängte sich Jan ans Telefon und telefonierte in seinem Bekanntenkreis herum. In kürzester Zeit hatte er alle Geräte mit gutem Gewinn an den Mann gebracht. Ein wertvolles Stück behielt er für die eigene Wohnung, und der Head Sergeant konnte wieder abreisen.

Kurze Zeit später stand die Kriminalpolizei vor der Tür. Jan stehe im Verdacht, in großem Umfang mit Diebesgut gehandelt zu haben. Seine wunderbare Stereoanlage wurde beschlagnahmt. Jan entschied sich für die Flucht nach vorn und stellte nach Rücksprache mit seinem Anwalt den Antrag, die beschlagnahmte Anlage unverzüglich wieder herauszugeben. Es gebe kein Indiz dafür, daß sie gestohlen sei. Tatsächlich waren die Seriennummern nicht registriert, und so ließen sich Verstärker und Lautsprecher auch nicht als gestohlen identifizieren. Jan durfte seine Stereoanlage im Polizeihochhaus wieder abholen.

Langsam wurde der Umsatz im Haschischgeschäft immer größer. Amerikanische Kontaktleute zu den in Deutschland stationierten US-Truppen wurden zu wahren Großkunden, und umgekehrt wuchs das Angebot vor allem aus persischen Quellen zu immer gewaltigeren Mengen an. Manchmal wußte Jan nicht mehr, wohin mit der heißen Ware. Karl-Heinz Eder und er mieteten unter falschem Namen eine Garage nach der anderen an, um genügend Stauraum zu haben. Mittlerweile flog Meike etwa einmal pro Monat nach Zürich, um zehn- bis zwanzigtausend Mark auf das Nummernkonto einzuzahlen.

Doch inzwischen wurde auch die Polizei erfolgreicher und schlug immer dichter in Jans Nähe zu. Bodo W., dessen Diskothek nicht mehr gut ging, weil ihn seine Angestellten systematisch betrogen, und der im permanenten Haschischrausch den Überblick verloren hatte, versuchte sich ebenfalls dilettierend im Shit-Geschäft und wurde prompt verhaftet. Unglücklicherweise war er kurz vorher in Jans Villa gezogen.

Jan wurde derweil immer unvorsichtiger, das Geschäft lief einfach zu gut. Gleichgültig, wie profitabel ein Deal war, er versuchte ihn sich unter den Nagel zu reißen, schon allein aus dem Interesse, noch tiefer in die riskante Materie einzudringen. Die erfolgreiche Befriedigung seines Geltungsdrangs half ihm, den eigenen Drogenkonsum bis auf gelegentliche Exzesse stark einzuschränken. Der geschäftliche Erfolg reichte ihm, um high zu sein.

Neben seiner Zusammenarbeit mit Karl-Heinz Eder handelte Jan zuweilen auch allein auf eigene Rechnung. Unter anderem hatte er Beziehungen zu einer Bande in Lüneburg, die auf Apothekeneinbrüche spezialisiert war und die bei Jan Opiate gegen Haschisch tauschte. So konnte er zu sehr günstigen Preisen auch Morphine an Hamburger Junkies abgeben. Mindestens einmal pro Woche nahm er in Lüneburg die Beute aus ein oder zwei Apo-Brüchen in Empfang.

Darüber hinaus flog Jan mittlerweile des öfteren nach Dänemark, um auch dort seinen Geschäften nachzugehen. Sein Kurier, der gegen tausend Mark in bar regelmäßig in die Kotflügel eines VW 1600 eingeschweißte Ware über die Grenze transportierte, war dann schon da. Nur die Verteilung mußte Jan persönlich besorgen. Ein Kunde aus Stockholm kam mit dem Tragflügelboot aus Malmö herüber, und auch aus Finnland hatte Jan Kunden zu bedienen. Er traf seinen Kurier in einem Hotel, ließ sich wie immer einen Autoschlüssel geben und erklären, wo der dazugehörige Wagen stand. Damit fuhr Jan anschließend zu einem Haus am Stadtrand von Kopenhagen, wo der Wagen entladen wurde. Über Wochen hin waren es jedesmal mindestens zwanzig Kilogramm, manchmal mehr.

Wie jedesmal lief alles reibungslos, und Jan gelang es ohne Komplikationen, das Geld über die Grenze zu bringen. Zu Hause wartete bereits der nächste Deal.

Die Flucht

Kaum am Rondeel eingetroffen, hörte er, daß es der Lüneburger Apothekenbande gelungen war, in der vorausgegangenen Nacht in einen Arzneimittelgroßhandel einzubrechen und einen großen Posten Ampullen Morphium mitgehen zu lassen. Da in Lüneburg der Bedarf an Opiaten noch nicht so groß war, sollten die Ampullen über Jan abgesetzt werden, der dafür im Gegenzug sechstausend LSD-Trips liefern wollte.

Jan schwang sich in seine Neuerwerbung, ein schneeweißes Mercedes-Coupé mit roten Ledersitzen und Holzarmaturen, und traf die Lüneburger beim Bauernfrühstück im Ratskeller. Bei ihnen war ein junger Mann mit wallendem Vollbart und schulterlangen Haaren, der Jan als »Rasputin« vorgestellt wurde. Jans langjähriger Geschäftspartner Jörg meinte: »Der ist in der ganzen Sache mit drin. Er hat mitgeholfen, und deshalb müssen wir ihn am Deal beteiligen.«

Nach dem Mittagessen fuhr die ganze Truppe raus in den Wald. Jan hatte sich in einen filmreifen Trenchcoat gewickelt und eine Sonnenbrille aufgesetzt. Auf dem Kopf trug er einen Borsalino. Rasputin hatte sich auf den Rücksitz gequetscht, vorn neben Jan saß Jörg, und im Handschuhfach lagen die Beutel mit den LSD-Trips, die Jan mitgebracht hatte. Sie bogen auf einem Sandweg in den Wald ein, als Rasputin neben einem großen Stapel Fichtenholz plötzlich sagte: »Du, halt mal an, ich muß dringend aus der Hose, ich hab drei Halbe getrunken.« Und schon hatte er sich aus dem Auto gedrängt und war im Wald verschwunden.

Jörg stieg ebenfalls aus und verschwand hinter dem Holzstapel. Nach wenigen Momenten tauchte er wieder auf, unter jedem Arm einen großen Karton. Jan hörte das Klirren der Ampullen, obwohl er den Motor hatte laufen lassen und hinter dem Lenkrad sitzen geblieben war.

Plötzlich tauchten sieben bis acht junge Männer, gekleidet in Jeans und Lederjacken, mit Bärten und langen Haaren, aus dem Dickicht auf und richteten ihre großkalibrigen Waffen auf

Jörg und Jan. Jörg ließ die Kartons fallen und sprang ins Auto. Jan haute den zweiten Gang rein, gab Vollgas und ließ die Kupplung springen.

Mit durchdrehenden Reifen schoß der Wagen los, und die Polizeibeamten hinter dem Fahrzeug verschwanden fast in der Staubwolke. Einem, der vor den Wagen gelaufen war, gelang es jedoch noch, mit einem Hechtsprung auf die Kühlerhaube zu springen. Mit einer Hand griff er nach einem der Scheibenwischer und begann mit dem Revolver, den er in der anderen Hand hielt, auf die Frontscheibe einzuschlagen. Doch die Oldtimer-Scheibe zersplitterte nicht etwa in tausend Stücke, sondern bekam nur ein kleines Loch.

Jan beschleunigte, wurde schneller und schneller und machte mit dem Lenkrad kurze Schlenker nach links und nach rechts. Endlich flog der Beamte mit dem Scheibenwischer in der Hand seitlich ins Gestrüpp.

Kurz bevor sie die Straße erreichten, sagte Jan zu Jörg: »Greif mal schnell ins Handschuhfach und schmeiß die Beutel mit den Trips raus. Ganz, ganz schnell.«

Auf der Straße stand ein einzelner Polizist in einem langen grauen Gummimantel. Es nieselte ein wenig. Der Beamte versuchte, den heranrasenden Wagen zu stoppen, doch als der nicht abbremste, sprang er im letzten Moment in Richtung Straßengraben.

Auf der Liste

Jan war noch einmal entkommen. Zu Hause genehmigte er sich eine dicke Nase Kokain, um somit am Abend gestärkt zurück in den Wald fahren zu können und nach den verlorenen LSD-Trips zu suchen. Sein Lieferant, der die Trips besorgt hatte, bestand darauf, denn Jan hatte nicht in bar bezahlt, sondern die Ware in Kommission genommen.

So stöberten die beiden denn mitten in der Nacht, ausgerüstet nur mit einer Taschenlampe, durch den Wald. Jan, ein bißchen aufgeputscht, ein bißchen nervös und unter einer leichten Koksparanoia leidend, sah hinter jedem Baumstamm Zigaretten aufglühen und hörte Polizeibeamte miteinander flüstern. Doch die Rauschgiftfahnder waren längst abgezogen. Das LSD hatten sie gefunden und als Beweismittel mitgenommen.

Damit war das Ende der Lüneburger Apothekenbande besiegelt. »Klugerweise« trug deren Boß an einem silbernen Kettchen den Schlüssel für sein Bankschließfach um den Hals, in dem die Polizei dann sechzigtausend Mark in bar fand sowie einige Überweisungsbelege, die auf einen gewissen Jan Christopher hindeuteten.

Die Hamburger Rauschgiftfahnder wurden unterrichtet.

Jan war inzwischen wieder einmal nach Dänemark gefahren, um seine regelmäßige Haschischladung unter die Leute zu bringen. Diesmal war der Umsatz größer als je zuvor, und er konnte mit rund fünfhunderttausend dänischen Kronen die Heimreise antreten. Nach der Bezahlung der persischen Lieferanten und dem Teilen mit seinem Kompagnon würde davon natürlich nur ein Teil bei ihm hängenbleiben, aber bis zu dem Zeitpunkt war er für das Geld verantwortlich. Er hatte sich entschlossen, im Leihwagen nach Hause zu fahren. Als die Fähre in Puttgarden anlegte, wurde Jan vom deutschen Zoll herausgewunken. Er wußte zu diesem Zeitpunkt noch nicht, daß Bodo W., ehemaliger Diskothekenbesitzer und gescheiterter Drogendealer mit Sitz am Rondeel, mittlerweile gesungen hatte und dabei unter anderem auch Jans Namen genannt hatte.

Der Zollbeamte kontrollierte also Jans Papiere und verschwand dann damit in seinem Büro. Nach kurzer Zeit kehrte er zurück und fragte Jan, was er denn in dem Koffer auf dem Rücksitz habe.

»Schmutzige Wäsche«, antwortete Jan. Doch dann überlegte er sich, daß jede falsche oder gar rotzige Antwort seine Lage höchstens verschlechtern würde, und sagte lächelnd: »In dem Koffer sind eine halbe Million Dänenkronen.«

»Steigen Sie aus, das müssen wir klären«, meinte der Beamte leicht verunsichert.

Jan nahm den verschlossenen Koffer und ging hinter dem Zöllner her in die Dienststelle. Dort brachte er dann die nächsten zwölf Stunden zu, ohne daß ihn die Beamten dazu veranlaßten, den angeblichen Geldkoffer zu öffnen. Jan hatte telefonisch seinen Hamburger Anwalt mobilisiert, und der drohte der gesamten Dienststelle mit einer Anzeige wegen Freiheitsberaubung, wenn man Jan nicht unverzüglich freiließe. Die Sache zog sich noch etwas hin, bis ein dänischer Rauschgiftfahnder erschien und versuchte, Jan dazu zu bewegen, freiwillig nach Dänemark zurückzukehren, um die Sache mit den Dänenkronen gütlich zu regeln. Doch Jan lehnte dankend ab.

Die Leute vom deutschen Zoll hatten sich in der Zwischenzeit entschieden, Jans abenteuerliche Lügengeschichte zu glauben, nach der er von einem amerikanischen Freund beauftragt und mit Dänenkronen ausgestattet worden war, um die in Dänemark liegende Yacht eines schwedischen Ärzteteams zu kaufen. Leider seien die Eigner aber nicht am vereinbarten Treffpunkt erschienen, und so habe er mit den Kronen im Koffer unverrichteter Dinge wieder abreisen müssen.

Die deutschen Behörden hatten keine direkte Handhabe gegen ihn, denn die Ausfuhr von mehr als zehntausend Dänenkronen war nur nach dänischem Recht verboten. Also durfte Jan seine Heimreise fortsetzen, doch die Polizei achtete in Zukunft noch etwas mehr darauf, was Jan so trieb. Im Trubel seines Geschäfts ließ der sich allerdings nicht weiter von den polizeilichen Verfolgungsmaßnahmen einschüchtern. Im Gegenteil, endlich war er der wichtige, von allen Hunden gehetzte Großdealer. Das kam dem Wunschbild, das er von sich selbst hatte, so weit entgegen, daß er ausgesprochen kühn wurde.

Räuber-und-Gendarm-Spiele

Wenig später verkaufte Jan sechs verschiedenen Leuten an einem einzigen Tag jeweils Haschischmengen von dreißig bis fünfzig Kilogramm. Jeder Deal verlief unter konspirativen Begleitumständen wie Autowechsel, Taxifahrten, U-Bahnfahrten und dem ständigen Blick in den Rückspiegel oder über die Schulter, ob die Luft rein war. Nach getaner Arbeit verstaute Jan das Geld in der Armlehne eines nagelneuen Maserati, den sich Kompagnon Karl-Heinz Eder gerade gekauft hatte. Leider war ihm gleich darauf der Führerschein abgenommen worden, so daß er Jan das Auto geliehen hatte.

Die beiden hatten sich beim Büro einer Autoverleihfirma verabschiedet, wo Karl-Heinz das Geld für den Verkauf von einem halben Zentner Haschisch entgegennehmen und im Austausch dafür in einem Mercedes-Leihwagen gebunkerte neue Ware übergeben wollte.

Rund hundert Meter vor dem mit Karl-Heinz vereinbarten Treffpunkt wurde Jan in seinem Maserati plötzlich von einem Auto mit quietschenden Reifen überholt. Der Wagen stellte sich quer vor ihn, und vier schwerbewaffnete Polizisten sprangen heraus: »Hände hoch, Hände aufs Dach!« Sie begannen, den Sportwagen hektisch zu durchsuchen, fanden das Geld jedoch nicht. Der Maserati war nagelneu und aus der allerersten Serie des Modells. Fasziniert fragten die Beamten Jan nach den technischen Details.

Aus den Augenwinkeln sah Jan seinen Partner nur ein kleines Stück entfernt zusammengekauert im Auto sitzen, sechzig Kilogramm Haschisch im Kofferraum.

Jan fühlte sich sehr sicher, denn er hatte keinen Stoff dabei. Er sprach den Einsatzleiter der Polizei ganz von oben herab an: »Hören Sie mal, ich hab vor einer halben Stunde Feierabend gemacht. Ich hab den ganzen Tag Geschäfte gemacht wie ein Verrückter, ich bin wirklich am Ende, und da kommen jetzt Sie an und halten mich hier auf. Versuchen Sie es doch morgen noch mal, aber dann bitte etwas zeitiger.«

Für Jan war die Sache so etwas wie ein Räuber-und-Gendarm-Spiel, bei dem er seine Rolle voll ausreizte, was ihm bei der Polizei allerdings nicht gerade Freunde schuf. Das bekam er in der nächsten Zeit zu spüren. Mit immensem Aufwand wurde die Villa am Rondeel mit Razzien überzogen. Schutzpolizisten wurden in Mannschaftswagen herangekarrt und bildeten dann eine Kette um das Haus, eingehakt wie bei einem Demonstrationseinsatz. Bis zu vierzig, fünfzig Beamte in Zivil durchstöberten das Haus, fanden aber nie etwas.

Langsam begann sich das Glück für den allzu schnell nach oben gekommenen Jungdealer jedoch zu wenden, wenn er auch noch einige äußerst lukrative Geschäfte abwickelte.

Reklamationen

Monate später lieferten Jans persische Partner fünfhundert Kilo Haschisch direkt nach Kopenhagen. Jan mußte nur noch seine Kunden zusammentrommeln und die Verteilung übernehmen. Er hatte gebührend Reklame gemacht und von seiner treuen Kundschaft fast eine Million Dänenkronen als Vorkasse in bar eingesammelt.

Alle waren gespannt auf die hoch gepriesene Ware, doch stellte sich heraus, daß es sich um höchst minderwertigen Roten Libanesen handelte, mit Sand und Kameldung gestreckt. Die Kundschaft fühlte sich verladen und verlangte die sofortige Rückerstattung des Geldes. Die Aktion tat Jans Ruf in Dänemark nicht gerade gut, und so raunzte er seinen Lieferanten Damas entsprechend an: »So eine Scheiße kannst du mit uns nicht noch einmal machen.«

Damas schimpfte seinerseits auf seine Quellen im Libanon, die Faschisten und die Falangisten, die den Haschischhandel unter sich hatten: »So was wird nie wieder passieren. Von jetzt ab wird immer ein Vertrauensmann dabeisein, wenn eingekauft wird.«

Die nächste Fuhre, die in Hamburg ankam, diesmal vierhundertachtzig Kilogramm, bestand wieder aus erstklassiger Ware. Sie war in einem riesigen Chevrolet verstaut, den Jan und sein Partner nachts in einer Garage entluden. Der Stoff mußte auf fünf Leihwagen verteilt werden, die noch in derselben Nacht in verschiedenen Garagen der Hansestadt gebunkert wurden.

Die skandinavischen Händler waren begeistert, ebenfalls die anderen Kunden, die inzwischen aus Süddeutschland, aus London, den Niederlanden und Österreich auf einen telefonischen Hinweis hin anreisten.

Geldwäscherei

Jan hatte von seinem Partner die spezielle Aufgabe übertragen bekommen, die in großen Mengen anfallende dänische Währung in deutsches Geld umzutauschen. Er hatte sich zu diesem Zweck eine renommierte Privatbank am Hamburger Ballindamm, direkt an der Binnenalster, ausgesucht. Dort kannte man ihn schon. Er kam regelmäßig, fast jede Woche, und lieferte taschenweise dänische Kronen ab. Er mußte die Pakken mit Geldscheinen nur noch am Schalter abgeben, dann setzte er sich hin und las Zeitung, während das Geld gezählt wurde. Als Stammkunde erhielt er einen Vorzugskurs, der immer ein paar Punkte besser lag als der jeweilige Tageskurs. So hatte er einen kleinen Extraverdienst. Das Personal der Bank stellte niemals irgendeine Frage.

Die Bezahlung von Damas wickelte nach wie vor Karl-Heinz Eder ab. Jan gefiel das nicht besonders. Er konnte so nicht kontrollieren, ob Karl-Heinz und Damas nicht nebenbei noch ein Privatgeschäft laufen hatten, bei dem sein Partner extra absahnte. Also bestand er darauf, künftig bei der Bezahlung dabeizusein. Aber Karl-Heinz gelang es, unmittelbar vor dem nächsten Treffen doch kurz unbeobachtet mit Damas zu reden. Die beiden, so vermutete Jan, hatten sich vorab über Preise und Zahlungsmodalitäten abgesprochen. Bei dem Verkauf von zweihundertachtzig Kilo Haschisch blieben für Karl-Heinz und Jan je zweiundzwanzigtausend Mark übrig.

Jan war sein Anteil zu gering, und er wurde zunehmend mißtrauisch. Sein Argwohn wurde noch geschürt durch eine Reihe undurchsichtiger Festnahmen unter gemeinsamen Geschäftsfreunden. Jan nahm an, Karl-Heinz würde wieder einmal von der Polizei unter Druck gesetzt und müßte als V-Mann Resultate bringen, um danach selbst ungestört weiterarbeiten zu können.

Ein Versuch mit neuer Ware

Jan war gerade Anfang zwanzig und hatte sehr hohe laufende Kosten. Vier zugelassene Autos standen vor seiner Tür, fast neuntausend Mark Miete kostete ihn die Villa am Rondeel, wovon er nur einen Teil bei seinen Untermietern einzutreiben vermochte. Dennoch brachte die Dealerei so viel ein, daß er seinen hohen Lebensstandard halten konnte. Einmal pro Woche flog Meike immer noch nach Zürich, um das Nummernkonto aufzufüllen. Inzwischen hatten sie in der Schweiz ein Barvermögen in Höhe von dreihundertfünfundsechzigtausend Franken, bei der Dresdner Bank in Hamburg lagen sechsundneunzigtausend Mark auf dem Konto, und zu Hause hatte Jan eine Handkasse mit fünfzig- bis sechzigtausend Mark in bar. Er hatte kein Gespür mehr für den Wert des Geldes. Es ging ihm nur noch um abstrakte Summen. Jan machte Geschäfte um der Geschäfte willen. Er wollte Erfolg um des Erfolgs willen. Nicht einen einzigen Urlaub gönnte er sich während dieser Zeit, sondern er jagte wie ein Manager durch den Drogenuntergrund, klebte in Hamburg fest, voller Angst, daß irgendein namhaftes Geschäft ohne ihn über die Bühne gehen oder daß er von der Konkurrenz aus dem Busineß gedrängt werden könnte.

Neben dem gemeinsam mit Karl-Heinz Eder betriebenen Haschischgeschäft handelte Jan auch weiter mit Opiaten.

Schon frühzeitig hatte er die Hamburger Junkie-Szene bedient. Als gewisse Leute aus Frankreich in Hamburg Erkundigungen über bestehende Marktchancen einholten, waren sie unweigerlich auf das Verkaufsgenie Jan C. gestoßen, und schließlich hatte die »French Connection« ihn dazu auserkoren, Heroin in Hamburg markt- und verkaufsfähig zu machen. Zwei Kunden schleppten ihm einen Franzosen ins Haus, der außer »Salut« nicht viele Worte über die Lippen brachte und Jan nur zu fixieren schien. Bevor er ging, ließ er Jan zwei Kilogramm reinstes weißes Heroin da, für das er im Falle des Verkaufs nicht mehr als zweiunddreißigtausend Mark, also sechzehn Mark das Gramm, haben wollte, verglichen mit heutigen Kursen ein unvorstellbar niedriger Preis.

Offenbar waren die korsische und die französische Mafia nach schweren Einbrüchen im Geschäft mit Amerika dringend daran interessiert, sich in Mitteleuropa einen neuen Heroinmarkt aufzubauen. Die zwei Kilo, in das Drogenzentrum Hamburg gebracht, sollten dazu dienen, den Markt zu sondieren oder möglicherweise auch erst einen Bedarf zu wecken, denn nichts produziert so schnell und so gründlich eine Nachfrage wie kleine Dosen von Heroin, zu niedrigen Preisen unter die Leute gebracht.

Jan sprach seine bisherigen Abnehmer aus Fixerkreisen an, die sich bislang vor allem Opiumtinktur, die sogenannte »Berliner Tinke«, in die Adern gejagt hatten oder Morphium aus Apothekeneinbrüchen oder Amphetamine, »Speed«.

»Mensch, Alter, hast du nichts anderes, hast du keine Morphin-Ampullen«, war zumeist die Reaktion auf sein Angebot. Wenn Jan ihnen erklärte, was für ein Zauberzeug er dabeihatte, zuckten die meisten Fixer nur mit den Schultern: »Was is denn das für 'n Zeug? Kenn ich gar nicht. Muß ich auch nicht haben.« Allem Neuen zugewandt, begann Jan zunächst einmal selbst den Stoff zu probieren, indem er kleine Mengen durch die Nase zog. Eigentlich dachte er zu jener Zeit auch weniger daran, kleine Päckchen »H« an der Straßenecke zu verdealen, als daran, eine große Verkaufsorganisation aufzuziehen, in deren Gemischtwarenangebot er auch den neuen Stoff mit vertreiben würde. Vor allem bei den GIs in Frankfurt erhoffte er sich einen beträchtlichen Kundenstamm.

Die ersten achthundert Gramm Heroin schwatzte er denn auch seinem besten Shit-Kunden im Rhein-Main-Gebiet auf. Den Rest deponierte er im Hause seines Bruders Ludwig in Rissen, der dort mit ein paar anderen Leuten zusammenlebte. Der zwei Jahre ältere Ludwig hatte einen Riecher für den neuen Stoff, er begann das weiße Pulver zu schnupfen und kam dann nicht mehr davon los.

Ein amerikanischer Kunde in Frankfurt hatte Jan am Telefon zugesagt, ihm ein volles Kilo Heroin abzunehmen. Jan setzte kurzerhand den Preis bei vierundsechzigtausend Mark das Kilo fest, was immer noch recht günstig war. Er mietete sich einen feudalen Mercedes 250 SE Coupé und fuhr damit vor dem Haus seines Bruders vor, um den im Kachelofen versteckten Stoff abzuholen. Zu seiner Überraschung wollten Ludwig und dessen Freundin unbedingt mit auf die Reise.

Als sie Seesen im Harz erreichten, begann es urplötzlich wie aus Eimern zu regnen. Jan fuhr gut hundertfünfzig Stundenkilometer, als er im Morgengrauen ein Schild entdeckte, das bei Nässe vor Rutschgefahr warnte. Ohne zu wissen, was er tat, schaltete er das Automatikgetriebe auf »Low-Drive« herunter. Die Hinterachse verlor den Kontakt zum Boden, und der Wagen drehte sich mehrmals um die eigene Achse. Er prallte erst links, dann rechts und dann wieder links gegen eine Leitplanke und blieb schließlich zerbeult in Fahrtrichtung stehen. Totalschaden. Den drei Insassen war nichts passiert. Jan hatte den Schreck als erster überwunden und drückte seinem Bruder achthundert Mark in die Hand: »Du läufst zur nächsten Notrufsäule, und ich marschier in die andere Richtung und nehme den Stoff mit.«

Im strömenden Regen entfernte sich Jan vom Unfallort und stellte sich in einiger Entfernung an den Autobahnrand, um einen Wagen zu stoppen. Bis auf die Haut durchnäßt, wartete er mehrere Stunden, bis sich eine mitleidige Seele seiner erbarmte. Er ließ sich in Göttingen an der Autobahnraststätte absetzen und rief von dort einen Kunden aus der Gegend an. Der holte ihn dann auch schnellstens ab.

Im Wagen öffnete Jan kurz den Koffer und fragte: »Willst du mal 'ne Nase probieren? Kommt aus Marseille, vielleicht hast du ja einen Kunden für so was.« Er schob ihm eine Probe hinter die Zellophanhülle seiner Zigarettenschachtel.

Jan ließ sich zum Bahnhof bringen, fuhr nach Mannheim und rief dort seinen amerikanischen Kontaktmann an. Der fuhr ihn in eine billige Absteige, wo Jan seinen Kunden aufforderte, zügig für Heroin-Interessenten zu sorgen: »Hurry up! I haven't got any time to wait for the business. I have to go back to Hamburg tomorrow in the afternoon. Hurry up.«

Die Sache zog sich über drei Tage hin, vereinzelt tauchten Leute auf und testeten kleine Mengen mit der Spritze. Jan saß die ganze Zeit mit mehr als einem Kilo Heroin unterm Kopfkissen in seinem Zimmer. Er beschloß, das Hotel zu wechseln.

Sein Kontaktmann holte ihn abends mit seinem VW-Bus ab und brachte ihn zu einem Motel. Als sie gerade aussteigen wollten, rasten von drei Seiten große Chevrolets der Militärpolizei auf sie zu. Doch sie stürzten sich nicht auf Jan, sondern auf seinen amerikanischen Begleiter, der seit zwei Tagen ohne Genehmigung die Kaserne verlassen hatte. Sekunden später stand Jan mit seinem Heroin-Koffer allein auf der Straße und wunderte sich nur, warum es in Deutschland so gut wie keinen Markt für den Stoff gab.

Anfang der 70er spritzten sich die deutschen Junkies noch fast alle Opium und, wenn es das nicht gab, die verschiedensten Gifte aus Apotheken. Wenig später aber war Heroin bereits die wichtigste und gefährlichste Droge auf dem deutschen Markt. Jan C. war einer der Pioniere in diesem mörderischen Geschäft.

Mit dem Intercity gelangte er zurück nach Hamburg und nahm sich dort ein Taxi, mit dem er nach Rissen zur Wohnung seines Bruders fuhr. Doch der war nicht zu Hause, nur eine Mitbewohnerin namens Carola war da. Während ihr Jan in kurzen Worten und völlig übermüdet seine Abenteuer andeutete, warf er zufällig einen Blick durchs Fenster nach draußen. Ein grauer VW-Bus fuhr langsam um die Ecke auf das Haus zu.

Jan schnappte sich seinen Koffer, lief nach hinten in die Küche und sprang mit einem Satz in das Brechbohnenbeet vor dem Fenster. Der Boden war durch den Regen total aufgeweicht, und Jan steckte bis zu den Knien im Schlamm. Er robbte durch das Gestrüpp bis ins Unterholz des angrenzenden Waldstücks, huschte quer über eine Straße und schaffte es, unentdeckt zur Steilküste an der Elbe zu gelangen. Dort versteckte er den Koffer unter Laub und Büschen und lief zurück zum Haus seines Bruders. Carola war immer noch allein dort und sagte: »Das waren nur Leute vom Jugendschutz, die nach einem entlaufenen Mädchen suchen.«

Mittlerweile war der Franzose, der Jan die beiden Kilo anvertraut hatte, von seinen Lieferanten unter Druck gesetzt worden. So saßen, als Jan ins Rondeel zurückkehrte, vier Franzosen vor der Tür und stießen wilde Drohungen aus. Jan mobilisierte einen Freund, einen Koreaner, der in Hamburg eine Karateschule betrieb, und schickte ihn vor. Ohne zu wissen, daß er es mit Abgesandten der französischen Heroin-Mafia zu tun hatte, packte der Koreaner sich jeweils zwei Leute am Kragen und setzte sie vor die Tür.

»Kommt hier nie wieder her! Ihr Hausverbot!«

Unverständlicherweise meldeten sich die französischen Heroinhändler tatsächlich nicht mehr bei Jan, um ihr Eigentum oder das Geld dafür zu reklamieren.

Die Reste seines brisanten Ladenhüters füllte Jan in Marmeladegläser und stellte sie unter eine Geheimtreppe, wo er sie womöglich vergessen hätte, wenn nicht sein Bruder Ludwig und dessen Freundin plötzlich familiäre Gefühle in sich verspürt hätten. Gleich am nächsten Tag standen sie vor der Tür und taten ganz unschuldig: »Hallo, wir wollten nur mal vorbeikommen, euch besuchen. Könnten wir nicht übers Wochenende bleiben? Und ein bißchen auf der Alster paddeln? Und übrigens, habt ihr noch was von dem weißen Pulver?«

Jan begriff. Er hatte aus seinem eigenen Bruder den ersten Heroinkunden in Hamburg gemacht. Da half auch Meikes Warnung nichts mehr: »Mensch, laß die Finger von dem Zeug, das ist brandgefährlich.« Sie kam zu spät.

Einblick in den Haschimport

Nach dem kommerziellen Flop mit dem ersten Heroin, das nach Hamburg gelangt war, wandte sich Jan wieder seinem wichtigsten Geschäftszweig, dem Handel mit Haschisch, zu. Es war Spätherbst, und aus Frankfurt kam die Nachricht, daß Mustafa Damas eine neue Lieferung erwartete. Im Bahnhofsrestaurant Frankfurt wollte man sich zu einem kleinen Geschäftsessen treffen. Nach der üblich langen Vorrede kam Damas zum Punkt: » Die Sache steigt draußen am Flughafen.«

Kurz vor dem Ankunftsterminal ließ er Jan und Karl-Heinz aussteigen und fuhr mit deren Lieferwagen weiter: »Wir treffen uns nachher im Flughafen-Restaurant, wenn das Auto beladen ist.«

Jan und Karl-Heinz waren neugierig geworden, nach so lang andauernden Geschäftsbeziehungen wollten sie endlich einmal aus erster Nähe miterleben, wie die Ware ins Land geschmuggelt wurde. Sie studierten die Anzeigetafel der ankommenden Flugzeuge und entdeckten eine Maschine aus Beirut, die gerade mit der üblichen Verspätung gelandet war. Die beiden gingen in Richtung Gepäckförderband und sahen ganz in ihrer Nähe Mustafa Damas. Und dann tauchten plötzlich fünf Orientalen, ausgehungerte Figuren in schlecht sitzenden Konfirmationsanzügen und krummgetretenen Schuhen, auf. Jeder von ihnen trug zwei große schwarze Pappkoffer mit sich. Und zwischen den Zähnen einen Paß. Im Gänsemarsch liefen sie auf die Zollabfertigung zu, die Beamten nahmen ihnen die Pässe aus dem Mund, blickten kurz hinein und steckten ihnen die Papiere unter einen der schwerbeladenen Arme. Sie durften passieren, ohne daß auch nur ein Blick in ihr Gepäck geworfen wurde. Die

Araber reisten als Diplomaten mit Diplomatenpaß. So durfte kein Zollbeamter in ihre Koffer sehen.

Jan fiel der Unterkiefer herunter. Er mühte sich tagtäglich mit konspirativen Tarnmanövern ab, um den Stoff in kleinen Mengen unter die Leute zu bringen, und hier kamen die Rauschgiftkoffer unter Aufsicht der Behörden völlig unkontrolliert ins Land. Kopfschüttelnd folgten sie den fünf Arabern, die in der Halle von Damas abgefangen wurden, der einen Augenblick auf arabisch auf sie einredete. Dann übernahm er die Führung, und seine fünf Kofferträger folgten ihm.

Jan und Karl-Heinz drehten ab, denn sie wollten ihren Lieferanten nicht verunsichern. Als sie Damas schließlich im Flughafen-Restaurant trafen, sagte der: »Alles in Ordnung. Alles in bester Ordnung. Hier sind die Autoschlüssel. Ich geh noch ein Stück mit und zeig euch, wo das Auto steht.«

Auf dem Parkdeck Nr. 1, im Bereich von Budget-Rent-a-car, stand der Wagen, den sie am Morgen gemietet hatten. Achsen und Federn bogen sich durch, und der Auspuff hing fast auf dem Boden. Der Kofferraum war bis an den Rand gefüllt, und auch auf dem Rücksitz waren die großen Pappkoffer so hoch gestapelt, daß eines der Rückfenster nicht mehr geschlossen werden konnte.

Jan und Karl-Heinz quetschten sich auf die weit nach vorn geschobenen vorderen Sitze und verließen das Parkhaus vorsichtig über die engen Fahrbahnen. Nach ein paar Kilometern über ein Gewirr von Autobahnen fuhren sie auf eine Graspiste in der Nähe einer Tankstelle, wo es auch eine Imbißbude und eine Telefonzelle gab. Sie stellten den Wagen unter ein paar Bäumen ab und schleppten drei der Koffer in die Büsche. Dort öffneten sie das Diplomatengepäck: Unter einer Lage Zeitungspapier kam dichtgepackt das Haschisch zum Vorschein. Jeder Koffer wog einen guten Zentner.

Von der Telefonzelle aus rief Jan seine örtlichen Zwischenhändler an und bestellte sie in die Nähe ihres Lagerplatzes. Er mußte so schnell wie möglich einige der Haschischkoffer loswerden, denn mit dem völlig überladenen Fahrzeug wollte er sich nicht auf den Weg nach Hamburg machen. Alles ging reibungslos vonstatten, und mit dem Rest, der die Ladekapazität des Wagens immer noch überschritt, fuhren Karl-Heinz und Jan dann die Nacht hindurch zurück nach Hause. Vollkommen übermüdet steuerten sie im Morgengrauen ihre verschiedenen Lagerplätze an und verteilten die frische Ware.

Es machte einige Mühe, eine derartige Menge umgehend abzusetzen, doch schließlich hatten sie Erfolg. Das Geld ging in Raten an Damas, immer wenn sie für hunderttausend Mark Dope verkauft hatten, bestellten sie einen von seinen Mitarbeitern nach Hamburg und übergaben ihm, meist im renommierten Café »Funkeck«, das Geld.

Der Haschprinz kommt ins Schleudern

Dann plötzlich stockte der Nachschub. Nach den fetten Tagen schienen unversehens die mageren Einzug zu halten. Damas konnte keinen neuen Stoff mehr beschaffen.

»Es ist eine größere Sache geplant«, erklärte der Perser. Die Angelegenheit bedürfe längerer Vorbereitungszeit. »Ihr müßt euch ein bißchen gedulden. Macht doch mal Urlaub.«

Doch Jan und Karl-Heinz hatten ihre kostbaren Geschäftsbeziehungen darauf gegründet, daß die Kundschaft sich darauf verlassen konnte, in Hamburg binnen zwölf Stunden beliefert zu werden. Versiegte der regelmäßige Drogenstrom, würden die Abnehmer sich unweigerlich nach anderen Lieferanten umsehen. So kam Jan in die unangenehme Lage, von einem seiner bisherigen Kunden kaufen zu müssen, der noch über andere Quellen verfügte.

Dann endlich meldete sich Damas wieder und avisierte einen ganzen Lastwagen, der mit Haschisch in Hamburg anrollen sollte. Getarnt war die Ladung als Transport von Plattenspielern, die man ausgeweidet und innen mit reinstem Haschisch gefüllt hatte.

Karl-Heinz war begeistert, doch Jan holte ihn aus den Wolken zurück auf den Boden ihrer tatsächlichen Möglichkeiten. »Den Brocken können wir nicht allein schlucken. Da müssen ein paar Leute mit ran. Fünfhundert oder sechshundert Kilo können wir selbst übernehmen, und im übrigen sollten wir uns Sonderkonditionen aushandeln dafür, daß wir unsere Garage zur Verfügung stellen, um den Stoff umzuladen. Laß uns die Sache bloß in Ruhe abwickeln.«

Jan mobilisierte seinen gesamten Kundenstamm und zahlte fünfundsechzigtausend amerikanische Dollar vorab an Damas' Transporteure. Der Container, so versicherten die, stehe bereits auf einem Parkplatz in Veddel.

Nun hatten die Perser sich auch noch nach anderen Kunden für ihre Ladung umgesehen. Einer von ihnen hatte den Lkw-Fahrer und einen anderen Mittelsmann dazu gedrängt, bereits in der ersten Nacht an den geparkten Lastwagen zu gehen und fünfhundert Kilo abzuladen. Dabei hatten sie allerdings nicht berücksichtigt, daß Lkw-Parkplätze nachts oft von der Polizei observiert wurden. Als sie um Mitternacht mit einem VW-Transporter neben dem Lastwagen parkten und die Plane zu öffnen begannen, wurden sie von der Polizei festgenommen. Eine Lkw-Ladung Haschisch wanderte in die Asservatenkammern des Rauschgiftdezernates.

Jans fünfundsechzigtausend Dollar Anzahlung waren verloren. Von seinem ersten ernsthaften Rückschlag genervt, legte er erst einmal eine Geschäftspause von achtzehn Tagen ein. Mustafa Damas, immer noch munter im Geschäft, hatte für den 27. November 1971 eine Fuhre von hundertachtzig Kilogramm Rotem Libanesen bester Qualität nach Hamburg bestellt. Die Übergabe sollte direkt an der Rothenbaumchaussee erfolgen.

Die Zwischenzeit wollten Karl-Heinz und Jan dazu nutzen, endlich einmal in den wohlverdienten Urlaub zu fahren. Es sollte nach Sizilien gehen. In der Villa am Rondeel war es ohnehin etwas ungemütlich geworden. Es hatte mehrmals gebrannt, was Jan darauf zurückführte, daß der Besitzer, ein reicher Pelzhändler, die ersten Vorbereitungsmaßnahmen für die Durchsetzung einer Abrißgenehmigung für die Villa ergriff.

Außerdem hatte das heruntergekommene, aber immer noch recht repräsentative Gebäude allzuviel Publizität gewonnen. Der ehemalige Drogenkönig Cramberg war vorübergehend aus der Haft entlassen worden und hatte seine Geschichte an eine Illustrierte verkauft. Großspurig und mit Jans Autos im Hintergrund hatte er sich vor der Villa in Pose gestellt und fotografieren lassen. Seitdem paradierten die Touristen vor der Drogenvilla. Ein kleiner Trip in den Süden konnte da nicht schaden.

Urlaub hinter Gittern

Karl-Heinz und Jan wollten mit zwei Autos getrennt voneinander fahren und sich in einem Hotel in Mühlhausen treffen. Meike war bis zur letzten Minute noch dabei, Hemden zu bügeln.

Jan hatte einen Teil des Gepäcks schon im Kofferraum untergebracht. In der Seitentasche auf der Fahrerseite verstaute er den Reiseproviant: achtzig Gramm Haschisch, ein kleines Röhrchen Heroin, ein bißchen Kokain und ein paar Morphiumtabletten. In seinem Dealerstreß, der ihn oft an das freudlose Dasein eines Managers erinnerte, hatte er es sich inzwischen zur Gewohnheit gemacht, mäßig, aber regelmäßig vor allem Heroin zu schnupfen. Jan fühlte sich manchmal wie der Geschäftsführer eines großen Supermarkts, der den Einkauf unter sich hatte und zugleich unter dem Druck der Konkurrenz die Verkaufszahlen nach oben treiben mußte.

Die letzte Urlaubsvorbereitung bestand schließlich darin, auf dem Postamt Ulmenstraße die Telefonrechnung zu bezahlen und das Telefon auf Auftragsdienst umstellen zu lassen. Als er die kurze Wegstrecke zurückgefahren kam und gerade von der Sierichstraße in die Auffahrt des Rondeels einbiegen wollte, sah er einen schwarzen Mercedes-Diesel mit Behördennummer auf dem Hof stehen. Um den Wagen herum einige Unbekannte. Jan hatte die Sonne im Rücken, und sie schien genau auf die Fenster seiner Wohnung, die zur Straße hinausgingen. Was dahinter geschah, konnte Jan nicht sehen und erfuhr es erst später. Meike stand hinter dem Fenster und winkte mit beiden Armen, daß er verschwinden sollte.

Doch statt rechts abzubiegen und sich aus dem Staub zu machen, fuhr Jan weiter und stoppte vor dem Haus. Ihm schoß noch durch den Kopf, daß das sicher wieder einmal die Polizei war, die irgend etwas Albernes von ihm wollte. Er fühlte sich sicher. Rotzfrech und arrogant wollte er gerade aussteigen, als er sah, daß das schon losfahrende Polizeiauto noch einmal bremste.

Ein Mann sprang heraus und lief auf Jans Auto zu. Er klopfte an die Scheibe, und Jan drehte das Fenster herunter.
»Ja, bitte, kann ich Ihnen irgendwie helfen?«
»Könnte durchaus sein. Kennen Sie einen Herrn Christopher?«
»Ja, den kenne ich«, antwortete Jan. »Das bin ich selber.«
In Sekundenschnelle zog der Mann seine Pistole und hielt sie Jan ins Gesicht: »Ja, dann steigen Sie mal aus. Sie sind vorläufig festgenommen.«
Inzwischen waren auch die anderen Männer aus dem Auto gestiegen und stellten sich um Jans Fahrzeug herum auf, unter ihnen ein ganz spezieller Freund Jans, der Rauschgiftfahnder Eckel, den er bei der letzten Begegnung gröblichst beleidigt hatte. Eckel präsentierte ihm einen Haftbefehl wegen Handels mit Betäubungsmitteln und Medikamentenhehlerei.

Jan war wenig beeindruckt, wenn auch etwas frustriert, da es nun mit der Abfahrt nach Sizilien etwas dauern würde. Er stieg aus, und sofort wurden ihm die Arme auf den Rücken gedreht. Die Handschellen schlossen sich mit einem Klicken. Die Beamten sahen in den Kofferraum seines Wagens und fanden nur Reisegepäck.

Jan wurde auf die hintere Bank des schwarzen Mercedes geschoben und rechts und links von ihm nahmen zwei Polizisten Platz. Einer von ihnen war Herr Eckel, der sehr glücklich schien.

»Na, da haben wir euch ja endlich. Dein Freund Karl-Heinz freut sich schon auf ein Wiedersehen.«

Jan war noch ganz obenauf: »Erstens ist Herr Eder nicht mein Freund, zweitens weiß ich gar nicht, was ich mit dem zu tun habe, und drittens interessiert es mich nicht, ob der zu Gast ist bei Ihnen oder nicht. Was in Ihrem Haftbefehl steht, ist doch lächerlich, und das wissen Sie ganz genau.«

Auf dem Polizeirevier Hohe Bleichen wurde Jan von seinen Handfesseln befreit und in ein Büro geführt, in dem drei große Porträts hingen. Das erste zeigte den Schah von Persien, das zweite eine ältere Dame mit einer kleinen Krone, die Schwester des Schahs, das dritte einen persischen General in voller Uniform.

Jan deutete auf die Fotos und fragte: »Was machen denn die Bilder da, sind wir hier in der persischen Botschaft?«

Einer der Beamten blickte kurz nach oben und sagte nur knapp: »Das sind unsere drei Hauptfeinde.«

Eskortiert von drei Männern, wurde Jan schließlich in ein anderes Büro geführt, in dem Karl-Heinz Eder vor einem Schreibtisch einem Kriminalbeamten gegenübersaß. Als er Jan sah, hob er die Hände und sagte: »Nicht vergessen, Scheiße fressen! Und Maul halten.«

Die Beamten schoben Jan wieder aus dem Zimmer, und die Tür knallte hinter ihm zu. Er und sein Partner hatten sich oft genug darüber unterhalten, wie sie im Ernstfall vorgehen wollten. Auch die Anwälte, drei Spezialisten für Rauschgiftkriminalität, standen schon fest. Zu ihrem Glück war das alte Opiumgesetz noch in Kraft, und damit drohten ihnen statt bis zu zehn Jahren Höchststrafe nur drei Jahre. Aber wenn man gerade zwanzig ist, dann sind auch drei Jahre schon eine ganze Menge.

Ein harter Junge wird weich

Es stellte sich heraus, daß ein paar unbedeutende Kunden, Käufer von LSD-Trips, nach ihrer Festnahme gesungen hatten. Die Polizei, die längst wußte, daß Jan und Karl-Heinz Eder auch in große Rauschgiftgeschäfte verwickelt waren, zeigte sich froh, einen Aufhänger zu haben, um die beiden festnehmen zu können. Es war beobachtet worden, daß Jan und Karl-Heinz sich mit ihren Frauen offensichtlich auf eine größere Reise vorbereiteten, und in der Angst, die beiden Zielpersonen könnten mit ihrem Kapital auf Nimmerwiedersehen verschwinden, hatte man zugeschlagen.

Nach einem kurzen Fototermin, den Jan lächelnd über sich ergehen ließ, durfte er zum ersten Mal in seinem Leben »Klavier spielen«: Es wurden Fingerabdrücke von ihm genommen. Am Abend wurde er dann in einen grünen Gefängnisbus gebracht, in dem Karl-Heinz Eder bereits in einer winzigen Einzelzelle saß, während er in einen etwas größeren »Gemeinschaftsraum« geführt wurde. So ging es über mehrere Stunden von einer Hamburger Revierwache zur nächsten, und jedesmal wurden ein paar Leute dazugeladen.

Jan war das erste Mal in so einer Situation und fand das alles sehr pittoresk. Er ließ den abgebrühten Ganoven heraushängen und erkundigte sich bei den Mitreisenden, warum sie festgenommen worden waren. Ein Jugendlicher hatte einen Zigarettenautomaten geknackt, ein anderer seine Alimente nicht gezahlt, und dazwischen hockte ein ohne konkreten Grund aufgegriffener Penner.

In der Einzelkabine schräg gegenüber konnte Jan durch das Drahtgeflecht die Umrisse Karl-Heinz Eders erkennen.

Schließlich erreichten sie das Untersuchungsgefängnis Holstenglacis, und im Nieselregen wurden die Gefangenen aus der grünen Minna in den Sammelraum verfrachtet, im Haftjargon die »Kachelküche« genannt. Jan bekam einen Blechnapf mit Tee in die Hand gedrückt und ein Brot mit Blutwurst. Den Blechnapf ließ er stehen, während er die Stulle in den nächsten

Mülleimer fallen ließ. Sein Geld hatte man ihm gelassen, und so ließ er sich von einem Vollzugsbeamten Zigaretten ziehen.

Von der Kachelküche aus wurde Jan durch endlose unterirdische Gänge ins Haus D geführt. Dort bekam er drei nach Mottenpulver riechende Wolldecken, zwei Plastiknäpfe, ein Leichtmetallbesteck, einen Porzellanbecher und ein Brotbrett ausgehändigt.

Jan mußte eine Zelle beziehen, in der auf einem Kasernenbett eine nackte Schaumgummimatratze lag, davor standen ein kleiner wackliger Tisch und ein Stuhl. An der Decke hing, unerreichbar, eine einfache Glühbirne. Ans Fenster kam er nur, wenn er auf die Heizung kletterte. Jan warf einen Blick nach draußen und konnte über einem dreieckigen Hof und über der Mauer das Dach der Musikhalle erkennen. In der Ecke der Zelle war ein Klo.

Offenbar hatte vor Jan ein Araber die Zelle bewohnt, der sich dem Anschein nach nicht anders hatte artikulieren können als dadurch, daß er mit seinem eigenen Kot arabische Schriftzeichen an die Wände schmierte. Ekel überkam Jan. Das heulende Elend folgte. Hier stand er nun, der Haschprinz, mit vier Autos, einer Villa am Rondeel, einem Nummernkonto in der Schweiz mit fast vierhunderttausend Franken, einem gutgefüllten Konto bei der Dresdner Bank und heulte mit seinen zwanzig Jahren wie ein Kind.

Bis dahin hatte Jan den harten Max markiert. Doch in diesem Moment brach sein ganzes künstliches Selbstwertgebäude in sich zusammen. Er fühlte sich »angeschissen, verraten und verkauft, in dieser Schweinezelle, in diesem Drecklach«.

Verloren und einsam kam er sich vor und überlegte, wie wenige Meter Luftlinie es wohl bis nach Hause zu Meike waren. Wo Wärme, wo Licht, wo Leben war, wo seine Katzen mehr Raum hatten als er in dieser winzigen Zelle.

2. Teil

DER JUNKIE

In der Zeit von 1973 bis 1978 verdoppelte sich die Zahl der Drogendelikte in der Bundesrepublik fast, die Menge des beschlagnahmten Haschischs pro Jahr blieb in etwa konstant, dafür wurde aber immer mehr Heroin von der Polizei entdeckt: 1973 etwas über 15 Kilogramm, 1976 über 160 Kilogramm und 1978 schließlich ganze 187 Kilogramm (was jeweils natürlich nur einen Bruchteil der tatsächlich umgeschlagenen Mengen darstellte).
Die ersten Rauschgifttoten wurden 1973 registriert, immerhin schon 134. Die Zahl steigerte sich kontinuierlich auf 430 im Jahre 1978.

Erste Knasterfahrungen

Es dauerte eine ganze Weile, bis Jan sich wieder in der Gewalt hatte und schwor, die Sache durchzustehen. Er rückte das Bett in die Mitte der verdreckten Zelle, um sich herum genau sechzehn Kubikmeter Luft, verteilt in einem Raum von drei Meter achtzig Länge und knapp zwei Meter zwanzig Breite.

In der Zellentür war ein Spion, und von draußen hörte Jan die tappenden Schritte der Wärter. Alle paar Minuten ging die Klappe am Spion auf, und ein Auge blickte in die Zelle. Jan richtete sich, so gut es ging, mit dem stinkenden Bettzeug ein und lag die Nacht über wach. Am nächsten Morgen wurde er sofort in die Sprechzelle geholt, wo sein Anwalt schon auf ihn wartete.

»Sie kommen gleich zum Haftrichter. Machen Sie sich mal keine Sorgen, das geht schon alles in Ordnung. Wir bringen Sie hier schon wieder raus. Ich habe bereits Akteneinsicht beantragt.« Doch zunächst mußte Jan einen Honorarschein unterschreiben.

In seiner Zelle durfte er dann seine Sachen zusammenpakken, und wieder ging es in die Kachelküche. Dort verbrachte er den Tag mit zwanzig anderen Gefangenen. An den Wänden klebte millimeterdick das Nikotin von ganzen Generationen von Knackis.

Unter seinen Leidensgenossen entdeckte Jan ein paar bekannte Gesichter aus der Drogenszene. Man tauschte sich aus.

»Was ist los, Jan?« wurde er gefragt.

»Natürlich überhaupt nichts. Ich bin unschuldig.«

»Na«, sagte sein Gesprächspartner, »unschuldig sind wir alle. Der Knast ist voll mit Unschuldigen.«

Jan wurde aufgerufen und über eine steile Wendeltreppe nach oben geführt. In einem kleinen Flur mit vergitterten Fenstern standen überall Schilder »Rauchen verboten«. Aber das war jetzt nicht sein wichtigstes Problem. In einem Amtszimmer saß, hinter einer Schranke und etwas erhöht, der Haftrichter. Ohne große Vorrede erklärte der: »Es ergeht Haftbefehl gegen den Jugendlichen Jan Christopher wegen des dringenden Tatverdachts des gemeinschaftlichen gewerbsmäßigen, fortgesetzten Rauschgifthandels.«

Als Beweismittel gebe es die Aussagen dreier Zeugen. Alle waren einmal Jans Kunden gewesen.

Der Anwalt machte die üblichen Einwände, doch an dem richterlichen Beschluß ließ sich nicht rütteln. Die Adresse Rondeel 25 könne nicht als fester Wohnsitz angesehen werden, da es sich um eine lockere Wohngemeinschaft handele. Deshalb und da der Gefangene bereits »Zurüstungen zur Flucht« getroffen habe, bestehe Fluchtgefahr, außerdem Verdunklungs- und Wiederholungsgefahr. Damit wurde Jan wieder in seine Zelle entlassen.

Die ersten Tage hinter Gittern waren die schlimmsten. Jan bekam ständig Weinkrämpfe. Anfallartig glaubte er die Einsamkeit nicht aushalten zu können. Er hatte Besuchersperre, nur seinen Anwalt durfte er sehen. Doch den hatte er schnell korrumpiert, so daß er bereit war, Kassiber raus- und reinzuschmuggeln.

In einem seiner kleinen Briefe erklärte Jan seiner Freundin Meike, an welcher Stelle in den Wallanlagen sie stehen müsse, damit er sie vom Fenster aus sehen könne. Sie solle ihm im Wäschepaket seinen roten Schal schicken. Den würde er dann aus dem Fenster hängen lassen, damit sie wisse, wo er sitze. Außerdem solle sie zusehen, daß die drei ehemaligen Kunden, die ihn verpfiffen hätten, Druck aus der Szene bekämen, damit sie ihre Anzeige zurücknähmen.

Jan litt unter Zahnschmerzen und meldete sich zur Behandlung. Im Wartezimmer des Gefängnisdentisten traf er ausgerechnet auf einen derjenigen Drogenkunden, die über ihn ausgepackt hatten. Kurz bevor der verschwinden konnte, baute sich Jan vor ihm auf.

»Na, du hast mich ja schön in die Scheiße geritten. Was gedenkst du denn jetzt zu tun, um mich da wieder rauszuholen? Dir ist doch wohl klar, daß du das nicht überlebst, wenn du nicht sofort was unternimmst.«

Nach der Zahnbehandlung bat Jan den Arzt um Schmerztabletten, doch der lachte nur und sagte: »So was gibt es hier nicht. Nur Aspirin, und das muß reichen.«

Ohne auf den schmerzlindernden, das Leben versüßenden Wolken seiner normalen Drogenration schweben zu können, mußte Jan die ersten Tage seines Gefängnisdaseins überstehen. Da er spät nachts eingeliefert worden war, steckte er noch immer in seiner zivilen Kleidung. Auch die Brieftasche mit seinen Papieren und den sechstausend Mark in bar war ihm, wohl durch ein Versehen, immer noch nicht abgenommen worden. Er steckte fünfhundert Mark in jede Socke und verstaute den Rest unter der Matratze.

Kurz danach ging die Tür auf, und der Wärter sagte ihm: »Runter zu den Zugangsduschen, und nehmen Sie alle Ihre Sachen mit.«

Unten im Keller mußten sich alle Neuzugänge nackt ausziehen und unter Aufsicht gemeinsam duschen. Anschließend mußte sich jeder bücken und einmal husten, damit festgestellt werden konnte, ob noch Geld oder »Rauschgifttorpedos« aus der hinteren Öffnung herausflitzten. Bei Jan kam nichts.

Er wurde in seine Zelle geführt, die inzwischen durchsucht worden war, ohne daß man die Brieftasche mit dem Geld gefunden hatte. Später ging es zum Arzt, zum Röntgen und zur Blutabnahme. Schließlich befragte ein Sozialarbeiter Jan nach seiner sozialen und beruflichen Situation.

»Ich bin Schallplattenproduzent«, sagte Jan, »und ich habe ein Studio am Rondeel. Im übrigen bin ich Konzertveranstalter.«

Langsam wurde Jan neugierig auf den Knastalltag.

Das Untersuchungsgefängnis Holstenglacis war ein uraltes Gebäude. Die Zellenetagen klebten an den Außenwänden. Die Gänge lagen auf der Innenseite, und in der Mitte reichte ein Flur wie in einem Kirchendom vom Parterre bis unters Dach. Das Gefängnisschiff hatte eine phantastische Akustik. Jede knallende Tür und jeder abgestellte Bottich mit Wasser hallte bis in den letzten Winkel. Den ganzen Tag über kam das Haus nicht zur Ruhe. Es knallte und hallte mit mannigfaltig sich brechendem Echo.

Jan erkannte sehr schnell, daß die Kalfaktoren eine Schwachstelle im Anstaltsgetriebe waren. Sie hatten das Vertrauen der Aufseher, konnten sich frei zwischen den verschlossenen Türen der einzelnen Gefängnistrakte bewegen und waren dafür zuständig, das Essen auszuteilen, die Flure sauber zu halten, die Toiletten und die Duschen zu schrubben. Sie kamen im gesamten Bau herum und konnten, falls man sich gut mit ihnen stellte, sehr nützlich sein.

Zu jener Zeit gab es im Untersuchungsgefängnis noch keine Überwachungskameras und auch noch keine verschweißten Gittertore zwischen den einzelnen Stationen. Mußte ein Gefangener zu seinem Anwalt, konnte er sich ungehindert über die Korridore bewegen und auf dem Gang an jede beliebige Zellentür klopfen. Von außen konnten auch die Klappen beiseite geschoben werden, wodurch ein fünf Zentimeter breites Loch frei wurde, durch das man Gegenstände rein- und rausgeben konnte. So wechselten Geld, Schmuck, Rauschgift und Spritzen den Besitzer.

Jan stand ganz am Anfang seiner Lehrjahre im Gefängnis.

Der Verrat

Vor seiner Festnahme hatte der reiche junge Herr mit seiner Freundin Meike ausgemacht, daß sie gemeinsam über das erdealte Barvermögen verfügen konnten. Jans Anwalt hatte auf seine Anweisung hin das Schweizer Nummernkonto geräumt und das Geld in bar bei einer ausnahmsweise tatsächlich vertrauenswürdigen Person deponiert. Zusammen mit den sechsundneunzigtausend Mark auf dem Konto bei der Dresdner

Bank, zu dem auch Meike eine Vollmacht besaß, verfügte Jan über ein Barvermögen von knapp einer halben Million Mark.

Mit dem im Anschluß an den Urlaub geplanten Deal, der ihm zusätzlich einige zehntausend Mark eingebracht hätte, würde es allerdings wohl nichts werden.

Die einzigen Menschen, die von jener Fuhre von hundertachtzig Kilogramm reinem Roten Libanesen wußten, die am 27. November am Café »Funkeck« in der Hamburger Rothenbaumchaussee eintreffen sollten, waren die Abnehmer Karl-Heinz Eder und Jan Christopher.

Jan war von seinem Komplizen streng getrennt gehalten worden und rätselte deshalb, was wohl aus dem Haschischtransport werden würde. Am Tag danach wußte er es. Im Hamburger Abendblatt, das man in Haft abonnieren konnte, las er, daß in der vorangegangenen Nacht am Café »Funkeck« mehrere Personen, die einhundertfünfundsiebzig Kilogramm Haschisch bei sich gehabt hatten, dingfest gemacht werden konnten. Die gemeinsame Operation der Zollfahndung und des Rauschgiftdezernats sei auf den Tip eines V-Mannes hin zustandegekommen.

Jan fing an zu grübeln und fragte jeden Kalfaktor, was mit Eder sei. Er beschrieb seinen ehemaligen Kumpel genau und schmierte seine potentiellen Informanten mit Tabak, Zigaretten und Bargeld. Und dann erfuhr er, was sich zugetragen hatte.

»Der ist abends um acht plötzlich aus seiner Zelle geholt worden. Er hatte Besuch von der Kripo und sollte zur Vernehmung. Die ganze Nacht ist er nicht zurückgekommen. Er soll 'ne Ausführung mit der Kriminalpolizei gemacht haben. Erst am nächsten Mittag war er wieder in seiner Zelle.«

Jan begriff und schrieb beim nächsten Besuch seines Anwalts ein Kassiber an Meike: »Finger weg von Karl-Heinz Eder! Der hat unsere Leute hochgehen lassen. Der arbeitet für die Polizei. Trau ihm nicht und warne alle!«

Jan wartete auf seinen Haftprüfungstermin im Trakt für Jugendliche, Karl-Heinz Eder saß im Erwachsenenbereich und kam entgegen der alphabetischen Reihenfolge zuerst dran.

Die Haftprüfung selbst fand in einem Gerichtssaal statt. Jan wollte gerade zu einer größeren Rede ansetzen, doch der Vorsitzende Richter kam ihm zuvor: »Wissen Sie, Herr Christopher, Sie brauchen mir gar nicht groß was zu erzählen. Wir wissen das alles bereits von Ihrem Freund, Herrn Eder. Sie haben doch sicher in der Zeitung gelesen, daß diese einhundertfünfundsiebzig Kilo Roter Libanese beschlagnahmt worden sind.«

Jan klappte seinen Mund wieder zu. Sein Anwalt beugte sich zu ihm hinüber: »Sagen Sie, daß Sie einen festen Wohnsitz, daß Sie eine Familie haben, daß sie ein soziales Umfeld besitzen.«

»Machen Sie irgendwas«, erwiderte Jan, »bieten Sie eine Kaution an, ich will hier raus.«

Jan dachte an seine sechsundneunzigtausend Mark auf dem Konto bei der Dresdner Bank und flüsterte: »Bieten Sie neunzigtausend.« Und dann bot der Anwalt dem Richter tatsächlich neunzigtausend Mark Kaution für einen zwanzigjährigen Jugendlichen, der vorgab, nichts mit Rauschgift zu tun zu haben.

Der Richter lachte: »Aber Sie wissen doch, Herr Christopher, was zwanzig Kilo Haschisch auf dem Hamburger Schwarzmarkt kosten? Und wenn man dann noch zwanzig Kilo Kartoffelmehl dazugibt, dann sind es schon vierzig Kilo, dann hat man doch die neunzigtausend schon wieder raus. Das ist doch indiskutabel. Wir brauchen auch keine Aussage von Ihnen. Sie können sich auch auf diesem Wege keine Milderung erkaufen. Von Ihrem Kollegen wissen wir bereits alles, was wir wissen wollten.«

Das Gericht beschloß und verkündete, daß Jan weiter in Haft bleiben werde. Dann wurde er wieder nach unten geführt. Sein Anwalt rannte ihm mit fliegendem Talar hinterher, wie ein schwarzer Unglücksrabe. »Machen Sie sich nichts draus, ich habe schon die nächste Haftprüfung beantragt.« Und nach einer kurzen Pause fügte er hinzu: »Im übrigen habe ich gerade in Erfahrung gebracht, daß Ihr Bekannter, der Herr Eder, gegen elftausend Mark Kaution entlassen wurde.«

Später erfuhr Jan zu seinem Entzücken auch noch, daß sein

Freund und Kompagnon die Kaution noch nicht einmal in bar hatte hinterlegen müssen. Er stellte den Behörden als Sicherheit jenen Mercedes 230 SL zur Verfügung, den er einige Zeit zuvor für genau elftausend Mark an Jan verkauft hatte, dessen Papiere aber noch nicht umgeschrieben worden waren und die deshalb noch auf seinen Namen lauteten.

So kam es, daß der gut zehn Jahre ältere Komplize, der ebenso viele Jahre mehr Erfahrung im Rauschgiftgeschäft hinter sich hatte, auf freiem Fuß war, während Jan als junger dummer Bengel hinter Gittern saß.

Hilfe aus der Spritze

Langsam gewöhnte sich Jan an den tristen Knastalltag und kam zunehmend dahinter, wie man sich am besten durchschlug. So hatte er Heiner, einen alten Thüringer, kennengelernt, der in der U-Haftanstalt den kleinen Laden für die Gefangenen betrieb. Heiner hatte etliche Beamte auf seiner Gehaltsliste und schmierte sie mit Geld und feinsten Delikatessen. Sein Stammpublikum bestand aus wohlhabenden Zuhältern von der Reeperbahn, die von ihm für erkleckliche Summen bestens verpflegt wurden. Sie erhielten in ihren Zellen Kaviar, Drogen und in Essigflaschen umgefüllten Cognac.

Auch Jans Freundin Meike hatte in Erfahrung gebracht, daß der Ladeninhaber eine undichte Stelle war. Und eines Tages erhielt Jan von Heiner in einer Tüte eine kleine Geschenksendung überreicht: Schlaftabletten, Valium und ein Stück Haschisch. Meike schaffte es sogar, als Ladengehilfin in der Untersuchungshaftanstalt Holstenglacis engagiert zu werden, um selbst den regen Handel von draußen nach drinnen zu organisieren. Allerdings war Jan zu dieser Zeit schon in die Jugendhaftanstalt Neuengamme verlegt worden.

Dort war man unter dem neuen Anstaltsleiter Theo Botender gerade dabei, den Strafvollzug zu liberalisieren. Das eröffnete nebenbei einigen Freiraum für anstaltsinterne Geschäfte.

Jan hatte es geschafft, die Reste seiner sechstausend Mark mit in die neue Haftanstalt hinüberzuretten, und er verteilte seine Hundertmarkscheine geschickt und systematisch, um sich eine Art Hausmacht aufzubauen. Die Gesetzmäßigkeiten innerhalb der Anstalt, das hatte er schnell erkannt, unterschieden sich im Prinzip nicht von denen draußen. Auch hier war es so, daß der Schwächere dem Stärkeren unterlag und die eigentliche Macht im Kapital bestand, über das man verfügte.

Jan traf in Neuengamme eine ganze Reihe alter Bekannter aus der Drogenszene, von denen einige an der Nadel hingen. Und auf seiner Station lag einer, an den er auch Jahre später noch ständig erinnert wurde. Immer dann nämlich, wenn er sich selbst einen Schuß setzte. Uwe war derjenige, der ihn dazu brachte, sich den ersten wirklichen Schuß Opium in die Vene zu jagen. Jene einzelne Spritze mit Morphium, die Jan sich lange Zeit zuvor eines Nachts im Hause seiner Eltern gesetzt hatte, zählte in seiner Erinnerung nicht. Doch der Schuß Opium in der hoffnungslosen Tristesse der Haftanstalt veränderte sein Leben.

Immer wieder versuchte Jan der Einsamkeit in der kahlen und leeren Zelle durch einen Druck zu entkommen. Nach jahrelangem Umgang mit Drogen aller Art war er jetzt, in der Gefängniszelle, wirklich abhängig geworden. Er kam nie wieder von seiner Sucht los.

Zurück in die Freiheit

Zehn Monate dauerte Jans erster Gefängnisaufenthalt. Zum ersten Mal in seinem Leben bekam er zu spüren, wie es war, von Leuten, denen man vertraut hatte, blindlings verraten zu werden. Von Rauschgiftfahnder Eckel, der ihn immer wieder dienstlich aufsuchte, erfuhr er, daß sein ehemaliger Kompagnon Karl-Heinz Eder nun auch noch der Bettgenosse seiner Freundin Meike geworden war. Das deprimierte ihn total. Nächtelang heulte er über sein Leben, welch törichter Dummkopf er gewesen war und wie er es allen nach seiner Entlassung zeigen würde.

Beim dritten Haftprüfungstermin schaffte es Jans neuer Anwalt, dem Gericht die Zustimmung abzuringen, seinen Klienten gegen eine Kaution von fünfzigtausend Mark auf freien Fuß zu setzen. Umgehend ließ er Meike durch den Anwalt bitten, die Summe von seinem Konto bei der Dresdner Bank abzuheben. Leider mußte er erfahren, daß von den sechsundneunzigtausend Mark inzwischen nichts mehr übrig war. Meike hatte das Geld unter die Leute gebracht. So wandte sich Jan denn an seine Mutter, die seine Freilassung schließlich mittels Hilfe einer Bankbürgschaft ermöglichte.

An die gehorteten Schweizer Franken wollte er nicht heran, denn die waren in Gefahr, von der Zollfahndung beschlagnahmt zu werden. Auch ohne daß Jan in der Drogensache nämlich rechtskräftig verurteilt worden war, hatte er von der Zollfahndung bereits eine Zahlungsaufforderung bekommen: »Sehr geehrter Herr Christopher, laut Erhebungen der Kriminalpolizei haben Sie in den Jahren 1969 bis 1971 mit mindestens 360 kg Haschisch Handel getrieben, ohne die hierfür gesetzlich notwendige Genehmigung gehabt zu haben...«

Eine solche Genehmigung hätte es natürlich auch nie geben können, aber rein rechtlich wurde auch die Einfuhr von verbotenen Stoffen mit Zöllen belegt, es gab sogar genaue Berechnungsgrundlagen dafür.

Jan sollte etwa siebzigtausend Mark an die Staatskasse abführen. Eine Kaution, in bar hinterlegt, wäre also unweigerlich der Zollfahndung in die Hände gefallen, während die Bankbürgschaft seiner Mutter zweckgebunden und damit sicher vor dem Zoll war.

Als der Tag nahte, an dem Jan endlich wieder seinen Fuß in die vermeintliche Freiheit der Szene setzen durfte, gab es in der Jugendhaftanstalt Neuengamme endlose Abschiedsszenen. Keine Haftentlassung, so stellte er später fest, »war so tierisch geil wie die erste«. Unter Tränen hatten seine Mitgefangenen Jans Abschiedsgeschenke entgegengenommen: das Radio, die

Stereoanlage, das englische Teeservice, von den Restbeständen an Shit gar nicht erst zu reden. Jeder seiner Getreuen bekam etwas, vergessen waren Zwist und Hader, was gewesen, berührte ihn nicht mehr. Er wandelte wie auf Wolken, völlig unbeschwert von irdischen Dingen, sah man von einigen Aktenordnern einmal ab, durch das Anstaltstor nach draußen.

Ein junger Staatsanwalt nahm Jan mit zum Bahnhof Bergedorf, wo er ein Taxi bestieg. Das Gefängnis hatte er schon fast vergessen. Als Fahrziel nannte er seine alte Adresse, Rondeel 25, obwohl er wußte, daß das Haus inzwischen abgerissen worden war.

Er hatte einfach das Gefühl, noch einmal an den Ort seiner Triumphe zurückkehren zu müssen. Nur die Tore standen noch, und er fühlte einen wehmütigen Stich in der Herzgegend, aber vielleicht war es auch der Magen, denn er hatte noch nichts gegessen. Plötzlich überfiel ihn die Ahnung, daß er mit seinen nunmehr einundzwanzig Jahren den Höhepunkt seines Lebens bereits hinter sich gebracht hatte. Angst stieg in ihm auf, Panik vor dem Unbekannten, das vor ihm lag, und vielleicht auch vor der ersten Begegnung mit Meike.

Ein Wiedersehen

In einem ihrer wenigen Briefe hatte Meike ihm ihre neue Anschrift mitgeteilt: Grindelhof 19, irgendwo in Uni-Nähe. Sie jobbte immer noch als Verkäuferin in der Untersuchungshaftanstalt Holstenglacis und mittlerweile auch in Santa Fu, wo Heiner einen weiteren Laden besaß. In der Szene hatte sich längst herumgesprochen, daß man über Meike alle möglichen Drogen und delikaten Kostbarkeiten in die Zellen schmuggeln konnte. Jeder wunderte sich, daß die Behörden ihr noch nicht auf die Schliche gekommen waren.

Jan befand sich in einem unentwirrbaren Gefühlschaos und wußte nicht, wie er sich Meike und seinem Ex-Partner Karl-Heinz Eder gegenüber verhalten sollte. Ihm war klar, daß er

»plötzlich der letzte störende Arsch war, der Dummbatz, der leider wieder draußen war«. So stand er vor der Tür im dritten Stock eines feudalen Altbaus und klingelte an der Tür mit Meikes Namen. Ein Eisklumpen rumorte in seinem Magen. Er klingelte ein zweites Mal, doch niemand öffnete. Jan stellte seine Aktenordner bei einer Nachbarin unter und war froh, der anstehenden Konfrontation zunächst einmal entgangen zu sein.

Im Eiltempo setzte er sich in Richtung auf das erstbeste ihm bekannte Lokal in Trab, ein Kellerloch in der Renzelstraße, wo er auf die schnelle ein paar Drinks kippen wollte. Und siehe, das Licht ging wieder an, er war plötzlich wieder er selbst, wie aus einer Versteinerung erwacht und bereit, der Welt und Meike und Karl-Heinz die Stirn zu bieten. Er schaufelte eine Portion Muscheln in sich hinein und füllte in Gedanken schon die Habenseite seines Rechts und seines moralischen Übergewichts mit lupenreinen Argumenten. Gemächlich und supercool schlenderte er wenig später zu der ihm in Gedanken schon gehörenden neuen Wohnung.

Meike war vorbereitet, denn die Nachbarin hatte ihr umgehend Jans Akten übergeben. Sie hatte alle verfügbaren Kerzen hervorgekramt und angezündet. Als Jan erschien, waren sie schon fast heruntergebrannt, was ihn insgeheim freute. Unter Tränen begrüßte Meike ihren zehn Monate konsequent vernachlässigten Partner.

Dann begann das Gejammer darüber, wie schwer sie es die ganze Zeit als alleinstehende Frau gehabt habe unter all diesen »linken Ratten«. Jeder habe es auf ihr Geld abgesehen gehabt. Aha, dein Geld, dachte Jan, und fand Meikes Auftreten irgendwie geschmacklos, doch ihm war noch nicht nach Streit zumute.

»Nach zehn Monaten Knast, zehn Monaten Enthaltsamkeit und dann mit all den alten Erinnerungen: Ich ging ihr ins Netz wie Fliegen der Spinne. Meike hing mir am Hals, von wegen Gott sei Dank und so und daß der Horror jetzt vorüber ist, und ab ging die Post mit der ganzen Begrüßungschose und 'nem ganzen Eimer voll gutem deutschen Pot, und ich knalle mich also in meinen Lieblingssessel und rauche den ganzen Eimer, Pfeife für Pfeife, bis ich Meike schließlich zu verstehen gebe, ganz diskret, und man sollte doch meinen, daß es zumindest von meiner Seite her im Bett zu irgendwelchen Aktivitäten gekommen wäre nach all der abstinenten Zeit im Knast, aber nichts. Das einzige, was klappte, war die Schlafzimmertür hinter uns, da stand soviel Unausgesprochenes zwischen Meike und mir...«

Die Abrechnung

In der kleinen Dienstbotenkammer zwischen Bad und Küche in Meikes Wohnung hauste die Ex-Freundin von Jans Bruder, die mittlerweile völlig abhängig war von, wie Jan meinte, »total idiotischem Schrott« wie kodeinhaltigen Schmerzzäpfchen, die einen gewissen Anteil an Barbituraten enthielten und, in großen Mengen genossen, eine »völlig mallig machende Wirkung« erzielten. Auch Heide arbeitete bei Heiner im Laden.

Jans Vorhaltungen, daß dieser Job doch jetzt, wo er in Freiheit sei und keine Aussicht bestehe, daß er wieder nach Santa Fu oder ins Holstenglacis eingewiesen werde, vollkommen sinnlos sei, stieß bei Meike auf taube Ohren. Sie könne doch jetzt nicht die ganzen armen Jungen im Stich lassen, womit sie hauptsächlich ein paar prominente Gefangene aus dem RAF-Umfeld und die aus den besseren Zuhälterkreisen meinte. Jan hielt das Ganze für ein Kamikaze-Unternehmen, doch als er bei Meike mit seinen Bedenken einfach nicht weiterkam, half er ihr später sogar, Haschisch in normalen Tabakpäckchen zu verstecken und Cognac in Essigflaschen umzufüllen.

Für manche der Inhaftierten erledigte Meike ihre Kurierdienste kostenlos, von anderen ließ sie sich Fünfzig- oder Hundertmarkscheine zusammengefaltet über den Verkaufstresen schieben. So hatte sie sich über Wasser gehalten, nachdem sie das Konto auf der Dresdner Bank so gut wie leergefegt hatte.

Von den neunzigtausend Mark waren noch genau sechshundert übrig. Eine Monatsmiete war Meike im Rückstand, und weder die Telefonrechnung noch die Versicherung für den VW-Käfer, den Jan ihr kurz vor seiner Verhaftung gekauft hatte, waren bezahlt.

Meike hatte das Geld unter mehreren Leuten ihres Vertrauens verteilt. Die ersten sechzehntausend Mark hatte sie einem Jan völlig unbekannten Türken als Kredit gegeben. Das war noch das am besten angelegte Geld, denn Jan hatte damit immerhin ein paar Außenstände, die er sich bei Gelegenheit in Form von Haschisch würde zurückholen können – dachte er zumindest, doch auch das entpuppte sich später als Wunschdenken.

Um sich zumindest einen Teil des so schwer verdienten Geldes zurückerobern zu können, ließ sich Jan von Meike detailliert ihr Finanzgebaren schildern. Dreißigtausend Mark waren kurz nach Jans Festnahme, genauer gesagt, kurz nach Karl-Heinz' Haftentlassung, ganz gemütlich in Richtung München verschwunden. Dazu hatte es traurigerweise lediglich einer gemeinsam verbrachten Nacht zwischen Jans Ex-Partner und seiner Freundin sowie einer farbig ausgemalten Geschichte am Morgen danach bedurft. In München warte eine größere, sehr günstige Partie »Grüner« auf den erstbietenden Abnehmer. Er, Karl-Heinz, sei im Moment nicht flüssig genug, um die Sache allein zu deichseln. Dabei fehle ihm nur die winzige Summe von dreißigtausend Mark. Der arme Jan sei sicher damit einverstanden, wenn Meike sein Kapital während seiner Zwangsabwesenheit für ihn arbeiten lasse. Eine Rendite von mindestens Fünfzehntausend binnen Zweitagesfrist sei garantiert.

Leider ging bei dem Deal irgend etwas schief, und Karl-Heinz Eder kam nach einigen Tagen bangen Wartens braungebrannt aus München zurück. Die Sache sei danebengegangen, traurig, traurig, aber deswegen sei ja noch längst nicht aller Tage Abend, und solch kleine Verluste habe man schließlich schon des öfteren verkraftet.

Der zweite Teil der Tragödie spielte sich dann in Kiel ab. Diesmal ging es um dreiunddreißigtausend Mark, für die zur Abwechslung kein Rauschgift, sondern Schmuck, nämlich eine komplette »Smaragdpartitüre«, bestehend aus einem Halsband, einem Armband, zwei Ohrgehängen und einem dicken Ring beschafft wurde. Alles aus edelsten alten Rotgoldfassungen, mit Brillantrosetten besetzt und Steinen von herrlichem Schliff, zum Teil bis zu vierzehn Karat schwer. Karl-Heinz wußte, daß »diamonds the girl's best friends« waren, und schlug Meike vor, das einmalige Ensemble zu erwerben. Es stamme aus altem polnisch-jüdischen Adelsbesitz, sei eigentlich sechsundsiebzigtausend Mark wert und nur so billig zu haben, weil es aus einer Konkursmasse gerettet werden müsse. Zum Beweis, daß der glitzernde Schmuck, den sie sogar zu Gesicht bekam, echt war, legte Karl-Heinz ihr die Expertise eines renommierten Juweliers vom Hamburger Ballindamm vor.

Meike konnte nicht widerstehen und händigte Karl-Heinz die verlangte Summe aus, der den Schmuck an einen potenten iranischen Kunden verkaufen wollte. Aus dem Handel wurde natürlich nichts, und die »Smaragdpartitüre«, die tatsächlich etwa den Wert kunstvoll geschliffener Bierflaschen hatte, verblieb in seiner Verwahrung.

Auf Jans Frage, wie Meike derart leichtsinnig mit seinem Geld habe umgehen können, erklärte sie ihm, daß sie diesmal ganz auf Nummer Sicher gegangen sei. Sie habe sich bis zur Abwicklung des Geschäfts von Karl-Heinz ein adäquates Pfand ausbedungen. Jan möge doch bitte aus dem Fenster schauen, dort unten stehe ein unheimlich geiler italienischer Sportwagen der Marke Iso Grifo, silbergrau-metallic, mit ganz geringfügigen Beschädigungen, die erst kürzlich entstanden seien, als eine bekannte Frau aus der linken Politszene und ihr Freund das Fahrzeug kurzzeitig entliehen hätten.

Jans Frage nach den Wagenpapieren konnte Meike ebenfalls beantworten. Den Kraftfahrzeugschein habe sie sicher in Verwahrung, der in ihren Augen weniger wichtige Kraftfahrzeugbrief liege ebenfalls sicher, nämlich auf Karl-Heinz' Bank. Er sei zur Zeit noch mit einem kleinen Kredit belastet, dessen genaue Höhe sie aber nicht kannte.

Rückblickend meinte Jan später, daß sei wohl der Punkt gewesen, »an dem mir der Draht aus der Mütze schoß und ich nacheinander erst schwarz, dann grün, dann gelb und endlich rot anlief, woraufhin ich dreimal tief Luft holte, wachsbleich wurde und schließlich alles rot sah. Ich wußte jetzt, wo's langging. Ich wollte mir alles und noch viel mehr von diesen Schweinen zurückholen, wobei es nur zu meinem Vorteil sein konnte, daß mich alle offenbar für einen kompletten Idioten hielten.«

Eine Aussprache unter Freunden

In den zehn Monaten Zwangsruhe hinter Gittern hatte Jan eine ihm völlig neue Welt kennengelernt, in der er neben allem Elend auch erfahren hatte, wie wichtig es war, bei der Verfolgung und Durchsetzung seiner Pläne möglichst trickreich vorzugehen. Schon einen Tag nach seiner Haftentlassung lud er Karl-Heinz Eder zu einer Aussprache in Meikes Wohnung ein. In säuselnder Freundlichkeit sagte Jan ihm, er möge doch bitte ein paar Plastiktüten mitbringen, um seine Siebensachen mit nach Hause zu nehmen, andernfalls würde er, Jan, sie in den Müll werfen.

Zu seiner Überraschung klingelte Karl-Heinz abends tatsächlich an der Tür, hatte aber zwei Begleiter mitgebracht, einen eingedeutschten Polen, den Jan wegen seiner wabbelnden Fettmassen nur unter dem Namen »Schwabbel« kannte, und außerdem Pierre Jusefi, jenen Perser, der Jan und seinen Partner in den ersten Zeiten ihrer Zusammenarbeit mit Haschisch beliefert hatte und den Karl-Heinz später zugunsten seines eigenen Kopfes an die Polizei verpfiffen hatte.

Jan spielte die Ruhe selbst, setzte sich ans Kopfende der Tafel und zündete sich einen Joint an. Ihm gegenüber die drei Musketiere. Dann holte er aus zu einem seiner großen Monologe.

Er begann mit ein paar versteckten Andeutungen auf die Umstände von Karl-Heinz' Haftentlassung. Der sollte wissen, daß er sehr wohl über dessen Zusammenarbeit mit der Polizei im Bilde war. Die beiden Begleiter dagegen sollten fürs erste diesbezüglich im unklaren gelassen werden; sie und damit die gesamte Rauschgiftszene über das doppelte Spiel von Karl-Heinz zu unterrichten, das wollte Jan als Waffe in der Hinterhand behalten. Damit hatte er die Sache im Grunde schon zu seinen Gunsten entschieden, so glaubte er zumindest.

Er hielt Karl-Heinz in allen Einzelheiten vor, wie er Meike um seine Ersparnisse gebracht habe, und verlangte Wiedergutmachung. In der Smaragdsache forderte Jan von Karl-Heinz einen beglaubigten Schuldschein, um sich gegen den »unwahrscheinlichen Fall« abzusichern, daß sich herausstellen sollte, der Schatz bestehe tatsächlich nur aus grünen Flaschenscherben.

Karl-Heinz beeilte sich zu versichern, der Schmuck sei natürlich echt, und saß damit prompt in der Falle. Er erklärte sich bereit, den verlangten Schuldschein zu unterschreiben.

Dann kam Jan zum privaten Teil.

Stolz sonnte er sich im eigenen Leiden. Nobel würdigte er Meike, die sich inzwischen mit hochgezogenen Knien unter einer Wolldecke verschanzt hatte, keines Blickes. Natürlich habe er Verständnis für die sexuellen Bedürfnisse eines echten Mannes, und auch die Schwäche weiblichen Fleisches sei ihm bekannt, was Jan ein anerkennendes Lächeln des unheilbar orientalisch denkenden Persers Pierre einbrachte. Dann fuhr er fort: »Doch bitte das Ganze nicht in der Wohnung, wo meine Anzüge im Schrank hängen, wo mein Foto an der Wand hängt und wo meine Briefe, die ich aus dem Knast schreibe, mit rosa Bindfaden gebündelt auf dem Sekretär liegen. Ich fühle mich gedemütigt und beleidigt. Ich hätte niemals geglaubt, daß Karl-Heinz so was fertigbringt.«

Geschäfte gehen vor

Dann verließ Jan großzügig dieses Gebiet fremder Fehltritte und erkundigte sich wie beiläufig nach der Marktlage.

Pierre mischte sich ein: »Hab ich, wenn du willst, eine gute Sache: sechsunddreißig Kilo Libanese sofort, wenn du Leihwagen gibst, wenn du hast guten Kunden.«

Jan heuchelte müdes Interesse, obwohl er in Wahrheit darauf brannte, sofort wieder ins Geschäft einzusteigen. Karl-Heinz und Pierre hatten zwar offenbar noch einige Quellen, waren aber in Abnehmerkreisen in Verruf geraten. Sie schienen Jan und dessen untadeliges Renommee in der Szene zu brauchen, um sich erneut einen Absatzmarkt zu schaffen. Der Deal ging korrekt über die Bühne.

Das erfolgreiche Geschäft hatte Jans Rachegelüste vorübergehend abgekühlt, doch nur um sie anschließend um so stärker wieder aufleben zu lassen. Zu Meike hatte er kaum noch eine echte Beziehung, obwohl er sie nach wie vor als Wohnungsgeberin und Bettpartnerin brauchte. Hinter ihrem Rücken setzte er sich ziemlich regelmäßig einen Schuß, meist Apothekengifte oder auch Kokain, wie er es in der Jugendhaftanstalt angefangen hatte. Nebenbei arbeitete er intensiv an der Revanche gegen seinen Ex-Partner Karl-Heinz.

Als eine Partie Haschisch, eingebaut in den Tank eines Renault R 4 auf den Hof der Werkstatt rollte, an der Karl-Heinz und Pierre sich zwischenzeitlich beteiligt hatten, war Jans Stunde gekommen. Da sie seine Vertriebswege brauchten, riefen ihn die beiden an und boten die zweiundvierzig Kilo als Kommissionsware an. Jan traf sich mit ihnen in der Pizzeria »Rimini« und ließ sich eine Probe zeigen.

»Okay«, sagte er, »ich mach das klar, ich habe einen Abnehmer in Heidelberg, der mich schon die ganze Zeit nervt, weil er dringend was braucht. Der ist ziemlich kapitalkräftig und hat, soweit ich weiß, schon über zweihundert Riesen an Kundengeldern angehäuft, ohne etwas dafür liefern zu können. Den kann ich sofort aktivieren, der ist morgen hier.«

Es war wie in alten Zeiten. Jan mietete einen Leihwagen und gab Karl-Heinz den Schlüssel: »Nimm dir den Wagen, pack den Shit rein, und nachher treffen wir uns in der Kneipe am Bahnhof Altona.«

Nach zwei Stunden tauchte Karl-Heinz wieder auf, erklärte ihm, wo der beladene Wagen stand, und gab ihm die Autoschlüssel. Mittags wollten sie sich dann im Fischrestaurant unten an der Elbe in Övelgönne treffen und bei einer schönen Maischolle die finanzielle Seite regeln.

Jan hatte sich natürlich längst seinen eigenen Plan zurechtgelegt. Er besuchte einen alten Kunden, der ihm noch Geld schuldete, und übergab dem die zweiundvierzig Kilo Haschisch zum Verkauf auf Kommissionsbasis. Immer wenn er einen Teil davon unter die Leute gebracht habe, solle er Jan sechzehnhundert Mark für jedes verkaufte Kilogramm übergeben. Sein alter Abnehmer war begeistert, denn bei einem derart günstigen Preis würde ein ziemlicher Betrag bei ihm selbst hängenbleiben.

Zur Besiegelung des guten Geschäftes gingen die beiden noch essen und plauderten über alte Zeiten. Währenddessen warteten Karl-Heinz und Pierre geschlagene fünf Stunden im verabredeten Fischrestaurant an der Elbe. Dann fuhren sie beunruhigt und entnervt in ihre Werkstatt. Kurze Zeit später tauchte auch Jan, Meike im Schlepptau, dort auf. Jan stürmte ins Büro, baute sich vor Karl-Heinz, der am Schreibtisch saß, auf, schaute ihm ins Gesicht und sagte: »Du, Karl-Heinz, ich bin gelinkt worden. Der Shit ist weg.«

Entsetzt sprangen Karl-Heinz und der Perser auf: »Das darf doch nicht wahr sein! Du spinnst doch! Hör auf mit dem Flachs!«

Jan jedoch lächelte ruhig und von oben herab, wie er es schon lange nicht mehr getan hatte, und sagte: »Es ist tatsächlich eine Riesenscheiße passiert. Ich bin gelinkt worden, und ich weiß im Moment auch nicht, was ich machen soll.«

Dann erzählte Jan ihnen die Geschichte, wie der Dealer Marc pünktlich aus Heidelberg angekommen sei, sie sich im

China-Restaurant in Klein-Flottbek getroffen hätten und er sich dort die Kaufsumme habe vorführen lassen. Daraufhin seien sie zum Auto gegangen, und Jan habe ihm den Stoff gezeigt. Nach den üblichen komplizierten Sicherheitsvorkehrungen hätten sie dann das abgezählte Geld, achtundsechzigtausendachthundert Mark, gegen das Haschisch getauscht.

Er, Jan, habe das Geld in seinen kleinen Diplomatenkoffer umgepackt, und anschließend hätten sie sich noch etwas zum Essen bestellt. Der Reiswein und die paar Gläser Bier seien ihm allerdings auf die Blase geschlagen, und er habe mal kurz rausgemußt. Bei seiner Rückkehr sei Marc plötzlich weg gewesen und mit ihm auch das Geld. Er sei selbst ziemlich fassungslos, denn schließlich habe er mit Marc über Jahre hin immer sehr gut und vertrauensvoll zusammengearbeitet.

»Das Schwein schnapp ich mir. Den krieg ich zu fassen!« Und dann sah er Karl-Heinz in die Augen und sagte: »Mich hat noch keiner gelinkt, und solche kleinen Verluste, die können wir doch auffangen, oder?«

Der Griff zur Spritze

So ganz wohl war Jan allerdings nicht, denn jede Revanche, so witterte er, konnte eine Gegenrevanche zur Folge haben. Jan stand unter ziemlichem Druck. Die Geschäfte, von Ausnahmen abgesehen, liefen nicht mehr so gut wie früher, und außerdem ging es seit den ersten intravenösen Schüssen im Gefängnis auch psychisch immer weiter mit ihm bergab.

Eines Tages, während Meike ihrer Karriere im Gefängnisladen den letzten Schliff gab, tauchte eine Knastbekanntschaft mit Namen Rudi bei Jan auf und machte ihm ein Angebot, das er nicht ablehnen konnte. Ganz in der Nähe, in der Bude eines Freundes im Studentenwohnheim am Grindelhof, liege ein »Apo-Bruch« zum Verkauf. Rudi brauchte dringend »etwas Geld«, und so handelte Jan ihm die Ware für zweitausend Mark ab. In einem winzigen Zimmer fand Jan drei Plastiktüten voller

Gift, in denen er sofort zu wühlen begann, um sich das Beste herauszupicken: sechs Gramm Koks, dreizehn Gramm Dilaudid, dazu noch Eukodal, Morphium, mehrere Flaschen Polamidon, Cliradon und so weiter und so weiter.

Er verstaute die Drogen im Hausbriefkasten, um im Falle einer Razzia auf die, allerdings nicht sehr aussichtsreiche, Notlüge zurückgreifen zu können, es sei doch nicht seine Schuld, wenn ihm jemand so was in den Briefkasten werfe.

Meike sollte von Jans ständig wachsender Sucht möglichst nichts mitbekommen, und so erklärte er sich immer häufiger bereit, den frisch angeschafften Bernhardiner-Welpen namens Bernie Gassi zu führen. Er holte dann ein »paar gute Dinge« sowie sein Spritzbesteck aus dem Briefkasten und machte es sich in einem der Kellereingänge auf dem Universitätsgelände bequem.

Mit einer rostfreien Edelstahlkanüle und einer Zwanziger-Schachtel französischer Kanülenaufsätze, den »Pumpen«, setzte er sich unter den neugierigen Blicken des kleinen Bernhardiners dann beispielsweise einen Schuß Jetrium mit Kokain als »Speed Ball«. Nach dem Abklingen des ersten Euphorieschubs machte er sich anschließend wieder auf den Heimweg.

Ein neuer Anlauf mit Koks

Als Meike wieder einmal ihrer so wichtigen Funktion als »Florence Nightingale der armen unschuldigen Häftlinge« nachging, klingelte es an Jans Tür. Ein Kumpel aus alten Zeiten fragte, ob er nicht rein zufällig an ein wenig »Pola«, Polamidon, rankäme. Er sei etwas »affig«, es gehe ihm gar nicht gut. Jan hatte aus seinem Apo-Deal zwei Flaschen Polamidontropfen übrigbehalten und schenkte dem alten Freund eine davon.

Die Fixerszene der damaligen Zeit in Hamburg war noch überschaubar. Nicht mehr als sechshundert Junkies waren aktenkundig, die schmale Randgruppe der breiten Randgruppe aller Rauschmittelkonsumenten. Jeder kannte im Grunde jeden, und man half sich gegenseitig aus, wenn es einmal an Stoff fehlte und der »Affe« abgewehrt werden mußte.

Jans Besucher spritzte sich das Polamidon umgehend in die »Schläuche« und sagte dann, er könne Jan leider zur Zeit kein Geld dafür geben, er sei völlig abgebrannt. Als kleines Dankeschön lasse er ihm aber gern ein paar Gramm Kokain da. Jan solle den Stoff mal antesten. Bei Gefallen könne er noch mehr davon besorgen. Er kenne da einen Seemann auf einem kolumbianischen Dampfer, der sitze auf sechs Kilo Koks und wolle die für ganze sechzehntausend pro Kilo verkaufen. Das war auch nach damaligen Maßstäben ein absoluter Dumpingpreis. Jan bestellte kurz entschlossen die gesamten sechs Kilo, vorausgesetzt, die Qualität liege nicht unter der des Probebeutels.

Erstmals seit seiner Entlassung zapfte Jan jetzt die immer noch am sicheren Ort liegenden Schweizer Franken an und kaufte den Stoff für umgerechnet knapp hunderttausend Mark, und zwar zunächst in der ehrlichen Absicht, diesen mit Profit weiterzuverdealen.

Zu seinem Leidwesen eilte er aber auch diesmal wieder dem allgemeinen Trend voraus. Wie schon bei seinem Versuch mit dem Heroin fand er keine Abnehmer. Jan saß also auf dem späteren »Traumgift« aller Junkies, ohne es loswerden zu können. Als Pionier im Konsum der verschiedensten Drogen hatte er selbst den Koks-Kick allerdings längst schätzen gelernt, und so bediente er sich immer hemmungsloser aus seinem eigenen Vorrat. Er, der zuvor eine Aversion ohnegleichen vor dem Drücken gehabt hatte, schoß sich mehrmals am Tag Gift in die Adern. Seine Sperren waren in dem Moment weggefegt worden, als er sich in Neuengamme den ersten Schuß gesetzt hatte.

Die Medien waren immer noch voll von Horrorgeschichten über die Gefahren von Haschisch und LSD, als innerhalb der stärker und stärker anwachsenden Junkie-Szene bereits die ersten Leute starben. Trotz allem war es immer noch kinderleicht, an harte Drogen heranzukommen. Die Apotheken waren kaum gesichert, und ihre Giftschränke enthielten alles, was ein Junkie-Körper begehrte.

»Den Affen wirst du mit auf den Friedhof nehmen...«

Jan fand immer mehr Gefallen an der Spritze. Immer häufiger verschwand er auf dem Klo, um sich heimlich einen Druck zu setzen. Nicht einmal Meike wäre auf die Idee gekommen, daß er an der Nadel hing. Niemand kannte ihn von dieser Seite, alle sahen in ihm nichts als den »straighten« Dealer, dem es allein ums Geld ging.

Was es genau war, das ihn zum Konsumenten harter Drogen machte, konnte er auch später selbst nur vermuten. Es war wohl ein tief in ihm verankertes Insuffizienzgefühl, das Gefühl, minderwertig und unnütz zu sein. Nach der Rückkehr aus dem Gefängnis war dieses Gefühl des Versagens für ihn allgegenwärtig. Die Geschäfte, in deren Streß er sich zum ersten Mal als handelnde Person gespürt hatte, lagen weitgehend brach. Er war nicht mehr der unverwundbare Haschprinz mit vier Autos und einer Villa am Rondeel. Er hatte Handschellen getragen, und sie hatten ihn in eine Sechzehn-Kubikmeter-Zelle gesperrt, hatten über ihn verfügt. Er war erniedrigt und gedemütigt worden. Und während er noch in der Zelle saß, hatte sein Partner ihn betrogen und verraten, hatte sich über seine Freundin hergemacht und der das von ihm mühsam verdiente Geld abgenommen. Und nun heuchelte er, Jan, den verzeihenden Liebhaber, der wieder gemeinsame Pläne schmiedete.

Fast glaubte Jan, sich an Meike für ihre Untreue zu rächen, wenn er sich heimlich auf der Toilette einen Schuß setzte. Nur angedröhnt konnte er auf der Szene den liebenden, liebevollen Idioten spielen, von dem alle wußten, daß er sich hatte abzokken lassen, daß er sich hatte Hörner aufsetzen lassen, von eben jenem Mann, mit dem er wie früher durch die Kneipen zog.

Meike, so schien es ihm, genoß ihren totalen Triumph. Das leicht verruchte Image, das sie sich gab, ihre rotzfreche Dealerei und Schieberei im Knast, von der die ganze Halbwelt wußte, machten es ihr zum orgiastischen Vergnügen, sich mit Jan im Schlepptau zu zeigen, den lediglich die Spritze vor dem totalen Zusammenbruch bewahrte.

»Ich betrieb die ganze Angelegenheit mit einer exzessiven Gedankenlosigkeit«, zieht er Jahre später Bilanz, »die ein Nachdenken über eine eventuelle Umkehr auf diesem Wege ins bodenlose Unglück gar nicht erst aufkommen ließ. Einzig der Lustgewinn, der Genuß, der zwanghafte Zug zur Genußsucht war es, der für mich zählte und an dem ich auch nichts auszusetzen fand, denn Genußsucht war ja – laut Timothy Leary und anderen Drogenpropheten und ihrer Politik der Ekstase – ein selten gewordener, von der Gesellschaft fälschlicherweise angeprangerter Zustand verachtenswerter Dekadenz: Diese Fähigkeit zum Genuß galt es mit Hilfe von Drogen zurückzuerobern, denn in Wirklichkeit sprach aus ihr ein menschliches Grundbedürfnis.

Es war die Zeit der ausklingenden 60er und frühen 70er Jahre, die dermaßen prägend für große Teile meiner Generation war, daß man sogar den simplen, krankhaften Morphinismus zu politisieren versuchte, indem wir die Sucht dem ideologischen Überbau einverleibten. Und das alles letztlich als Entschuldigung für unsere charakterliche Schwäche! Es kotzt mich an, wenn ich es rückblickend bedenke. Heute, mit achtunddreißig Jahren, davon etliche im Knast verbracht und immer noch dem Morphinismus verfallen, kann ich die Worte eines alten opiumsüchtigen Persers gut verstehen, der da sagte: ›Junge, du kannst aufhören, natürlich, jederzeit, wenn du willst. Aber den Affen, den wirst du mit auf den Friedhof nehmen...‹«

Eine Festnahme zur Weihnacht

Kurz vor Weihnachten 1972 kamen die Justizbehörden Meike auf die Schliche. Man hatte einem der Untersuchungsgefangenen eine erhebliche Strafmilderung zugesagt, falls er sich bereiterklärte, den Knastladen und die Machenschaften der Verkäuferinnen auszuspähen. Mit einem präparierten Hundertmarkschein wurde Meike eine Falle gestellt.

Inzwischen hatte sich das Verhältnis zwischen Jan und Meike weiter normalisiert. Sie waren ein Zweckbündnis eingegangen und hatten einen dicken Strich unter die finanziellen und sonstigen Veruntreuungen der Vergangenheit gezogen. So wollten sie in schönstem Einvernehmen den Heiligen Abend gemeinsam in den eigenen vier Wänden begehen. Jan hatte in aller Heimlichkeit, wie das vor diesem Fest so üblich ist, keine Kosten und Mühen gespart, um Meike so richtig schön zu überraschen. Ein Barockspiegel mit vergoldetem Rahmen von immensen Ausmaßen wartete darauf, aus seinem Versteck unter dem Bett an den vorgesehenen Platz über dem Bett zu gelangen. Ein eleganter Mantel aus Wildkatzenfell lag ebenfalls bereit, genau wie der Tannenbaum, den Jan bereits geschmückt hatte.

Der kleine Bernhardiner-Welpe, den Jan Wochen zuvor angeschafft hatte, lief auf tapsigen Riesenpfoten durch die Wohnung und hinterließ hier und da mittelprächtige Haufen auf den großen Persern und kleineren Brücken, wenn er nicht gerade schlief oder fraß.

Allerdings hatte sich die Staatsmacht auch eine Weihnachtsüberraschung ausgedacht. Am Abend vor dem Fest läutete es in der Wohnung am Grindelhof.

Jan öffnete die Tür und entdeckte auf dem Flur gleich einige ihm bestens bekannte Gesichter, die er sämtlich dem Rauschgiftdezernat zuordnen konnte. Einzig der »Teamchef«, eine große füllige Person, war Jan unbekannt, was dieser umgehend änderte.

»Gross, Chef des Rauschgiftdezernats. Diesmal haben wir es allerdings nicht auf Sie abgesehen, sondern auf Ihre Lebensgefährtin.«

Jan war ernsthaft überrascht, und so fragte ihn der imposante Herr höflich, ob er denn vielleicht so freundlich wäre, seine Gäste hereinzubitten. Jan machte eine einladende Handbewegung, und Meike, die mittlerweile hinter ihm stand, schluchzte laut auf: »Ich will nicht ins Gefängnis.«

Jan schoß durch den Kopf, daß Meike das gesamte Jahr über

nichts Schöneres gekannt hatte, als täglich genau dort hinzugehen und sich in ihrer ganzen Weiblichkeit zu produzieren, um dann nach Feierabend, begleitet von einem ganzen Schwarm ihr zugetaner Aufsichtsbeamter, das Gefängnis wieder zu verlassen. Welche Ironie des Schicksals, daß man nun gerade sie einen Tag vor dem Heiligen Abend...

Er versteckte seine heimliche Genugtuung hinter einer großen weihnachtlichen Geste, versammelte die Kriminalbeamten um den Wohnzimmertisch und bot den Herren einen Cognac an. Die weinende Meike an seiner Seite, versuchte er die Beamten davon zu überzeugen, daß die von ihnen erwähnten kleinen Schiebereien in der Haftanstalt doch beileibe kein Grund zur Festnahme wären.

Indes wurde Jan schnell eines Besseren belehrt, indem ihm Gross entgegenhielt, was für eine sofortige Verhaftung sowie darüber hinaus strenge Einzelhaft spreche, nämlich ein winziges Adreßbuch, welches aus dem Besitz eines verurteilten Terroristen in den seines Rechtsanwaltes gelangt sei. Man habe Meike als Zwischenträgerin entlarvt, die sich durch ihre Tätigkeit ganz unzweifelhaft auf die Seite der Baader-Meinhof-Bande gestellt habe, einer der gefährlichsten kriminellen Vereinigungen der Welt. Und auch Meikes Rolle als Hausdealerin sei aufgedeckt worden, verkündete der Oberfahnder des Rauschgiftdezernats stolz.

Jan wunderte sich, daß ein Behördenvertreter allen Ernstes öffentlich seiner Genugtuung darüber Ausdruck verlieh, daß sein Amt nach gut zwölf Monaten Tiefschlaf endlich aufgewacht war.

Bei aller Nachsicht, so meinte der Chef des Rauschgiftdezernats, könne der jungen Frau letztlich wohl nur noch ein guter Verteidiger helfen, und er drängte zum Aufbruch. Eine weibliche Kriminalbeamtin forderte Meike auf, sich reisefertig zu machen und auch ihren Morgenrock nicht zu vergessen, um fürs erste im Gefängnis zurechtzukommen.

Jans Versuche, seine Lebensgefährtin moralisch aufzurichten, blieben ohne Erfolg, dennoch machte Meike sich dann unter Tränen daran, sich auf das vorzubereiten, was sie bis dahin nur von der Schokoladenseite kennengelernt hatte und was nun blutiger Ernst für sie werden sollte.

Zum Abschied stellte die Truppe dann noch aufgrund eines Hausdurchsuchungsbefehls die ganze Wohnung auf den Kopf, wobei sie Jans elegantes Spritzbesteck und in einem Portemonnaie, das Meike fairerweise als ihres ausgab, acht Gramm Kokain fand. Aus einer Schreibtischschublade förderte Herr Gross sechstausend Mark in bar zu Tage, die er sofort beschlagnahmen wollte. Jan konnte ihn nur mit Mühe davon abhalten, indem er einen benachbarten Anwalt als Zeugen hinzuzog und dafür sorgte, daß der das Geld erst einmal gegen Quittung in Verwahrung nahm.

Nachdem die Polizisten auch den als Weihnachtsgeschenk gedachten Pelzmantel aus seinem Versteck gezerrt und ausgepackt hatten, gab Jan ihn Meike als vorzeitige Festgabe und kleinen Trost mit auf ihren schweren Weg, was einen erneuten Tränenstrom zur Folge hatte. Jan durfte sie noch einmal in den Arm nehmen, was sie nicht erwidern konnte, denn inzwischen trug sie Handschellen. Dann war sie verschwunden. Jan war wieder allein. Er tröstete sich mit einer Spritze von seinem Kokain, das die Fahnder trotz aller Gründlichkeit nicht entdeckt hatten.

Vierzehn Tage später bekam Jan von dem Rechtsanwalt, den er gegen eine Anzahlung von fünftausend Mark für Meike engagiert hatte, eine Nachricht, die er umgehend mit einer besonders großen Dosis Kokain für sich quittierte: Meike, das habe die Eingangsuntersuchung in der Haftanstalt ergeben, sei schwanger. Die Gefangene lasse ihm ausrichten, er sei unzweifelhaft der Vater.

Jan versuchte, den Rechtsanwalt dazu zu bewegen, eine Spritze mit einem Abtreibungsmedikament per Anwaltspost in die Zelle zu expedieren, doch der Rechtsanwalt lehnte ab.

»Die Frage war doch im Grunde ganz einfach«, sagte Jan später dazu. »Wie die Sache elegant lösen, ohne sich selbst allzusehr zu exponieren? Und ob der so gepriesene Anwalt bereit wäre, diese damals in England leicht zu erhaltende Spritze für die ersten vierzehn Tage ›danach‹ zu Meike in den Knast zu schmuggeln... Wie sich herausstellte, war der Typ ein alter Zickendraht, und er weigerte sich rundheraus, selbst nach Aufzählung der Fakten, für Meike, die sich damals, wie ich glaube, genausowenig wie ich ein Kind wünschte, auch nur die geringste Handreichung zu unternehmen.«

Ein Rachefeldzug

Jan machte sich nun daran, sich um die Fortsetzung seiner so erfolgreich begonnenen Revanche zu kümmern. Er hatte sich vorgenommen, jenem türkischen Dealer das Geld wieder abzunehmen, das dieser Meike unter Berufung auf angeblich gute Geschäftsbeziehungen zu Jan aus der Tasche gezogen hatte. Es ging immerhin um rund achtzehntausend Mark. Der Türke dealte tatsächlich gelegentlich mit Haschisch, hatte Jan aber niemals persönlich getroffen, was der sich zunutze machte. Er bestellte die Freundin eines seiner Abnehmer aus Heidelberg, der gerade wegen fünfzig Kilo Shit im Gefängnis saß, nach Hamburg und beauftragte sie, sich mit dem Türken in Verbindung zu setzen. Möglichst unauffällig sollte sie einen Kontakt zu Jan anbahnen, der ein solventer Kunde mit Namen Klaus sei und zufällig in Hamburg weile.

Jan hatte sich gut vorbereitet und einen Leihwagen besorgt, den er an der Ecke Hochallee und Innocentiastraße parkte. Vom Zündschlüssel hatte er ein Duplikat anfertigen lassen. Diesen Zweitschlüssel gab er jenem Freund, mit dessen Hilfe er bereits seinen Ex-Partner Karl-Heinz Eder gelinkt hatte, und bat ihn, abends telefonisch abrufbereit zu sein.

Jan traf sich mit dem Türken in der Pizzeria »Rimini« und ließ sich ein Probestück Haschisch von der insgesamt sechsunddreißig Kilo schweren Handelsware geben. Er vereinbarte einen Preis von siebzehnhundertfünfundzwanzig Mark pro Kilo. Dann erläuterte er die Übergabemodalitäten: »Hier hast du einen Autoschlüssel. An der Ecke Innocentiastraße/Hochallee steht ein VW. Hol ihn ab, pack dein Haschisch rein und park den Wagen, wo du willst. Wir treffen uns dann um zwanzig Uhr im Steakhouse in der Dorotheenstraße. Du bringst die Autoschlüssel mit und ich das Geld. Ich gebe dir das Geld, und du sagst mir, wo du den Wagen geparkt hast.«

Der Türke war einverstanden, und Jan setzte sich erst einmal in die »Pöseldorfer Bierstuben«, wo es besonders guten Apfelkuchen mit Schlagsahne gab.

Zum verabredeten Zeitpunkt traf Jan sich mit seinem Geschäftspartner im Steakhouse und lud ihn zum Essen ein.

»Das Geld ist fünf Minuten von hier in einem Schließfach am U-Bahnhof Borgweg«, erklärte er dem Türken. »Ich habe soviel nicht gerne bei mir, wenn ich in einem Restaurant bin. Du hast doch bestimmt ein Auto. Wir fahren zusammen hin, ich gebe dir das Geld, und alles ist klar.«

Als sie aufbrachen, erklärte Jan dem Türken, er sei lange nicht in Hamburg gewesen und kenne sich nicht so gut aus. Es wäre nett, wenn er ihm kurz zeigen würde, wo der VW mit dem Haschisch stehe, dann müsse er nachher nicht so lange suchen. Das sei für ihn kein Risiko, denn schließlich sitze er ja mit ihm gemeinsam im Auto. Der Türke nickte und fuhr mit Jan einen kleinen Schlenker. Er hatte den Wagen genau wieder an der Stelle geparkt, wo Jan ihn vorher abgestellt hatte.

»Gut«, sagte Jan, »alles klar. Jetzt holen wir das Geld.« An der U-Bahnstation Borgweg lotste er den Türken auf einen Parkplatz und stieg aus. »Ich bin sofort wieder da, ich geh nur eben zum Schließfach und hol das Geld. Du kannst den Motor laufenlassen.«

Dann flitzte er um die Ecke und rief von der Telefonzelle aus seinen Freund an: »Fahr ganz schnell zur Hochallee, Ecke Innocentiastraße. Dort steht ein weißer Käfer, zu dem der Schlüssel paßt, den ich dir gegeben habe. Auf dem Rücksitz liegt eine schwarze Tasche, die kannst du rausnehmen und das Auto stehenlassen, oder du nimmst den ganzen Wagen. Aber mach schnell.«

Jan legte auf und rannte zurück zum Wagen. »Du, ich war vorhin in den »Pöseldorfer Bierstuben«, da muß ich den Schlüssel für das Schließfach verloren haben. Fahr bitte ganz schnell hin, bevor ihn jemand anders findet. So komme ich an das Geld nicht ran.«

Der Türke gab Gas. Natürlich fand sich trotz langen Suchens in den »Pöseldorfer Bierstuben« kein Schließfachschlüssel. Daraufhin fuhren sie gemeinsam noch einmal zur U-Bahn-Station Borgweg und erkundigten sich bei dem Schalterbeamten, was man denn tun müsse, wenn der Schlüssel für ein Schließfach verlorengegangen sei. Der Beamte schickte sie zur Schließfachzentrale am Hauptbahnhof. Dort gab Jan seine Geschichte vom verlorenen Schlüssel ein weiteres Mal zum besten, worauf ihm erklärt wurde, jetzt, am späten Abend, könne man leider nichts mehr machen, er möge doch bitte morgen wiederkommen, soviel Zeit müsse ja wohl sein.

Da war der Türke völlig anderer Meinung.

Jan versuchte ihn noch zu beruhigen. Er habe doch den Autoschlüssel für den Wagen und könne ihn woanders hinstellen, doch da war der schon unterwegs. Er raste quer durch die Stadt an die Ecke Hochallee/Innocentiastraße, aber der VW war nicht mehr da.

Jans Freund nahm die sechsunddreißig Kilo auch diesmal wieder zum Vorzugspreis von tausendsechshundert Mark pro Kilo in Kommission. Ein halbes Jahr später wurde er in einer anderen Drogenangelegenheit verhaftet und traf in der Untersuchungshaftanstalt mit einem ihm unbekannten Türken zusammen. Der klagte ihm sein Leid: »Du, mir ist vor einem halben Jahr was passiert, da bin ich um sechsunddreißig Kilo Haschisch gelinkt worden. Ich weiß bis heute nicht, wie das passieren konnte.«

Jans Freund wußte es auch nicht.

Blut in der Badewanne

Offiziell wohnte Jan wieder bei seinen Eltern in Blankenese, denn das war eine Bedingung für seine Haftverschonung gewesen, um durch die »Aufrechterhaltung der familiären Bindungen« die Fluchtgefahr zu verringern. Anträge, in die Wohnung in der Grindelallee übersiedeln zu dürfen, wurden abgelehnt.

Jan mußte sich zweimal in der Woche bei der Polizei sehen lassen und meldete sich, eher pro forma, in einer Privatschule an, um das Abitur nachzumachen. Seine Eltern unterstützten ihn finanziell, wohl in Unkenntnis seiner verborgenen Reichtümer.

Zu Jahresanfang 1973 war Jan, der nach Meikes Abgang in den Knast noch mehr als schon vorher spritzte, ein körperliches Wrack. Es gab Tage, an denen er sich einen Koks-Schuß nach dem anderen setzte. So besuchte ihn eines Tages ein alter Junkie-Freund und fand ihn in einer halbgefüllten Badewanne. Das inzwischen kalte Wasser war rot von Blut.

»Tu mal ein bißchen Stoff für mich raus, dann zeig ich dir, wie du einen Schuß richtig setzt«, schlug ihm sein Besucher vor. »Und komm aus dem Scheißwasser raus, du bist ja schon ganz eingeschrumpelt.«

Folgsam verließ Jan die Wanne und ließ das blutige Wasser ablaufen. Dann setzte ihm der erfahrene Junkie einen Schuß und wurde dafür mit etwas Kokain aus Jans Vorrat belohnt. Der Freund kam in der Folgezeit häufiger.

Immer mehr fühlte sich Jan zu den Junkies in seinem Bekanntenkreis hingezogen. Plötzlich gab er sich mit Leuten ab, die er früher nicht einmal mit der Feuerzange angefaßt hätte. Es war das gemeinsame, etwas wehleidige Gefühl des Ausgestoßenseins aus dem Kreis der normalen Menschen, die nicht wie ein ständig umherfahrendes Auto gleich mehrmals täglich an die Zapfsäule mußten.

Die Junkie-Szene bot damals noch ein anderes Bild als ein paar Jahre später. Man setzte sich zu Hause seinen Druck, allein oder mit Freunden, denn in der Regel gab es noch Überreste sozialer Bindungen. Die an den Straßenecken oder auf Bahnhofstoiletten herumlungernden Jammergestalten späterer Jahre gehörten noch nicht zum alltäglichen Bild der Szene. Ein anderer grundlegender Unterschied lag in der damals verhältnismäßig problemlosen Beschaffung von Betäubungsmitteln guter Qualität zu erschwinglichen Preisen. Die handelsüblichen Apothekengifte waren rein und stark und nicht so gestreckt wie die Heroin- und Kokain-Dosen später.

Das heute an der Straßenecke verkaufte Heroin hat mit dem Stoff aus der Zeit der »French Connection« nur noch den Namen gemeinsam. Der Bestandteil an Morphinen wurde im Laufe der Jahre mit der steigenden Nachfrage immer geringer. Gestreckt wird der Stoff zumeist mit dem gefährlichen Cyclobarbitural, einem inzwischen in Deutschland aus dem Verkehr gezogenen Schlafmittel, das den bei den Junkies so gefragten Effekt des »Abnickens« kurz nach dem Schuß bewirkt.

Abgebremst wird dieses Eindösen durch Zusetzen von Arsen, also schlichtem Rattengift, das, in kleinen Dosen genommen, ein sofortiges Anschwellen der Schleimhäute zur Folge hat. In der Mischung mit gerade mal zehn Prozent Heroin stellt sich der »Kick« unverzüglich ein, der Körper erwärmt sich und die Entzugsschmerzen, der »Affe«, verschwinden.

Bei derartigen Mischungsverhältnissen hochgiftiger Stoffe ist die steigende Zahl von Drogentoten nicht weiter verwunderlich. Manche sterben auch daran, daß sie, sozusagen in Folge eines Betriebsunfalls des Handels, plötzlich einmal unverfälschtes Heroin in die Hände bekommen. Dann wird ihrem Körper unversehens die zehnfache Heroindosis zugeführt – zuviel für ein Erwachen nach dem kurzen Rausch.

Die Versuchsratte

Heiligabend hatte Jan das erste Mal seit Jahren wieder bei seinen Eltern in Blankenese zugebracht. Er, der mit siebzehn von zu Hause weggelaufen war, kehrte nun mit einundzwanzig im Mercedes 220 SE, mit einem Bernhardiner-Welpen an der Leine und den Adern voller Koks, zurück. Es war noch mehr Verwandtschaft erschienen, und sein Vater, den er eigentlich immer eher steif und diszipliniert erlebt hatte, trank ein paar Scotch und spielte mit dem großen kleinen Hund.

Jan fand es wahnsinnig tröstlich, wieder zu Hause zu sein, und vergaß für kurze Zeit, wie sehr er mittlerweile an der Nadel hing. An manchen Tagen hatte er sich aus seinem schier unerschöpflichen Vorrat an Kokain eine Injektion nach der anderen gesetzt. Ein paar Mal hatte er durch die irrsinnige Dosierung bereits epileptische Anfälle erlitten.

Jan fühlte sich manchmal schon wie die Versuchsratte in einem Käfig, die man an einen Kokaintropf angeschlossen hatte. Die Ratte konnte mit der Schnauze entweder auf eine rote oder eine grüne Taste drücken. Bei Rot kam ein Kokainstoß, bei Grün Futter. Die Ratten in diesem Experiment drückten so lange auf den Kokainknopf, bis sie verhungert waren oder bis sie am Kokain starben. Nicht ein einziges Mal drückten sie auf die Futtertaste.

Von diesem Versuch hatte Jan einmal gelesen, und er konnte an sich selbst feststellen, daß der Test bei Menschen genauso ablaufen würde. Er hatte jegliches Interesse für Essen und Trinken, ja überhaupt jegliches Interesse verloren. Im Mittelpunkt seines Lebens stand nur noch das Kokain. Und davon besaß er genug. Das einzige, um das er sich Sorgen machen mußte, war genügend Venen zu finden, genügend Einstichmöglichkeiten und jederzeit saubere Nadeln und Spritzen zur Verfügung zu haben.

Mitunter war er so vollgepumpt mit Gift, daß er Sehstörungen bekam, Halluzinationen, die ihn nicht mehr erkennen ließen, wohin er spritzte. Er jagte das Kokain dann in die Muskulatur und betäubte so beispielsweise den ganzen Arm. Einmal hatte er sich so viel Stoff ins blanke Fleisch gesetzt, daß nicht nur der Arm völlig taub wurde, sondern auch die Schulter, die rechte Brustseite und sich die Taubheit immer weiter zur Mitte des Körpers hin ausbreitete.

Jan bekam einen Angstanfall, war in heller Panik, daß sich die Lähmung immer weiter ausbreiten und irgendwann auch das Herz erreichen würde. Er stand mitten in der Wohnung und vollführte mit Armen und Beinen groteske Schwimmbewegungen, um den Kreislauf in Gang zu halten.

Die Dealerin im Terroristentrakt

Meikes Abwesenheit berührte Jan in seinem permanenten Kokainrausch kaum. Die verzweifelten und weinerlichen Briefe, die sie ihm alle paar Tage aus der Isolationshaft schrieb, blieben weitgehend ungelesen. Allein Jans Mutter begann sich um Meike zu kümmern, die behandelt wurde wie eine gefährliche RAF-Terroristin. Schließlich hatte sie neben anderen auch inhaftierte Terroristen mit Drogen beliefert.

Vor ihrer Tür saß Tag und Nacht ein Extra-Wachposten, und bevor sie einmal am Tag für fünfundvierzig Minuten allein auf dem Gefängnishof ihre Kreise ziehen durfte, wurden ihr Handschellen angelegt.

Schließlich raffte Jan sich doch einmal auf und besuchte den zuständigen Staatsanwalt, um ihn zu bitten, Meike wenigstens ein Wäschepaket schicken zu dürfen. Doch der lehnte ab. Unterhemden und Schlüpfer könnten ja vorher mit Opiumtinktur getränkt worden sein. Jan kannte das Gesicht von früher: Während seiner Zeit als Jurastudent hatte der Staatsanwalt gern mal in einem Schachcafé namens »Unterm grünen Dach« am Haschischjoint gezogen.

Besucher durfte Meike mit wenigen Ausnahmen nicht empfangen. Einmal gestattete man der Ehefrau von Meikes Bruder, einer grundbiederen, gutbürgerlichen Frau aus Celle, sie zu sehen. Sie durfte dreißig Minuten unter strenger Bewachung mit ihr sprechen. Als diese kleine einfache Frau mit ihrem albernen Hut und ihrem abgewetzten Mantel aus dem Gefängnis kam, war sie in Tränen aufgelöst. Das Elend ihrer Schwägerin und die Zustände in der Untersuchungshaftanstalt, in die der normale Bürger niemals Einblick hat, war zuviel für sie gewesen.

Im Kokain-Wahn

Jan brachte die Schwägerin zur Bahn und war selbst so angesteckt vom Mitleid mit Meike, aber vor allem so voller Mitleid mit sich selbst, daß er sich danach zu Hause eine Riesenportion Kokain setzte. Zum Glück für ihn waren ein paar Freunde dabei. Er saß auf seinem Bett und merkte, wie die Überdosis in ihm hochstieg. Es war, als käme aus der Ferne ein Tornado auf ihn zu. Plötzlich wurde er wie von einer eisernen Faust im Genick gepackt und zu Boden geschleudert. Er kroch ins Bad und schloß die Tür hinter sich ab. Dann versuchte er, sich am Waschbecken festzuhalten, wurde aber wieder zu Boden gerissen. Er knallte auf die Fliesen und krümmte sich wie bei einem epileptischen Anfall. Doch diesmal spürte er seinen Körper nicht mehr, hatte keinerlei Schmerzempfinden, sondern den Eindruck, bereits außerhalb seines Körpers zu sein, links oben in der Zimmerecke über dem Klo, und sich selbst bei seinem Anfall zuzuschauen. Aus der Vogelperspektive sah er seinen Körper, wie er sich auf dem Boden wand und immer wieder mit dem Kopf auf die Fliesen aufschlug. Jan vergaß die Szene nie wieder.

Der Anfall muß etwa eine Dreiviertelstunde gedauert haben. In dieser Zeit vollbrachten seine Besucher das akrobatische Kunststück, sich im Lichtschacht des Altbaus vom Schlafzimmer auf dem Sims entlang bis zum Toilettenfenster zu hangeln. Durch die obere Klappe kletterten sie herein, entriegelten das Fenster und schlüpften nacheinander ins Bad. Während sich Jan auf dem Boden zusammenkrampfte, hielten sie ihn fest. Plötzlich kam er wieder zu sich und setzte sich auf.

»Was wollt ihr denn, laßt mich doch in Ruhe, ist doch alles in Ordnung mit mir.«

Einer seiner Besucher, ein langjähriger Junkie, der zur Paranoia neigte, stieß hektisch hervor: »Ich weiß genau Bescheid, was hier abläuft. Du machst mir hier ein Theater vor, um mich abzulenken. Ich höre sie draußen reden. Hinter der Gardinenstange sind die Mikrofone angebracht und hinter den Tapetenleisten sind die kleinen Mikrokameras.« Ernst griff sich einen Schraubenzieher und begann auf dem Flur die Tapetenleiste loszureißen, um nach den Kameras zu suchen.

Jan gab ihm einen Schuß Koks gegen seinen Verfolgungswahn und erwischte gleich noch einmal eine etwas zu hohe Dosis. Wie ein Karpfen auf dem Trocknen zappelte Ernst auf dem Fußboden herum und verdrehte die Augen. Als die Wirkung nachließ, überkam ihn wieder die Paranoia.

Zwischen dem zweiten Advent 1972 und Ostern 1973 verbrauchte Jan mehr als vier Kilo Kokain. Das einzige Geschäft, das er mit der Restmenge machte, wickelte er mit dem Sohn eines der reichsten Männer der Welt ab. Paul Getty, der sich in Italien hatte entführen lassen und von seinem Großvater erst freigekauft worden war, als man ihm ein Ohr seines Enkels schickte, war nach seiner Freilassung nach Deutschland gekommen. Durch einen Freund erfuhr Jan, daß der Ölenkel dringend Koks brauchte. Jan verkaufte ihm fünfhundert Gramm.

Zu seinem zweiundzwanzigsten Geburtstag am 4. April 1973 war das Kokain aufgebraucht, und Jan erlitt schwere Anfälle von Paranoia. Einmal entdeckte er nachts auf dem Universitätsgelände ein ganzes Bataillon Polizisten in Demonstrationsuniform, weißen Helmen, herabgelassenen Visieren, weißen Schlagstöcken und Plastikschilden. Wie aus dem Boden geschossen standen sie vor ihm. Jan sah sie ganz real. Erst Minuten später merkte er, daß es eine Halluzination war.

Seine letzten vier Gramm Kokain hatte er im Austausch gegen zwei Morphiumtabletten geopfert, um von seinem Verfolgungswahn herunterzukommen. Die Tabletten waren ursprünglich vom Deutschen Roten Kreuz für die Opfer der Hochwasserkatastrophe in Bangladesh gespendet worden, hatten aber über den Hafen von Karatschi den Weg zurück nach

Deutschland genommen. In Hamburg wurden sie dann auf dem Schwarzmarkt an Fixer verkauft. Jan kochte sich die beiden Tabletten auf, zog sie in seine Pumpe und spritzte sich das Zeug in die Vene.

Von einer Minute auf die andere war das Gefühl der Paranoia weg. Jan hatte einen angenehmen morphinen Opiumflash und glaubte, wieder über einen genügend klaren Kopf zu verfügen, um seine Probleme in Angriff nehmen zu können. Tatsächlich jedoch blieb er von nun an für alle Zeiten fest auf Opiate fixiert. Dieser Tag war der Anfang seines eigentlichen Morphinismus, und es dauerte nicht lange, da folgte auf das medizinische Morphium die Höllendroge Heroin.

Hochzeit eines Junkies

Anfang Juli 1973 bekam Jan einen Anruf seines Anwalts, eines älteren Herrn mit untadeligem Ruf. Jan möge bitte umgehend in seine Kanzlei kommen. Als sich Jan, ausnahmsweise in einigermaßen ansprechbarem Zustand, ihm gegenüber vor den Schreibtisch gesetzt hatte, legte der Anwalt einen faustgroßen Stein auf den Tisch und sagte: »Wissen Sie, wozu dieser Stein da ist? Diesen Stein schlage ich Leuten auf den Kopf, die zuviel reden und zuwenig zuhören.«

Der alte Rechtsanwalt hob an zu einem längeren Monolog, und Jan hörte tatsächlich zu.

»Lieber Herr Christopher«, sagte er, »Ihre Freundin ist jetzt mittlerweile im siebten Monat schwanger. Sie sitzt unter Terroristenbedingungen in Untersuchungshaft. Mit Ausnahme ihrer Schwägerin, zu der sie keinerlei emotionale Beziehung hat, durfte sie bisher keinen Besuch empfangen.

Und jetzt überlegen Sie mal, was Meike alles über Sie weiß, über Ihre gemeinsame Vergangenheit, darüber, wie Sie Ihr Geld verdient haben. Stellen Sie sich weiter vor, was eine schwangere Frau, zur Hysterie neigend, in einem Kellerloch mit einer bewaffneten Wache vor der Tür machen könnte. Sie könnte zum Beispiel auf den Knopf der Warnklingel drücken und nach einem Staatsanwalt verlangen. Sie könnte sich gewaltige Hafterleichterungen dadurch erkaufen, daß sie eine umfassende Aussage über Ihre Tätigkeit als international operierender Rauschgiftschmuggler und -händler, zu eigennützigen Erwerbszwecken und aus niedrigen Beweggründen, machte. Weil sie alles weiß, was Sie in diesem Zusammenhang getan haben. Bedenken Sie das bitte genau.«

Der Anwalt sah Jan einen Augenblick an und meinte dann beiläufig: »Heiraten Sie Meike. Ich werde Ihnen die Erlaubnis dazu verschaffen. Das wird meiner Meinung nach viel Spannung abbauen und die Gefahr einer umfassenden Aussage gewaltig verringern.«

Der Vorschlag des Anwalts versetzte Jan einen tiefen Schock. Erst jetzt wurde ihm klar, in welcher Gefahr er schwebte. Es dauerte einige Wochen, dann hatte der Anwalt bei den Behörden einen Besuchstermin von fünfzehn Minuten zum Zwecke des Heiratsantrags durchgesetzt. Als Jan Meike gegenüberstand, begriff er, daß sie am Ende ihrer Kräfte war.

»Ich bin auf einem Scheißgleis gefahren«, sagte Jan. »Ich möchte hier allerdings nicht weiter darüber reden. Aber willst du meine Frau werden? Willst du mich heiraten?«

Meike willigte ein, und dann hatten die beiden noch knappe acht Minuten, um sich händchenhaltend unter den Augen des Haftrichters, des Staatsanwalts, des Gerichtsschreibers, zweier Anwälte und ein paar Wachbeamter ein wenig zu unterhalten.

Es dauerte noch einige Wochen, bis die notwendigen Formalitäten erledigt waren, und Jan konnte sich auf den großen Moment gebührend vorbereiten.

Er ratterte, wie immer ohne Führerschein, auf einem schweren Motorrad durch Hamburg und besorgte sich knapp eine Stunde vor dem angesetzten Trautermin im Untersuchungsgefängnis eine gehörige Dosis Opiat und setzte sich einen gewaltigen Schuß.

In seinem neu erworbenen Anzug, den er für achthundertfünfzig Mark in einer fashionablen Boutique in Pöseldorf gekauft hatte, fuhr Jan auf dem Motorrad ohne Helm und ohne Brille zum Untersuchungsgefängnis. Einer Blumenfrau hatte er unterwegs einen Eimer Rosen abgekauft, und in der Hosentasche trug er zwei Ringe, die ungefähr passen mußten.

Im Besucherzimmer der Anstalt war Jan zunächst allein, dann stieß der Standesbeamte zu ihm. Schließlich wurde die Braut hereingeführt, begleitet von zwei weiblichen und zwei männlichen Vollzugsbeamten. Jans Mutter war ebenfalls noch gekommen, und die Gäste von draußen nebst Bräutigam mußten auf der einen Seite des langen Besuchertisches Platz nehmen, die Braut, eskortiert von ihren Justizvollzugsbeamten, auf der anderen Seite.

Jan, durch die Situation und den kurz zuvor gesetzten Schuß ziemlich aufgeregt, holte die Ringe aus der Tasche, steckte sich einen auf den Finger und schob den anderen über den Besuchertisch. »Hier, steck ihn dir an.«

Seine Mutter wies ihn darauf hin, daß man das normalerweise etwas anders machte, und die Prozedur wurde wiederholt. Vorher hielt der Standesbeamte noch eine kurze Ansprache und brachte aus beiden das Ja-Wort heraus. Anschließend hatte das Gericht dem jungen Paar fünfzehn Minuten zugebilligt, in denen Kaffee getrunken werden durfte. Die Anstaltsleitung hatte eine Thermoskanne in den Besucherraum geschafft und mehrere Stücke Torte spendiert, alles aus Anstaltsbeständen. So bestand keinerlei Gefahr – wie bei den Schlüpfern –, daß die Torte mit Opiumtinktur getränkt sein könnte.

Nach Ablauf der genehmigten Zeit stand der diensthabende Beamte aus dem Strafvollzug auf und erklärte: »So, wir müssen jetzt Schluß machen. Die Zeit ist um. Bitte verabschieden Sie sich und gehen Sie.«

Jan feierte mit seiner Mutter, die sich in der Zwischenzeit von ihrem fünfundzwanzig Jahre älteren Ehemann hatte scheiden lassen und auf die andere Seite der Elbe nach Hamburg-Harburg gezogen war, noch etwas nach und sah dann zu, daß er sich so schnell wie möglich davonmachen konnte. Er setzte sich auf die schnelle einen neuen Schuß, rannte in den Park gegenüber vom Frauengefängnis und brüllte, so laut er konnte: »Meike, Meike, Meike.« Dann warf er eine Flasche Champagner über die Mauer, die irgendwo innerhalb des Freistundenhofs der Haftanstalt zerknallte.

Ein Junkie wird Vater

Genau dreiundzwanzig Stunden vor der Niederkunft wurde Meike unter strengen Meldeauflagen aus der Untersuchungshaft entlassen. Mit Blaulicht fuhr ein Unfallwagen sie in die Frauenklinik, wo sie ein Mädchen zur Welt brachte.

Jan, mit Opiaten vollgepumpt bis an den Hals, empfand sich weniger aufgeregt als normale Väter. Er kaufte irgendwo einen ziemlich miesen Blumenstrauß aus verschiedenfarbigen Rosen und stürmte ins Krankenzimmer. Meikes Anblick brachte ihn auf den Boden der Tatsachen zurück.

»Wenn du das Kind sehen willst, mußt du der Oberschwester Bescheid sagen, die zeigt's dir dann hinter der Glasscheibe. Es ist ein Mädchen.«

Jan riskierte einen Blick und dann versuchte er sich klarzumachen, welcher Verantwortung er nun gegenüberstand.

Seine Mutter und seine Großmutter hatten die Wohnung auf Hochglanz gebracht, das Gästezimmer als Kinderzimmer umgestaltet und den inzwischen riesenhaften Bernhardiner aufs Land geschafft, um das Kind nicht zu gefährden. Als Meike und das Kind dann nach Hause entlassen wurden, ließ sich Jan in die technischen Einzelheiten der Milchflaschenernährung eines Kleinkindes einweisen, ging los, kaufte riesenhafte Mengen Kindernahrung ein und übernahm Petras Versorgung.

Zwei süchtige Brüder machen ein Geschäft

Jans geheimer Vorrat an Geld schmolz langsam, aber sicher zusammen. Die Lebenshaltungskosten für die kleine Familie verschlangen dabei noch den kleinsten Teil. Immer wieder mußte Jan sich zehn- oder zwanzigtausend Mark holen, denn den größten Raum in seinem Leben nahm nach wie vor der Run nach den Opiaten ein, so daß es in seinem Schädel wenig Platz für andere Dinge gab. Jan beichtete Meike schließlich seinen exzessiven Drogenkonsum und sagte zu ihr: »Du, im Interesse unserer kleinen Familie, laß uns mal versuchen, daß ich von dieser Scheiße loskomme. Wenn du irgendwie kannst, hilf mir dabei.«

Gemeinsam kauften sie noch verschiedene Male kleinere Mengen Heroin. Meike teilte die Dosen ein und verpflichtete Jan, den Stoff nicht mehr zu spritzen, sondern nur noch zu schnupfen, um ihn so langsam zu entwöhnen. Hin und wieder nahm auch sie selbst eine Nase Heroin – das war der Anfang ihrer eigenen Drogensucht.

Jans Bruder Ludwig hatte in den vorangegangenen zwei Jahren, nach erheblichen beruflichen Rückschlägen, ebenfalls angefangen, Heroin zu spritzen. Er hing schon an der Nadel, als Jan noch im Gefängnis saß.

Zusammen mit seinem Bruder war er dann im Frühsommer ins LSD-Geschäft eingestiegen. Bei »Tchibo« in Blankenese hatte Ludwig kurz vorher ein junger Mann angesprochen, ob er nicht der Dealer sei. Er hatte die beiden Brüder verwechselt. Ludwig erfuhr, daß sein neuer Bekannter gemeinsam mit einem Freund LSD herstellte, und als er gefragt wurde, ob er möglicherweise Beziehungen zu Abnehmern habe, nickte Ludwig, er werde sein Bestes versuchen.

Ludwig informierte seinen Bruder Jan, und der war sofort interessiert, sich in das Geschäft einzuklinken. Es kam zu einem Treffen, und Jan erfuhr, daß der eine seiner beiden zukünftigen Geschäftspartner, Klaus Henkel, der Philosophie und Chinesisch studierte, eigentlich hatte Chemiker werden wollen, dieses aber wegen des Numerus clausus nicht konnte. Schon in der Schule hatte er in kleinerem Umfang LSD hergestellt. Jetzt wollte er seine Produktion ausweiten. Jan war in seinem Element.

»Paßt auf, Jungs, ich stecke ein bißchen Geld in die Sache, damit ihr euch die richtige Ausrüstung besorgen könnt. Ihr stellt die Trips in etwas größeren Mengen und etwas besserer Qualität her, und ich kümmere mich um den Verkauf. Ich hab genügend Kunden und Erfahrung, um das klarzumachen.«

So hatte Jan Teile seines Bargeldreservoirs vermeintlich wieder nutzbringend in zukunftsweisenden Geschäften angelegt. In der elterlichen Garage des Hobbychemikers war ein technisch hochentwickeltes Labor entstanden, mit Zentrifugen, Vakuumverdampfern, Geräten zur Spektralanalyse, einer Tablettiermaschine und so weiter.

Die Rohstoffe für die LSD-Produktion waren leicht zu besorgen. Ergotamin, das verschreibungspflichtige Alkaloid aus dem Mutterkorn, einem Getreideparasiten, wird hauptsächlich als Wehen- und Migränemittel verwendet. Es läßt sich schon mit schlichten Chemiekenntnissen in Lysergsäure verwandeln. Anschließend muß man es nur noch mit der frei verkäuflichen Vielzweckchemikalie Diäthylamid verbinden, bis man dann Lysergsäurediäthylamid, abgekürzt LSD, erhält.

Als die Anlage stand, waren sich der Chemiker und seine Vertriebsleute einig, daß man damit ohne weiteres zwischen siebenhunderttausend und einer Million LSD-Trips herstellen könnte. Man ließ die Sache vorsichtig angehen.

Klaus, ein tatsächlich hochbegabter Chemiker, hatte sein Labor mit gasdichten und explosionssicheren Türen ausgerüstet und arbeitete zumeist mit Gasmaske. Seine ersten LSD-Proben injizierte er Mäusen, um die Wirkung zu testen.

Klaus hatte auch eine Methode ersonnen, die LSD-Trips zu dosieren. Er kaufte Filzmatten und Bürolocher, und zeitweise saß die ganze Truppe, inklusive der Freundinnen, in einem Zimmer und knipste unentwegt Löcher in die Matten. Jedesmal, wenn ein Locher voll war, wurde das Filzkonfetti in einen großen Sack gekippt. Mit einer Feinwaage stellten sie das Gewicht eines einzelnen Plättchens fest, wogen jeweils tausend oder fünftausend Filzplättchen aus und schütteten sie in ein Sieb. Dieses hängten sie dann in einen Topf, in den sie anschließend die genau berechnete LSD-Lösung schütteten, mit der sich die Filzplättchen vollsaugten. Am Ende gaben die jungen Chemiefabrikanten violetten Lebensmittelfarbstoff hinzu. Den ganzen Sommer 1973 über liefen die Filztrips in Deutschland und im europäischen Umland unter dem Namen »Lila Hamburger« sehr gut. Jan hatte seinen gesamten alten Kundenstamm wieder mobilisiert. An einige verkaufte er alle zehn bis vierzehn Tage fünfzehn- bis zwanzigtausend Trips.

Zu dieser Zeit begann LSD allerdings schon wieder »out« zu sein, und so konnten mit den Lila Hamburgern keine großen Vermögen angehäuft werden. Die Trips kosteten pro Stück nur fünfzig bis sechzig Pfennig und erzielten auch im Endverkauf nicht allzuviel mehr. So konnten Jan und sein Bruder nur jeweils ein paar tausend Mark an den Filzplättchen verdienen. Nicht zu vergleichen mit den Gewinnen, die Jan früher mit seinen zentnerweisen Verkäufen von Haschisch gemacht hatte.

Aufgrund seiner Geschäfte mit den LSD-Trips konnte sich Jan seiner Tochter nur selten widmen. Seine neue Rolle als Vater hatte ihm ein ganz anderes Lebensgefühl gegeben, das Gefühl, auch als Mensch gefordert zu sein. Plötzlich tat es ihm leid, daß er kriminell war, daß er mit Rauschgift handelte, daß er auf Geld aus dubiosen Geschäften angewiesen war. Doch die Droge schien ihm jeden Ausweg verbaut zu haben.

Eine LSD-Fabrik fliegt auf

Es ging wieder auf Weihnachten zu. Eines Morgens lag Jan ziemlich fertig auf seinem Bett, denn er machte gerade den zweiten Tag eines seiner fruchtlosen Entziehungsversuche durch. Schweißtriefend mühte er sich, eine Zeitung zu lesen, als es an der Tür klingelte.

Durch den Spion war ein blonder, schlanker Mann in rotbrauner Lederjacke zu sehen. Meike öffnete die Tür, und zwanzig bis dreißig Männer mit langen Haaren, Vollbärten, Sonnenbrillen, Lederjacken, Jeans und hochhackigen Stiefeln stürmten die Wohnung. Das einzige, was sie von Leuten aus der Szene unterschied, waren ihre Maschinenpistolen und ihre großkalibrigen Revolver.

Im ersten Moment dachte Jan, es sei ein Raubüberfall. Am Tag zuvor hatte er eine Ladung von dreißigtausend Trips übernommen. Sein Kurier hatte die Tüte mit den Filzplättchen in ein Schließfach am Altonaer Bahnhof packen sollen, sie aber statt dessen am Flottbeker S-Bahnhof deponiert, ohne es Jan zu sagen. Der brauchte den ganzen Tag, bis er die Trips endlich fand und hatte sie deshalb mit nach Hause genommen.

Und ausgerechnet jetzt wurde die Wohnung gestürmt! Die Truppe sah so verwegen aus, daß Jan in Panik geriet, und er hatte allen Grund dazu: Die dreißigtausend Trips standen wie selbstverständlich auf der Fensterbank, Jan versuchte sie noch schnell nach draußen zu werfen. Als er aber das Fenster aufriß und nach unten sah, standen im Innenhof des Altbaus bereits drei Männer und warteten auf das, was da womöglich von oben aus dem Fenster fallen würde. Das konnte er sich sparen.

Jan schaffte es noch, eine Handvoll Trips in einen Stiefel zu stecken, ohne so richtig zu wissen, welchen Sinn das haben sollte, und stellte sich dann mit hängenden Armen der Polizei. Der Einsatzleiter verlas den Haftbefehl: Aufgrund der Aussage eines gewissen Klaus Henkel sei er im höchsten Grade verdächtig, gewerbsmäßig und fortgesetzt mit LSD-Trips in großen Mengen gehandelt zu haben.

Später erfuhr Jan, daß der zweite Mann in der LSD-Fabrik sich einen alten Mercedes-Diesel für eine Skandinavienreise gekauft hatte und die letzten zweitausend Mark dafür mit einem kleinen LSD-Deal außerhalb seiner offiziellen Geschäftsbeziehungen zu Jan finanzieren wollte. In der Övelgönner Kneipe »Die Zwiebel« versuchte er die Trips ausgerechnet an einen getarnten Zivilfahnder zu verkaufen.

Man hatte ihn in eine der schmutzigsten Zellen der Drogentruppe verbracht und dort erst einmal schmoren lassen. Erwartungsgemäß brach der Zahnarztsohn schon nach kurzer Zeit zusammen und packte aus. Im Labor fanden die Fahnder noch Rohmaterialien für bis zu einer Million Trips. Der Coup gegen die LSD-Fabrikationsstätte ging durch alle Zeitungen.

»Rauschgiftküche in der Studentengarage«, meldete Bild. »Die gefährlichste LSD-Bande, die es jemals in Deutschland gab, wurde von der Polizei enttarnt.« Das Labor sei besser eingerichtet gewesen als die Arbeitsstätten an der Universität. Laut Bild-Zeitung hatten die Trips einen Schwarzmarktwert von mehr als vier Millionen Mark. Der Hobbychemiker sei allerdings an die übelsten Rauschgifthändler der Hamburger Drogenszene geraten, die Gebrüder Jan (22) und Ludwig C. (24). Bild: »Die Rauschgifthändler zahlten für die ›violetten Hamburger‹ ein Spottgeld von nur fünfzig Pfennigen. Für fünf bis zehn Mark verkauften sie die Teufelsdroge weiter.«

Zu Jans und Ludwigs Pech war die Handelsspanne jedoch sehr viel geringer gewesen.

Jan wurde zum Polizeipräsidium gebracht, und auf der Fahrt deuteten ihm die Fahnder triumphierend an, diesmal werde er wohl nicht unter sieben bis acht Jahren Knast davonkommen. Jan äußerte sich dazu nicht.

Inzwischen machte sich bei ihm der »Affe« immer stärker bemerkbar. Man brachte ihn zunächst ins Zentralkrankenhaus, das dem Untersuchungsgefängnis angeschlossen war. Dann verlegte man ihn auf die Beobachtungsstation. Jans Bruder war gleichzeitig mit ihm verhaftet worden. In letzter Minute hatte seine Freundin ihm allerdings noch drei Gramm Heroin zustecken können. In der Gefängniszelle bastelte er sich aus einem Kugelschreiber, einem Filzstift und einer Kanüle, die er im Revers seines Sakkos versteckt hatte, umgehend eine Spritze, mit der er sich den Stoff in die Vene jagte.

Jan hatte keine Drogen mit auf die Reise ins Gefängnis nehmen können, und dort erhielt er von einem wohlmeinenden Arzt lediglich zwei oder drei Distraneurin-Tabletten und eine

Zigarette. Schließlich ging bei ihm das Licht aus. Jan fiel zu Boden, und die glimmende Zigarette entzündete sein Bett, das in Flammen ausbrach. Jan, der im Koma auf dem Fußboden lag, wurde mit Blaulicht ins Allgemeine Krankenhaus Ochsenzoll gefahren und dort in das berüchtigte Haus 18 eingeliefert, in dem hinter einer hohen Mauer, Wachtürmen und Stacheldraht geisteskranke Kriminelle untergebracht werden.

Jan war voll auf Entzug. Alles in seiner Umwelt hatte sich ins Bösartige gewandelt. Die Geräusche um ihn herum waren durchdringend, laut und auf grauenhafte Art überreal geworden. Er kannte die Symptome aus früheren Entzugszeiten. Mit seinen über die Schmerzgrenze hinaus geschärften Sinneswahrnehmungen glaubte er, durch eine abstruse Vision des Malers Hieronymus Bosch zu wanken, wobei er aber noch so klar und wach war, daß er seinen Zustand ganz bewußt erlebte.

Ihm war klar, daß dies erst der Beginn eines langen, schmerzhaften und überhaupt noch nicht zu überschauenden Wegs war. Das nahm ihm fast die Luft zum Atmen. Das Entsetzen verstärkte sich im Wissen, daß sich die körperlichen Schmerzen, die er bereits seit Stunden zu ertragen hatte, noch um etliches vervielfachen würden.

Zu Beginn des Affen hatte er nur unter Triefaugen, ständigem Gähnen, Husten und Magenkrämpfen gelitten. Doch dann verursachte der Opiatentzug das Gefühl, als risse es ihn mitten entzwei. Vom Rückgrat her breitete sich das Gefühl aus, eine stählerne Faust fahre ihm unablässig vom Steiß bis zur Halswirbelsäule durch den Leib. Die körperliche Qual und Unruhe trieb ihn auf die Beine, aber die waren zu schwach, um ihn zu tragen. Er legte sich wieder aufs Bett, doch es war unmöglich, länger als eine Minute in der gleichen Lage zu verharren. In sämtlichen Gliedern stellten sich Schmerzen ein wie bei Rheumatismus in seiner schlimmsten Form. Ihm war, als habe er statt seiner Gelenke nur noch eingerostete Scharniere im Leib, die bei jeder Bewegung einen schrillen, qualvollen Schmerz verursachten. Doch sobald er versuchte, ruhig zu liegen, machten sich die Körperpartien bemerkbar, mit denen er auf der Matratze lag, und ganz besonders die Druckstellen, wo zum Beispiel die Knie in Seitenlage aufeinanderruhten. Dort wurde der Schmerz so intensiv, daß er versuchte, ein Kissen dazwischen zu stecken. Aber kaum daß er sich vom Bett aufrichtete und die Beine anwinkelte, um einen Moment der Erleichterung zu erleben, öffneten die Schweißdrüsen ihre Schleusen, und ein fieberhafter Hitzeschub zwang ihn, das gesamte Bettzeug in einem Anfall von Platzangst von sich zu werfen. Und so begann die ganze Tortur von neuem.

Jan fühlte sich wie rohes Fleisch, und seine gequälte Psyche ließ nicht zu, daß der Körper aus physischer Erschöpfung, Qual und Schmerzen in erlösenden Schlaf fiel. Er wurde wacher und wacher, und er wußte, daß dieser Zustand in Extremfällen zehn oder zwölf Tage lang andauern konnte. Durch den ständigen Drang zum Wasserlassen und den ununterbrochenen Durchfall trieb es ihn in immer kürzeren Abständen zur Toilette, bis er auch diesen Weg nicht mehr schaffte.

Irgendwann verfiel Jan wieder ins Koma, und als er aufwachte, war er an Brust, Bauch, Beinen, Füßen, Oberarmen und Unterarmen ans Bett geschnallt. Er konnte sich nicht rühren, und alle halbe Stunde tauchte ein Pfleger auf, der ihm eine riesenhafte Spritze Haloperidol in den Körper jagte. Das Mittel, inzwischen verboten, führte unter anderem zu Krämpfen im ganzen Körper und fügte Jan dadurch an den gefesselten Gliedmaßen auch ziemliche Schürfwunden zu.

Jan, auf der Schwelle zwischen Bewußtlosigkeit und Wachen, registrierte plötzlich, wie ein junger Mann in Felljacke, mit Pelzmütze und Pelzstiefeln ins Zimmer trat.

Der Mann stellte sich ihm als Haftrichter vor, fragte routinemäßig, ob Jan aufnahmefähig sei, und verlas einen ellenlangen Haftbefehl wegen Herstellung, Finanzierung der Herstellung und gewerbsmäßigen Vertriebs von verbotenen Betäubungsmitteln der gefährlichsten Sorte. Das war etwa gegen zwei Uhr morgens, und Jan konnte nur lallen: »Reden Sie ruhig weiter, ich verstehe sowieso nicht, was Sie sagen.«

Fluchtversuche

Jan lag auf einem Zimmer mit Fritz Honka, dem Serienmörder, der mehrere Frauen getötet und dann zersägt hatte, sowie einem Kinderschänder, der sich bei der Festnahme mit einer Kohlenschaufel das Glied abgehackt hatte.

Als Jan nach fast zwei Wochen den schlimmsten Teil seines Affen hinter sich gebracht hatte, bestach er den Kalfaktor mit mehreren Paketen Tabak, damit der ihm ein Bad einließ, Seife, Shampoo und einen Rasierapparat besorgte. Jan badete, rasierte und kämmte sich und putzte sich so gut heraus, wie es irgend ging. So wartete er auf die Chefvisite. Als dann endlich der ärztliche Leiter des Hauses 18 in Begleitung einer ganzen Korona von Studenten, angehenden Psychiatern und Psychologen in seinem Zimmer auftauchte, stand Jan kerzengerade vor seinem Bett. Er hatte sich ein paar Sätze zurechtgelegt und schnauzte den Arzt unter Aufbietung aller Kräfte im Kasernenhofton an: »Wie stellen Sie sich das eigentlich vor? Wie soll ich mich auf meine Verteidigung und den mir zustehenden fairen Prozeß vorbereiten, wenn ich hier ständig unter Haloperidol in Krampfzuständen ans Bett fixiert werde. Ich verlange, daß Sie mich umgehend ins Untersuchungsgefängnis zurückverlegen. Mein Entzug ist vorüber. Andernfalls werde ich gerichtliche Schritte gegen Sie veranlassen, und Sie werden sämtliche Konsequenzen zu tragen haben.«

Ein so diszipliniertes und forsches Auftreten waren die Weißkittel von ihren Patienten nicht gewohnt. Schon am selben Nachmittag wurde Jan in die Untersuchungshaftanstalt Holstenglacis gebracht. Er hatte seinen Opiatentzug zwar noch längst nicht ganz hinter sich, doch mit äußerster Energie gelang es ihm, den Ärzten vorzuspielen, daß es bereits soweit war. Zwölf Tage hatte er in der Schlangengrube zugebracht.

Im Untersuchungsgefängnis sollte er sich sofort beim diensthabenden Arzt melden und traf dort auf die kurz vor der Pensionierung stehende Haftärztin Dr. Bienhof, die er schon während Meikes Untersuchungshaft kennengelernt hatte. Die

Ärztin hatte damals durchgesetzt, daß Meikes Zellentür nicht mehr ständig abgeschlossen wurde und daß sie im achten und neunten Monat ihrer Schwangerschaft immerhin einmal am Tag baden durfte. Frau Dr. Bienhof empfing Jan mit den Worten: »Na, mein Junge, was ist denn los? Gehen wir doch in mein Zimmer, trinken eine Tasse Tee und rauchen eine.«

Jan folgte der Ärztin in ihr Sprechzimmer, die Sanitätsbeamten und Gefängniswärter mußten draußen bleiben.

»Nun setz dich erst mal«, sagte die Ärztin und bot Jan eine Zigarette an. Frau Dr. Bienhof hatte während der Nazizeit drei Jahre im KZ gesessen und auf die Vollstreckung ihres Todesurteils gewartet. Mit mehreren Stockschlägen hatte man ihr beide Beine mehrfach gebrochen, so daß sie verkrüppelt war und nur mit Mühe laufen konnte.

»Wie geht es deiner Frau, und wie geht es deiner Tochter?« fragte die Ärztin und schob das Telefon zu ihm hinüber. »Ruf sie an, wenn du möchtest.«

Jan nahm sich eine neue Zigarette und sprach kurz mit Meike. Draußen wurden die Vollzugsbeamten ungeduldig und klopften. Die Ärztin öffnete die Tür ein kleines Stück und sagte: »Ihr haltet jetzt die Klappe, setzt euch da drüben hin und raucht eine Zigarette. Ich unterhalte mich mit dem Patienten, das ist ein schwieriger Fall.«

Die Ärztin gab Jan eine Valiumspritze gegen die Reste des Affen und drückte ihm zusätzlich eine Flasche Valoron in die Hand.

»Mein Junge, ich kann das nicht jeden Tag machen. Teil dir das gut ein. Ich weiß, du hast für die nächsten vier bis fünf Wochen noch einen ziemlich üblen Entzug vor dir.«

Schließlich gab sie Jan auch noch eine Tüte Distrakapseln mit auf den Weg.

»Ich kann auf keine Einzelzelle«, sagte Jan, »ich muß mit Menschen zusammensein, sonst drehe ich durch. Ich brauche Leute, die irgendwie auf meinem Level sind, sonst werde ich wahnsinnig.«

Die Ärztin telefonierte herum, und dann wurde Jan in eine

Drei-Mann-Zelle gebracht. Einer der Insassen mußte das Feld räumen, und Jan durfte einziehen. Er traf auf zwei alte Bekannte – Harry, den sie wegen neun Kilo Haschischöl eingesperrt hatten, und Hannes, den Jan wegen seiner etwas tuntigen Art immer »die alte Frau Hansen« genannt hatte.

Jan baute seine Siebensachen auf dem Bett auf, und Harry sagte: »Mensch, jetzt relax doch erst mal, ist doch alles halb so wild. Die nächsten Jahre ist das jetzt dein Zuhause. Laß dich bloß nicht unterkriegen. Das Leben geht weiter.«

Währenddessen drehte er einen Joint, den sie sich anschließend gemeinsam zu Gemüte führten. Jan kramte verschiedene Zeitungsausschnitte über die aufgeflogene LSD-Fabrik hervor. Langsam bekam er wieder Oberwasser.

Jan hatte ein Pölsterchen Bargeld mit in die Zelle gerettet, und er hatte sich noch nicht aufgegeben, getreu seinem Wahlspruch, den er sich immer wieder halb im Scherz, halb im Ernst vorsagte: »Wer an seinem Schicksal zwaufelt, der sein Grab sich selber schaufelt.« Er beschloß, die Haftanstalt auf schnellstmöglichem Wege wieder hinter sich zu lassen und dabei nicht auf die Kunstfertigkeit seines Anwalts oder gar die Milde des Gerichts zu bauen.

Als Hannes Tage später die Zelle zu einem Gespräch mit seinem Verteidiger kurzzeitig verlassen hatte, erklärte Jan seinem alten Bekannten Harry den Plan: »Was hältst du davon, wenn ich mich gleich beim Vollzugsleiter melde und verlange, mit dem Staatsanwalt verbunden zu werden. Ich hätte eine wichtige Aussage zu machen.« Er wolle zum Schein behaupten, sein alter Partner Karl-Heinz Eder habe im Umfeld seiner Werkstatt eine größere Menge Kokain liegen, die auf einen Käufer warte. Auf diese Weise, so wolle er dem Staatsanwalt die Sache schmackhaft machen, könne man Karl-Heinz Eder endlich überführen. Er sei bereit, die Sache einzufädeln, um Eder eine Falle zu stellen. Natürlich, so versicherte er seinem Zellennachbarn, wolle er seinen Ex-Partner nicht wirklich hereinlegen. Aber vielleicht gebe es bei der Aktion einen Moment, in dem er flüchten könnte.

Anschließend begann er, den Plan in die Tat umzusetzen. Er meldete sich beim Vollzugsleiter, der rief sofort den Staatsanwalt an, und dieser informierte die Spitze des Rauschgiftdezernats. Dort wurde sofort eine Konferenz abgehalten. Man beschloß, Jan einen Kripobeamten zum Sondierungsgespräch in die Anstalt zu schicken.

»Ihr habt doch Interesse an Koks«, eröffnete Jan das Gespräch und machte ein paar Bemerkungen über die jüngsten Aktivitäten in der Szene, von denen bis dahin kaum etwas in der Öffentlichkeit bekannt war. Dann entwickelte er seinen Plan: Wenn er mit genügend Vorzeigegeld bei Karl-Heinz Eder und seinem persischen Partner Pierre aufkreuze, würden die vermutlich den Stoff hervorkramen. »Dann habt ihr die Möglichkeit, die beiden Jungs hochzunehmen. Es liegt ganz bei euch, ob ihr das Risiko auf euch nehmen wollt oder nicht.«

Er müsse lediglich mit Karl-Heinz Eder Kontakt aufnehmen, und das funktioniere am besten, wenn er, Jan, kurz seine Frau zu Hause aufsuchen könnte. Würde die Aktion von Erfolg gekrönt sein, hätte er ja bei Gericht später vielleicht bessere Karten.

Im Rauschgiftdezernat steckte man die Köpfe zusammen und gab schließlich grünes Licht. Dabei hatte Jan sich die ganze Geschichte vollkommen aus den Fingern gesogen. Er wußte nichts von irgendwelchen Drogen im Besitz seiner beiden ehemaligen Partner, sondern hatte im Gegenteil gehört, daß die zwei mit Drogen zur Zeit überhaupt nichts zu tun haben wollten.

Kurz bevor die Sache stieg, sagte Jan zu seinem Zellengenossen Harry: »Falls ich nicht wiederkomme, gehört alles, was ich hier zurücklasse, dir. Ich schreib dir dann eine Karte aus dem Kongo oder woher auch immer. Du wirst von mir hören. Wenn's schiefgeht, bin ich morgen wieder da.«

Frühabends wurde Jan von zwei Kripobeamten abgeholt, seinem alten Widersacher Eckel und einem jungen, langhaarigen Burschen mit Kotelettenbart, Jeans und hochhackigen Stiefeln. Sie fuhren zu einer Kneipe ganz in der Nähe von Jans

Wohnung. Rauschgiftfahnder Eckel bestellte großzügig für alle einen Kaffee, und dann durfte Jan seine Frau anrufen. Er erklärte ihr, daß er gleich auftauche, sie eine halbe Stunde Zeit zum Reden hätten und daß es danach eine Aktion geben werde.

Zum ersten Mal seit Wochen durfte Jan seine Tochter Petra wieder im Arm halten, und zwischendurch versuchte er, Meike in verklausulierten Worten deutlich zu machen, was er wirklich vorhatte. Sie solle sich schon mal reisefertig machen und am Abend bei einer gewissen »Ponki« auf ihn warten. Herr Eckel, der mit in die Wohnung gekommen war, machte eine diskrete Andeutung, das Tête-à-tête zu beenden, und meinte großzügig: »Ihr könnt euch ja hinterher vielleicht noch mal sehen, wenn die Sache gutgegangen ist. Falls du im Knast irgendwas brauchst, pack's dir jetzt schon ein.«

Jan stopfte eine karierte Schottendecke und einen Schaffellmantel in seine Reisetasche und ließ bei dieser Gelegenheit einen Umschlag mit Marihuana, einem großen Stück Haschisch und diversen Medikamenten in das Futter des Mantels gleiten. Dann rief er Karl-Heinz Eder von der Wohnung aus an und verabredete sich für abends um acht mit ihm in seiner Werkstatt.

»Es geht um eine ganz wichtige Sache, betreffend Coca-Cola.« Er möge unbedingt warten, es sei sehr, sehr wichtig, und im übrigen solle er nicht so blöd staunen am Telefon, er, Jan, sei eben wieder auf freiem Fuß. Karl-Heinz wisse ja, wie das so gehe. Und mit leicht drohendem Unterton fügte Jan dann noch hinzu: »Falls du um acht nicht da bist, hast du einiges zu erwarten.«

Anschließend wurde Jan ins Rauschgiftdezernat in die Hohen Bleichen gebracht. Eckel führte ihn in ein stockdunkles Zimmer. Ein Scheinwerfer wurde angeschaltet und auf ihn gerichtet. Eckel deutete mit einem Zeigestock auf Jan und sagte: »Das ist er, das ist die zu observierende Person. Meine Herren, Sie wissen Bescheid, die Aktion beginnt in einer halben Stunde.«

Unten im Hof wurde Jan zum Fuhrpark des Rauschgiftdezernats geführt und in einen Ford Capri mit Breitreifen und Rallyestreifen gesetzt. Gemeinsam mit dem langhaarigen jungen Beamten, der unter seiner Lederjacke ein Funkgerät und einen Revolver versteckt hatte, fuhr er los, in Richtung von Karl-Heinz Eders Werkstatt. Kurz nachdem sie den Innenstadtbereich hinter sich gelassen hatten, sagte der Beamte: »Komm gar nicht erst auf irgendwelche dummen Gedanken, du hast keine Chance wegzukommen. Das ganze Gelände ist mit Leuten umstellt. Es sind Hunde da und was weiß ich nicht noch alles. Keine Chance zum Abhauen.«

Jan war nicht weiter beeindruckt. Er wußte, daß man ihn nicht so leicht würde laufen lassen. Schon bei seiner Verhaftung hatte er Fahnder Eckel gegenüber Andeutungen gemacht, er könne im Austausch gegen seine Freiheit vielleicht ein paar große Nummern hochgehen lassen. Eckel hatte daraufhin allerdings nur mit dem Kopf geschüttelt und gesagt: »Einen großen Fisch gegen einen anderen großen Fisch, das hat wenig Sinn. Bei 'nem kleinen Fisch ist das was anderes, aber mit gut siebenhunderttausend Trips ist man nun mal kein kleiner Fisch mehr.«

Jan hatte verstanden, daß es mit einem kleinen Handel, so wie Karl-Heinz es ehedem angestellt hatte, nicht getan war. Wenn er aus der Sache rauswollte, dann müßte er regelrecht türmen.

Kurz bevor sie das Werkstattgelände erreichten, sagte Jan zu seinem Aufpasser: »Moment mal, wir können hier nicht zu zweit auftauchen. Die schöpfen sofort Verdacht. Das Gelände ist doch von euren Leuten umstellt, da kann ich sowieso nicht abhauen. Bleib hier also schön im Schatten mit deinem Capri stehen, und laß die Beifahrertür offen, damit ich jederzeit reinspringen kann. Und halt dich startbereit. Ich geh jetzt da rüber und leier das Ding ab. Was ist mit der Vorzeigekohle?«

Der Polizeibeamte drückte Jan ein paar Tausendmarkscheine in die Hand, bankfrisches, nagelneues Geld. Jan war klar, daß die Scheine eingefärbt waren, fotokopiert und numeriert. Mit dem Geld war nichts anzufangen, außer daß man es mal kurz zeigen konnte.

Ruhig schlenderte er in die Werkstatt hinüber, ging ins Büro und sagte zu Karl-Heinz: »Hol Pierre mit rein.«

Als sie zu dritt waren, sagte Jan leise: »Paßt auf, ich bin in einer Situation, wie Karl-Heinz es auch schon mal war. Mit dem Unterschied, daß ich niemanden in den Knast zu bringen gedenke. Ich hab eine Story von zwei Kilo Heroin erfunden, die es bei euch zu kaufen geben soll. Hundert Meter von hier entfernt sitzt ein Schmiermichel, der aussieht wie ein Dealer, und der hat noch mehr Geld dabei.«

Jan zog das Bündel Tausender aus der Tasche und steckte es dann wieder weg. »Der hat noch mehr Geld dabei und will den Stoff tatsächlich kaufen. Ich mach das einzig und allein, weil ich mit dreißigtausend fertigen Trips und einem Labor und Stoff für fast 'ne weitere Million geschnappt worden bin und keinen Bock habe, für die nächsten Jahre im Knast zu verschwinden. Ihr braucht euch auf nichts einzulassen oder einen Deal vorzutäuschen.« Jan wußte, daß auf dem Hof normalerweise ein Bekannter mit einem großen Mercedes herumlungerte, für den Notfall. Beim Hereinkommen hatte er gesehen, daß Lars auch heute da war. Er blickte Karl-Heinz an und sagte eindringlich: »Gebt mir eine einzige Chance. Laßt mich mit Lars vom Gelände fahren. Der kann mich dann irgendwo an der S-Bahn rauslassen, wo, ist mir scheißegal. Dann habt ihr nichts mit der Sache zu tun. Wenn einer von den Bullen kommt, zuckt ihr einfach mit den Schultern und sagt, ihr wüßtet von nichts. Ich wäre plötzlich verschwunden gewesen.«

Karl-Heinz und der Perser schüttelten den Kopf. »Nicht mit mir«, sagte Karl-Heinz.

Jan war völlig verzweifelt.

»Du Drecksau«, sagte er ganz leise zu Karl-Heinz, »du hast soviel Scheiße gemacht, und jetzt läßt du mich hängen. Ich komme hier nicht weg. Hörst du das Hundegebell? Hörst du die Stimmen? Da stehen ungefähr sechzig Leute mit Maschinenpistolen, da ist kein Durchkommen, wenn ihr mich nicht rausschmuggelt, sitze ich fest. Es ist meine letzte Chance, und die habe ich mir erkämpft. Ich mache ein faires, offenes Spiel mit euch, und zwar so, daß keiner bei der Geschichte in den Giftturm muß. Also, bitte.«

Es war nichts zu machen. Karl-Heinz schüttelte stumm den Kopf. Kurz darauf fuhr Lars mit seinem Mercedes vom Hof, ohne von den Polizisten angehalten und kontrolliert zu werden. Jan warf einen Blick hinter ihm her und wandte sich wieder an Karl-Heinz und den Perser Pierre: »Ihr könnt mir für alle Zeiten den Finger in den Arsch stecken, wenn ihr mal in Schwierigkeiten geratet. Man trifft sich immer zweimal im Leben...«

Jan drehte sich um und verließ das Büro ohne einen Blick zurück. Er stapfte durch den Matsch zurück zu dem Ford Capri 2.6 Liter, der noch immer im Schatten neben der Baubude stand. Er setzte sich auf den Beifahrersitz und sagte: »Die Sache verzögert sich. Die Modalitäten sind geändert worden. Die Übergabe erfolgt an einem anderen Ort. Wir müssen zunächst mal zum ›Sir Winston Pub‹.«

Auf dem Weg dorthin durfte er kurz telefonieren, um den angeblichen Deal in die Wege zu leiten. Er rief ein Mädchen an, mit dem er vor Zeiten mal eine Beziehung gehabt hatte, und bestellte sie in die Kneipe. Mit getarntem Kripowagen vorweg und getarntem Kripowagen hinterdrein, ging es zu der Bar. Jan hatte keine Chance, aus dem in Kolonne fahrenden Wagen zu entkommen, er hätte sich höchstens das Genick gebrochen.

In der Kneipe wartete Jans ehemalige Freundin Rita schon und begriff sehr schnell, um was es ging. Sie bestellte für den angeblichen Großdealer Champagner en masse und spielte ihre Rolle als Abgesandte eines Drogenlieferanten recht gut. Das Geschäft sollte in der Toilette abgewickelt werden, und auf dem Weg dorthin fragte er Rita, die früher selbst im »Sir Winston Pub« gearbeitet hatte: »Gibt es da irgendwo einen Hinterausgang?«

»Ja«, antwortete sie, »man kann durch die Küche, aber ich

glaube, inzwischen sind die Fenster vergittert worden. Versuch es am besten auf der Toilette.«

Jan warf einen Blick in die Küche: Die Fenster waren tatsächlich vergittert. Er ging auf die Damentoilette und die Herrentoilette: Es gab keine Möglichkeit, auf die Straße zu gelangen. Er saß in der Falle. Langsam kroch in ihm das Gefühl hoch, seine Karten ausgereizt zu haben. Resigniert kehrte er in die Kneipe zurück und trank mit dem getarnten Polizeibeamten ein paar Cognacs mit Kaffee. Zwischendurch ging er immer wieder zum Telefon und versuchte, Karl-Heinz noch mal zu erreichen. Doch der nahm nicht ab.

Jan zog die Gespräche mit dem Polizisten und vor allem mit Rita noch über eine Stunde in die Länge, und irgendwie war er stolz darauf, es wenigstens versucht und so weit geschafft zu haben.

»Ich würde ja versuchen, dich unterm Rock hier rauszuschmuggeln«, flüsterte ihm Rita zu.

Jan merkte, daß ihr die Sache wirklich leid tat. Doch dann sah er aus dem Fenster. Überall wimmelte es von Polizei. Sie standen auf der Straße, saßen gegenüber zu sechst in einem Ford Granada, hatten sich im Garten postiert, waren einfach überall. Es gab keine Chance. Er gab sich geschlagen und murmelte eine flache Entschuldigung: »Heute abend läuft nichts mehr. Die Typen haben den Verdacht, daß es Falschgeld ist, weil es alles neue Scheine sind. Und außerdem haben sie mich im Verdacht, mit der Schmiere gemeinsame Sache zu machen. Es stand einfach zu dick in der Zeitung drin. Wir müssen die Sache ein bißchen langfristiger anpacken.«

Gegen Mitternacht brachten die Beamten Jan zurück in die Untersuchungshaftanstalt. Er war erschöpft und verzweifelt. Doch dann langte er ins Futter seines mitgebrachten Fellmantels. Immerhin hatte er ja ein bißchen was zum Naschen mitgebracht.

Knastalltag eines Junkies

Die Vorräte waren bald verbraucht. In der Untersuchungshaftanstalt für Erwachsene war es ungleich schwieriger, an harte Drogen heranzukommen als während der fröhlichen Zeit im Jugendgefängnis Neuengamme. Haschisch dagegen gab es jeden Tag. Morgens kreiste in der Drei-Mann-Zelle erst einmal der Joint, dann schalteten sie das Radio ein und hörten über Mittelwelle krächzende Musik. Anschließend ging es zum gemeinsamen Hofgang, und nachmittags wühlte sich Jan durch Unmengen von Büchern, die er sich in der Gefängnisbibliothek ausgeliehen hatte.

In der endlosen Einsamkeit der Zelle vertiefte er sich in Romane und Biographien und versuchte so sehr darin einzutauchen, daß er die Wirklichkeit um sich herum vergessen konnte – meist nur mit mäßigem Erfolg. Auf einen Tag folgte der nächste, dann war wieder eine Woche herum, Monate reihten sich an Monate. Die deprimierende Langeweile wurde immer nur kurzfristig unterbrochen, wenn Jan zweimal im Monat Besuch empfangen durfte.

Wenn Meike kam, wollte sie meistens Geld. Jan möge ihr doch bitte aus seiner schier nie versiegenden Quelle ein paar tausend Mark bestellen.

Nach Monaten hatte Jan seinen Entzug halbwegs durchgestanden. Nur manchmal sprang er nachts aus dem Bett und kroch mit dem Feuerzeug in der Hand auf dem Zellenboden herum. Dann träumte er wieder einmal den immer gleichen Traum: Er hatte gerade einen Heroinschuß aufgekocht, die Spritze aufgezogen und sich die Kanüle in die Vene gesteckt, doch in dem Moment, in dem er sich das Rauschgift in die Ader jagen wollte, fiel ihm die Spritze auf den Boden. Er wachte auf und konnte nicht zwischen Traum und Wirklichkeit unterscheiden. Mit seinem Feuerzeug leuchtete er unter den Tisch und das Bett, um die Pumpe zu finden. Durch das Licht wurden seine Zellennachbarn geweckt und fragten ihn: »Was machst du denn da unter dem Tisch mit dem Feuerzeug?«

Jan hörte nicht auf, den Boden abzutasten, und sagte: »Ich suche mein Feuerzeug.«

In der Zwischenzeit hatte die Staatsanwaltschaft die beiden Verfahren gegen Jan zusammengezogen. Der Handel mit Haschisch und die Apothekenhehlereien, für die Jan immerhin zehn Monate Untersuchungshaft abgesessen hatte, wurden wegen Geringfügigkeit nicht weiter verfolgt, während der Verkauf von fünfhundert LSD-Trips aus seiner ersten Anklage mit in das zweite Verfahren herübergezogen wurde.

Im Winter 1973 war Jan zum zweiten Mal verhaftet worden, im Spätsommer 1974 kam es zur ersten Hauptverhandlung. Doch nach etlichen Verhandlungstagen verstarb der Vorsitzende der Großen Strafkammer des Landgerichts Hamburg plötzlich an einem Herzinfarkt. Das Verfahren mußte noch einmal von Anfang an aufgerollt werden. Im Februar 1975 war es dann endlich soweit, Jan wurde gemeinsam mit seinem Bruder vor Gericht gestellt.

Der Staatsanwalt warf ihm vor, den gesamten LSD-Konsum ungeheuer angeheizt zu haben. Nur seiner kriminellen Energie sei es zu verdanken, daß die »Lila Hamburger« ganz Europa überschwemmt hätten. Nun war der Produktionsumfang tatsächlich äußerst groß gewesen, doch hatte der Vertrieb immer reichlich hinter den Möglichkeiten des Labors hinterhergehinkt. Als Jan, sein Bruder und die beiden anderen in das LSD-Geschäft eingestiegen waren, hatte der Boom mit psychedelischen Drogen zudem längst seinen Zenit überschritten. Statt der eher leichten Drogen waren die wirklich harten Gifte im Kommen. Haschisch war kaum noch angesagt, LSD noch viel weniger, Kokain und vor allem Heroin, das waren die Drogen des Tages.

Der Staatsanwalt forderte achteinhalb Jahre Haft für Jan und fünfeinhalb Jahre für dessen Bruder. Das Gericht blieb etwas darunter: viereinhalb Jahre ohne Bewährung für Jan und dreieinhalb ohne Bewährung für Ludwig. Die Untersuchungshaft sei anzurechnen. Inklusive der zehn Monate Jugendstrafe hatte Jan damit bereits gut zwei Jahre abgesessen. Bis zu einem voraussichtlichen Entlassungstermin nach Verbüßung von zwei Dritteln der Strafe, was bei Erstverurteilungen die Regel ist, blieb Jan also noch ein knappes Jahr Haft übrig. Das Urteil wurde im Sommer 1975 rechtskräftig. Jan stellte umgehend das Zweidrittelgesuch und beantragte gleichzeitig, die noch verbleibenden Monate in der Strafanstalt Glasmoor verbringen zu dürfen, dem sogenannten »Puschenvollzug« in Hamburg, gedacht für ältere Edelbetrüger, gestrauchelte Bankrotteure und nicht wenige Häftlinge aus dem Milieu, die über gute Beziehungen verfügten.

Glasmoor liegt am nördlichen Stadtrand von Hamburg und besteht aus mehreren großen, leicht heruntergekommenen Gutshöfen, die im Besitz der Hansestadt sind. Damals wurden dort zwei- bis dreitausend Schweine und etwa achthundert Rinder gehalten. Über dem Eingang des von Strafgefangenen bewirtschafteten Betriebs stand der Sinnspruch: »Bessert die Erde durch den Menschen, und ihr bessert den Menschen durch die Erde.«

Jans Gesuch um Verlegung nach Glasmoor wurde stattgegeben. Als erstes mußte er im heißen Sommerwetter bei der Heuernte helfen. Er und seine Mitgefangenen rieben sich mit Melkfett ein und waren nach kurzer Zeit braungebrannt wie Spanienurlauber. Jan hatte sich als Treckerfahrer zu bewähren, und er genoß den herrlichen Spätsommer, als er allein mit einem angehängten Wasserwagen über die Felder des Guts tuckerte.

Auf den Weiden standen als Tränke für die Rinder angerostete Emaillebadewannen, die er regelmäßig mit Wasser füllen mußte. Jan ließ sich Zeit bei seinen Touren durch die Landschaft, drehte sich nicht selten zwischendurch einen Joint, legte sich in eine der Wannen und ließ die Sonne auf sich herunterscheinen.

In Glasmoor, das keine Mauern und kaum Wachpersonal hatte, florierte der Handel mit harten Drogen. Schon im Herbst hing Jan wieder voll an der Nadel. Zumindest jeden zweiten Tag setzte er sich eine Spritze Heroin, doch verbunden mit körperlicher Arbeit, regelmäßiger Ernährung und dem häufigen Aufenthalt an Sonne und frischer Luft fiel das vorerst nicht weiter auf.

Vorbereitungen auf die Freiheit

Inzwischen war auch Jans Vater gelegentlich zum Besuch seines Sohnes in Glasmoor aufgetaucht. Von Jans Mutter geschieden, hatte er einen Job auf einer kleiner Bootswerft angenommen, die Segel- und Motoryachten baute und verkaufte. Es war eine Arbeit nach seinem Geschmack, in der er als passionierter Segler voll aufging. Er riet Jan, der während seiner Jugend am Blankeneser Elbstrand bereits ein exzellenter Segler geworden war, doch nach der Haftentlassung ebenfalls bei der Firma anzufangen.

Meike hatte unterdessen Jans Ersparnisse weitgehend aufgebraucht. Es waren nur noch kleine Reste übrig, die Jan, so gut er es aus dem Gefängnis heraus schaffte, vor ihrer Ausgabenwut zu retten versuchte. Meike hatte sich konsequenterweise wieder dem Kleinhandel mit Giften zugewandt. Regelmäßig fuhr sie nach Holland und schickte von dort aus Heroinbriefe per Post nach Deutschland, die sie auf verschiedenen Postämtern unter wechselnden Namen selbst abholte. Inzwischen war auch sie, ebenso wie fast ihr gesamter Bekanntenkreis, heroinsüchtig.

Der Heroinversand per Bundespost ging eine Zeitlang komplikationslos, doch dann unterlief Meike ein Fehler. Sie wußte nicht mehr genau, unter welchem Decknamen sie sich selbst einen der postlagernden Briefe geschickt hatte, und so verlangte sie vergeblich dessen Herausgabe. Der Beamte sagte, unter dem angegebenen Namen habe er keine Post. Doch Meike, inzwischen schon ziemlich auf dem Affen, kam immer wieder und forderte lautstark die Herausgabe ihres Briefes. Schließlich alarmierte der Beamte die Polizei, und Meike kam wieder hinter Gitter.

Tags darauf wurde Jan zum stellvertretenden Anstaltsleiter in die Verwaltung von Glasmoor gerufen. Herr Wast, ohnehin nicht gerade Jans Freund, schob ihm mit triumphierendem Lächeln die Bild-Zeitung über den Tisch und sagte: »Da steht was von Ihrer Frau drin.«

Unter einer dicken Balkenüberschrift konnte Jan lesen, daß Meike C., die Ehefrau eines stadtbekannten Hamburger Rauschgifthändlers, ein Heroinversandhaus betrieben habe und am gestrigen Tag in einer konzertierten Aktion gemeinsam mit ihren Komplizen festgenommen worden sei.

Drei Wochen vor Ablauf von zwei Dritteln seiner Haftzeit, vier Tage vor seinem Erörterungstermin wurde Jan von seinem Traktor herunter von der Polizei auf dem Gefängnisgelände verhaftet und in die Verwaltung geschleppt. Zwanzig Kripoleute mit ihren Rauschgifthunden hatten kurz zuvor den Saal auseinandergenommen, in dem Jan und sein Bruder mit anderen Gefangenen gelegen hatten. In einem der Schränke, allerdings nicht bei Jan, hatten die Fahnder ein Stück Haschisch in einer selbstgebastelten Wasserpfeife gefunden.

Abteilungsleiter Wast behauptete ganz einfach, dieses Stück habe Jan gehört, und er verhängte umgehend eine Hausstrafe von drei Wochen Arrest, verbunden mit einer Rückführung in den geschlossenen Vollzug.

Jan war empört. Das Stück Shit gehörte ihm tatsächlich nicht. Während der Razzia hatte er sein Päckchen Heroin sicher im Mund verwahrt. Die Pumpen dazu waren an verschiedenen Stellen auf dem Gelände der Anstalt versteckt, aber nicht gefunden worden.

Eine der Pumpen sowie ein Gramm Heroin konnte Jan mit in die Arrestzelle schmuggeln, wo es außer einem Betonblock als Liege, einem Tisch und einem Schemel nichts gab. Jan ließ sich Papier und Kugelschreiber bringen und schrieb in achtfacher Ausfertigung einen sechzehn Seiten langen Beschwerdebrief mit einer Strafanzeige gegen die Anstaltsleitung Glasmoor. Er warf dem Anstaltsleiter, dem Vollzugsleiter sowie einigen Beamten Rufmord, üble Nachrede und Falschbeschuldigung vor und stellte Strafantrag bei der Staatsanwaltschaft in Kiel. Ein gleichlautendes Schreiben schickte er an die Kammer, die ihn verurteilt hatte und die für die Aussetzung des letzten Drittels seiner Strafe auf Bewährung zuständig war. Er informierte seinen Anwalt und mehrere Hamburger Zeitungen.

Aus der Arrestzelle heraus wurde er zu einer Anhörung mit den drei Richtern seiner Kammer, einem Staatsanwalt sowie dem Anstaltsleiter geführt.

Jan brachte seine Beschwerde vor und argumentierte, so gut es ging, daß man ihm das letzte Drittel seiner Strafe doch bitte zur Bewährung aussetzen möge. Er habe schließlich eine kleine Tochter, um die er sich nach der Verhaftung seiner Ehefrau nun verstärkt kümmern müsse, und außerdem habe ihm sein Vater eine Festanstellung als Segelbootverkäufer besorgt.

Jan mußte die drei Wochen Arrest noch absitzen, da die Untersuchung der Vorgänge keine aufschiebende Wirkung hatte, und überstand die Zeit mit Hilfe seines in winzige Portionen eingeteilten Heroins auch mit Mühe und Not. Anschließend wurde er in die Haftanstalt Lübeck gebracht, wo ihn sechs Tage später ein Telegramm der Oberstaatsanwaltschaft Kiel erreichte. Er sei sofort zu entlassen, die Reststrafe werde auf Bewährung ausgesetzt. Die Untersuchung der Vorwürfe aus Glasmoor habe ergeben, daß er in diesem Falle unschuldig gewesen sei.

Am 9. Februar 1976 wurde Jan aus der Haft entlassen, er war jetzt knapp fünfundzwanzig Jahre alt und hatte insgesamt gut drei Jahre Gefängnis auf dem Buckel.

Aufwind

Eine Woche nach seiner Haftentlassung konnte Jan seine Arbeit bei der Firma Yacht-Klasen antreten. Sein Bruder Ludwig, der sechs Wochen vor ihm entlassen worden war, hatte dort bereits als Schiffselektriker angefangen. Jans Vater, der als Verkaufsdirektor bei der Firma beschäftigt war, hatte auch ihn dort untergebracht. Jans Aufgabe war es, gemeinsam mit einem Kollegen Messen und Ausstellungen auszurichten und dort dann die Schiffe zu verkaufen. Dabei handelte es sich um Segel- und Motoryachten von bis zu zwanzig Meter Länge, die bis zu einer Million Mark kosteten.

Vor den Ausstellungen mußte Jan die Schiffe zu Lande oder zu Wasser überführen. Zwischendurch lagen die sechs Probeyachten der Firma, drei Motoryachten und drei Segelyachten, in einem Hafen in der Nähe von Amsterdam. Übers Wochenende mußte Jan die potentiellen Kunden auf dem Ijsselmeer herumschippern und ihnen die Vorzüge der Boote vor Augen führen. Wenn er durch besonders elegante Segelmanöver oder eine besonders gute Bewirtung Kunden dazu brachte, tatsächlich eine Yacht zu kaufen, erhielt er fünf Prozent Provision. Garantiert waren ihm zweitausendsechshundert Mark im Monat, dazu Auslandszuschläge, bei den Reisen Hin- und Rückflugtickets, sowie jede Menge Spesen Jan hatte riesiges Glück gehabt.

Nach seiner Entlassung hatte Jan feststellen müssen, daß von seinem Geld noch ganze achthundert Mark übrig waren. Er mußte also tatsächlich für seinen Lebensunterhalt arbeiten. Das fiel ihm nicht gerade leicht, denn in der Woche Urlaub zwischen Haftentlassung und Arbeitsantritt hatte er wieder voll angefangen zu spritzen. Sein Bruder war schon seit Wochen wieder auf der Nadel und hatte ihn zu Hause mit den Worten empfangen: »Du klingst etwas verschnupft, willst du nicht etwas dagegen haben?«

Jan hatte ihn sofort verstanden und genickt.

Die erste Aufgabe, die er in seinem neuen Job übernehmen mußte, bestand darin, gemeinsam mit einem Kollegen einen riesengroßen Sattelschlepper über die Autobahn nach Amsterdam zu fahren, beladen mit einem Motorsegler. Gefahren werden durfte allerdings nur bei Nacht und mit Tempo sechzig.

Um durchhalten zu können, hatte Jan sich mit reichlich Amphetamin eingedeckt, doch schon auf der Autobahn zwischen Hamburg und Bremen war die Reise zunächst einmal zu

Ende. Ein dreißig Tonnen schwerer schwedischer Lastwagen fuhr hinten auf Jans Schwertransporter auf. Der Sattelschlepper schob sich quer über die Autobahn, und das Schiff drohte umzukippen. Der Mast, auf der linken Seite des Fahrzeugs befestigt, wurde mit einer ungeheuren Wucht nach vorne gestoßen und jagte wie ein Schaschlikspieß um Zentimeter an Jans Kopf vorbei durch das Fahrerhaus. Der Stau auf der Autobahn dauerte bis zum nächsten Morgen.

Am Abend erreichten sie mit dem notdürftig wieder flottgemachten Transport Amsterdam. Der unfreiwillige Aufenthalt hatte die Reise so verzögert, daß Jans Drogenvorrat vorzeitig verbraucht war. Während er mit den Kollegen der neuen Firma zum Essen ging, spürte er die ersten Entzugserscheinungen. Jan verschwand kurz auf die Straße und kaufte von einem Chinesen zwei Unzen Heroin.

Sehr schnell wurde ihm allerdings bewußt, daß sein Gehalt für seinen Heroinkonsum auf keinen Fall ausreiche, und so nahm er bei seinen häufigen Dienstreisen nach Amsterdam jeweils eine Portion mit nach Hamburg, die er dort an einen Junkie-Freund weitergab, damit der das Heroin für ihn weiterverkaufte. So hatte er vorläufig einen Weg gefunden, seine Sucht zu finanzieren.

Schon bald lernte er eine Freundin seiner verhafteten Ehefrau namens Sabine kennen und begann mit ihr eine kleine Liebschaft. Die Tochter Petra wuchs bei seiner Mutter in Harburg auf, und so schien, von der »Kleinigkeit« seiner nach wie vor andauernden Sucht einmal abgesehen, alles in Ordnung. Jan besuchte Meike sogar gelegentlich im Gefängnis, und wenn er ihr den Abschiedskuß gab, schob er ihr dabei ein kleines, mit Tesafilm umwickeltes Päckchen mit der Zunge hinüber. Das waren für ihn die Reste seiner ehelichen Pflichten, die er auf diese Weise ableistete.

Niemand in seiner neuen Firma wäre auf den Gedanken gekommen, daß Jan nach wie vor an der Nadel hing. Er kleidete sich ausgezeichnet, war wohlgenährt und braungebrannt und betrieb viel Sport. Dabei schoß er sich etwa sechs Gramm

Heroin am Tag. Unter Beschaffungsdruck geriet er nie, denn in Amsterdam war es ein Kinderspiel, auf der Straße an Stoff zu kommen. Das Gramm kostete damals umgerechnet zwischen vierzig und fünfundvierzig Mark und brachte in Hamburg leicht das Doppelte. Wenn er also zu Hause die Hälfte seiner Einkäufe jeweils weiterverkaufte und dafür dann den doppelten Preis erzielte, kam er mehr oder minder plus minus null aus der Sache heraus.

Alles schien also bestens zu laufen, doch dann saß plötzlich auch Jans neue Freundin Sabine im Gefängnis, auch sie bei einem Drogendeal verhaftet.

Jan pendelte nach wie vor zwischen Amsterdam und Hamburg hin und her, da bekam er eines Tages von seinem Chef die Anweisung, eine Sechsunddreißig-Fuß-Segelyacht, eine Vierunddreißig-Fuß-Doppelschrauben-Motoryacht und das größte Stück aus dem Schiffssortiment, eine Vierzig-Fuß-Motoryacht, von Amsterdam aus über Düsseldorf in die Schweiz zu transportieren. Dort gab es eine bedeutende Bootsausstellung, auf der die Firma Yacht-Klasen mit einem Riesenstand vertreten sein wollte.

Jans Aufgabe war es, in einem Opel Caravan mit blinkenden gelben Lampen vorweg zu fahren und den Convoy zu leiten. Von Amsterdam bis Zürich war die Strecke genau vorgeschrieben. Auf den deutschen, holländischen und belgischen Autobahnstrecken durfte die Kolonne ohne Polizeibegleitung fahren, doch bevor sie eine Stadt durchquerten, mußten sie an der letzten Autobahnraststätte halten und eine Eskorte anfordern. Mit Blaulicht fuhr dann ein Streifenwagen vor Jans gelb blinkendem Wagen her, und Jan saß, mit Heroin in der einen Socke, Amphetaminen in der anderen und den zugehörigen Spritzen im Handschuhfach, vollgeknallt bis unter den Haarschopf hinterm Steuer und trug die Verantwortung für einen Schwertransport mit Polizeieskorte. Das vermittelte ihm zuweilen ein kleines Hochgefühl.

Woran er allerdings nicht gedacht hatte, war die Tatsache, daß er inzwischen wieder ziemlich hoch dosiert war. Als sie in

Düsseldorf ankamen, und damit erst ein kleines Stück des Wegs hinter sich gebracht hatten, gingen seine Heroinvorräte bereits zur Neige. Bei jedem kurzen Stopp an einer Raststätte hatte er sich einen Schuß aufgekocht. Er konnte sich ausrechnen, wie lange sein Vorrat noch reichen würde, und sagte den Fahrern seiner Sattelschlepper, er müsse schnell einen kleinen Abstecher in die Innenstadt machen. Er fühle sich etwas grippig und wolle sich von irgendeinem Arzt etwas verschreiben lassen.

In der Stadt trieb er dann eine Ärztin auf, der er unter Hinweis auf ihre ärztliche Schweigepflicht erzählte: »Ich trage die Verantwortung für einen Schwertransport nach Zürich. Ich bin Morphinist und hochgradig auf Heroin dosiert.« Jan zog seine kärglichen Heroinreste aus der Tasche und zeigte ihr die Spritze: »Geben Sie mir um Gottes willen irgend etwas, damit ich bis Zürich durchhalte. Sonst bricht alles zusammen. Und dann gibt es eine Katastrophe. Ich bin meinen Job los, und ich habe Familie.«

Jan schaffte es, die Ärztin zu überreden, ihm drei Zwanzigerpackungen Valoron zu verschreiben, ein Ersatzmittel, das bei Junkies sehr beliebt war. Mit den dreimal zwanzig Milliliterflaschen in der Tasche fühlte Jan sich für den nächsten Tag abgesichert. Er drängte seine Fahrer: »Männer, vorwärts, wir müssen weiter! Wir müssen nach Zürich, wir haben unseren Termin, wir müssen da ankommen.«

Jan ging es vor allem darum, durchzuhalten, egal wie, notfalls wollte er die letzten Meter kriechen. Noch auf deutschem Gebiet setzte er sich seinen letzten Schuß Heroin. Dann konnte er nur noch Valoron in eine Dose Cola schütten. Das war jedesmal eine halbe Flasche, weil das Medikament bei seiner hohen Dosierung sonst nicht anschlug. Noch immer hatte niemand im Convoy gemerkt, daß er ständig unter Drogen stand.

In der Nähe von Basel überquerten sie die Grenze zur Schweiz. Jetzt durften sie nur noch Landstraßen benutzen, für die Autobahn hatten sie mit ihrem Schwertransport keine Genehmigung bekommen. Wiederum war ihnen die Route streng vorgeschrieben worden. Eskortiert von einer eidgenössischen Polizeistreife passierten sie Tunnel, bei denen zwischen der höchsten Spitze ihres Bootes und der Decke gerade noch eine Handbreit Platz war. Einmal stieß ein Lukendeckel gegen die Tunneldecke und mußte später in Zürich repariert werden.

Plötzlich fanden sie sich hoch oben in den Bergen auf einer Paßstraße im Schneegestöber wieder. Zweimal verfuhren sie sich und mußten umständlich manövrieren, um wieder auf den richtigen Weg zu kommen. Jan hatte inzwischen auch seinen letzten Tropfen Valoron verbraucht. Sein innerer Brennstoff war verfeuert. Und doch trug er immer noch die Verantwortung für den Transport, der sich wie ein Lindwurm durch die Berglandschaft bewegte. Kurz vor Mitternacht ließ er den Convoy stoppen.

»Leute, es geht nicht mehr. Heute nacht kommen wir nicht mehr weiter. Wir machen in der nächsten Ortschaft halt und mieten uns irgendwo ein. Morgen stehen wir in aller Frühe auf und machen die letzten Kilometer bis Zürich bei Tageslicht.«

Von einem Dorfgasthaus aus rief Jan seinen Chef an, der am Telefon einen Tobsuchtsanfall bekam. Er wollte nachts noch alles aufbauen und drängte deshalb auf Eile. Jan fragte ihn ganz ruhig: »Ist es Ihnen lieber, Ihre teuren Luxusyachten irgendwo in zweitausend Meter Höhe auf einem Hühnermisthaufen oder einem Heuschober landen zu sehen, oder wollen Sie die Schmuckstücke auf der Ausstellung haben?« Er könne das Risiko für die sofortige Weiterfahrt nicht übernehmen. Aber wenn sein Chef es durchaus so wolle, dann würde er selbstverständlich wieder anspannen lassen. Der Chef lenkte ein.

Jan hatte schon seit Stunden keinen Stoff mehr bekommen. In der Kneipe bestellte er sich ein paar Gläser Pflümli und quälte ein Käsebrot in sich hinein. Dann bezog er sein Zimmer, das direkt an einen Ballsaal grenzte, in dem eine achtzehnköpfige Blaskapelle spielte und an die vierhundert Menschen tanzten. Jan legte sich ins Bett, die Musik knallte ihm in die Ohren, der Schweiß lief ihm in Strömen am Körper hinunter. Er war voll auf dem Affen, machte kein Auge zu und fühlte sich am nächsten Morgen wie durch den Wolf gedreht. Und doch schaffte er es unter Aufbietung aller Kräfte den Convoy wieder in Gang zu setzen. Er forderte seine Fahrer auf, loszufahren, und unter Polizeibegleitung ging es nach Zürich und zum Ausstellungsgelände.

Dort bestellte Jan dann telefonisch mehrere Autokräne und sorgte dafür, daß die Yachten auf Rollen und Wagen, mit Gabelstaplern, Raupenschleppern, Traktoren und Hydraulikkränen an ihre Plätze gehievt wurden. Am Ende sah Jan nur noch rote Ringe und schwarze Punkte überall in der Luft, er war schweißnaß, und jedes einzelne Körperteil schien aus nichts als Schmerz zu bestehen.

Als die Yachten dann schließlich am vorgesehenen Ort standen, kam sein Chef auf ihn zu und klopfte ihm auf die Schulter.

»Nun hat ja doch alles geklappt.«

Als Lohn für seine Leistung bekam Jan noch den Sonderauftrag, die nächsten vierzehn Tage über Interessenten durch die ausgestellten Yachten zu führen und zu beraten. Da stand er nun mit seinem zwei bis drei Tage alten Affen, mußte sich jeden Tag eine Flanellhose und weiße Docksider-Schuhe anziehen, mußte ein weißes Taschentuch in seinem Clubjackett tragen, eine Krawatte vom Norddeutschen Regattaverein und eine Seglermütze. Und so ausstaffiert hatte er dann auch noch seine Sprüche als Segelyachtverkäufer des größten Ausstellers auf der gesamten Messe zu bringen.

Jan verbrauchte massenhaft frische Wäsche, die er durch seinen Entzug ständig neu durchschwitzte, und er mußte nahezu alle zwanzig Minuten auf die Toilette, da er furchtbaren Durchfall hatte. Doch er schaffte es schließlich, den Affen – zumindest vorübergehend – zu besiegen.

Zwei Wochen später war die Messe vorbei, und Jan hatte immer noch nicht wieder angefangen zu drücken. Er hatte sich in den Griff bekommen und mußte zu guter Letzt auch noch die gesamte Verantwortung für den Abbau des Messestands übernehmen. Er sorgte dafür, daß die drei Klötze von Schiffen wieder ordnungsgemäß auf ihre Tieflader gehievt wurden und daß dabei nichts passierte, und er handelte mit der Züricher Polizei die Route aus, auf der die Schiffe anschließend zu den Seen der französischen Schweiz verfrachtet werden sollten.

Noch immer hatte er unter den Folgen des Entzugs zu leiden, war aber stolz darauf, die Aufgabe gemeistert zu haben. Über lange Strecken hatte er versucht, jeden Gedanken an seine Sucht mit Alkohol und vernünftigem Essen völlig beiseite zu schieben. Zwischendurch hatte er sich dann wieder übergeben müssen, hatte mit Durchfall auf der Toilette gesessen, ständig war er in Schweiß gebadet, und dennoch hatte er seinen Job gemacht.

Weiter ging es mit dem Troß nach Estervaillée. Dort nahm er in einem Gasthof Quartier und machte sich mit den örtlichen Gegebenheiten vertraut. Er heuerte einen Kran an und engagierte italienische Arbeiter, mit denen er sich nur durch Handzeichen verständigen konnte. Mit ihnen gemeinsam brachte er die Masten und die Takelage der Schiffe hoch und steckte die elektrischen Anschlüsse zusammen. Dann machte er mit jedem der Schiffe eine Probefahrt und übergab nach ein paar Tagen alles an seinen Chef, der ihm anbot, eine weitere Woche zu bleiben, um ein paar anreisenden Kunden die Schiffe zu erklären und sich an den fälligen Champagner-Frühstücken mit den obligatorischen Kaviar-Kanapees zu beteiligen.

Jan lebte sich immer besser ein, und irgendwann glaubte er, den Affen endgültig besiegt zu haben.

Langsam jedoch lief die Zeit in der Schweiz ab, und sein Chef schickte ihn zurück nach Dortmund, wo er die Verladung einer Motoryacht auf einen Güterwaggon der Bahn überwachen sollte. Anschließend ging es per Bahn zurück nach Hamburg.

Er saß in einem Erste-Klasse-Abteil, hatte die Füße auf die gegenüberliegende Sitzbank gelegt und blätterte in einer Zeitschrift. Der Zug fuhr über Bremen, und je näher er Hamburg kam, desto mehr fing irgend etwas hinten in Jans Kopf, in seinem Gehirn an zu wühlen, was er zunächst gar nicht lokalisieren konnte. Plötzlich aber kam der automatische Griff in die Hosentasche nach seinem Adreßbuch, und planlos fing er an, darin herumzublättern. Bei bestimmten Namen hielt er inne und betrachtete die Telefonnummer. Er überlegte, um welche Uhrzeit er in Hamburg eintreffen und wen er dann am besten anrufen würde.

Als der Zug im Hamburger Hauptbahnhof einfuhr, war sein erster Weg, seine Koffer, Taschen und Beutel in einem Schließfach zu verstauen. Ohne weitere Zeit zu verlieren, sah er sich dann nach einer Telefonzelle um und rief den erstbesten Dealer an, von dem er annehmen konnte, daß er was anzubieten hatte: »Hallo, ich bin's, kann ich mal eben vorbeikommen?«

»Ja, logisch«.

»Alles klar, ich bin in zehn Minuten da.«

Raus aus dem Hauptbahnhof, rein in die Taxe. Eine halbe Stunde später hielt Jan die Spritze in der Hand. Der Morphinismus hatte ihn nach wie vor fest im Griff.

Eine Pleite und ein neues altes Geschäft

Währenddessen ging es mit Yacht-Klasen bergab. Der Chef hatte die Schiffe durch trickreiche Operationen häufig am Zoll vorbeigesteuert. Dennoch waren die teuren Yachten nur schwer zu verkaufen. Manchmal konnten Lieferungen von elektronischen Bauteilen aus Fernost nicht ausgelöst werden, zuweilen wurden bereits verkaufte Boote weiter als Ausstellungsstücke verwendet, durch die dann etliche von Interessenten liefen und mit ihren Straßenschuhen unauslöschliche Spuren auf dem feinen Teakholzdeck hinterließen.

Doch noch immer pendelte Jan im Auftrag der Firma zwischen Hamburg und Amsterdam hin und her. Seine privaten Nebengeschäfte hatte er sofort wieder aufgenommen und höchst professionell organisiert. Inzwischen kannte er sich in der Amsterdamer Drogenszene gut aus, und in Hamburg hatte er einen verläßlichen Freund, der den Stoff für ihn verkaufte. Als dann noch eines schönen Tages Freundin Sabine aus der Haft entlassen wurde, da war für Jan die Welt in Ordnung.

Mit seinem Hamburger Unterhändler vereinbarte er ein einfaches, aber verhältnismäßig sicheres System der Drogenübergabe. Sie suchten sich ein paar Eisdielen im Hamburger Stadtteil Eimsbüttel aus und numerierten sie für sich durch. Wenn Jan eine neue Lieferung Heroin hatte, rief er seinen Freund an und sagte nur: »Wollen wir nicht mal ein Eis essen gehen?« Sein Partner antwortete dann zum Beispiel: »Ja in Ordnung, drei.« Das bedeutete, daß sie sich in der Eisdiele Nummer drei an der Bundesstraße in Eimsbüttel treffen wollten.

Trotzdem schlich Jan aus Sicherheitsgründen immer noch vorher ein paarmal um den Block herum und hielt nach verdächtigen Fahrzeugen oder Personen Ausschau. Dann setzte er sich in die verabredete Eisdiele, bestellte sich einen Becher Eis mit Kirschen oder heißen Himbeeren und ging zur Toilette. Er umwickelte sein Päckchen Heroin mit Papier und steckte es in die kleine Plastikschale unter der Klosettbürste. Anschließend löffelte er seelenruhig sein Eis, las in der Zeitung und wartete auf seinen Freund.

Gemeinsam tranken sie dann meist noch einen Cappuccino, und schließlich ging Dieter auf die Toilette, steckte das Rauschgift ein und deponierte an derselben Stelle das Geld. Kurz darauf verabschiedete er sich, und Jan ging, um sich das Geld zu holen. So konnte kein Observant der Polizei jemals eine direkte Übergabe von Geld und Gift beobachten.

Bis in das Jahr 1977 hinein lief dieser einfache Austausch ein- bis zweimal die Woche reibungslos ab. Die übliche Floskel aus dem Haftbefehl, in der von »gewerbsmäßig« und »fortgesetzt« die Rede war, paßte ausgezeichnet auf diese Zeit. Ob auch aus »niederen Beweggründen«, wie es dort weiter hieß, sei dahingestellt, denn konnte längst nicht mehr anders. Er hatte sich selbst längst wieder auf seine sechs Gramm »H« pro Tag hochdosiert.

Dann brach die Yacht-Firma zusammen. Jans Vater, der sich mit einigen Ersparnissen an dem Unternehmen beteiligt hatte, verlor knapp achtzigtausend Mark. Jan war arbeitslos. Er meldete sich beim Arbeitsamt als stellungsloser Segelyachtverkäufer und war entsprechend schwer zu vermitteln. Aber er hatte ja noch seinen Nebenjob als Dealer.

Und jetzt, wo er genügend Zeit hatte, lernte er die harte Heroinszene in Hamburg wirklich kennen. Er traf dort jede Menge Leute aus seiner frühen Haschischzeit wieder, auch eine Reihe von Kunden, die er damals mit Apothekenwaren versorgt hatte. Alle waren sie inzwischen auf Heroin umgestiegen.

Über eine alte Bekannte bekam Jan Kontakt zu einem Kleindealer namens Herbert, der gerade bei einem mißglückten Geschäft ziemlich gelinkt worden war und der dringend Geld brauchte, um wieder ins Geschäft zu kommen. Jan machte ihm ein Angebot. Gemeinsam könnten sie einen schwunghaften Handel zwischen Amsterdam und Hamburg aufbauen. Das Startkapital schieße er, Jan, zunächst einmal vor. Herbert war einverstanden, und die beiden machten sich zunächst auf eine Tour entlang der deutsch-holländischen Grenze, um die günstigsten Übergangsstellen auszukundschaften.

Sie hatten sich eine ziemlich sichere Schmuggelmethode ausgedacht. Jan flog mit der Abendmaschine von Hamburg nach Amsterdam, ordentlich gekleidet und einen Aktenkoffer in der Hand, genauso wie die Monate zuvor im Auftrag von Yacht-Klasen. Vom Flughafen Shiphol aus nahm er sich ein Taxi in die Innenstadt und suchte sofort einen Chinesen mit Namen Pieter auf. Er war Jans Hauptlieferant, vor allem weil sich Jan in dessen Wohnung sofort einen Schuß setzen konnte, um den Stoff an Ort und Stelle anzutesten. Er mußte dann nur sagen: »Okay, zwölfhundert Mark«, oder eine andere Summe nennen. Er blieb mit seinem Geld am Tisch sitzen, und irgend jemand flitzte los, um den Stoff zu holen. Das dauerte jeweils nur ein paar Minuten.

Jan reiste anschließend mit zwei, drei faustgroßen Plastiktüten voller Heroin mit der letzten Bahn in den letzten Ort vor der Grenze nach Ostfriesland. Dort nahm er in einer Kneipe ein paar Cognac zu sich, setzte sich auf der Toilette einen Schuß und ging anschließend zu Fuß weiter durch die Nacht in Richtung Grenze. Im Gebüsch wechselte er die Kleidung. Er zog sich schwarze Jeans und einen schwarzen Rollkragenpullover an, zog eine dunkle Skimütze mit kleinen Sehschlitzen über den Kopf und steckte seinen hellen Sommeranzug und den Trenchcoat in seinen Diplomatenkoffer.

Mit schwarzen Turnschuhen, das Heroin mit schwarzem Klebeband fest zu einem Paket von der Größe eines halben Fußballs verschnürt, schlich er sich dann in der Dunkelheit über Weiden, Gräben und Gebüsche auf die deutsche Seite, wo über viele Kilometer eine Straße parallel zur Grenze verlief.

Herbert saß in der Nähe in einem Dorfkrug und wartete. Jan zog sich in einem Gebüsch wieder um und betrat als ordentlicher Handlungsreisender die Kneipe. Unauffällig gingen sie dann nacheinander aus der Gaststube, schwangen sich gemeinsam ins Auto und verließen im Eiltempo den Zollgrenzbezirk.

Immer noch konnte man Jan nicht wirklich ansehen, daß er täglich rund sechs Gramm Heroin spritzte. Er war braungebrannt, trug ordentliche Kleidung, verfügte über ein normales Körpergewicht und machte am Wochenende ausgedehnte Radtouren mit seiner Tochter vorn im Kindersitz. Manchmal tollten sie gemeinsam im Stadtpark herum, oder Jan fuhr sie im Ruderboot auf der Alster spazieren.

Er bot ein vollkommen anderes Bild als die Junkies, die schon damals zunehmend die Szene bestimmten und denen man ansah, daß sie von der Hand in den Mund lebten, daß sie ihre Sozialhilfe sofort in den nächsten Schuß umsetzten, daß sie vom dritten Tag an gezwungen waren, für ihre »H«-Rationen einzubrechen, auf Klau zu gehen oder sich »mit dem Arsch an der Wand« auf dem Straßenstrich anzubieten. Diese Leute waren nicht in der Lage, irgendeine Mark für Nahrung, Körperpflege oder Kleidung auszugeben, so daß sie auch äußerlich immer mehr herunterkamen und schon auf zehn Meter Entfernung als Junkie zu erkennen waren.

Bei Jan war das anders. Dabei mußte er sich schon morgens vor dem Zähneputzen den ersten Schuß setzen und abends vor dem Einschlafen den letzten. Und der mußte so gewaltig ausfallen, daß er die paar Stunden Schlaf, die ihm vergönnt waren, auch tatsächlich überbrückte. Dazu füllte er in der Küche einen gehäuften Teelöffel Heroin auf einen großen Eßlöffel, fügte etwas Wasser hinzu und kochte den Stoff auf, zog ihn in eine Zwei-Kubik-Spritze und legte sie schußfertig auf seinen Nachttisch. Wenn er dann noch einmal ins Bad mußte, kam es manchmal vor, daß der Stoff schon wieder kristallisiert war, so stark war die aufgekochte Lösung gewesen. Dann mußte er die ganze Spritze in Aluminiumfolie wickeln und sie mit dem Feuerzeug wieder erwärmen.

Schon seit längerer Zeit konnte Jan seine Heroinlösung nur noch in heißem Zustand spritzen, da sie so hochprozentig war, daß sie im kalten Zustand zu einer gallertartigen Masse gerann.

Es war auch längst nicht mehr so, daß Jan vom Heroin in irgendwelche euphorischen Rauschzustände katapultiert worden wäre. Es war ein innerer Zwang, gepaart mit der Angst vor dem Affen, der ihn dazu brachte, sich mindestens alle sechzig bis achtzig Minuten eine Spritze zu setzen. Manchmal dachte er, daß es vielleicht die unterbewußte Hoffnung war, doch noch so etwas wie einen wirklichen Kick zu erleben, der sich inzwischen nur ganz schwach und kurz unmittelbar nach dem Druck einstellte. Was übrigblieb, war ein schwaches, eher normales Lebensgefühl.

Wenn Jan abends auf die Piste ging, in die Szenekneipen wie das Café »Adler«, den »Wintergarten«, das »Nach Acht« oder ins »Madhouse«, mußte er sich kurz vorher zu Hause einen großen Schuß setzen, sich fünf bis sechs Gramm Heroin in den linken Strumpf und die Spritze in den rechten Strumpf stecken. Zusätzlich nahm er noch ein großes Stück Haschisch mit und ein paar Tabletten. Auf den Toiletten verschiedener Etablissements setzte er sich dann immer wieder einen Schuß, rauchte zwischendurch diverse Joints, nahm barbiturathaltige Schlaftabletten und kippte jede Menge Alkohol obendrauf, meistens »Captain Morgan«, einen hochprozentigen jamaikanischen Rum.

Das war längst nicht mehr das abenteuerliche Leben eines Drogenpiraten, das er sich einmal erträumt hatte. Es war die

Tristesse eines Sklavendaseins. Ein reichlich profanes, plattes und langweiliges Dahinvegetieren, ständig abhängig vom nächsten Druck, in einer Szene, die an Einfallslosigkeit und Gleichförmigkeit kaum zu übertreffen war – von den gelegentlichen Höhepunkten der Polizeirazzien einmal abgesehen. Die Fahrten nach Amsterdam als einzige Abwechslung, als einzigen kleinen Nervenkitzel, die schwarzen Grenzübertritte und die Einkäufe in Amsterdam selber als winziges Abenteuer, das sich, betäubt durch die Droge, jedoch immer mehr abschliff.

Jeder blieb für sich, in der Szene war sich jeder selbst der nächste, wirtschaftete in die eigene Tasche, mit einem einzigen Ziel: sich regelmäßig vollzudröhnen.

Materiell segelte Jan noch mit Rückenwind, wenn er auch ständig mit einem Bein im Knast stand, an menschlichen Begegnungen kam nichts dazu. In der Drogenwelt der Szenekneipen sah man allabendlich dieselben Gesichter. Es war ein jämmerliches, eintöniges Leben, das schließlich eines Abends jäh unterbrochen wurde.

Abschied von der Sklaverei der Freiheit

Jan wollte wieder eine seiner Beschaffungstouren nach Amsterdam antreten. Um Herbert, der gerade völlig ausverkauft war, die Zeit bis zur nächsten Abreise etwas zu versüßen, begab er sich zu dessen Wohnung. Etwa hundert Meter vor dem Haus parkte eine graue Ford-Badewanne mit einer Schreibmaschine auf dem Rücksitz. Routiniert nahm Jan den Wagen in Augenschein, der so überdeutlich nach einem Behördenfahrzeug aussah, daß Jan einfach nicht glauben konnte, daß es wirklich ein getarnter Polizeiwagen war.

Als er an Herberts Wohnungstür klopfte, hörte er von drinnen eine Stimme: »Moment bitte!«

Er wartete einen Augenblick.

»Kannst reinkommen.«

Die Tür öffnete sich, und Jan blickte in die Mündung einer

großkalibrigen Pistole. Er war mitten in eine Hausdurchsuchung geplatzt. Die Beamten rissen ihn in die Wohnung und durchsuchten seine Taschen.

»Na, was haben wir denn da?«
Ein Fahnder hielt triumphierend den Beutel Heroin in die Höhe, den Jan für Herbert mitgebracht hatte. Die Beamten lachten über den Zufallsfund. Dann blätterten sie seinen Ausweis durch.

»Ach, Mensch, der Christopher, den gibt's also auch noch. Treffen wir uns mal wieder. Na ja, damit ist Ihre Bewährung im Arsch. Verabschieden Sie sich schon mal ruhig von Ihrer Freiheit!«

»Wieso?« fragte Jan, die Fassung nur mühsam wahrend. »Das ist ein kleines Päckchen zum Eigenbedarf. Was habe ich mit der ganzen Geschichte hier zu tun? Entschuldigen Sie bitte. Ich habe eine feste Arbeit, ich habe einen festen Wohnsitz, ich bin verheiratet und habe ein kleines Kind. Was soll der ganze Quatsch, dramatisieren Sie das doch nicht so.«

»Na, das wollen wir erst einmal sehen«, sagten die Rauschgiftfahnder unbeeindruckt. »Wo wohnen Sie denn?«

»Das können Sie doch in meinem Ausweis sehen«, antwortete Jan.

»Sind Sie denn damit einverstanden, daß Sie uns jetzt hier Ihren Haustürschlüssel geben. Wir fahren dann zu zweit dorthin und sehen uns kurz um. Wenn wir nichts weiter finden, ist alles okay. Dann machen wir nur eine Anzeige wegen dieses Päckchens in Ihrer Tasche. Wenn wir mehr finden, hat das natürlich Konsequenzen.«

»Sie brauchen keinen Schlüssel«, sagte Jan. »Meine Freundin Sabine ist da. Sie werden kein Heroin und kein Spritzbesteck finden.«

Jan glaubte das zu diesem Zeitpunkt wirklich, denn er hatte streng darauf geachtet, seine Drogen und die dazugehörigen Utensilien immer außerhalb seiner vier Wände zu deponieren, auch wenn das mit allerlei Unannehmlichkeiten verbunden war. Er setzte sich gemütlich auf Herberts Sofa und wartete ab.

Als nach gut drei Stunden die Hausdurchsuchung bei seinem Partner beendet war und die Beamten ein paarmal mit ihrer Dienststelle telefoniert hatten, hieß es: »Wir müssen zunächst in die Hohen Bleichen fahren. Es gibt da noch ein paar Ungereimtheiten. Sie werden mit uns kommen müssen.«

Jan hatte keine Ahnung, was in der Zwischenzeit passiert sein konnte.

Als die beiden Kripobeamten mit Jans Schlüssel die Wohnungstür geöffnet hatten, hatten sie festgestellt, daß die Tür von innen durch eine Sperrkette gesichert war. Daraufhin klingelten sie.

Sabine kam zur Tür, merkte, daß offenbar Polizeibeamte draußen standen, die versuchten, in die Wohnung einzudringen, machte auf dem Absatz kehrt und lief ins Badezimmer. Dort hatte sie Heroin versteckt, das sie heimlich von Jan abgezweigt und für ihren eigenen kleinen Handel gehortet hatte. Sie riß den Stoff aus seinem Versteck und wollte ihn in die Toilette werfen. In ihrer Panik verwechselte sie die Herointüte aber mit einem zerknüllten Stück Papier, das sie in der anderen Hand hielt und spülte dieses statt des Heroins hinunter. Erst als sie wieder an der Tür stand, bemerkte sie ihren verhängnisvollen Fehler und stopfte sich die Herointüte in den Mund, um sie hinunterzuschlucken.

Die Rauschgiftfahnder warfen sich gegen die Tür, bis die Sperrkette aus ihrer Verankerung riß. Es entbrannte ein Kampf zwischen Sabine und den beiden Polizisten, die versuchten, ihr die Luft abzudrücken, damit sie das Päckchen nicht herunterbekam. Doch das Mädchen, kämpfend wie eine Furie, hatte die Droge schon geschluckt. An allen vieren wurde sie die Treppe hinuntergeschleppt und im Kripowagen verstaut. Die Beamten klapperten die umliegenden Krankenhäuser ab, um einen Arzt zu finden, der ihr zwecks Beweismittel den Magen auszupumpen bereit war. Die meisten Ärzte weigerten sich. Nur ein Mediziner im Krankenhaus St. Georg, der bereits öfter mit der Polizei kooperiert hatte, erklärte sich einverstanden.

Er schickte die Kripobeamten hinaus und sagte zu Sabine:

»Ich gebe Ihnen jetzt dieses Bitterwasser zu trinken, dann müssen Sie furchtbar erbrechen. Wenn irgend etwas dabei rausfällt, was Sie belasten könnte, werde ich es blitzschnell verschwinden lassen, es wird Ihnen nichts passieren. Sie können mir vertrauen.«

Sabine war inzwischen so erschöpft, verängstigt und verunsichert, daß sie das Mittel freiwillig trank. Sobald das inzwischen von Magensäure durchdrungene, aber immer noch als Heroin identifizierbare Päckchen aus ihr herausflutschte, griff der Arzt mit seinen Gummihandschuhen zu. Dann stürzte er ins Nebenzimmer und präsentierte den Beamten seinen Fund.

Die beiden Fahnder bestürmten Sabine: »Nun gib doch schon zu, daß du den Stoff von Jan hast. Daß der dealt, ist doch stadtbekannt. Den hast du doch ganz bestimmt von ihm. Wenn du nichts aussagst, wanderst du in U-Haft.«

Sabine blieb eisern. Den Stoff habe sie vor ein paar Tagen in der Diskothek »Nach Acht« von einem Schwarzen gekauft, von dem sie nur den Namen »John« kenne. Jan habe ihr nie Heroin gegeben.

Der hatte es in der Zwischenzeit geschafft, die Beamten dazu zu bringen, auf dem Weg ins Revier einen kleinen Abstecher in seine Wohnung zu machen. Er müsse sich ein paar Sachen mit in die U-Haft nehmen. Darunter seien auch Ampullen mit Vitamin-B-12-Injektionen, die er sich alle drei Stunden verabreichen müsse. Er sei nämlich stark leberkrank. Ohne die Spritzen gerate er in Lebensgefahr. Die Beamten erlaubten ihm die Mitnahme der Fläschchen, die samt und sonders mit aufgelöstem Heroin gefüllt waren.

In der Anstalt wurden Jan Gürtel und Krawatte abgenommen, damit er sich nicht aufhängen konnte. Eine Notiz an das Wachpersonal besagte, den Gefangenen alle zwei Stunden aus der Zelle in die Wachstube zu führen, damit er sich eine seiner lebensnotwendigen Vitamin-B-12-Spritzen setzen konnte. So überstand Jan die ersten Tage der Haft mit Heroinschüssen unter Aufsicht.

# 3. Teil

DER SPITZEL

Von 1979 bis 1984 stieg die Zahl der Drogendelikte in der Bundesrepublik von etwas über 50 000 auf über 60 000.
Haschisch wurde immer weniger beschlagnahmt, 1979 noch knapp 6,5 Tonnen, 1984 nur noch 2,7 Tonnen. Dafür steigerte sich die Menge des aufgefundenen Heroins von gut 200 Kilogramm 1979 auf 263 Kilogramm 1984.
Die Zahl der Rauschgifttoten ging von 623 im Jahre 1979 auf 361 im Jahre 1984 zurück, um anschließend wieder anzusteigen.

»Mit dem Affen im Genick verkauft sich jeder«

Es war für Jan eine entsetzliche Vision, nun die zur Bewährung ausgesetzte Zeit aus der Verurteilung wegen des LSD-Handels absitzen zu müssen und dann noch einem neuen Strafverfahren wegen Heroinbesitzes entgegenzusehen. Vor allem der auf ihn zukommende Entzug würde aufgrund seiner extrem hohen Dosierung schrecklicher werden als jemals zuvor. Er fürchtete, in der Haft entweder ins Delirium zu verfallen oder die Sache möglicherweise gar nicht zu überleben. Er dachte plötzlich an seine Eltern, die sich in den vergangenen Monaten soviel Mühe gegeben hatten, ihm wieder auf die Beine zu helfen. Er dachte an seine Tochter, die bei seiner Mutter aufwuchs und die er in seinen wildesten Heroinzeiten dennoch regelmäßig gesehen hatte. Und ihm wurde plötzlich klar, daß er aus der Zelle rauswollte, um jeden Preis.

Jan tat einen Schritt, den er in den langen Jahren seiner Rauschgiftkarriere und seiner verschiedenen Inhaftierungen niemals vorher getan hatte.

Durch das Gefängnispersonal ließ er beim Rauschgiftdezernat anrufen und einen Beamten in die Haftanstalt schicken. Er wolle eine Aussage machen. Und dann verriet Jan seinen Kumpel Herbert, mit dem er über Monate gemeinsam Heroin aus Amsterdam in die Bundesrepublik geschmuggelt hatte. Jan gab zu Protokoll, Herbert habe vor einiger Zeit größere Mengen Heroin erworben und nach Schweden geschmuggelt. Zwei Mädchen hätten ihm dabei geholfen, und in Malmö sei die Ware dann verkauft worden.

Jan brauchte seine Aussage nicht zu unterschreiben, mußte aber zusagen, auch in Zukunft noch Material aus der Drogenszene zu liefern. Nur unter dieser Bedingung wurde er wieder auf freien Fuß gesetzt.

Da stand er nun, in Freiheit. Sabine hingegen blieb weiterhin in Haft, da sie sich standhaft weigerte, ihn ans Messer zu liefern. Bei allem war Jan nicht von Anfang an klar, welch abschüssige Bahn er damit betreten hatte. Doch dann bedrängte ihn die Kripo ständig, weitere Informationen zu liefern. Man machte ihm Geldangebote.

Jan fühlte sich aber nach wie vor als Teil der Drogenszene und immer noch mehr zu seinen Dealer- und Fixerfreunden hingezogen als zur Polizei. Er hatte keine klare Trennungslinie gezogen, hatte nicht beschlossen, von nun an ein getreuer Staatsbürger zu werden und sich von der Kripo an den Haaren aus dem Sumpf ziehen zu lassen – und dabei seine bisherigen Freunde samt und sonders zu verraten.

Er saß zwischen allen Stühlen. Er wußte nicht mehr, was er machen sollte, durch die neue Situation war er völlig in die Defensive geraten: Der Szene gegenüber versuchte er natürlich seine Zusammenarbeit mit der Kripo zu vertuschen. Auf der anderen Seite mußte er dem Rauschgiftdezernat gegenüber den kooperativen Spitzel spielen oder zumindest so tun, als wollte er es werden. Auf diese Weise hoffte er, vom Gefängnis verschont zu bleiben und gleichzeitig sein Heroin-Beschaffungsgeschäft weiterbetreiben zu können – ohne daß die Polizei Wind davon bekam.

Er hatte etwas getan, was er bis dahin verabscheut hatte. Schließlich hatte er bereits am eigenen Leib erfahren müssen, was es hieß, von Leuten verraten zu werden, denen man vertraute, die man zu seinen Freunden zählte. Herbert, mit dem er nun schon eine ganze Zeit zusammengearbeitet hatte, der sich auf ihn eingelassen hatte, wurde aufgrund seiner Aussage zu einer mehrjährigen Gefängnisstrafe verurteilt. Das konnte Jan nicht einfach verdrängen, auch wenn er seinen Heroinkonsum auf sieben Gramm täglich steigerte.

Jan zog sich aus der Szene zurück und bediente nur noch einen einzigen Abnehmer mit dem Stoff, den er von nun an allein aus Amsterdam herbeischaffte, ohne daß die Polizei das mitbekam.

Dafür geriet er mehr und mehr unter Druck, der Kripo endlich einen größeren Fisch zuzutreiben. Jan versuchte, sich den Nachstellungen der Rauschgiftfahnder zu entziehen, indem er zu seiner Tochter Petra ins Haus seiner Mutter zog und an moralischen Hilfskonstruktionen bastelte, um seine Kooperation mit der Schmiere vor sich selbst zu rechtfertigen. Schließlich hatte er die Verantwortung für das Kind, dessen Mutter immer noch in Haft war. Schließlich war er selbst auch schon verraten worden, das war in der Szene gang und gäbe. Fast immer, wenn hochdosierte Junkies festgenommen wurden, hatten sie nichts Eiligeres zu tun, als ein paar ehemalige Kumpel zu verpfeifen, um möglichst schnell wieder auf freien Fuß gesetzt zu werden. Mit dem Affen im Genick ist jeder zum Verrat bereit.

So versuchte er sich vor sich selbst zu rechtfertigen. Und vielleicht, so dachte er später häufig, wäre das alles sogar in Ordnung gewesen, hätte er nicht nur einen halben, sondern gleich einen ganzen Schritt getan. Wenn er an diesem Punkt wirklich umgekehrt wäre auf seinem Weg, wenn er den Versuch einer Therapie unternommen hätte, wenn er sich tatsächlich von der Drogenszene gelöst und durch Informationen dazu beigetragen hätte, zukünftige Verbrechen zu verhindern. Aber das waren hehre Gedanken. Die Gewalt des Morphiums über sein Leben, sein suchtverseuchtes Denken und Fühlen war stärker als alles andere.

Immer vehementer forderte die Kripo von Jan, daß er seine Schuld beglich. Und das konnte er nach Lage der Dinge nur in dem Revier, in dem er sich auskannte, nur dort konnte er den Fahndern als Informant nützlich sein – dort aber war er auch persönlich am gefährdetsten.

Bis jetzt war noch alles gutgegangen – es war noch nicht zu Herbert durchgesickert, was Jan über seine Verbindung nach Schweden ausgeplaudert hatte.

Jan C. legt sich mit der Zuhälterszene an

In Jans Wohnung hatte sich vorübergehend ein Zuhälter aus St. Pauli eingenistet, der mittlerweile aber wieder eine eigene Bleibe bezogen hatte. Jan hatte ihn über eine gemeinsame Bekannte kennengelernt. Der Mann, Lutz mit Namen, fuhr ein typisches Ludenauto, einen aufgedonnerten, heißgemachten BMW. Ihm selbst war das großartige Zuhältergehabe Rausch genug, er nahm keine Drogen. Dafür handelte er gelegentlich damit. Lutz bot Jan Heroin an, insgesamt achtundsiebzig Gramm. Jan verlangte eine Probe, die er sich gleich in die Vene jagte, und war mit der Qualität zufrieden. Eine weitere Kostprobe nahm er mit nach Hause, um diese, wie er sagte, einem potenten Kunden vorzuführen.

Von dort aus rief er seine Kontaktleute bei der Kripo an: »Ich habe hier einen Fisch an der Angel, einen Dealer, der das rein kommerziell betreibt, ohne selbst abhängig zu sein.« Unter gewissen Bedingungen sei er bereit, den Mann ans Messer zu liefern. Gierig griffen die Fahnder nach der Chance. Man schickte Jan zwei Leute ins Haus, einen jungen Mann mit langen Haaren und eine Blondine, beide ausstaffiert wie Drogenfreaks.

Ausführlich besprach Jan mit ihnen die Details der geplanten Operation: Jan sollte von der Kripo einen VW-Golf bekommen, in dessen Handschuhfach zehntausend Mark liegen würden. Er sollte sich mit Lutz verabreden, ihn in den Wagen laden und ihm das Geld zeigen. Das Fahrzeug war mit einem Peilsender ausgerüstet, so daß ihm die Polizei ohne Mühe ständig folgen konnte. Irgendwann mußte Lutz ihm dann ja das Heroinversteck offenbaren. Jan würde ihm das Geld übergeben und die Ware in Empfang nehmen. In diesem Moment sollte der polizeiliche Zugriff erfolgen.

Wie es anschließend weitergehen würde, wenn sich Jan auf diese Weise als Polizeispitzel entlarvt hatte, oder wie man ihn davor schützen könnte, soweit ging der Plan nicht. Selbst Jan fielen diese Kleinigkeiten erst einige Zeit später ein, und auch bei den Profis vom Rauschgiftdezernat machte man sich offenbar wenig Gedanken über den Schutz seiner Informanten.

Jan verabredete sich mit Lutz im Café »Adler«. Die Polizei hatte den Golf an der Ecke Eichenstraße/Bismarckstraße geparkt und im Handschuhfach die zehntausend Mark in gebündelten Hundertmarkscheinen deponiert. Der Wagen wurde von allen Seiten observiert.

In seinem alten Ford fuhr Jan zum Treffpunkt. Lutz bestand plötzlich überraschenderweise darauf, den Deal sofort in Jans Auto abzuwickeln. Es sei unnötig, dafür den Wagen zu wechseln. Jan sah keine andere Möglichkeit, als schnell umzudisponieren. Er fuhr zu dem geparkten Golf, schloß die Tür auf und lud das Geld um in sein eigenes Handschuhfach. Dann holte er Lutz ab und ließ sich von dem kreuz und quer durch die Stadt lotsen. Lutz wollte seinen »Teil dazu beitragen, die Schmiere abzuhängen«, wie er es nannte.

»Es könnte doch sein, daß wir verfolgt werden«, sagte er ganz profimäßig, und Jan konnte ihm nur zustimmen.

Die Polizei stellte sich bei der Verfolgung allerdings nicht sonderlich geschickt an. Jan saß auf glühenden Kohlen. Irgendwann mußte auch Lutz merken, daß sie mit einem ganzen Rattenschwanz von Fahrzeugen kreuz und quer durch die Innenstadt fuhren. Langsam bekam er kalte Füße und drehte sich zu Lutz hin.

»Du hör mal, ich glaub, die Sache ist nicht ganz koscher. Die zehntausend Mark, die ich im Handschuhfach habe, die kannst du dir angucken.« Mit einer Hand hielt er das Lenkrad, während er mit der anderen das Geld zutage förderte. »Die hab ich direkt von dem Mann, der an deinen achtundsiebzig Gramm interessiert ist. Ich glaube mittlerweile allerdings, der ist nicht sauber. Ich vermute fast, der hat was mit der Schmiere zu tun.«

Lutz schüttelte den Kopf. Jan solle mal bloß keine Paranoia bekommen. Jan zeigte ihm den weißen 2,3-Liter-Capri, in dem seine beiden Partner von der Polizei, König und Hansen, saßen. »Die kenne ich, sogar mit Namen. Lutz, laß uns den ganzen Deal heute vergessen. Wir fahren zurück ins Café ›Adler‹, trinken noch einen Kaffee und ziehen die Sache morgen durch. Laß uns das für heute abblasen. Ich kenne die Schmiere, ich bin seit Jahren im Geschäft.«

Doch Lutz wollte nicht hören. Er hatte das Geld im Handschuhfach gesehen und war inzwischen so verrückt danach wie andere Leute nach Drogen. Jan versuchte es noch einmal.

»Der weiße Ford Capri und vorhin der graue Ford Granada, das ist ganz sicher Polizei. Kein Zweifel, die haben uns auf dem Korn.«

Natürlich erzählte Jan ihm nicht, woher er das alles so genau wußte.

Der Zuhälter war offenbar gerade knapp bei Kasse und kannte die Gegebenheiten im Rauschgiftgeschäft noch nicht allzu gut: »Also sag mal, spinnst du? Ich hab den Stoff schon deponiert. Und ich hab fest mit dem Geld gerechnet. Ich brauche die Kohle. Wir ziehen den Deal jetzt durch. Was du mir da erzählst, das ist doch der pure Verfolgungswahn. Du redest völligen Quatsch. Wir machen das hier und heute. Ist schließlich alles bis ins kleinste Detail organisiert. Ich hab auch nicht länger Zeit. Ich muß das heute durchziehen.«

Lutz dirigierte ihn zum Parkplatz einer Tankstelle am Schulterblatt, zeigte ihm in einer Parklücke einen Fiat und sagte: »Die achtundsiebzig Gramm liegen auf dem linken Vorderrad. Ich nehm mir jetzt das Geld und verschwinde, und du greifst dir den Stoff.«

»Nein«, sagte Jan und bog in eine Seitenstraße, »das werde ich nicht. Ich bin überzeugt davon, daß wir von der Polizei beobachtet werden.«

Lutz wurde aggressiv.

»Die Sache wird jetzt durchgezogen«, sagte er mit drohendem Unterton.

Daraufhin stieg Jan kurzerhand aus dem Wagen, ging zur Beifahrertür und sagte: »Gut, wenn du unbedingt willst, dann rutsch rüber. Du weißt, im Handschuhfach liegen die zehntausend. Fahr zu dem Platz, wo das Heroin ist, park den Wagen neben dem Fiat, nimm dir die zehntausend Mark und verschwinde. Ich werd mir das Heroin irgendwann später abholen, wenn ich es für sicherer halte.«

Jan drehte sich um und verschwand. Lutz fuhr tatsächlich zu dem Parkplatz und stellte Jans Wagen neben den Fiat mit dem Heroin auf dem Vorderreifen. Er verstaute das Geld in seinen Taschen und ging dann zu seinem eigenen Wagen hinüber, um das Heroin vom Vorderreifen zu nehmen. Er verstaute den Stoff im Handschuhfach von Jans Ford und kletterte in seinen Fiat.

Jan hatte sich derweil im Dauerlauf ein paar hundert Meter vom Ort des Geschehens entfernt und stürmte erschöpft in eine Einkaufshalle, die Tag und Nacht geöffnet hatte. Er zog sich eine Flasche Schnaps, um sich sofort ein paar Züge daraus zu genehmigen. Kurz darauf sah er die Straße hinunter in Richtung Max-Brauer-Allee. Dort versuchte gerade ein Fiat zwischen zwei querstehenden Polizeifahrzeugen durchzurasen. Schüsse fielen. Jan setzte sich ins Café »Adler« ab und trank einen Kaffee.

Anschließend fuhr er mit dem Golf zu seiner Wohnung. Von dort aus rief er die Polizeiwache Feldbrunnenstraße an und erstattete Anzeige gegen Unbekannt wegen Kraftfahrzeugdiebstahls. Sein Fahrzeug, ein Ford 20 m sei am Nachmittag gestohlen worden. Dabei fiel ihm ein, daß der Wagen bei seiner letzten Fahrt nach Amsterdam in der Nähe des Hotels aufgebrochen worden war. Die Täter hatten das vordere Dreiecksfenster eingeschlagen und das Radio und den Kassettenrecorder mitgehen lassen. Das Fenster war noch nicht wieder repariert worden. Das paßte ausgezeichnet zu seinen Angaben.

Jan mußte die Anzeige im Revier Feldbrunnenstraße schriftlich abgeben. Währenddessen kam ein Anruf vom Rauschgiftdezernat. Jans Kontaktmann Hansen war am Apparat.

»Hör zu, du kannst bei uns vorbeikommen, es wird dir nichts passieren. Du kannst dir deinen Wagen bei uns abholen. Deinen Freund Lutz haben wir festgenommen. Und die achtundsiebzig Gramm haben wir auch gefunden.« Fahnder Hansen strickte an einer Legende für die Kollegen in der Feldbrunnenstraße, auf daß sich überall herumsprach, Jan habe nichts mit der Festnahme zu tun und sei nur mit Glück noch einmal davongekommen.

Jan brachte den Golf zum Parkplatz des Rauschgiftdezernates und tauschte ihn gegen seinen eigenen Wagen ein. Fürs erste konnte er noch unbesorgt in der Szene verkehren, mußte aber früher oder später damit rechnen, daß Lutz Wind davon bekommen würde, wie die Sache wirklich gelaufen war. Und dann würde es nicht mehr lange dauern, und er würde ein für allemal als V-Mann der Polizei gebrandmarkt sein. Besonders brenzlich wurde die ganze Affäre dadurch, daß Lutz eben nicht ein kleiner Junkie oder Schmalspurdealer war, sondern ein im St.-Pauli-Milieu fest verankerter Zuhälter. Wenn Jan Pech hatte, bekam er es auch noch mit den Kollegen Luden zu tun.

Das Gefühl, ein Dreigroschenjunge zu sein

Jan hatte es irgendwie im Gefühl, daß es besser war, wenn er sich, zumindest vorrübergehend, nicht auf der Szene blicken ließ. Er mied die einschlägigen Lokale und machte einen besonders großen Bogen um das Café »Adler«. Die meiste Zeit saß er allein zu Hause. Zwischendurch fuhr er immer wieder nach Amsterdam und kaufte Drogen ein, die er nach wie vor an seinen einzigen Abnehmer, den rauschgiftsüchtigen Kleinhändler Dieter, abgab. Die Kripo hatte davon keine Ahnung und bedrängte ihn ständig, weitere Informationen aus der Szene zu liefern.

Jan wollte und konnte nicht. Ihm war in der Sache mit Lutz voller Schrecken klargeworden, daß er plötzlich auf einen Kurs zwischen legal und illegal gegangen war, der auf die Dauer tödlich sein konnte. Er mußte sich für eine Seite entscheiden, und da er nach wie vor täglich seine sechs bis sieben Gramm brauchte, die ihm die Polizei nicht beschaffen konnte, entschied er sich für die Seite der Junkies. Allein dort sah er eine Chance, weiterhin sein Dasein zu fristen – wenn auch unter gefährlich erschwerten Bedingungen. Er konnte nur hoffen, daß sein Deal mit der Schmiere nicht auffliegen würde. Groß war seine Zuversicht allerdings nicht.

Auf keinen Fall konnte er einfach zur Polizei gehen und die Zusammenarbeit aufkündigen. Schließlich hatten die Rauschgiftfahnder ihn in der Hand, seit sie ihn mit dem Päckchen Heroin in Herberts Wohnung festgenommen hatten. Er war schließlich nur auf Bewährung in Freiheit, und die Polizei konnte ihre Informationen jederzeit an die Staatsanwaltschaft weiterleiten, und dann saß er unweigerlich seine Reststrafe ab – und noch mehr.

Das durfte nicht passieren, und so verhielt sich Jan nach außen hin, seinen Kontaktbeamten gegenüber, so kooperativ er konnte. Gleichzeitig mußte er, um seinen Drogenhunger zu stillen, weiter in der Junkieszene verkehren.

Irgendwann nach Lutz' Festnahme bestellten Hansen und König Jan ins »McDonald's«-Restaurant in der Osterstraße und überreichten ihm großzügig einen Tausendmarkschein: »Das ist dein Anteil an der Fangprämie für das Heroin, das wir aufgrund deiner Mithilfe sichergestellt haben.«

Jan kam sich vor wie ein Dreigroschenjunge, nahm das Geld aber trotzdem an. Immerhin konnte er sich davon zwei bis drei Tage seine Sucht finanzieren. Später dachte er oft an die Szene bei »McDonald's« zurück. Wie er den Tausender geschnappt und weggesteckt hatte, das war ein moralischer Tiefpunkt gewesen.

Inzwischen war in der Szene ruchbar geworden, daß Jan gegen seinen Kumpel Herbert ausgesagt und daß er möglicherweise auch den Zuhälter Lutz mit Vorzeigegeld der Polizei in eine Falle gelockt hatte. Nun durfte er sich wirklich nirgends mehr sehen lassen, und jede Verhaftung in der nächsten Zeit wurde ihm angelastet. Plötzlich stand er im Ruf, zwanzig oder dreißig Leute an die Schmiere verpfiffen zu haben. Die meisten von ihnen kannte er nicht einmal näher.

Manchmal hatte Jan aber den Eindruck, daß ihn die Polizei ständig observierte, um festzustellen, mit wem er Kontakt hatte. Diese Leute bekamen dann Besuch von Undercoveragenten der Polizei, die Heroin kaufen oder verkaufen wollten. Die getarnten Polizisten wurden aber fast immer rechtzeitig erkannt, und die Dealer gaben sich ahnungslos: »Ich, Gift kaufen? Wie kommst du denn darauf?«

Bei einigen Leuten, die Jan besuchte, tauchte unmittelbar danach die Polizei auf und stellte deren Wohnung auf den Kopf. So fanden sie Jans Freund Thorsten, einen alten Bekannten aus den Tagen der Zentnergeschäfte mit Haschisch, bei unverschlossener Tür völlig breit auf dem Bett liegend auf, das Spritzbesteck und mehrere Gramm Heroin neben sich. Damit war dessen Haftverschonung zu Ende.

Aus Angst vor Racheaktionen verkroch Jan sich in Harburg in der Wohnung seiner verstorbenen Großmutter. Er kümmerte sich wieder etwas mehr um seine Tochter, die nach wie vor bei seiner Mutter lebte und für die er in letzter Zeit nur wenig Zeit gehabt hatte.

Meike saß noch immer in Untersuchungshaft, da sie sich standhaft weigerte zuzugeben, daß das halbe Gramm Heroin, mit dem sie in Jans Wohnung geschnappt worden war, von ihm stammte. Sie blieb bei ihrer Version, das Gift im »Nach Acht« von einem Schwarzen namens Jim oder John oder so gekauft zu haben.

Jan war ihr nicht eigentlich dankbar dafür; er war bereits zu weit heruntergekommen, um tatsächlich noch etwas empfinden zu können. Allein seine Sucht, das Verlangen nach Heroin, bestimmte sein Trachten und Handeln. Manchmal, wenn er sich morgens im Spiegel ansah, hätte er kotzen können, so sehr ekelte er sich vor sich selbst. Doch das waren nur kurze Momente, weniger als das. Sobald die schmerzende Übelkeit des Entzugs wieder in ihm hochkam, vergaß er jede Reflexion über seine Situation und bestand nur noch aus der Gier nach dem nächsten Schuß.

Ein Verräter wird verraten

Dann wurde Jans bester Freund und Verkäufer Dieter festgenommen. Ein- bis zweimal in der Woche hatte er Jan die Hälfte seiner Schmuggelware aus Amsterdam abgenommen und verkauft wie ein Bäcker seine Brötchen. Ständig saßen zehn oder fünfzehn Kunden in seiner Wohnung und warteten auf Ware. Dieter wickelte die Kleindeals in aller Regel zu Hause ab, was sich als höchst gefährlich herausstellen sollte. Auch Jan hatte sich ab und zu in die Käuferschlange eingereiht und seinen eigenen Stoff zurückgekauft, damit niemand auf den Gedanken kam, er sei Dieters Zulieferer.

Eines Tages hatte sich Jan wieder einmal auf den Weg von Harburg nach Hamburg gemacht, um sich bei Dieter das Geld für einen letzten Deal abzuholen – siebentausend Mark. Schon von weitem sah er die grünweißen Streifenwagen und die Zivilfahrzeuge des Rauschgiftdezernats vor Dieters Tür stehen. Ein gutes Dutzend Heroinkunden wurde gerade in Handschellen aus der Tür geführt. Jan wendete mit quietschenden Reifen und brauste davon. Von seiner Wohnung aus rief er seine letzte Vertraute in der Drogenszene an, das Mädchen mit dem Spitznamen »Ponki«.

Hastig erklärte er ihr, was sich vor Dieters Haustür abgespielt hatte: »Ganz schöne Scheiße. Im übrigen müssen die dabei mindestens siebentausend Mark beschlagnahmt haben.« Dann legte er auf. Was er nicht wußte, war, daß die Polizei sein Gespräch mitgeschnitten hatte.

Ein paar Tage später erhielt Jan eine Vorladung. Die Rauschgiftfahnder spielten ihm das Band vor.

»Nun tu nicht so, als wenn du nichts damit zu tun hast. Das spricht für sich.«

Jan, obwohl kurz vor dem Zusammenklappen, spielte mit letzter Kraft wieder den Überlegenen: »Sie können doch nicht leugnen, daß es wirklich eine verdammte Scheiße ist, wenn irgendwo siebentausend Mark beschlagnahmt werden. Das würde doch wohl jeder so ausdrücken. Ich wüßte nicht, inwieweit eine solche Bemerkung mich mit der Sache in Verbindung bringen könnte.«

Dieter bekam wegen gewerbsmäßigem, fortgesetztem Drogenhandel vier Jahre Haft. Während der Vernehmungen schwieg er eisern, wenn er nach seinen Lieferanten gefragt wurde. Jan war noch einmal davongekommen, wenn auch um siebentausend Mark ärmer. Außerdem hatte er Dieter neuen Stoff als Kommissionsware bringen wollen. Nun hatte er das Heroin, aber keinen Abnehmer, denn selbst konnte er sich in der Szene ja nicht mehr blicken lassen.

So brauchte er das Gift also selbst auf. Mit seinen letzten Geldreserven fuhr er schließlich noch einmal nach Amsterdam und konnte sich leicht ausrechnen, wann der dort erstandene Stoff zur Neige gehen würde. Vierzehn Tage Galgenfrist bis zum »Cold Turkey« – und kein Geld für Nachschub. Hoch dosiert und zunehmend verzweifelt, saß Jan in der Harburger Wohnung seiner Großmutter und sann auf eine Lösung.

Als er seine letzten zwei Gramm anbrach, fiel ihm ein einziger, letzter Ausweg ein. Er rief beim Rauschgiftdezernat an und bat um ein Treffen mit Herrn König und Herrn Hansen.

Der Grenzgänger

Sich und andere zu verkaufen, das hatte Jan nun wahrlich gelernt, und bevor er den beiden Drogenfahndern mit der Euphorie eines Werbestrategen seinen Plan erläuterte, munterte er sich noch schnell mit einem letzten Schuß auf.

»Ich habe da einen ganz großen Fisch an der Angel«, sagte Jan den beiden Beamten, mit denen er sich in einem Café in der Nähe von deren Dienststelle in den Hohen Bleichen getroffen hatte. »Es gibt da die Möglichkeit, daß ich nach Amsterdam fahre und dort mit einer gewissen Menge Geld einen gewissen ziemlich hochkarätigen Drogenhändler dazu bewege, mit mehreren Kilo Heroin nach Deutschland rüberzukommen.« Dann könne man sich zum richtigen Zeitpunkt an der richtigen Stelle der grünen Grenze postieren und die ganze Karawane abfangen.

»Ich zeig euch das vorher bei Tageslicht, und ihr macht ganz bequem einen guten Fang.«

Jan hatte sich für die Aktion einen Übergang ausgesucht, den er zwar früher einmal abgecheckt, selbst jedoch nie benutzt hatte. Wer weiß, vielleicht würde er seine eigenen Schleichwege selbst irgendwann wieder einmal brauchen.

Die Beamten bissen an. Sie hatten schon lange keine spektakulären Erfolge mehr zu melden gehabt. Noch am selben Tag ging die Besichtigungsreise los. Im 2,6-Liter-Capri des Drogendezernats, ausgestattet mit einem Fotoapparat, chauffierte Rauschgiftfahnder Hansen seinen Informanten, sich und seinen Kollegen an die holländische Grenze. Jan zeigte ihnen das anvisierte Areal.

»Von dort drüben, aus dem Gebüsch an der holländischen Chaussee heraus, werden wir uns über die Wiese schleichen. Dahinten klettern wir über den Drahtzaun, und dann laufen wir hier zur Straße, wo die Autos auf uns warten. Das ist der Moment, in dem ihr zuschlagen müßt.«

Ab zehn Uhr nachts, erklärte Jan den Beamten routiniert, sei dieser Grenzstreifen vollkommen unbewacht. Hansen überprüfte die Sache bei den Grenzbeamten und erfuhr, daß Jans Angaben stimmten. Dann machte er ein paar Fotos und fragte Jan, wie der sich denn den schwierigsten Part vorstelle, nämlich die ja auch nicht ganz beschränkten Drogendealer zum Grenzübertritt zu bewegen.

Jan setzte sein erprobtes überlegenes Lächeln auf und wies die Rauschgiftspezialisten in die Feinheiten des internationalen Drogenhandels ein.

»Bei Geschäften in größeren Dimensionen kann man die Bedingungen schon mal diktieren. Es kommt nur auf den Preis an. Das Risiko wird mitbezahlt. Ich sage denen: ›Paßt auf, bringt mir das Zeug hundert Meter über die Grenze. Dafür bekommt ihr pro Kilo soundsoviel Mark mehr. Oder ihr verkauft mir die Ware in Amsterdam, dann bin ich aber nur bereit, soundsoviel zu zahlen.‹ Um solche Verhandlungen zu führen, braucht man natürlich ein gewisses Kapital...«

»Wieviel?« fragten die Drogenfahnder.

»Dreißigtausend Mark«, sagte Jan ganz ruhig.

Die Beamten wiegten den Kopf: »Bißchen viel, was?«

Jan ließ sich nicht beirren: »Drunter läuft so was nicht. Ihr könnt doch altes, von der Landeszentralbank längst aus dem Verkehr gezogenes Geld nehmen, das schon durch neues ersetzt worden ist. Schreibt euch die Nummern auf oder kopiert die Scheine. Dann habt ihr nach dem Zugriff ein weiteres Beweismittel.«

»Warum machst du das eigentlich?« fragte einer der beiden Polizisten. »Du kennst doch die Höhe der Belohnung.«

Jan war nahe daran, die Sache zu überdrehen. »Ich bin an einem Punkt angelangt, wo ich keine Lust mehr habe, mir diesen ganzen Heroinhandel anzusehen. Das bringt nur Elend, das hab ich doch an mir selbst gesehen. Ich will Schluß machen mit der Vergangenheit, und mein erster Schritt soll sein, den Leuten, die wirklich groß im Geschäft sind, das Handwerk zu legen.«

Es waren nicht die Worte, die die Beamten überzeugten, es war die Art, in der Jan seine Sprüche von sich gab. Während er redete, glaubte er fast selbst daran, daß er Schluß machen wollte, daß er die Fronten gewechselt hatte. Er war von seiner Idee so begeistert, daß er die beiden mitriß und sie dazu brachte, bei ihren Vorgesetzten dreißigtausend Mark Vorzeigegeld aufzutreiben.

Die alten Scheine wurden sorgsam mit neuen Banderolen versehen und Jan ehrfurchtsvoll übergeben: »Vergreif dich ja nicht an dem Geld. Das ist nur zum Vorzeigen, ausschließlich dafür.«

»Keine Angst«, sagte Jan. »Allerdings bin ich ziemlich pleite. Ich selbst brauch auch ein bißchen was. Ich muß im Hotel wohnen. Die Verhandlungen werden sich möglicherweise drei bis vier Tage in die Länge ziehen. In der Zeit brauche ich Geld, um mich in bestimmten Kreisen angemessen bewegen zu können. Ich darf doch nicht als armer Schlucker rumlaufen. Die Dreißigtausend werde ich in einen Umschlag packen und sofort im Hoteltresor deponieren.«

Jan bekam noch fünfzehnhundert Mark als Spesen in die Hand gedrückt und durfte dann neben König im Dienstwagen Platz nehmen. Ohne die holländischen Behörden von ihrem Vorhaben zu informieren, mit der Dienstwaffe im Kofferraum und dreißigtausend Mark Vorzeigegeld im Handschuhfach, ging die Reise los nach Amsterdam.

Dort angekommen, wurde Jan das Geld ausgehändigt sowie eine Telefonnummer, unter der er die inzwischen zusammengestellte Sondereinheit jederzeit erreichen konnte, um das weitere Vorgehen abzustimmen. König und Hansen hatten mehrere Kollegen in verschiedene Dorfgasthäuser in der Nähe des anvisierten Grenzabschnitts abkommandiert. Auch in der nachts verlassenen Grenzstation hatten die Hamburger Drogenfahnder Stellung bezogen.

Jan ließ sich am Hotel »Polski« in Amsterdam absetzen. Dealer und Drogenfahnder wünschten einander viel Glück, und Jan sah dem in Richtung Autobahn davonfahrenden Wagen hinterher. Dann machte er auf der Stelle kehrt und ging zu Fuß zum Hotel »Imperial«, in dem er während etlicher seiner Aufenthalte in Amsterdam gewohnt hatte. Jan zeigte dem Besitzer, den er inzwischen gut kannte, das Geld und sagte: »Kannst du das im Safe einschließen und mir eine Quittung dafür geben?«

So geschah es, das Hotel wurde äußerst korrekt geführt. Jan bezog sein Zimmer und machte sich dann sofort auf den Weg zu seinem Stammlieferanten. Dort kaufte er eine Unze Heroin für den Eigenbedarf, setzte sich einen Schuß und dachte nach, wie er seinen Plan weiterbringen könnte. Es kam vor allem darauf an, die Hamburger Drogenfahnder in Sicherheit zu wiegen. Dazu brauchte Jan seinen Freund, den Amsterdamer Hotelier, der kleinen oder größeren Drogengeschäften nie abgeneigt gegenüberstand.

»Paß mal auf, Wim«, sagte Jan. »Ich habe da ein paar Leute,

die ich allerdings nicht besonders gut kenne, denen gehört das Geld im Safe, und die haben noch mehr davon. Die wollen vier bis fünf Kilo Heroin kaufen, wollen aber das Risiko des Grenzübertritts nicht eingehen. Das sollte doch kein Problem sein, schließlich gibt es die grüne Grenze.«

Wim hörte aufmerksam zu.

»Meinst du«, fragte Jan, »das ließe sich einfädeln? Daß wir eine akzeptable Ware zu einem akzeptablen Preis über die Grenze schaffen? Die Leute warten an einer bestimmten Stelle, übernehmen die Ware, und dann gibt es den Rest der Kohle. Der Preis kann entsprechend höher liegen. Die Ware muß bloß gut sein.«

»Ich muß mit verschiedenen Leuten sprechen«, sagte Wim, »aber ich denke schon, daß das möglich sein wird.«

Jan verabschiedete sich und machte, vollgeknallt, wie er war, einen Stadtbummel. Von einer Telefonzelle aus rief er die auf der Lauer liegenden Hamburger Rauschgiftfahnder an, die dem Fortgang der Aktion ziemlich nervös entgegenfieberten, und meldete: »Die Sache ist in Gang gekommen. Es sieht alles ganz gut aus. Wird höchstens ein oder zwei Tage dauern.«

Jan spielte auf Zeit und dachte sich zwischendurch immer neue Variationen aus, um die an der Grenze wartenden Beamten in Atem zu halten. Nach drei Tagen hatte er den Hotelier Wim soweit, tiefer in die Aktion einzusteigen. Damit er sich selbst ein Bild von den Kunden machen könne, solle er doch mit Jan ins grenznahe Gebiet auf der holländischen Seite fahren, er, Jan, werde seinen Verhandlungspartner rechtzeitig hinbestellen. Wim willigte ein, und Jan informierte seine Partner vom Rauschgiftdezernat.

Der Beamte König, mit seinen langen Haaren, in ungepflegter Aufmachung und mit einem ungewaschenen Wagen, sollte den Drogenkunden spielen und zur Steigerung seiner Glaubwürdigkeit noch mehr Vorzeigegeld mitbringen.

König war sichtlich begeistert, als er Jans angeblichen Drogenlieferanten sah. Wim wirkte wie ein Dealer größeren Kalibers, was er ja in gewissem Sinne auch war. Er trug eine goldene Kette um den Hals, eine goldene Rolex am Handgelenk und eine Ray-Ban-Sonnenbrille, er fuhr einen stattlichen Mercedes, war sehr redegewandt und wirkte äußerst weltläufig. Das imponierte dem Herrn vom Hamburger Rauschgiftdezernat.

Auch Wim war von dem Treffen höchst angetan. Schließlich traf man sich vollkommen risikolos auf holländischem Boden, besprach kurz und geschäftsmäßig die Einzelheiten des geplanten Deals und trennte sich wieder. Jan und Wim fuhren zurück nach Amsterdam, König auf die deutsche Seite der Grenze zu den wartenden Kollegen.

Die nächsten Tage vergingen damit, daß Wim verschiedene Amsterdamer Drogenlieferanten zu sich kommen ließ, um ihnen das Geschäft anzubieten. Nach dem Frühstück blieben er und Jan im sich leerenden Frühstücksraum des Hotels sitzen und empfingen nacheinander verschiedene Dealer, die scharf auf das grenzüberschreitende Großgeschäft waren. Jan durfte jeweils ein oder zwei Gramm der Heroinproben behalten, damit er sie professionell durchtesten konnte. Er tat das ausgiebig und rief zwischendurch immer wieder die Hamburger Fahnder in ihren grenznahen Stellungen an, um sie bei Laune zu halten. Stets fiel ihm etwas Neues ein, um sie zu vertrösten.

»Es gibt da noch ein paar Unklarheiten mit der Abwicklung. Außerdem sind plötzlich Schwierigkeiten mit der Qualität aufgetaucht. Ich will sichergehen, daß ihr kein Kartoffelmehl angedreht kriegt«, beruhigte er die langsam ungeduldig werdenden Rauschgiftfahnder.

Jan wußte, daß er die Kripoleute vorübergehend in der Hand hatte. Die ganze Aktion war völlig illegal. Man hatte weder die holländischen Behörden noch den Zoll noch die im deutschen Grenzgebiet zuständigen Behörden eingeschaltet, um am Ende den Triumph allein auskosten zu können.

Doch je länger sich die Aktion hinzog, um so verschnupfter klangen die Beamten bei seinen Anrufen. Jan aber saß verhältnismäßig sicher in seinem Hotel, außerhalb der Reichweite der deutschen Polizei. Hätte die versucht, ihn festzunehmen, wäre das ein Fall von Kidnapping gewesen. Und hätte sie die niederländischen Behörden eingeschaltet, wären sie erst recht in Schwierigkeiten geraten. Schließlich waren die Drogenfahnder gerade im Begriff, auf holländischem Boden ein illegales Heroingeschäft anzuschieben. In solchen Fällen verstand die niederländische Polizei, und noch mehr die Öffentlichkeit, keinen Spaß.

Jan ließ die Sache ganz langsam einschlafen. Er signalisierte Wim, daß die Abnehmer auf deutscher Seite anscheinend das Interesse verloren hätten. Es sei besser, erst einmal abzuwarten. In der Zwischenzeit ließ er sich von seinem Freund im Amsterdamer Nachtleben herumführen, besuchte Bars, Bordelle und Spielclubs. Die fünfzehnhundert Mark Spesen waren schnell verbraucht gewesen, dann hatte sich Jan an die dreißigtausend Mark Vorzeigegeld gemacht.

Die Telefonanrufe bei den immer noch auf der Lauer liegenden Hamburger Drogenfahndern wurden immer unerfreulicher, und so stellte er den Kontakt ganz ein. Nach zehn Tagen fruchtloser Warterei brachen die Beamten die Aktion ab und fuhren wutschnaubend nach Hamburg zurück. Strafrechtlich konnten sie Jan kaum belangen, denn nur für die tausendfünfhundert Mark Spesen hatte er eine Quittung unterschrieben, während er das Vorzeigegeld einfach so in die Hand gedrückt bekommen hatte. Es war nicht das erste Mal, daß Vorzeigegelder auf Nimmerwiedersehen verschwanden.

Ein Wiedersehen mit der Polizei

Jan kam mit dem Geld gerade noch zwei Wochen aus. Er wußte, daß die gelinkte Hamburger Kripo auf Rache sinnen würde, doch das war ihm in seinem permanenten Drogenhoch ziemlich gleichgültig und vor allem lieber, als sich mit chinesischen, surinamesischen oder holländischen Mafia-Kreisen anzulegen, was er bei einer tatsächlich erfolgten Polizeiaktion unweigerlich getan hätte.

Als nur noch ein paar hundert Mark übrig waren, verabschiedete Jan sich von seinem Freund: »Du, vielleicht klappt es ein andermal.«

Mit seinem letzten Geld und einem nicht zu knappen Heroinvorrat ausgestattet, fuhr Jan per Anhalter zurück nach Hamburg. Er versteckte das Gift an einem sicheren Platz und rief frech beim Drogendezernat an. Umgehend hatte er Hansen am Apparat.

»Gerd«, sagte Jan bedauernd, denn inzwischen war man ziemlich vertraut miteinander, »Gerd, du bist gelinkt worden.«

Das hatte der Beamte allerdings auch schon gemerkt und begann am Telefon zu toben: »Du mieser Doppelagent, du dreckige Ratte. Das wirst du noch bereuen. Das kostet dich mindestens fünfzehn Jahre, du elender Junkie. Dafür werde ich sorgen, und wenn das das Letzte ist, was ich tue.«

»Bitte schön«, sagte Jan ganz cool, denn er war immer noch hoch dosiert, »macht das mal so, wie ihr euch das vorstellt. Ich freu mich schon auf den Prozeß.«

Jetzt hatte Jan sich wirklich Freunde gemacht. Auf beiden Seiten der Front. Die Szene jagte ihn als Verräter, die Polizei ebenfalls. Er stand allein, mit dem Rücken zur Wand, ohne Geld, am Hals den Würgegriff der Sucht.

Ein Prozeß, ein schlauer Lude und ein leerer Asservatenschrank

In der Zwischenzeit war den Hamburger Drogenfahndern noch ein weiteres Mißgeschick passiert. Nach Jans ruhmloser Rückkehr aus Amsterdam hatte die Polizei, sozusagen als erste Rachemaßnahme, seine Wohnung durchsucht. Bei dieser Gelegenheit fand sich ein langläufiger Revolver im Aschkasten des Ofens. Die Waffe wanderte in dieselbe Asservatenkammer, in der auch jene achtundsiebzig Gramm Heroin lagerten, die dem von Jan gelinkten Lutz abgenommen worden waren. Hinzu kamen noch achtzigtausend Mark und sechshundert

Gramm weißes Heroin, die bei einem türkischen Dealer in Altona gefunden worden waren.

Alles lagerte zusammen und einladend im Stahlschrank des Hamburger Rauschgiftdezernats, und eines Morgens war der Asservatenschrank leer. Weg war Jans langläufiger, wenn auch kleinkalibriger Revolver, weg waren die achtzigtausend Mark und die sechshundert Gramm Heroin des Türken, weg waren die achtundsiebzig Gramm Gift aus dem Besitz des Zuhälters Lutz. Die Presse erfuhr von dem Diebstahl, und es gab für die Polizei höchst peinliche Schlagzeilen.

Inzwischen hatte der von Jan hereingelegte Lutz ein gutes halbes Jahr Untersuchungshaft hinter sich, Zeit genug, sich auf den anstehenden Prozeß vorzubereiten. Natürlich war auch ihm nicht verborgen geblieben, wer für seine Verhaftung wirklich verantwortlich gewesen war, und er sann auf Rache.

Vor Gericht brach Lutz sein Schweigen. Er habe durch eine Bekannte diesen Jan Christopher kennengelernt, der, nach eigener Auskunft, mit Sportbooten handeln würde.

»Jan erzählte mir, daß er ein sehr günstiges Boot, ein schnelles Speedboot an der Hand hätte, das er unbedingt kaufen wolle. Ihm fehlten dazu allerdings zehntausend Mark. Er fragte mich, ob ich ihm das Geld nicht leihen könnte, das sei ein sehr gutes Geschäft für mich.« Er sei dazu bereit gewesen, habe aber nach Sicherheiten verlangt. Daraufhin habe ihm Jan einen Beutel mit braunem Pulver übergeben und ihm erklärt, es handele sich um Heroin, das viel mehr als zehntausend Mark wert sei. Den Stoff solle Lutz in Verwahrung nehmen, bis er das Geld zurückerhalte.

Das überraschte Gericht hatte der Verteidigung nichts entgegenzusetzen. Und die Polizei sah ihrerseits aus verständlichen Gründen keinen Anlaß, dem in Bedrängnis geratenen Jan entlastend unter die Arme zu greifen. Jetzt war er gerichtskundig Eigentümer jener achtundsiebzig Gramm Heroin vom Typ »Brown Sugar«. Die Beamten des Rauschgiftdezernats brachten nicht einmal zur Sprache, daß eben jener Jan C. den Zuhälter Lutz als V-Mann in die Falle gelockt hatte.

Lutz erhielt dann auch konsequenterweise eine milde Strafe von vierzehn Monaten auf Bewährung und wurde, unter Anrechnung von sechs Monaten Untersuchungshaft, sofort auf freien Fuß gesetzt. Dafür beantragte der Staatsanwalt einen Haftbefehl gegen Jan: Ihm habe das Heroin gehört, und der Tag, an dem Lutz mit dem Stoff und den zehntausend Mark verhaftet worden sei, sei jener Tag gewesen, an dem Jan sein Pfand, das Heroin, bei ihm wieder hätte auslösen wollen.

Somit wurde Jan zu Beginn des Jahres 1978 wieder einmal festgenommen. Er war völlig am Ende, körperlich und psychisch. Aus Geldmangel hatte er sich kaum noch Heroin leisten können, hatte sich mit Valoron, das ihm mildtätige Ärzte verschrieben hatten, notdürftig über Wasser gehalten: ein Junkie kurz vor dem Kollaps.

Als es an seiner Wohnungstür klingelte und ihm vier Polizeibeamte des Fahndungskommandos seinen Haftbefehl verkündeten, war er völlig überrascht. Er mußte erst umständlich in seinem angegriffenen Gedächtnis kramen, um sich an jene achtundsiebzig Gramm Heroin zu erinnern, wegen derer er nun in Haft sollte. Erst als er Lutz' Namen auf dem Papier entdeckte, wußte er, worum es ging. Eine Polizeiaktion, für die er tausend Mark Belohnung bekommen hatte, brachte ihn nun ins Gefängnis.

Jan bekam seine Anklageschrift und wurde im Spätsommer 1978 vor Gericht gestellt. Da im Prozeß unter anderem auch über polizeiinterne Belange wie das Führen von V-Leuten zu verhandeln war, wurde die Öffentlichkeit ausgeschlossen. Das kam beiden Seiten entgegen, der Staatsanwaltschaft und der ihr unterstellten Polizei wie auch dem Angeklagten und seinem Verteidiger. Die Presseleute, auf dem Gerichtsflur stark vertreten, waren bitter enttäuscht. Man hatte sich endlich einmal Details über die angeblich so erfolgreiche Untergrundarbeit des Rauschgiftdezernats erhofft. Und nun wollten die Experten unter sich bleiben.

Jan versuchte in der Verhandlung, seine Kooperation mit der Polizei hervorzuheben, schilderte sogar die unrühmliche

Amsterdamer Episode mit einem kunstvollen Dreh so, als hätte er verzweifelt versucht, der Polizei zu helfen, und sei dabei leider gescheitert. Daß die Sache nicht geklappt habe, sei nicht seine Schuld. Er habe sich im Interesse der Drogenbekämpfung in erhebliche Gefahr gebracht, und diese Verhandlung hier sei nun der Dank.

Niemand nahm Jan seine verzweifelten Rechtfertigungsversuche ab. Es sah ziemlich bitter für ihn aus. Da plötzlich erhob sich sein Verteidiger und stellte einen Beweisantrag. Man möge doch bitte jene achtundsiebzig Gramm Heroin, Sorte »Brown Sugar«, welche aus dem Besitz des Angeklagten stammen sollten, in den Gerichtssaal verbringen, woselbst das Corpus delicti von einem Sachverständigen zu begutachten sei. Nur dann wisse man genau, ob es tatsächlich achtundsiebzig Gramm »Brown Sugar« seien, die dem Angeklagten zur Last gelegt würden.

Das Gericht gab dem Antrag der Verteidigung statt. Die Verhandlung wurde vertagt.

Am nächsten Morgen um zehn Uhr wurde Jan erneut in Handschellen in den Gerichtssaal geführt. Dann erschien das Gericht, und alles erhob sich. Ein Polizeibeamter wurde hereingebeten und legte einen großen Beutel mit einem angeknipsten Zettel auf den Richtertisch. Dieses sei das Beweismittel soundso, Asservatennummer soundso.

Mittlerweile war auch der Sachverständige mit seiner Feinwaage eingetroffen. Der Vorsitzende ordnete an, das Heroin vor den Augen der gesamten Gerichtsbarkeit, der Staatsanwaltschaft und der Verteidigung zu wiegen. Der Sachverständige öffnete den Beutel, entnahm ihm eine Tüte, dieser eine zweite, und so ging es weiter, bis schließlich einer jener typischen Plastikbeutel mit Klippverschluß zum Vorschein kam, in dem jeweils meist eine Unze »Honkong Rocks« gehandelt wurde, chinesisches Heroin. Der Beutel war prallgefüllt mit »Honkong Rocks«, einem grauen Granulat, und nicht mit »Brown Sugar«. Und es waren auch keine achtundsiebzig, sondern nur achtundfünfzig Gramm.

Da erhob sich Jans Anwalt würdevoll zum zweiten Mal und sagte: »Ich betrachte die Anklage damit als gegenstandslos, da das Corpus delicti, nämlich die achtundsiebzig Gramm ›Brown Sugar‹, anscheinend von der Staatsanwaltschaft nicht beigebracht werden kann. Mein Mandant ist wegen achtundsiebzig Gramm ›Brown Sugar‹ angeklagt und nicht wegen achtundfünfzig Gramm ›Honkong Rocks‹.«

Der Staatsanwalt stand mit hochrotem Kopf auf und sagte: »Ich schließe mich dem Antrag der Verteidigung an.«

Zu Jans Leidwesen waren zwar die achtundsiebzig Gramm »Brown Sugar« in dem ausgeräuberten Asservatenschrank gewesen, nicht aber jenes knappe halbe Gramm Heroin, das man damals bei seiner Festnahme bei ihm gefunden hatte. So entging er zwar einer ziemlich deftigen Strafe in Sachen »Brown Sugar«, nicht aber einer Verurteilung zu acht Monaten für das nicht einmal halbe Gramm. Das hatte die unangenehme Folge, daß die Bewährung aus seiner ersten Verurteilung widerrufen wurde. So blieb er gleich in Haft, vor sich insgesamt noch gute eineinhalb Jahre.

Als Spitzel im Gefängnis

Die Nachricht von Jans Ankunft in der Haftanstalt Neuengamme verbreitete sich unter den Insassen wie ein Lauffeuer. Zwar saß dort niemand von denen ein, die er an die Polizei verraten hatte oder haben sollte, doch die meisten wußten, daß er als V-Mann gearbeitet hatte. Mit der Schmiere zu kungeln, das war die Todsünde in der Szene, obwohl – oder vielleicht gerade weil – es so viele schon getan hatten.

Das frühere Freudengeheul, wenn ein bekanntes Gesicht wiederauftauchte, unterblieb. Jan wurde gemieden. Man griff ihn zwar nicht direkt körperlich an, aber er bekam bei jeder Gelegenheit zu spüren, daß er nicht mehr dazugehörte. Bei der Arbeit in der anstaltseigenen Tischlerei erhielt er die unangenehmsten Tätigkeiten zugewiesen und wurde von den Mitgefangenen keines Blickes gewürdigt. Bei den Mahlzeiten in der Kantine bekam er von den Küchenkalfaktoren das Essen wortlos auf den Teller gepanscht, und wenn er sich dann nach einem freien Platz umsah, rückten alle schnell zusammen.

An seinem ersten Tag in Neuengamme hatte er, in der Hand das Essenstablett, in die Runde geschaut und dabei Klenz, seinen alten Freund aus Rondeel-Zeiten, erspäht. Jan hatte ihm einmal auf der Flucht geholfen und steuerte freudig bewegt auf ihn zu. Er ließ sich auf den freien Platz neben ihm fallen und sagte: »Mensch, Klenz. Wie ist es dir ergangen die ganzen Jahre?«

Klenz sah ihn kurz an und sagte: »Du sprichst mich nicht an.« Dann stand er auf und setzte sich an einen anderen Tisch. Jan starrte auf seinen Teller und löffelte seine Suppe in sich hinein.

Zum Glück war er in einem Saal untergebracht, in dem fast nur ältere Strafgefangene lagen, die mit der Drogenszene nichts zu tun hatten. Sie kannten Jans Vorgeschichte nicht, interessierten sich auch nicht dafür und ließen ihn deshalb in Ruhe.

Jans Freundin Sabine, um die er sich schon seit etlicher Zeit kaum noch gekümmert hatte, die aber nach Jans neuerlicher Festnahme nun ihrerseits wieder in Freiheit war, hielt trotz allem weiter zu ihm und bewegte sich gleichzeitig mit größter Unbefangenheit in der Szene. Kaltblütig nahm sie hin, wenn ihr eine Kiezgröße, ein bekannter Hamburger Boxer, sagte: »Paß mal auf, die silberne Kugel ist schon gegossen für deinen Freund, den Verräter, den Vampir. Sobald der wieder aus dem Knast rauskommt, legen wir ihn um, das ist beschlossene Sache. Der kommt uns nicht davon.« Andere versuchten Sabine anzubaggern: »Laß doch bloß die Finger von dem Scheißtyp. Das ist das letzte Arschloch. Der hat dich doch schon zweimal hängenlassen, als du im Knast warst.«

Sabine besuchte Jan regelmäßig alle zwei Wochen und schickte Geld für Briefmarken und für ein bißchen Stoff. Doch wer im Knast verkaufte schon Drogen an einen V-Mann der Polizei?

Wenn Jan zum wöchentlichen Kleidertausch in die Hauskammer mußte, knallten ihm die dort beschäftigten Gefangenen wortlos einen Packen schmutziger Handtücher, zerrissener Unterwäsche und drei oder vier Nummern zu große Arbeitsanzüge auf den Tisch. Er bekam Stiefel, die eine Nummer zu klein waren oder bei denen die Nägel durch die Sohle guckten. Wenn er sich beschwerte, bekam er mit höhnischem Grinsen noch schlechtere Sachen zugeschoben. So wurden die ersten Wochen im Gefängnis für Jan zu einem Horrortrip – ohne Drogen und mit einem Affen, dem er hilfloser als je zuvor gegenüberstand und für den es so gut wie keine Linderung gab.

Um sich zu betäuben, bewarb er sich beim Arbeitsinspektor um einen der unbeliebtesten Jobs in Neuengamme. Der Gebäudekomplex des ehemaligen Konzentrationslagers wurde noch mit Koks beheizt. Das bedeutete Schichtdienst rund um die Uhr und an drei Tagen in der Woche hieß das für die Heizer, um drei Uhr aufzustehen und bis zehn Uhr vormittags zu arbeiten. An den drei anderen Tagen ging es um elf Uhr vormittags los, dann aber bis abends halb zehn. Zwischendurch gab es allenfalls kleine Pausen.

Während jeder Schicht mußten Unmengen Koks in bereitstehende Loren geschaufelt werden. Das einzig Moderne an der Heizung war ein elektrisch betriebener Schüttelrost, der alle paar Stunden die Asche nach unten aussiebte. Die beiden Schichtarbeiter mußten dann mit langen Eisenstangen die Schlacke aus dem glühenden Ofen auf kleine gußeiserne Rollwagen ziehen. Zu jedem der fünf Öfen gehörten elf dieser Wagen, das machte insgesamt fünfundfünfzig Aschewagen, die mehrmals pro Schicht gefüllt, auf Spezialkarren verladen und dann per Hand auf den Ascheplatz geschoben und dort mit Schwung abgekippt werden mußten. Anschließend wurden die Öfen neu mit Koks aufgefüllt. Dazu mußten die Ofenlöcher geöffnet werden, aus denen ein wahres Höllenfeuer loderte. Jan arbeitete auch im Winter im Unterhemd, schaufelte draußen schweißnaß den Koks in Loren, eine nach der anderen, bis er sein Schichtsoll erfüllt hatte.

Die Arbeit tat ihm gut. Sie stillte seine Wut, seine Aggressionen und sein Selbstmitleid. Er begann seinen Körper wieder zu spüren, nicht nur den Schmerz, sondern auch die Kraft. Wenn er bei Schichtende die gekachelten Wände und den roten Ziegelboden des Heizungsraumes mit einem Wasserschlauch abspritzte, und der Kohlenstaub und die überall verstreuten Aschereste gurgelnd im Abfluß verschwanden, fühlte er einen Hauch von Befriedigung über die geleistete Arbeit. Nur so konnte er die andauernde Isolation innerhalb des Gefängnisses ertragen.

Ein Urlaubs-Trip

Nach einem Vierteljahr durfte Jan aufgrund einer neuen Regelung das Gefängnis zum ersten Mal für einen vierundzwanzigstündigen Urlaub verlassen. Mit dem Bus fuhr er von Neuengamme bis Bergedorf, von dort mit der S-Bahn in die Stadt, wo er sich mit Sabine verabredet hatte. Ihre gemeinsame Wohnung in der Eichenstraße war von Jans Mutter aufgelöst worden, und Sabine wohnte wieder in einer kleinen Dachkammer bei ihren Eltern.

Jan erhielt darüber hinaus auch Ausgang, um Behördengänge zu erledigen und – Sinn der neuen Regelung – den Kontakt zur Außenwelt nicht ganz zu verlieren. Er verstand das auf seine Weise und deckte sich bei einem drei Tage dauernden Sonderurlaub bei seinem ehemaligen Hausarzt mit größeren Mengen Medinox, einem barbitursäurehaltigen Schlafmittel, und Kodeintabletten ein. Zusätzlich besorgte er sich ein paar Gramm Haschisch, um sich dem täglichen Horror der Anstalt wenigstens zeitweise entziehen zu können. Er brauchte irgend etwas, um sich »dichtzumachen«, sich zu betäuben.

Nach seinem kalten Entzug zu Beginn seines Gefängnisaufenthaltes war er weitgehend ohne Drogen über die Runden gekommen. Auf sein anfängliches Bitten hin hatte Sabine einmal versucht, ihm Heroin mitzubringen. Doch als sie einen

Bekannten deswegen um Hilfe bat, sagte der nur: »Bist du wahnsinnig? Dem Verräter was reinzubringen? Kommt überhaupt nicht in Frage.«

So war Jan denn in der Haft zum ersten Mal wieder zumindest für ein paar Monate von Drogen abgeschnitten gewesen. Dadurch war er körperlich clean. Die harte Arbeit hatte ihn zusätzlich gekräftigt. Und doch war er das Verlangen nach Betäubungsmitteln nicht losgeworden.

Nach seinem kurzen Beschaffungsurlaub gönnte er sich auf der nächsten Schicht ein paar Tabletten, und weil er darüber so gut gestimmt war, schenkte er einem Arbeitskollegen ebenfalls ein paar der vermeintlichen Glückspillen. Der so Beschenkte verpfiff Jan umgehend bei der Anstaltsleitung. Nach der Schicht wurde Jan von vier Sicherheitsbeamten gegriffen und in die Arrestzelle geschleppt. Es gelang ihm noch, unauffällig das Stückchen Haschisch in einen Blumentopf zu drücken, doch die Tabletten wurden gefunden. Das war für Jan das Ende des offenen Vollzugs.

Mit dem nächsten Transport ging es kurz vor Weihnachten zurück ins »Totenhaus«, das Haus 1 der Anstalt. Dort wurde er erneut der Einweisungskommission vorgestellt, die beschloß, ihn in Haus 8 unterzubringen. Damit hatte Jan einiges zu erwarten, denn in Haus 8 residierten etliche Leute aus der Drogenszene, die über seine Zusammenarbeit mit der Polizei unterrichtet waren. Auch die übrigen Insassen dort versprachen nichts Gutes. Es waren vor allem Rückfalltäter, die in Sicherheitsverwahrung saßen, Menschen, die nichts mehr zu verlieren hatten und sich in der Unfreiheit deshalb jede Freiheit nahmen. Für sie, so fürchtete Jan nicht ohne Grund, war es ein leichtes, jemanden mit einem Fußtritt drei Stahltreppen heruntersegeln zu lassen, so daß er sich das Genick brach.

Beinahe vergewaltigt

Zu einer ziemlichen Prominenz hatte es in Haus 8 ein gewisser Werner M. gebracht, der, mit einer Maschinenpistole bewaffnet, eine Bank überfallen und dabei einen Polizisten angeschossen hatte. Beim Gerichtstermin war er dann von der Anklagebank aufgesprungen, hatte sich einen Stuhl gegriffen und war auf den Polizisten losgestürzt, der als Zeuge gegen ihn aussagen sollte. Vor den Augen des Gerichtes, seines Verteidigers und des Publikums schlug der damals Einundzwanzigjährige den Beamten zum Krüppel. Daraufhin wurde er zu einer lebenslangen Freiheitsstrafe und – als Jüngster in Deutschland – zu Sicherheitsverwahrung verurteilt.

Werner M. war etwa so alt wie Jan. Er hatte sich in der Anstalt häuslich eingerichtet, denn er wußte, daß er sie nie wieder verlassen würde. Die Sicherheitsverwahrten hatten alle Freiheiten, die in einer Haftanstalt überhaupt möglich waren. Sie konnten in besonderen Besuchsräumen ohne Überwachung Verwandtenbesuch empfangen, durften ihre Privatkleidung tragen und Farbfernseher und Stereoanlagen in der Zelle haben. Nur eines konnten sie eben nicht, sie konnten ihr ganzes Leben nicht wieder hinaus in die Freiheit.

Viele der Sicherheitsverwahrten waren geistig mehr oder weniger gestörte Triebtäter – nicht so Werner M. Er war der jüngste, intelligenteste und vitalste unter den »SVern« und hatte sich in der Gefängniswelt eine Art »Racket« aufgebaut. Er umgab sich mit einer Bande von vier bis fünf Mitgefangenen und ernannte sich selbst zum Oberhaupt: Zusammen zogen sie von Zelle zu Zelle und sahen sich die Gefangenen an. Hatte jemand eine teure Uhr am Handgelenk oder wirkte anderweitig wohlhabend, wurde er langsam aber sicher unter Druck gesetzt. Zunächst bot man ihm Drogen an, wenn er kein Bargeld hatte, auf Kredit. Werner und seine Gang konnten alles besorgen: Tabletten, Alkohol, Haschisch, Heroin. Er hatte eine Handvoll Beamte im Griff, indem er sie bestach. Sie schauten auch zur Seite, wenn Werner und seine Leute säumige

Kreditnehmer aufmischten. Unvermittelt tauchten dann zwei, drei oder vier Leute in einer Zelle auf, machten alles kurz und klein, nahmen Schmuck, Uhren und Fotos an sich und schlugen den Gefangenen krankenhausreif.

Im liberalen Hamburger Strafvollzug, der nach außen hin größtmögliche Sicherheit und nach innen so viel Bewegungsfreiheit wie möglich zu bieten versuchte, war das ein leichtes. Die Zellen standen den ganzen Tag über offen und gebetene und ungebetene Besucher konnten überall ein und aus gehen.

Für Jan galten seit seiner Verlegung wieder die Haftbedingungen des Normalvollzugs. Er hatte keine Aussicht mehr auf Hafturlaub und konnte auch Sabine wieder nur alle vierzehn Tage beim tristen Kurzbesuch sehen. Dabei ließ er sich von ihr Geld zustecken, mit dem er bei Werner Drogen kaufte. Zum ersten Mal seit Monaten nahm er wieder Heroin, und aus der ersten Spritze wurden zwei und dann immer mehr. Werner lieferte zügig nach und gab Jan großzügig Kredit.

Eines Tages sagte er: »Du, mach dir nicht so viele Gedanken wegen der Schulden. Laß uns mal zu mir auf die Zelle gehen. Ich habe gestern gerade fünfhundert neue Medinox und ein paar andere Leckereien reingekriegt. Wir beide hauen uns jetzt mal richtig was rein.«

Werner hatte die Tür seiner Zelle in der Abteilung für Sicherheitsverwahrte von innen gesichert, wozu er einen dicken Eisenpflock mit einem Vorschlaghammer in den Steinfußboden gerammt hatte. Die obere Kante ragte einige Millimeter aus dem Boden, und er brauchte nur ein speziell gefertigtes Eisenstück zwischen den Pflock und die sich nach innen hin öffnende Zellentür zu klemmen. Zusätzlich lag ein Keil griffbereit, den er im Notfall unter die Tür treiben konnte, so daß sie im Schloß verkantete. Dann war seine Zelle absolut sicher.

Jan ließ sich in Werners Festung einladen. Vorsichtig schloß der die Tür und verrammelte sie von innen. Sie war jetzt nur noch mit wirklich schwerem Gerät von außen zu öffnen.

Werner ging an seine verschiedenen Verstecke und holte nacheinander Päckchen mit Kokain, Heroin, Spritzen und Tabletten heraus. Freigebig bot er Jan alles an: »Hier, bedien dich, knall dich erst mal voll.« Dann warf er selbst ein paar Medinox ein und spülte sie mit einem Schluck aus der Whisky-Flasche hinunter. Erst plauderte er noch ein wenig, dann kam er zur Sache. Er ließ sich auf sein Bett fallen und begann sich auszuziehen: »Komm, zieh dich aus. Wir haben hier keine Frauen, was soll's. Jetzt gehen wir zusammen ins Bett und versuchen, irgendwie ein bißchen Spaß zu haben. Bei mir hat sich das sowieso für dieses Leben erledigt. Du wirst irgendwann wieder rauskommen. Hast 'ne attraktive Freundin, ich hab die mal gesehen beim Besuch. Ich hab dir Drogen gegeben, ich hab dir deine Schulden erlassen. Ich hab mich immer für dich geradegemacht. Da erwarte ich eine Gegenleistung.«

Jan hatte sich entsetzt in die Zellenecke neben der Tür zurückgezogen.

»Hör mal, Werner«, sagte er. »Wir können alles machen, wir können gute Freunde bleiben. Ich geh mit dir durch dick und dünn. Aber da steh ich nicht drauf. Such dir irgendwie einen hübschen, blonden kleinen Jungen. Bei mir bist du da an der falschen Adresse.«

Plötzlich hatte Werner, der splitternackt von seinem Bett aufgesprungen war, einen zugespitzten Schraubenzieher in der Hand. Langsam bewegte er sich auf Jan zu.

In diesem Moment klopfte es an die Tür: »Ihre Post und Ihre Zeitungen. Machen Sie die Tür auf!«

Alle Wachbeamten wußten, daß Werner seine Tür von innen verriegeln konnte, hatten aber noch nicht gewagt, gegen den heimlichen Herrscher von Haus 8 aufzumucken.

Das Klopfen an der Zellentür hatte immerhin den Effekt, das Werners erigiertes Glied abrupt erschlaffte. Er streifte sich einen Trainingsanzug über und öffnete die Tür. Jan nahm die Gelegenheit wahr und verabschiedete sich zügig. Er betrat die Station der Sicherheitsverwahrten nie wieder und bezahlte seine Schulden bei Werner zwanzigmarkscheinweise ab.

Langzeittherapie – erster Versuch

So verging die Zeit, ohne daß Jan in die Gemeinschaft der Gefangenen aufgenommen worden wäre. Wie ein Einsiedler lebte er auf seiner Zelle, bastelte an immer gleichbleibenden Briefen, in denen er Sabine seine immerwährende Liebe beteuerte, und erhielt ebenso gleichbleibende, wenn auch nicht so kunstvoll gedrechselte, Briefe zurück. Seine Ehefrau Meike, die nach wie vor in Lübeck einsaß, gab kaum noch Lebenszeichen von sich. Allein Jans Mutter berichtete regelmäßig und abwechslungsreich über die Entwicklung von Jans Tochter Petra, schickte Photos und Grüße aus dem Urlaub.

In der Zwischenzeit hatte Jans Bruder Ludwig eine Langzeittherapie begonnen und wurde allmählich zu einem anderen Menschen. Er machte eine Lehre als Schiffbauer und führte als typischer »Konvertit« seinen eigenen kleinen Privatkreuzzug gegen jene Drogen, denen er gerade mühevoll selbst abgeschworen hatte. Das belastete sein Verhältnis zu Jan erheblich und brachte es schließlich ganz zum Erliegen. Jan hatte es satt, sich bei Sabines spärlichen Besuchen auch noch ständig die Grußbotschaften seines Bruders anhören zu müssen, der ihm ausrichten ließ, er sei jederzeit bereit, ihm zu helfen, vorausgesetzt Jan würde sich von den Drogen lossagen.

Trotz allem willigte Jan schließlich in eine – seine erste – Langzeittherapie ein. Nur so war es ihm möglich, vorzeitig aus der Haft entlassen zu werden, trotz aller Verstöße gegen die Regeln der Anstalt, trotz seiner Strafversetzung in Haus 8. Die Reststrafe wurde zur Bewährung ausgesetzt.

Wieder einmal öffnete sich das Gefängnistor vor ihm. Die Prozedur war weder so aufregend, noch war er so erwartungsfroh wie bei den Malen vorher. Auf der Straße vor der Anstalt wartete Sabine in einem Taxi. Sie fuhren in die Wohnung eines Freundes, der gerade auf einer Schiffsreise ins Mittelmeer war. Jan wußte die Annehmlichkeiten der Freiheit zu schätzen – einen Sessel, einen Tisch, auf den man die Füße legen konnte, eine separate Toilette, ein Bad, ein Fernseher, ein Telefon: die bürgerliche Wohnkultur, an der es im Gefängnis trotz allem doch erheblich mangelte.

Aber waren die Tage in diesem Frühjahr 1979 auch wunderschön, mußte Jan sich doch mit einem immer drängenderen Problem auseinandersetzen. Sollte er, wie behördlicherseits angeordnet, in die Therapiekette Niedersachsen gehen oder sich dieser Auflage mit Hilfe irgendwelcher Tricks entziehen? Und ging das, ohne in die Haft zurückzumüssen?

Jan hatte ein festes Datum, an dem er sich in Hannover zu melden hatte. Und da wartete auf ihn erneut der schreckliche Entzug. Jan versuchte, die ihm verbleibende Zeit so angenehm wie möglich zu verbringen, indem er sich wieder mit jeder erreichbaren Droge zudröhnte. Sein bewährter Hausarzt verschrieb ihm alles, was gerade noch legal war, und manchmal auch mehr – soweit das eben noch zu vertuschen und von Jan mit ein paar Scheinen zu bezahlen war.

So war der Rückfall nach der eher mageren Drogenzeit im Knast vorprogrammiert. Zwar war er in den letzten Monaten dank Werner und dank Sabines Geld nie ganz clean gewesen, hatte immer ein paar Tabletten oder ab und zu auch etwas Heroin zur Verfügung gehabt, aber in dem Moment, in dem er wieder in Freiheit war, öffneten sich die Schleusen der Sucht, so weit es irgend ging. Jan tendierte stärker denn je zu Opiaten.

Einen Tag vor Antritt seiner Therapie rief er in Hannover an und erklärte selbstbewußt, er könne leider nicht schon innerhalb der nächsten vierundzwanzig Stunden dort erscheinen. Er habe eine kleine Tochter und müsse erst einmal seine Familiensituation klären, bis er sich auf Langzeit verabschieden könne. Man gewährte ihm einen Aufschub von drei Wochen. Dann müsse er aber auf jeden Fall zur Entgiftung antreten.

Jan und Sabine nutzten die Atempause, indem sie sich um genügend Nachschub an Stoff kümmerten, sich regelmäßig anknallten und gemeinsam, so gut es ging, austobten und auslebten. Die Beziehung hatte immer noch ihre Reize, und so verlebten sie drei leidlich lustige Wochen, zu deren Ende Jan immer noch keine Alternative gefunden hatte. Also mußte er tatsächlich seinen Koffer packen, sich in die Bahn setzen und in Hannover-Langenhagen zur Therapie melden. Bei seinem Arzt hatte er sich noch Polamidon als Reiseproviant verschafft und sofort auf zwei Fünf-Kubik-Spritzen verteilt. Kurz vor der Abfahrt setzten Sabine und er sich noch jeder einen kräftigen Schuß dieses künstlichen Morphin-Präparates. Und so, mit kleinen Pupillen und jederzeit in Gefahr einzunicken, dösten sie gemeinsam in der Bahn der Entgiftungsstation entgegen. Sabine hatte sich ausbedungen, Jan bis zur Therapie-Einrichtung zu begleiten. Sie wußten, daß sie einer langen Trennung entgegenrollten. In Hannover angekommen, zögerten sie den Abschied möglichst lange hinaus, saßen im Bahnhofsrestaurant, tranken Kaffee und aßen Kuchen – immer noch total unter Strom.

Sabine, dramatischen Zeremonien zugeneigt, bestand darauf, daß sie drei Straßenbahnstationen vor ihrem Ziel ausstiegen und den restlichen Weg zu Fuß gingen. Vor dem Eingangsportal der Entgiftungsstation gab es dann einen – jedenfalls von ihrer Seite – tränenreichen Abschied, und hinter Jan schlossen sich die ein- und ausbruchsicheren Glastüren des supermodernen Drogen-Pavillons in Hannover-Langenhagen, Psychiatrie, mit einem Flügel zur Entgiftung Drogenabhängiger und einem anderen zur Entgiftung von Alkoholikern.

Zwischen Psychospiel und Gehirnwäsche

Rund fünfzehn Junkies, in allen Stadien der Sucht, wurden in Langenhagen behandelt. Jan sah einige, die offenkundig gerade auf Entzug waren, andere, die so wie er ganz frisch und noch ziemlich gut drauf waren, und wieder andere, die die ersten Wochen wohl schon hinter sich hatten.

Das Polamidon wirkte immer noch. So nahm er die entwürdigende Aufnahmeprozedur kaum richtig wahr. Eine junge Ärztin bohrte ihm einen mit einem Gummihandschuh bewehrten Finger in den After, um festzustellen, ob er noch irgendwelche Drogen in die Einrichtung zu schmuggeln versuchte. Wenigstens insoweit war Jan clean, denn es erschien ihm denn doch leicht schizophren, in eine Entzugsklinik zu gehen und gleichzeitig schon für Nachschub zu sorgen. Im Gegensatz zu vielen anderen Entzugskliniken, in denen der Affe mit Hilfe von Tabletten unter Kontrolle gehalten wurde, betrieb man in Langenhagen den »kalten« Entzug. Jan wurde das erst nach seiner Ankunft richtig klar, und voll Entsetzen erkannte er, daß diese Therapie wirklich eine Art von Gehirnwäsche bedeutete, der er sich ganz und gar nicht unterziehen wollte.

Damit war bei ihm die Therapie bereits gescheitert, noch bevor sie begonnen hatte.

Schon die Rahmenbedingungen waren ihm höchst zuwider. Von morgens um sechs bis abends um zehn war der Tag in genaue Beschäftigungsabschnitte eingeteilt: Küchenarbeit, Abwaschen, Stubenreinigung, danach Beschäftigungstherapie, Therapiesitzungen, Feedback, psychosoziale Gestalttherapie, Sozialtherapie – das ganze Wunderprogramm gruppendynamischer Seelenschmiede wurde wieder und wieder durchexerziert. Jan gefiel das überhaupt nicht. Mit seinen inzwischen achtundzwanzig Jahren fühlte er sich bereits ziemlich alt, was er in Anbetracht seiner vielfältigen Lebenserfahrungen ja auch war. Es paßte ihm nicht, sich von einer achtzehnjährigen Krankenschwester, die sich als Therapeutin aufführte, gängeln zu lassen. Das fing schon morgens um sechs beim Frühsport an, bei dem sich alle Patienten unter Aufsicht des Personals auf dem Rasen vor der Klinik im Kreis aufstellen mußten, um dann Kniebeugen, Liegestütze und den Hampelmann zu machen.

Jan hatte im Gefängnis in seiner Zelle stets von sich aus seine sportlichen Übungen gemacht, insofern strengte ihn die Gymnastik nach dem ersten Affen nicht zu sehr an. Nur das gemeinschaftliche Rumhüpfen auf Kommando widerstrebte ihm erheblich, dieser psychologisch abgefederte Befehlston, diese strengstens geforderte Freiwilligkeit und die in jedem therapeutischen Satz eingeklagte »Motivation« reizten ihn bis zur Weißglut. Das kam im Kreise der Therapeuten und der Mitpatienten natürlich schlecht an, und Jan bekam das entsprechende »Feedback«: In den Gruppensitzungen hieß es, daß er sich innerlich wohl noch nicht von den Drogen gelöst habe, und Jan bestätigte das geradeheraus: »Ich hatte einfach keine Lust mehr, länger im Knast zu sitzen. Ich hab in meinem Leben schon genug Zeit hinter Gittern verbracht. Das ist der Hauptgrund für die Therapie.«

Zwar hatte man ihn in den Sitzungen immer wieder aufgefordert, als ersten Schritt in die richtige Richtung offen und ehrlich die Wahrheit zu sagen, doch das war dann auch irgendwie nicht in Ordnung. Die Langzeittherapie des Jan Christopher steuerte auf eine Katastrophe hin, und Jan nutzte die erstbeste Gelegenheit, die Sache zu beenden.

In der Gruppe gab es einen Jungen, der in einem katholischen Waisenhaus aufgezogen worden war und der offenkundig unter erheblichen sexuellen Problemen litt. Mit einem eher geringfügigen Drogenproblem war er sofort in die Langzeittherapie gesteckt worden. Dort saß er nun als das schwächste Glied in der Gruppe, und alle stürzten sich während der Psychositzungen auf ihn, um ihre eigene Kraft zu beweisen. Wenn ihn dann alle niedergemacht hatten und er verschüchtert und den Tränen nahe dasaß, wurde er aufgefordert, endlich den Mund aufzumachen und über seine Gefühle zu sprechen.

Jan widerte das an. Er selbst fand sich in den therapeutischen Psychospielen ganz gut zurecht, hatte er doch eine wesentlich härtere Schule hinter sich. Zwar konnte auch er nicht wirklich über seine inneren Probleme sprechen, aber er hatte genügend Training und schauspielerische Begabung, um große Ehrlichkeit zu simulieren. Er konnte sich verkaufen und verbal geschickt zur Wehr setzen. Das alles war dem gehemmten, katholisch erzogenen Heimkind unmöglich.

In einer der Sitzungen fiel die gesamte Gruppe dann immer unerbittlicher über den Jungen her, hackte so auf ihm herum, daß er schließlich völlig verzweifelt aufstand, hinausrannte und seinen Koffer packte. Er wollte die Therapie abbrechen. Sechs Selbstmordversuche hatte er bereits hinter sich.

Niemand versuchte, ihn zurückzuhalten. Jan hatte sich die Treibjagd teilnahmslos angesehen. Erst als der Junge die Klinik verlassen hatte, trumpfte er auf. »Ihr Nazischweine, ihr faschistisches Pack, ihr Drecksäcke!« schrie er die gesamte Gruppe samt Therapeuten an. »Kommt selbst aus der Gosse, vom Strich, aus dem Knast! Und dann verjagt ihr einen solchen Jungen, der sechs Selbstmordversuche hinter sich hat, der tatsächlich die Hilfe der Gruppe gebraucht hätte. Ihr errichtet hier eine Hackordnung, wie sie bei Hitler schlimmer nicht hätte sein können.«

Daraufhin bat der Ober-Guru Jan, den Raum zu verlassen. Die Gruppe müsse sich dazu eine Meinung bilden. Nach drei Stunden erschien ein Mädchen bei Jan: »Komm bitter wieder herein. Der Rat hat einen Beschluß gefaßt.«

Er durfte sich vor der Gruppe aufbauen und erhielt den Kollektivbeschluß mitgeteilt, daß er für eine Therapie in der Therapiekette Niedersachsen ungeeignet sei und deshalb ab sofort aus der Entgiftungsgruppe der Psychiatrie ausgeschlossen werde.

»Also bitte«, sagte Jan scheinheilig. »Ich wollte eigentlich meine Therapie machen. Ich denke, ich bin bisher ehrlich gewesen. Und das, was passiert ist, habe ich so, wie ich es empfunden habe, ehrlich rübergebracht. Ich habe mit nichts hinterm Berg gehalten. Wenn ihr die Wahrheit nicht vertragen könnt und mich deshalb rausschmeißt, dann müßt ihr es eben tun. Wir befinden uns wohl irgendwie auf zwei verschiedenen Ebenen und kommen so nie auf einen Level. Aber ich bitte darum, daß der verantwortliche Therapeut mir das schriftlich gibt. Das möchte ich mit Stempel und Unterschrift haben. Sonst geh ich hier nicht raus, sonst müßt ihr mich von der Polizei hier raustragen lassen.«

Jan bekam tatsächlich sein Schriftstück, in dem ihm bestätigt wurde, daß er wegen »Unstimmigkeiten« aus der Therapie ausgeschlossen werde, und ging damit sofort zu seinem Bewährungshelfer: »Die haben mich rausgeschmissen. Ich habe mich bemüht.« Und er schilderte die Vorgänge verhältnismäßig wahrheitsgetreu, was ihm nicht schwerfiel, denn bei der Geschichte mit dem Jungen hatte er tatsächlich den Finger auf die Wunde gelegt.

Der Bewährungshelfer war ratlos. Man konnte Jan schließlich nicht wieder zurück ins Gefängnis schicken, nur weil er sich auf die Seite eines in die Enge getriebenen Jugendlichen gestellt hatte und deshalb aus der Therapie geflogen war. »Das einzige, was Sie tun können, ist nach Hamburg fahren und Ihrem Gericht dieselbe Geschichte erzählen.«

Jan bekam das Geld für die Bahnfahrkarte in die Hand gedrückt und durfte zurück in die Freiheit der Drogenszene. Er zog zu Sabine in die Dachwohnung im Hause ihrer Eltern, die beide schwer tablettensüchtig waren. Dann kleidete er sich neu ein und ließ sich bei der Bewährungskammer einen Termin geben.

Überzeugend wie immer spielte er dort seine Rolle. Er berichtete von den Schikanen gegenüber dem Jungen, die er nicht länger habe mitansehen können: »Ich habe im Knast soviel Unterdrückung und soviel Prügel für die Schwächeren erlebt, daß ich das einfach psychisch nicht mehr verkraften konnte. Daraufhin hat es Streit gegeben, und man hat mich aus der Therapie rausgeschmissen.«

»Es ist sehr gut«, sagte der Vorsitzende Richter, »daß Sie damit direkt zu uns gekommen sind und uns die ganze Sache so offen erzählen. Dann müssen wir uns irgendeine Alternative überlegen.«

Jan nickte zufrieden: »Ich denke, daß ich mittlerweile einen ziemlichen Abstand zur Droge habe. Ich werde versuchen, mir eine Stelle zu suchen. Die berufliche Rehabilitation ist für mich im Augenblick das wichtigste.«

Das Gericht wies ihm einen neuen Bewährungshelfer in Hamburg zu und entließ ihn allein mit der Auflage, der Strafkammer monatlich einen kurzen brieflichen Bericht zu geben: »Dann wissen wir immer, wie es um Sie steht.«

Arbeitsbeschaffung

Der unmittelbare Beschaffungsdruck war für Jan und seine Freundin Sabine inzwischen nicht mehr allzu stark, denn Sabines Eltern hatten immer erhebliche Vorräte der verschiedensten Tablettensorten im Hause. Da gab es Opiate gegen den permanenten Reizhusten der Mutter und Schlafmittel und Psychopharmaka für den schwer depressiven Vater. Jan und Sabine warfen das Zeug händeweise ein und schütteten in der nächsten Eckkneipe etliche Schnäpse und ein paar Gläser Bier hinterher. Es ging ihnen zwar vorher wie hinterher gleichermaßen erbärmlich, aber der Kreislauf der Sucht duldete keine Unterbrechung.

Über Wochen und Monate ging es so, eine ziellose, vollkommen sinnentleerte Existenz. Jan bekam im Monat dreihundertneunzig Mark von der Sozialfürsorge, Sabine aus irgendwelchen Quellen, die Jan nicht kannte und die ihn auch nicht interessierten, ebenfalls ein paar hundert Mark.

Es war ein sehr warmer Frühling, langsam wurde es Sommer. In seinen seltenen wachen Momenten erkannte Jan, daß es so nicht weitergehen konnte, und entsann sich seines Vaters. Er beschönigte und verharmloste seinen Zustand und schaffte es, dem alten Herrn ein paar Mark aus der Tasche zu ziehen. Nur als »kleines Startkapital« natürlich, denn eigentlich brauche er einen Job: »Ich würde alles machen, Packer, Hilfsarbeiter – ich bin zu allem bereit.«

Das hörte sein Vater gern und ließ seine alten Beziehungen spielen. Er schaffte es, seinen Sohn bei der Co-op als eine Art Volontär in der Verkaufsabteilung unterzubringen. Dort stand er nun, im Co-op-Kittel, zwischen Bohrmaschinen, Montagebrettern, Handsägen, Hämmern und Nägeln. Fünf Wochen ging – aus Jans Sicht – alles gut, dann rief ihn der Abteilungsleiter zu sich. »Also ich glaube, wir harmonieren nicht so recht miteinander. Ich halte es für besser, wenn wir unser gemeinsames Arbeitsverhältnis aufkündigen.«

Jan war seinen Fünfzehnhundert-Mark-Job wieder los.

Über seine Freundin Sabine hatte er inzwischen eine etwas anders geartete Spielart der Drogenszene kennengelernt. Dabei handelte es sich um Leute, die ihre Drogensucht mit Alkoholismus paarten und alles, was anknallte, wahllos in sich hineinstopften und -gossen. Nebenbei bastelten sie an einem »todsicheren« System fürs Roulett. Heinz, der Glücksspielspezialist, erklärte Jan, daß man erst stundenlang die »Permanenzen« am Tisch verfolgen müsse. Irgendwann ergebe sich eine »Spannungskurve mit Annäherung«. Dann sei die Chance am größten, einen Jeton gewinnbringend zu plazieren. Wenn man dann einen Gewinn gemacht habe, müsse man sofort aufhören und das Kasino verlassen. Bedingung sei, daß man mit hohem Einsatz spiele und seine Grenzen auch tatsächlich einhalte.

Jan machte ein paarmal mit, hatte auch Glück, kehrte dann aber zu seinem eigenen System zurück. Er spielte auf Progression, fing bei zehn Mark an und verdoppelte den Einsatz, wenn er verloren hatte, auf zwanzig. Wenn er die verloren hatte, auf vierzig Mark und so weiter. Damit kam man schnell in astronomische Einsatzhöhen und verlor im Endeffekt immer.

Inzwischen hatten Sabines Eltern bemerkt, daß ihre Pillenvorräte zu schwinden begannen und drängten auf baldigen Auszug der Tochter und ihres Galans. So zogen die beiden vorübergehend zur Untermiete in die Wohnung einer alten Bekannten aus der Drogenszene, die in St. Georg anschaffen ging. Bis dahin hatten Jan und Sabine sich noch weitgehend aus dem Strichmilieu heraushalten können. Und auch auf ihr Äußeres hatten sie notgedrungen immer achten müssen, denn nur mit Krawatte und Abendkleid waren sie zu ihren Glücksspielserien ins Kasino gelassen worden. Jetzt saßen sie in St. Georgs Prostituierten-Bars herum und sahen, wie die drogenabhängigen Mädchen dort das Geld für die Sucht verdienten.

Mittlerweile war es Spätherbst geworden. Als der Freund des Strichmädchens, bei dem sie zur Untermiete wohnten, aus dem Gefängnis entlassen wurde, mußten sie sich eine neue Bleibe suchen. Am Pferdemarkt fanden sie über einer Bar eine Art Hotel, in dem sie für fünfundvierzig Mark am Tag ein

Zimmer direkt über der Musikbox des Schankraums beziehen konnten. Sie stellten ihren alten Fernseher auf einen klapprigen Stuhl gegenüber dem Doppelbett und hängten ihre wenigen Kleidungsstücke in den windschiefen Schrank. An Schlafen war nachts nicht zu denken, aber das mußten sie auch nicht, denn ihre Abende brachten sie erst im Spielkasino und dann in irgendwelchen Spelunken zu – angeknallt bis oben hin.

Eines Abends hatte Jan im Kasino des Hotels »Intercontinental« wieder auf Progression gespielt. Er hatte auf Rot gesetzt, und immer war nur Schwarz gekommen. Er war vollkommen pleite. Im dunklen Anzug stand er mit Sabine auf der Straße, einen Mantel hatte er nicht. Es schneite, Rauhreif lag auf den Bäumen. Für ein Taxi hatten sie kein Geld, das Hotel war nicht bezahlt, nicht einmal Zigaretten hatten sie mehr in der Tasche. So trotteten Jan und Sabine in Anzug und Abendkleid durch die Eiseskälte in ihre Absteige und schlichen sich am Wirt vorbei auf ihr Zimmer. Am nächsten Tag flogen sie aus dem Hotel.

Bankkredit für einen Jungunternehmer

Es blieb ihnen nichts übrig, als erneut die Dachkammer bei Sabines Eltern zu beziehen. Jan schaffte es wieder einmal, sich irgendwoher ein wenig Geld zu beschaffen, ging zum Friseur, besorgte sich eine Zeitung und studierte den Anzeigenteil. Tatsächlich fand er einen Job als Fahrer bei einer Speditionsfirma.

Als Stadtfahrer hatte er keine Beifahrer. Er mußte den Lastwagen allein beladen und entladen und dabei fast täglich oft etliche Überstunden machen. Jan ging mit Elan an die neue Arbeit, unterstützt von Kodeintabletten, die er regelmäßig einwarf, doch bald schon fühlte er sich wie ein Sklave mit Führerschein.

Trotzdem überstand er die ersten paar Monate. Dann besuchte er seine Mutter in Harburg, parkte demonstrativ den

Lastwagen vor ihrer Tür und sagte: »Ich habe jetzt einen Job, verdiene knapp zweitausend Mark brutto. Ich habe aber keine Rücklagen, gar nichts, und wir stehen auf der Straße und brauchen dringend eine Wohnung.«

Zum Beweis legte er seinen Arbeitsvertrag auf den Tisch. Und die Mutter half wieder einmal. Sie besorgte den beiden eine kleine Wohnung in Eimsbüttel und steuerte Geld bei. Jan eröffnete ein Gehaltskonto bei der Hamburger Sparkasse, beantragte nach drei Monaten ein Scheckheft und nach fünf Monaten eine Scheckkarte. Der junge, etwas verklemmte Filialleiter ließ sich von Jan nach allen Regeln der Kunst blenden. Jan entwickelte auf seinem Konto eine hektische Aktivität, indem er Geld abhob und es kurz darauf wieder einzahlte, so daß die Bank den Eindruck haben mußte, er mache gewaltige Umsätze. Dann ließ er sich von einem befreundeten Frachtenvermittler im Freihafen, mit dem er schon einige krumme Geschäfte gemacht hatte, einen Exklusiv-Vertrag aufsetzen: Danach bekam er von der Firma alle Frachten in und aus dem Freihafen übertragen. Was fehlte, war nur ein Lastwagen. Den sollte ihm der Herr von der Sparkasse finanzieren.

Jan legte den Transportvertrag vor und schilderte seine glänzenden Zukunftsaussichten als Jungunternehmer, wenn er nur den Kredit für einen Lastwagen bekäme. Der Filialleiter ließ sich überzeugen und bewilligte einen Kredit von einhundertneunzigtausend Mark. Sechzigtausend wurden sofort ausgezahlt und von Jan nach und nach verplempert.

Sabine hatte eine ähnliche Geldquelle erschlossen. Mit einem gefälschten Personalausweis und einer gefälschten Arbeitsbescheinigung als »Chefsekretärin des Norddeutschen Schriftstellerverbandes« mit dreitausendachthundert Mark Monatsgehalt erschlich sie sich einen Kredit von fünfzehntausend Mark zur Renovierung ihrer Wohnung. Die Telefonnummer auf ihrer Arbeitsbescheinigung gehörte einem befreundeten Schrotthändler, der auf Anruf gern bestätigte, daß er der Geschäftsführer des Norddeutschen Schriftstellerverbandes sei und jederzeit für seine seriöse Sekretärin bürgen könne.

Auf diese Weise gut ausgestattet, machten Jan und Sabine sich auf die Reise nach Amsterdam, um Heroin einzukaufen. Sie wollten ihrem kümmerlichen Dasein endlich entrinnen, indem sie wieder voll ins Drogengeschäft einstiegen. Vielleicht, so hoffte Jan, hatte man seine V-Mann-Vergangenheit in der Szene ja inzwischen vergessen.

Doch aus dem Großeinkauf wurde nichts, und nach der Rückkehr schickte Jan seine Freundin noch einmal in die Kunden-Kreditbank, damit die Chefsekretärin ihr Renovierungsdarlehen aufstocken konnte. Tatsächlich machte Sabine weitere fünftausend Mark locker und verschwand für den Filialleiter auf Nimmerwiedersehen.

Weihnachten rückte langsam näher. Jan hatte immer noch seinen Job bei der Speditionsfirma und hatte es inzwischen auch verstanden, sich die angenehmeren Transporte herauszufischen, aber er feierte, durch den plötzlichen finanziellen Segen leichtsinnig geworden, vermehrt krank. Langsam näherten sich er und Sabine auch wieder den alten Drogenkreisen an. Im »Nach Acht« traf Jan einen alten Bekannten, einen Afghanen, der ihm nach einigem Herumdrucksen fünf Kilogramm Heroin anbot. Er habe den Stoff in Form von Morphinbase nach Deutschland geschmuggelt. Im Landkreis Lüchow-Dannenberg, direkt an der Zonengrenze, habe er einen Bauernhof gemietet, dort eine kleine Raffinerie eingerichtet und aus der Morphinbase Heroin hergestellt. Jetzt wolle er den Stoff absetzen. Jan willigte sofort in das Geschäft ein. Er wollte wieder hochkommen, erneut in der Drogenszene Fuß fassen, um alles »von oben herab« machen zu können.

Er ließ sich eine Probe von immerhin dreißig Gramm geben und war mit dem Stoff zufrieden. In Hamburg aber konnte er solche Mengen nicht an den Mann bringen, denn alle größeren »H«-Dealer hielten ihn nach wie vor für einen V-Mann der Polizei. So beschloß er, den Handel diesmal umgekehrt abzuwickeln. Er wußte, daß der Stoff in Amsterdam zur Weihnachtszeit regelmäßig knapp wurde. Die großen Rauschgifthändler versuchten so die Preise in die Höhe zu treiben.

Jan setzte sich also in seinen statt des Hundertneunzigtausend-Mark-Lkws angeschafften Ford 17m und fuhr mit den dreißig Gramm Heroin nach Amsterdam. Dort bot er das Gift seinen chinesischen Kontaktleuten an, bei denen er bis dahin immer eingekauft hatte. Als sie Interesse zeigten, vermittelte Jan ein Treffen mit dem Afghanen im »Intercontinental« in Brüssel. Dreieinhalb Kilogramm Heroin wechselten den Besitzer, und Jan erhielt außer seiner Provision von fünfzehntausend Mark noch dreihundertsechzig Gramm in einer Babypuderdose zugesteckt.

Wie ausgehungerte Geier stürzten Sabine und er sich auf den Stoff. Sabine schnupfte zur damaligen Zeit, während Jan sich das Gift wie gewohnt hochdosiert in die Venen schoß. Dreihundert Gramm waren innerhalb eines Monats verbraucht – geschnupft, gespritzt oder gegen Kokain eingetauscht, das dann ebenfalls von ihnen konsumiert wurde.

Entsprechend aufgeputscht erschien Jan eines Morgens in seiner Speditionsfirma, legte für den Vortag eine gefälschte Krankschreibung auf den Tisch und wollte sich seinen Lohn abholen. Jemand stieß ihn an.

»Du, hast du heute nicht die Zeitung gelesen? Die Chefin ist tot. Sie ist letzte Nacht ermordet worden. Verhalt dich besser ein bißchen ruhig.«

Trotz seines Zustandes war Jan sein Auftritt ziemlich peinlich. Er erkundigte sich, was geschehen war. Die Chefin hatte von der Bank fünfzehntausend Mark abgeholt, war nach Hause gegangen und dort dann offensichtlich überfallen worden. Als ihr Ehemann sie nach sechs Stunden fand, lag sie vergewaltigt und grausam verstümmelt im Keller. Sie war mit zahlreichen Messerstichen getötet worden, und der Körper war übersät von Brandflecken, als hätte der Mörder seine Zigaretten auf ihr ausgedrückt.

Jan war in der Firma der einzige Vorbestrafte, wenn auch nur wegen Drogenvergehens, und prompt wurde er von der Mordkommission zum Verhör bestellt. Glücklicherweise konnte er für die Tatnacht ein lupenreines Alibi vorweisen und durfte wieder gehen. Damit war allerdings in der Firma bekannt, daß er eine längere Drogen- und Knastkarriere hinter sich hatte. Er erhielt seine Papiere, den letzten Lohn und mußte gehen.

Frischfleisch für den Strich

So stand Jan Anfang 1980 wieder einmal ohne Arbeit und ohne Geld da – den Affen in Sichtweite vor sich. Bald war auch der letzte Stoff verbraucht und kein Ausweg abzusehen. Tag und Nacht saßen Jan und Sabine in der Wohnung, bald schon vollkommen pleite, waren auf dem Affen, am Verhungern, hatten keine Freunde, keine Kontakte mehr.

Da erzählte Sabine dann, daß sie es schon einmal versucht habe: Eine Freundin sei im Club »Amphore« und im »Salambo« beschäftigt gewesen, und die habe sie eines Tages mitgenommen. Da hätten sie gesessen, im Dämmerlicht, und sich von irgendwelchen Kerlen über das Tischtelefon anrufen lassen. Ekelhaft sei das gewesen, und nach wenigen Tagen sei sie nicht mehr mitgegangen. Aber vielleicht jetzt, in der gegenwärtigen Lage, würde sie es doch noch einmal versuchen.

Jan fiel der alte Knastkaufmann ein, bei dem Meike gearbeitet hatte und der jetzt eine Kneipe in St. Pauli betrieb. Heiner hatte dort eine große Küche und belieferte mit Hilfe von »Läufern« die umliegenden Bordelle mit warmem Essen. So mußten die Prostituierten nachts ihren Arbeitsplatz nicht verlassen. Zeit war auch hier Geld. Jan fragte Heiner um Rat, und der vermittelte ihn an »Texas-Joe«, einen ehemaligen Profiboxer, der seit dreißig Jahren in Deutschland war und, ziemlich heruntergekommen, von kleinen mehr oder weniger krummen Dingern lebte. Jan stellte ihm seine Freundin Sabine vor: »Du, die möchte hier gern auf St. Pauli arbeiten, anschaffen. Weißt du nicht irgendeine einigermaßen korrekte Steige?«

»Ja, komm mit«, sagte Joe und schleppte die beiden zu »Hennen-Harald«, der über einer altmodischen »Tittenbar« einen regelrechten Puff unterhielt, in dem neben seinen eigenen Mädchen auch ein paar »Pferdchen« von Zuhälterkollegen ihrem Job nachgingen. Die Frauen sprachen unten auf der Straße die Freier an und lotsten sie dann nach oben in Haralds Etablissement.

Wie andere Zuhälter auch war Harald immer auf der Suche nach »Frischfleisch«. Ein neues Gesicht war Gold wert. Die Einheitskundschaft, der sogenannte »Puff-Latscher«, brauchte von Zeit zu Zeit etwas Abwechslung. So konnte eine Anfängerin, zumal wenn sie passabel aussah, in den ersten Wochen gutes Geld verdienen.

Sabine heuerte bei »Hennen-Harald« an, und rund einen Monat lang lief das Geschäft gut. Auch Jan hatte einen Job ergattert: Als »Wirtschafter« im selben Bordell mußte er in kurzen Zeitabständen bei den Mädchen abkassieren, was sie von ihren Freiern erhalten hatten. Im Morgengrauen händigte er das Geld dann an die zuständigen Zuhälter aus, verpackt in Briefumschläge. Ein Drittel bekamen die Mädchen, zwei Drittel die Zuhälter. Tatsächlich steckten sich die Zuhälter nicht selten alles ein und brachten es auf die Bank, um die Raten für den aufgemotzten Mercedes zu bezahlen.

Harald lief ständig in weißen Lederanzügen herum, die mit falschen Edelsteinen besetzt waren. Er war gekleidet wie Elvis Presley bei seinen letzten Bühnenauftritten. Auf dem Kopf einen Afro-Schopf mit Ohrringen und dicke Goldringe an den Fingern, um das Handgelenk eine Fünfzigtausend-Mark-Rolex, entsprach er voll dem Zuhälterimage. Er fuhr einen weißen Mercedes mit weißen Ledersitzen und Weißwandreifen. Das nötige Kapital dazu schafften die drei Frauen an, die er selbst laufen hatte. Außerdem spielten auch die Mädchen der Kollegen etwas für ihn ein, denn schließlich war er Chef des Bordells – und Jan war sein Kalfaktor.

Harald wies Jan in die Feinheiten der Bordellführung ein. Vor allem für krisenhafte Zuspitzungen mußte man gerüstet sein. Als Waffe gegen randalierende Freier hatte er einen Feuerlöscher, der statt mit Schaum mit Preßluft gefüllt war.

»Wenn du irgendwelchen Ärger hast und hier beispielsweise

plötzlich eine ganze Meute hochkommt, um den Puff zu zerschlagen, dann greifst du dir den Feuerlöscher, hältst voll drauf und drückst ab«, riet er Jan. Zur Probe hielt er den Feuerlöscher aus gut fünf Metern Entfernung gegen das Fenster. Zischend schoß die Luft aus dem roten Behälter, und die Scheibe flog splitternd auf die Straße. Man konnte mit solch einem Gerät die Leute wirklich die Treppe hinunterschießen.

Jan hatte den Feuerlöscher immer unterm Tresen stehen. Es war ein mieses Dasein, das außerdem schlecht bezahlt wurde – jedenfalls im Vergleich zu den Gewinnen, die im Drogenhandel üblich waren. Jan bekam achtzig Mark Festgehalt pro Nacht, dazu von jeder Prostituierten zehn Mark je Schicht. Das machte bei zwölf Prostituierten noch mal hundertzwanzig Mark. Für jedes verkaufte Getränk erhielt er seinen Anteil von zwei Mark. Da die Getränke, gleichgültig ob Coca-Cola, Tee oder Cognac, jeweils acht Mark kosteten, verzichteten die meisten Freier allerdings darauf. In der Bordellsprache hieß das: »Eine Nummer – trocken.«

Zu allem Überfluß flatterte ihm auch noch ein Schreiben des Gerichts ins Haus, bei dem er sich die vergangenen Monate über kein einziges Mal gemeldet hatte. Man beabsichtige, die Bewährung zu widerrufen. Jan möge sich bitte innerhalb einer Woche dazu äußern.

Jan engagierte eine Anwältin, die einen Aufschub von drei Wochen herausholte. Die Zeit nutzte er dann, um mit seinem Auto, bis unter die Haarwurzeln vollgepumpt mit Drogen, um eine Ecke zu schrammen und dabei fünf parkende Wagen zu Schrott zu fahren. Als man ihm den Führerschein abnahm und er dabei frech wurde, schlugen ihn ein paar Polizisten zusammen.

Ein paar Tage später standen zwei »Weißmützen von der Polizei«, wie er sie nannte, vor der Tür und präsentierten ihm einen Haftbefehl. Eine Pistole vor der Brust, wurden ihm die Handschellen verpaßt und er in die Grüne Minna verfrachtet. Die Bewährung war widerrufen worden. Er hatte noch fünfzehn Monate abzusitzen.

Wieder hinter Gittern

Jan landete diesmal sofort im »Totenhaus« von Neuengamme, um seine Strafhaft anzutreten. Dann entschied die Kommission, er solle nach Lübeck überstellt werden.

Eigentlich war der neuerliche Gefängnisaufenthalt die Rettung für Jan, eine lebenswichtige Erholungspause im selbstmörderischen Rattenrennen um die Droge. Die kleinen von außen eingeschmuggelten Heroinmengen reichten allenfalls, um den schlimmsten Entzugserscheinungen die Spitze zu nehmen. Sie langten aber nicht aus, um seinen Konsum auf der gewohnten Ebene zu halten. Hinter Gittern wurde Jan regelmäßig heruntergedosiert, was seinem geschundenen Körper und seiner gequälten Psyche ein wenig von der alten Kraft zurückgab.

Jan war bei seiner Einlieferung so weit heruntergekommen wie noch nie zuvor. Allein in seiner Zelle, den Kopf nicht mehr permanent vollgedröhnt, begann er über die vergangenen Wochen nachzusinnen, den Tiefpunkt seiner bisherigen Existenz. Eigentlich war das alles ja Sabines Idee gewesen, versuchte er sich nachträglich vor sich selbst zu rechtfertigen, nur hatte sie nicht gewußt, wie sie es in die Praxis umsetzen sollte, und da hatte er die Sache eben in die Hand genommen. Im nachhinein verabscheute er sich dafür. Der Strich war das, was ihn immer am meisten angeekelt hatte. In Lübeck angekommen, gelang es Jan gleich, einen Fürsorger zu überreden, ihm ein Telefongespräch mit Sabine zu ermöglichen.

»Du, paß mal auf, wir können uns hier beim Fürsorger treffen«, erklärte er ihr. »Bitte bring alle Papiere mit und alle weißen Sachen, alle weißen Sachen, hörst du.«

Sabine hatte verstanden. Sie sollte auf keinen Fall das weiße Pulver vergessen.

Als sie ihn dann in der Haftanstalt besuchte, erschien sie mit einem wichtig aussehenden Stapel Papiere im Büro des freundlichen Sozialarbeiters. Jan saß ihm gegenüber vor dem Schreibtisch. Er hatte die Jeans in seine Cowboystiefel gesteckt, die ihm Raum für allerlei kleine Geschenke boten. Sabine setzte sich mit den Akten neben ihn und ließ erst einmal zwei zusammengefaltete Hundertmarkscheine in die Stiefel rutschen. Dann schickte sie ein Päckchen Heroin hinterher.

Nach Erledigung des »wichtigen« Papierkrams verließ Sabine unter tränenreichen Umarmungen das Büro des Fürsorgers. Jans größte Sorge, die Angst vor dem fortschreitenden Affen, war fürs erste gebannt. Vor sich fünfzehn Monate Haft, blickte er doch kaum jemals über den Tag hinaus. Die Maßeinheit der Zeit war für ihn die Menge des verfügbaren Stoffes, das Leben der Abstand zwischen Druck und Affen.

Gemeinschaftserlebnisse in der Zelle

Jan war in Lübeck in eine Acht-Mann-Zelle verlegt worden. Seine Mitgefangenen dort hatten Strafen zwischen acht Monaten und zwölf Jahren abzusitzen. Keiner konnte im Gefängnis irgendeiner Arbeit oder Beschäftigung nachgehen. Dreiundzwanzig Stunden am Tag saßen sie in der Zelle, und eine Stunde lang durften sie auf dem Hof im Kreis gehen. Vom Sozialamt bekamen sie jeden Monat dreißig Mark.

Die Zustände im Lübecker Gefängnis erschienen Jan noch desolater als in den anderen Anstalten, die er bis dahin kennengelernt hatte. Alles ging drunter und drüber. Die Sanitätskalfaktoren waren korrupt und verkauften jede Menge Schlaftabletten und Drogen an die Häftlinge. Ständig mit irgendeinem Medikament angetörnt, fühlte sich Jan vor allem gleichgültig.

Tage, Nächte, Wochen und Monate brachten die acht in der Zelle mit Kartenspielen und immer nur Kartenspielen zu. Zwischendurch pöbelte man sich an, schlief und spielte wieder Karten. Insgeheim widerte Jan das miese, niedrige Niveau seiner Zellengemeinschaft an, doch inzwischen wußte er, wie man sich in derartige Knastgemeinschaften einfügte. Den letzten Rest an Anpassung besorgten die Drogen, für die er sich mehrere Quellen geschaffen hatte.

Einer seiner Zellenkumpanen war der Rocker Benny, der über Kontaktanzeigen verschiedene Frauen kennengelernt hatte, die ihn treu besuchten und dabei mit Tabletten und Drogen versorgten. Bei jedem Besuch durften zwei Packungen Zigaretten übergeben werden. Benny brachte die Mädchen dazu, Schachteln mit Tabletten zu füllen und dann so zu präparieren, daß sie aussahen, wie frisch aus dem Automaten gezogen. Einmal zeigte er Jan eine mit achtzig Mandrax-Tabletten präparierte Marlboro-Packung. Es war die Nacht der Nächte, in der sie alle achtzig Tabletten schluckten und zusätzlich selbst angesetzten Alkohol in sich hineinschütteten. Vollkommen betrunken und total zugedröhnt, setzten sie sich an den Tisch und spielten Klapperjass.

Den Alkohol hatten sie in den Tagen zuvor mit Ananasfrüchten und mehreren Kilo Zucker angesetzt. Es war ein so deftiges Gebräu, daß vier Mann bewußtlos am Boden lagen. Die übrigen vier spielten Karten und hielten sich noch notdürftig aufrecht; laut lachend und lallend versuchte jeder, so gut es ging, zu betrügen. Am besten war darin ein ehemaliger Bundeswehrleutnant, der mit Hotelprojekten auf betrügerische Weise ein paar hunderttausend Mark ergaunert und sich dafür dann zwölf Jahre Gefängnis eingefangen hatte.

Doch schließlich trieb er es zu weit und wurde von den anderen lautstark auf seine Betrügerei angesprochen. Daraufhin wurde er so wütend, daß er sich den schweren Kristallaschenbecher griff, der als einziges Schmuckstück in der Zelle stand, und ihn Benny voll auf den Schädel knallte. Benny, von Kopf bis Fuß mit Hakenkreuzen, Spinnen, Schlangen und nackten Frauen tätowiert, brach blutüberströmt zusammen. Er hatte einen Haarriß im Schädel davongetragen und, wie sich später herausstellte, dabei noch einmal Glück gehabt, denn der Spalt im Schädel war nur schmal und hatte sich sofort wieder geschlossen. Allerdings konnte er direkt nach dem Schlag nichts sehen. Er raffte sich auf, schrie in seiner Panik wild herum und torkelte durch die Zelle. Seine Kumpane, soweit sie halb bei Bewußtsein waren, trommelten an die Tür, bis ein

Dutzend Beamte erschien, um die vermutete Schlägerei zu beenden. Benny kam ins Krankenhaus, wurde operiert und gewann im Laufe der folgenden Monate seine Sehkraft teilweise zurück.

Der Vorfall war für Jan Anlaß, seine Verlegung in eine andere Zelle zu beantragen. Auf dem Weg zur Freistunde hatte er am Schwarzen Brett einen Aushang gesehen, daß es in der Anstalt die Möglichkeit gebe, im sogenannten F-Haus das Abitur nachzumachen. Jan kramte noch einmal seine letzten Reste Energie und Lebenshoffnung zusammen und meldete sich an. Von insgesamt achthundert Gefangenen hatten sich nur zwölf für den Kurs beworben, und die Anstaltsleitung brauchte jeden Freiwilligen, denn man hatte extra drei Lehrer eingestellt. So schaffte es Jan, in den Kurs aufgenommen zu werden, auch wenn er als Rückfalltäter nicht unbedingt die besten Aussichten mitbrachte.

In der Knast-Schule

Endlich war Jan dem tristen, geisttötenden Einerlei der Massenzelle entkommen. Der Kurs hatte unter anderem den Vorteil, daß die Haftbedingungen für die Teilnehmer liberaler gehandhabt wurden. Im F-Haus saßen sonst nur Arbeiter von den Außenkommandos der Anstalt, die darüber hinaus gelegentlich Hafturlaub bekamen, sowie Freigänger, die außerhalb der Anstalt arbeiteten, volles Gehalt bezogen, ihre Haftkosten davon selbst bezahlen mußten und jedes Wochenende nach Hause fahren konnten. Der größte Vorteil aber war noch ein anderer: Das Haus F gehörte zum Gebäudekomplex der Frauenhaftanstalt.

Einige der weiblichen Gefangenen hatten sich ebenfalls zum Unterricht gemeldet, und bei den gemeinsamen Filmvorführungen, die zum Unterrichtsprogramm gehörten, wurde in der Dunkelheit entsprechend unter den Tischen herumgefummelt. Jan hielt sich dabei allerdings zurück, denn sein Hauptinteresse galt immer noch und immer mehr und immer ausschließlicher den Drogen.

Und auch in dieser Hinsicht hatte das F-Haus seine Vorteile. Jan wurde in eine Zelle verlegt, die ein Bekannter von ihm bewohnte. Nach der erfreuten Begrüßung zeigte der sich sofort großzügig. Er nahm den Spiegel von der Wand, legte ihn vorsichtig auf den Tisch, schüttete aus einer Tüte braunes Pulver darauf, formte damit zwei Linien und drückte Jan einen Strohhalm in die Hand: »Hier, nimm erst mal 'ne Nase zur Begrüßung.«

Jan zog sich das bittere und grausig scharfe Pulver in die Nasenlöcher. Er dachte, es sei Heroin. Als er dann aber hustend und niesend seinen neuen Zellenkameraden fragte, antwortete der: »Nein, nein. Ich war am Wochenende auf Urlaub, da hab ich eine Apotheke gemacht. Da ist alles drin, was ich dabei so an Pulver zusammengeklaut habe: Dilaudid, Eukodal, Morphiumkristalle, Opiumpulver und so weiter. Wenn du das alles zusammenschüttest, kriegst du diese schöne rehbraune Farbe.«

Das gesamte Gemisch hatte er in mehrere Präservative gefüllt, doppelt und dreifach, sich in den After eingeführt und auf diese Weise in den Knast geschmuggelt.

»Ich hab bloß ein Problem«, sagte er. »Ich hab hier keine Spritze.«

Aber Jan hatte eine. Er besaß die einzige Spritze auf der ganzen Station, hütete sie wie ein Heiligtum und lieh sie nur aus, wenn er sicher sein konnte, daß er sie unbeschädigt zurückbekam. Jan achtete im übrigen immer darauf, daß seine Pumpe bei Gebrauch wirklich steril war, obwohl zu der Zeit noch niemand über Aids sprach. Die Angst vor der grassierenden Gelbsucht war für ihn Grund genug.

Solange er im F-Haus zur Schule ging, brauchte Jan sich vor dem Affen nicht zu sehr zu fürchten. Morgens, wenn er aufwachte, kochte er sich irgendeinen Schuß auf und ging angeknallt in die Schule. Auf diese Weise konnte er sich sogar am Unterricht beteiligen, speziell in Mathematik spielte er erfolgreich auf den zur Verfügung gestellten Taschenrechnern herum. Zu seinem Unglück wurde er nach einiger Zeit allerdings in eine andere Zelle zu einem etwas verrückten Straftäter verlegt, der aus der DDR stammte. Der Mann nannte sich selbst »der Wilde« und verhielt sich entsprechend.

Jan hatte seine Spritze in einer Zigarettenstopfmaschine versteckt, die unten einen herausnehmbaren Stahlboden hatte. Auch seinen Giftvorrat und den Löffel zum Aufkochen hatte er dort untergebracht. Da er seinem neuen Zellenkumpan nicht traute, kochte Jan seinen morgendlichen Schuß in der Dämmerung oben auf seinem Bett auf. Doch irgendwann bekam »der Wilde« die merkwürdige Frühstücksvorbereitung mit und verpfiff Jan bei der Anstaltsleitung.

Auf dem Weg zum Schulraum wurde er auf dem Flur abgefangen und zum Filzen nach unten ins Büro gebracht. Unter den Augen des Anstaltsleiters kontrollierte ihn der Sanitäter von Kopf bis Fuß, hinter den Ohren, unter den Haaren, die Augäpfel, zwischen den Zehen, an allen in Frage kommenden Körperteilen suchte er nach Einstichen. Kurioserweise fand er jedoch nichts. Zu jener Zeit hatte Jan nämlich noch recht gute Venen. Die Stelle von etwa einem Zentimeter Länge, in die er seit Jahren regelmäßig und sorgfältig spritzte, lag an der Innenseite seines rechten Unterarms, und es gelang ihm, seine Arme bei der Kontrolle ständig so zu halten, daß sie nicht ins Blickfeld geriet.

Nachdem die Untersuchung nichts erbracht hatte, machte sich der Anstaltsleiter gemeinsam mit zwei Sicherheitsbeamten auf den Weg in die Zelle, und nach einigem Suchen stöberten sie die Zigarettenmaschine mit dem doppelten Boden auf. Zu Jans Glück hatte er gerade sein letztes Gift verbraucht und die Spritze und die Kanüle sorgfältig gereinigt wieder verstaut. Natürlich kamen die Beamten dem Geheimnis der Maschine auf die Spur.

»Na, da haben wir Sie ja erwischt«, sagte der Anstaltsleiter später in seinem Büro. »Wir haben Sie schon lange in Verdacht, Sie kommen hier viel zu gut zurecht.«

»Entschuldigen Sie«, sagte Jan, »ich weiß nicht, wovon Sie reden.«

Der Anstaltsleiter nahm die Spritze zwischen zwei Finger und zeigte sie Jan. »Und was ist das hier?«

Jan blieb ganz ruhig: »Ist Ihnen so was bekannt wie die Strafvollzugsordnung oder das Strafvollzugsgesetz?«

»Selbstverständlich«, erwiderte der Anstaltsleiter und griff in sein Bücherregal, um beides vor Jan auf den Schreibtisch zu legen.

»Dann zeigen Sie mir darin doch bitte eine Passage oder einen Paragraphen oder einen Unterparagraphen oder irgendeinen Absatz, der darauf hindeutet, daß es verboten ist, in Haftanstalten Injektionsspritzen zu besitzen.«

Tatsächlich gab es in keiner der vielen bürokratischen Regelungen des Gefängnisalltags auch nur einen Satz, der sich mit Injektionsspritzen befaßte. Der Anstaltsleiter hatte darüber offenbar noch nie nachgedacht. Triumphierend erzählte ihm Jan nun eine vollkommen unglaubwürdige Geschichte.

»Passen Sie auf, es gibt eine ganz einfache Erklärung. Sie haben das sicher auch schon gehört. Ich mache in der Freistunde sehr viel Jogging, um mich fit zu halten. Die Spritze habe ich mir besorgt, weil ich mir aus der Vene Blut abzapfe, es mit Luft aufschüttle und es mir anschließend wieder injizieren will. In der Fachsprache nennt man das ›Eigenblutinjektion‹. Das machen Sportler, um sich fit zu halten, ohne Doping. Und das ist nun wirklich nicht verboten.«

Der Anstaltsleiter ließ Jan zum Arzt bringen, um vielleicht doch noch ein paar inkriminierende Einstichstellen ausfindig machen zu können. Der alte Gefängnisarzt, ein Kriegsinvalide mit nur einem Bein, von dem selbst das Gerücht ging, er setze sich morgens vor der Sprechstunde erst einmal einen Morphinschuß, entdeckte natürlich die Einspritzstelle an Jans rechtem Unterarm. Er machte aber keine Meldung. Jan hielt das für die Solidarität der Morphinisten.

Trotz der nicht ausreichenden Indizienlage wurde Jan vorübergehend vom Unterricht ausgeschlossen. Außerdem wurde er wieder in eine andere Zelle verlegt. Dort saß Jan nun wieder mit einem Junkie zusammen. Seine Langeweile bekämpfte er damit, daß er in alle Richtungen und an alle Instanzen Beschwerdebriefe schrieb. Er zeigte die Anstalt an und verwies darauf, daß ihm die Chance genommen werde, seine Schulbildung zu ergänzen, wo es doch ganz im Sinne des Strafvollzugs sei, wenn der Gefangene versuche, sich zu rehabilitieren, und dabei sei eine bessere Schulbildung doch auf jeden Fall eine Hilfe. Genau die aber habe ihm die Anstaltsleitung ohne triftige Gründe verwehrt.

Nach kurzer Zeit wurde Jan daraufhin wieder zum Unterricht zugelassen, alle anderen Vergünstigungen aber blieben weiter gestrichen.

Die Hinterlassenschaft eines Gefängnisarztes

Jans neuer Zellenkumpan war auch »eine alte Droge«. Er hatte eine Gitarre und eine Mundharmonika auf der Zelle und spielte abends den Blues. Es dauerte keine zwei Tage, da hatten Jan und Helmut, der den Spitznamen »Schimmi« trug, Tabletten und Drogen in der Zelle. Weitere drei Tage später hatten sie sogar einen Vorrat von achtzig Gramm Barbitursäure zur Verfügung.

Der alte Anstaltsarzt hatte nämlich gerade seine Privatpraxis außerhalb des Gefängnisses aufgegeben und praktizierte jetzt nur noch an ein paar Tagen in der Woche in der Anstalt. Nach Aufgabe seiner Praxis hatte er alle Proben, Muster und Rezepturen von Arznei- und Betäubungsmitteln, die sich über Jahre in seinen Schränken angesammelt hatten, in ein paar große Plastiktüten geworfen, und da er keine Lust gehabt hatte, sie selbst fachmännisch zu entsorgen, hatte er die Tüten mit in die Haftanstalt gebracht und den Sanitätern übergeben: »Sorgen Sie bitte dafür, daß das ordnungsgemäß vernichtet wird. Das sind noch Dinge aus meiner Praxis draußen. Die brauche ich ja nun nicht mehr.«

Die Sanitäter, notorisch faul, übergaben die Plastiktüten nebst Inhalt den Sanitätskalfaktoren.

»Schnappt euch die Tüten, wickelt sie in irgendwelche alten Handtücher, und dann schlagt ihr mit dem Hammer so lange darauf herum, bis alles Glas zerbrochen ist und die Ampullen kaputt sind. Und dann kippt ihr alles ins Klo und spült es runter.«

Die Kalfaktoren, selbst Gefangene, inspizierten die Tüten vor der Vernichtungsaktion natürlich und suchten sich die besten Sachen raus, unter anderem ein ganzes Standgefäß mit Barbitursäurekristallen. Und davon waren achtzig Gramm bei Jan und Schimmi in der Zelle gelandet. Die Sanitätskalfaktoren, die verständlicherweise nicht aus der Drogenszene kommen durften, wußten den Wert der Arzneimittel nicht so recht einzuschätzen und gaben sich mit einer Stange Tabak als Kaufpreis zufrieden.

Zunächst gingen Jan und Schimmi vorsichtig an die Barbitursäure heran und testeten kleine Mengen. Der Stoff knallte ganz gut an. So torkelten sie abends ein bißchen lallig und wie betrunken in ihrer Zelle herum und »lachten ab«, wie sie das nannten, und alles war ein bißchen »easy« und nur noch halb so schlimm.

Allergien

Dreimal in der Woche wurde Jan zum Unterricht ins Schulhaus hinübergeführt. Bei dieser Gelegenheit sprach er einen der Mitschüler an: »Hör mal, ich hab da Barbitursäurekristalle. Wenn einer von euch Interesse hat, muß er nur sagen, wieviel er haben will. Kostet pro Gramm ein Paket Tabak. Müßt ihr nur bestellen, beim nächsten Mal bring ich es mit.«

Der Kleinhandel ging zwei Wochen lang gut. Dann geriet Jan an den Falschen, und der verpfiff ihn bei der Anstaltsleitung. Daraufhin wurde er endgültig vom Schulunterricht ausgeschlossen. Jan saß nun mit dem arbeitslosen Schimmi in der winzigen Zwei-Mann-Zelle, eingesperrt und zur Untätigkeit verurteilt.

Wie durch ein Wunder hatten die beiden allerdings ihren Barbitursäurekristallschatz vor allen Nachforschungen retten können, und nun steigerten sie in ihrer Langeweile konsequent die Dosis. So klebten sie abends drei bis vier Blättchen Zigarettenpapier aneinander, häuften einen Teelöffel Kristalle darauf und wickelten das Ganze zu einem Torpedo, den sie anschließend schluckten. Mit einem Glas Wasser spülten sie nach. Der Stoff war dermaßen stark, daß die beiden mitunter bewußtlos in die Betten fielen.

Schimmi entwickelte allerdings eine Art Allergie gegen das Barbiturat und bekam eines Abends plötzlich am ganzen Körper dicke feuerrote Quaddeln. Er sah aus, als sei er in einen Quallenschwarm geraten. Kurz vor zwei Uhr nachts geriet er in Panik, weil seine Haut von Kopf bis Fuß brannte und juckte. Er drückte die Alarmklappe. Jan versuchte ihn zu bremsen: »Bist du wahnsinnig, dann fliegen wir auf«, doch Schimmi konnte sich kaum noch aufrecht halten und hatte Todesangst. Jan versteckte den Beutel mit den Kristallen schnell hinter dem Heizkörper, legte sich in sein Bett, zog die Decke bis hoch zum Kinn und stellte sich schlafend.

In derselben Nacht hatte noch ein anderer Junkie, der zwei Zellen weiter lag, die gleichen Quaddeln am Körper bekommen. Auch er hatte eine Riesendosis der Barbitursäurekristalle genommen. Kurz vor Helmut hatte auch er die Klappe gedrückt. Die Sanitäter und Beamten der Nachtschicht öffneten zunächst die andere Zelle, der Junkie fiel ihnen bewußtlos entgegen. Nachdem man ihn auf eine Bahre gelegt und abtransportiert hatte, wurde auch Jans Zellentür geöffnet. Helmut war ebenfalls völlig am Ende und klatschte unkontrolliert auf den Fußboden. Noch in derselben Nacht wurden die beiden in die Heil- und Pflegeanstalt der Psychiatrischen Klinik in Neustadt gebracht.

Jans Zelle wurde tags darauf durchsucht, und diesmal wurde der Beutel mit den Barbitursäurekristallen hinter der Heizung gefunden. Daraufhin bekam er zwanzig Tage Arrest, und sämtliche ihm noch verbliebenen Vergünstigungen wurden gestrichen. Er mußte sogar die rotgestreifte Gefangenenkleidung für Arrestanten anziehen und kam in eine Einzelzelle.

Hungerstreik als Rausch

Jan wußte, er mußte sich gegen seine Sonderbehandlung zur Wehr setzen, sonst würde er kaputtgehen. Er hatte noch etliche Monate vor sich. Als am nächsten Tag die Tür aufging und der Wachbeamte mit dem Mittagessen vor der Tür stand, sagte Jan: »Ich verweigere die Nahrungsaufnahme. Ich bin im Hungerstreik. Nehmen Sie bitte alles Eßbare, was ich in der Zelle habe, mit.«

Jan hatte sich eine einzige Streichholzschachtel mit Zucker gefüllt und so in der Zelle versteckt, daß sie wirklich nicht zu finden war. Ansonsten hatte er nur seinen Tabak behalten, ein paar Teebeutel und sein kleines Radio.

Die Tage verstrichen, und Jan wurde immer schwächer. Dennoch empfing er an seinem Besuchstag seine Freundin Sabine. Sie saßen sich an einem Tisch von etwa einem Meter Seitenlänge gegenüber, rechts und links jeweils ein Beamter. Trotz der hautnahen Observation brachte Sabine es fertig, Jan eine Drogenration zukommen zu lassen. Sie ging auf die Toilette, wickelte dort ein halbes Dutzend Medinox und zehn Kodein-Kompretten aus, steckte sie sich lose in den Mund und zog am Automaten eine Coca-Cola. Im Besuchszimmer stellte sie die Cola auf den Tisch, umarmte Jan über den Tisch hinweg, küßte ihn und drückte ihm dabei die Tabletten in den Mund. Dann reichte sie Jan die Cola, und er spülte sie hinunter.

Nachdem er tagelang nichts mehr zu sich genommen hatte, wirkten die Tabletten schneller und heftiger als gewöhnlich. Jans Gesicht lief krebsrot an, und erschrocken fragte ein Beamter: »Was ist denn mit Ihnen los. Sollen wir einen Sanitäter holen?«

»Nein, nein«, winkte Jan ab und stammelte: »Es ist eiskalt draußen, und ich komme gerade von der Freistunde. Ist wahrscheinlich die Kälte und jetzt die Wärme.«

Er schaffte es gerade noch, in die Zelle zu kommen und fiel bewußtlos aufs Bett. Bis zum nächsten Morgen kam er nicht mehr zu sich.

Während des Hungerstreiks zwang Jan sich, von morgens bis spät in die Nacht in der Zelle auf und ab zu gehen: fünf Schritte zur Tür, fünf Schritte zum Fenster, fünf Schritte zur Tür, fünf Schritte zum Fenster. Immer hin und her, und dabei hörte er im Radio klassische Musik. Die Hände auf dem Rücken verschränkt, hing er so seinen Gedanken nach, bis zu einem Punkt, an dem er jedes Zeitgefühl verlor. Der Hunger hatte ihn in einen ekstatischen Rausch versetzt.

Nach zwölf Tagen wurde Jan zum Arzt gebracht. Er hatte ungeheuer abgenommen. Der Arzt sagte: »Der Tabak wird gestrichen.«

Schließlich versuchten die Beamten, Jan mit in Butter gebratenen Spiegeleiern, Toast und Marmelade zum Essen zu verführen. Doch bei einem Hungerstreik sind nur die ersten drei bis vier Tage wirklich schwer. Danach ist das Bedürfnis zu essen verschwunden. Plötzlich aber trat ein Phänomen auf, das Jan sich nicht erklären konnte. Ohne daß er irgendwie Hunger gehabt hatte, öffneten sich in seinem Mund die Speicheldrüsen, und zwar in einer Weise, daß er immer wieder ausspucken mußte. Nachts stellte er eine Schüssel auf den Boden neben das Bett und ließ zeitweilig den Kopf über den Rand hängen.

Jan entschloß sich, weniger Flüssigkeit zu sich zu nehmen. Er trank nur noch morgens einen halben Zahnputzbecher schwarzen Tee ohne Zucker, dann den ganzen Tag über nichts und abends um sechs noch einmal die gleiche Menge.

Ein Deal mit der Anstaltsleitung

Nach vierzehn Tagen Hungerstreik wurde Jan plötzlich mitten in der Nacht von acht oder neun Beamten aus seinem Bett geholt und zur Arrestzelle des Gefängnisses, dem sogenannten »Blauen Salon«, geschleppt, einem blau gestrichenen, fensterlosen Raum, dessen Boden zur Mitte hin abfiel, wo ein Loch von etwa zwanzig Zentimeter Durchmesser als Toilette diente. In der Ecke lag eine alte schmutzige Matratze. Jan mußte sich nackt ausziehen und die Kleidung vor der Tür ablegen. Dann wurde er in die dunkle Zelle gestoßen. Hinter ihm schloß sich die Tür.

Jan verweigerte weiterhin das Essen.

Zu Beginn seines Hungerstreiks, als er in der Freistunde mit den anderen Gefangenen noch gemeinsam auf dem Gefängnishof seine Kreise ziehen konnte, hatte er verschiedene Briefe nach draußen geschrieben. So hatte er sich an das Justizministerium in Kiel und an die Generalstaatsanwaltschaft gewandt. In seinen Schreiben klagte er die Anstaltsleitung wegen Verletzung der Aufsichtspflicht an und schilderte haargenau die Umstände, unter denen der Anstaltsarzt seine Praxis aufgelöst und die medizinischen Restbestände mit ins Gefängnis gebracht hatte. Auf diesem Wege seien die Barbiturate bis in den Zellentrakt gelangt. Er wisse nicht, wie der Stoff schließlich auch in seine Zelle gekommen sei. Er selbst habe nie etwas davon genommen, und ihm sei auch nicht bekannt, daß sein Mitinsasse Drogen genommen habe. Der Beutel mit den Kristallen sei erst am nächsten Tag hinter der Heizung hervorgezaubert worden. Er habe den Eindruck, daß man ihm ein Kuckucksei habe ins Nest legen wollen. Das sei Grund genug für ihn, gegen die Anstaltsleitung Strafantrag zu stellen.

Daraufhin war die Kriminalpolizei mit Rauschgifthunden in der Anstalt erschienen. Das gesamte Sanitätsrevier wurde stillgelegt und durchsucht. Die Bücher wurden beschlagnahmt, die Beamten einer genauen Leibesvisitation unterzogen. Der Arzt bekam Hausverbot. Der Anstaltsleiter und sein Stellvertreter mußten zum Verhör zur Kripo und zur Staatsanwaltschaft, und ein Strafverfahren wurde eingeleitet. Die beiden erstatteten daraufhin ihrerseits Anzeige gegen Jan wegen Falschaussage, Rufmord, Verleumdung, übler Nachrede und so weiter. Währenddessen befand sich Jan immer noch im Hungerstreik. Erst am siebzehnten oder achtzehnten Tag benachrichtigte die Anstaltsleitung das Justizministerium in Kiel, obwohl sie das schon nach dem vierzehnten oder spätestens nach dem fünfzehnten Tag hätte tun müssen.

Ein Beamter des Ministeriums kam angereist und ließ sich in den »Blauen Salon« bringen, wo Jan nackt in seinem Urin auf der Matratze lag.

Jan wurde sofort aus der Arrestzelle geholt, bekam seine Kleidung wieder und wurde wenig später ins Büro der Anstaltsleitung geführt. Unter vier Augen machte ihm der Vollzugsleiter ein Angebot.

»Passen Sie mal auf. Das ist hier alles ziemlich schlecht für Sie gelaufen, zugegeben. Ich mache Ihnen ein Angebot. Wenn Sie die Anzeige gegen die Anstaltsleitung zurückziehen, dann gebe ich Ihnen Urlaub, dann kommen Sie in die Urlaubsregelung, und ich schick Sie zum Arbeitsinspektor, und dann kriegen Sie einen Job im Außenkommando und kommen wieder rüber ins D-Haus.«

»Wenn Sie mir das schriftlich geben«, sagte Jan, »wenn sämtliche Formulare, die das bestätigen müssen, unterzeichnet sind, wenn Sie das meinem Anwalt mitgeteilt haben, dann bin ich damit einverstanden.«

Außendienst mit Schnaps und Zwiebel

Jan durfte jetzt außerhalb der Anstalt arbeiten. Gemeinsam mit anderen Gefangenen machte er Ausgrabungen in der Lübecker Altstadt. Den Arbeitskommandos aus der Anstalt waren jeweils sechs Leute angeschlossen, die keine Gefangenen waren, sondern als Sozialhilfeempfänger Ersatzarbeit leisten mußten. Die Häftlinge hatten meist mehr Bargeld in der Tasche als diese »Ersatzarbeiter«. So steckten sie den freien Kollegen ab und zu einen Zwanzigmarkschein zu, für den die dann Alkohol besorgten. Also wurde die Arbeit vorwiegend in betrunkenem Zustand und dementsprechend uneffektiv verrichtet. Bevor sie am Abend wieder in die Anstalt einrückten, bissen sie in eine rohe Zwiebel. Wenn sie dann die Kontrollbeamten anhauchen mußten, weil sie offenkundig betrunken wirkten, stanken sie so nach Zwiebeln, daß sie passieren durften.

Zwischendurch erhielt Jan gelegentlich Ausgang und deckte sich prompt wieder mit Drogen ein. Die Anstaltsleitung hatte ihn allerdings nach wie vor im Blick, und eines Tages wurde er von einem ihm freundlich gesonnenen Beamten gewarnt: »Paß auf, wenn du zurückkommst, bring diesmal nichts mit, die warten schon auf dich.«

Und tatsächlich wurde er, unmittelbar nachdem er die Anstalt betreten hatte, mit richterlichem Beschluß ins Krankenhaus gefahren. Dort filzten ihn die Ärzte mit einer Sonde bis in den Darm hinein. Doch Jan hatte nichts dabei, was man auf diese Weise hätte finden können. Er hatte nur ein paar Pillen geschluckt, und an die war kein Herankommen, denn er hatte sie gut verpackt, und sie kamen erst am nächsten Tag auf der Toilette wieder aus ihm heraus. Seinen Drogenvorrat hielt er an seinem Arbeitsplatz im Lehm vergraben.

Dann bekam er den ersten längeren Hafturlaub. Er besuchte Sabine, die eine neue Wohnung in der Nähe des Stadtparks bezogen hatte. Jan wunderte sich. Die Wohnung mit drei Zimmern, Küche und Bad war für Sabines Verhältnisse höchst elegant.

Sabine hatte ihren Job im Puff in St. Pauli zwar längst aufgegeben, aber nur, um sich einen lukrativeren Gewerberaum zu suchen. Gemeinsam mit ihrer Freundin Claudia, einer Meisterin im Ladendiebstahl, war sie auf Diebestour gegangen. In ausgesuchten Geschäften hatten sich die beiden mit Abendkleidern, teuren Schuhen, eleganten Uhren und Schmuck eingedeckt. Ausstaffiert wie ordentliche, solide junge Damen gingen sie dann allabendlich ins Spielkasino in der obersten Etage des »Intercontinental«. Dort lösten sie für zweihundert Mark Jetons, gingen von Tisch zu Tisch und spielten ein wenig vor sich hin. Bei dieser Gelegenheit suchten sie sich Freier aus, zumeist reiche Araber oder Iraner. Es war die Zeit, in der zahlreiche persische Geschäftsleute mit Koffern voller Dollars und Goldbarren den Khomeini-Staat verlassen hatten und in Deutschland nach Anlagemöglichkeiten suchten.

Etliche von ihnen stiegen regelmäßig im »Interconti« ab und vertrieben sich ihre Zeit am Abend in der Spielbank. Sabine und Claudia hatten manchmal Freier, die pro Nacht zwischen eineinhalb- und zweieinhalbtausend Mark bezahlten, wofür sie nicht einmal immer wirklich Hand anlegen mußten. Gern erzählte Sabine die Geschichte von den zwei schwulen jungen Persern, die in goldenen Schachteln, zusammen mit goldenen Spritzen, Heroin und Kokain aufbewahrten. Sie habe siebzehnhundert Mark und eine Riesendosis Heroin allein dafür bekommen, daß sie im Zimmer gesessen und zuschaut habe, wie die beiden es miteinander trieben.

Claudias Freund Heinz, der mit dem »todsicheren System«, spielte abends Roulett und hatte ein Auge auf die beiden Damen, damit nichts passierte. Zudem kannte Sabine den Saalmanager aus alten Münchner Tagen. Der wußte genau, welchem Gewerbe die beiden Frauen nachgingen, hielt aber seine schützenden Hände über sie und sorgte dafür, daß sie nicht hinausflogen.

Doch das Erfolgsrezept der beiden sprach sich herum, und plötzlich tauchte jede Nacht ein gutes Dutzend Prostituierte im Kasino auf. Das blieb der Geschäftsleitung natürlich nicht verborgen, und sie schritt ein.

Claudia und Sabine durften allerdings vorerst noch bleiben.

Das fidele Gefängnis

Eines Abends kam Jan von der Arbeit zurück ins Gefängnis und wurde vom Stationsbeamten zu sich gerufen. Der drückte ihm ein Formular in die Hand und sagte: »Unterschreiben Sie mir das bitte.«

»Moment mal, was ist denn das?«

»Sie sollen unterschreiben, daß sie mit der Unterbringung in einem Gemeinschaftssaal einverstanden sind.«

»Moment mal«, sagte Jan, »wieso das denn?«

»Das bedeutet, daß Sie zurück in den Hamburger Strafvollzug verlegt werden, nach Glasmoor, dort gibt es nur Säle.«

Jan unterschrieb sofort. Am nächsten Tag konnte er seine Sachen packen.

In der offenen Strafanstalt Glasmoor traf Jan alle möglichen alten Bekannten wieder. Es war inzwischen so viel Zeit vergangen, daß man gnädig darüber hinwegzusehen schien, daß er im Verdacht stand, einmal als Polizeispitzel gearbeitet zu haben. Jan bekam einen Job in der Wäscheausgabe, der verhältnismäßig abwechslungsreich war. Wenig später wurde er dann in die Wäscherei versetzt und durfte die Waschmaschinen bedienen. Dort lernte er eine ganze Reihe ziemlich skurriler Typen kennen, unter anderem einen ehemaligen General der Wehrmacht, der in Österreich zwei Atomkraftwerksprojekte verkauft und dabei einige Millionen erschwindelt hatte. Aufgrund seiner fünfundsiebzig Jahre hatte man es bei fünf Jahren Gefängnis belassen. »Mehr lohnte wohl nicht mehr«, scherzte Jan. Außerdem traf Jan einen ehemaligen Kunden aus seiner Zeit als Bootsverkäufer, der sich damals für anderthalb Millionen eine Segelyacht bestellt hatte.

Glasmoor war wirklich der Edelknast für alle Hamburger Edelbetrüger, die ihren Porsche oder ihren Mercedes vor der Tür stehen hatten. Inzwischen war auch der Tennisplatz, der noch bei Jans erstem Aufenthalt in Glasmoor nur vom Anstaltsleiter und seinem Stellvertreter benutzt werden durfte, für die Gefangenen freigegeben worden.

Der hochbetagte, braungebrannte, durchtrainierte Ex-General brachte Jan die Grundbegriffe des Tennisspiels bei. Jan freundete sich mit einem inhaftierten Puffbesitzer aus St. Pauli an, einem für seine Profession verhältnismäßig gutmütigen Kerl, der nebenbei Kraftsport betrieb und früher auch einmal geboxt hatte. Die beiden trieben zusammen Sport und schlugen sich zwischendurch seitwärts in die Büsche, liefen durchs Hochmoor und badeten in einem Bach. Und wie schon beim ersten Mal, als er in Glasmoor gesessen hatte, rieb sich Jan mit Öl oder Melkfett ein und ließ sich von der Sonne braun braten.

Als sein Freund vom Kiez Geburtstag hatte, ließ er über die Lieferanten der Anstaltsküche, getarnt in Bohnerwachskanistern, Bier anfahren. Er schaffte es, Filetsteaks, Salate, Kaviar und Lachs konspirativ in die Anstalt schaffen zu lassen. Dann wurde im Innenhof des Gefängnisses eine Tafel für vierundzwanzig Personen aufgebaut und mit weißen Bettüchern fein gedeckt. Aus den Gläsern auf dem Tisch gab es Coca-Cola und Limonade, während Bier und Champagner unterm Tisch versteckt gehalten wurden.

Der Anstaltsfriseur Ruben, ein dunkelhäutiger Äthiopier, wurde überredet, sich eine weiße Jacke und eine schwarze Hose zu besorgen. Mit schwarzer Fliege und weißen Handschuhen spielte Ruben unter den Augen der Anstaltsbediensteten den Kellner. Keiner der Beamten wagte einzuschreiten, denn die Gäste an der Tafel kamen überwiegend aus dem St.-Pauli-Milieu, hatten Geld und waren durchtrainierte Burschen. Solche Leute ließ man besser in Ruhe – wenn man nicht ohnehin von ihnen bezahlt wurde.

Irgendwann jedoch überspannten sie den Bogen. Im Kalfaktorensaal rauchte die ganze Truppe ständig und ungeniert Haschisch. Eines Tages erschien einer der Sanitäter im Saal und sagte: »Ich riech hier doch Haschisch. Das kenn ich doch, da hab ich doch einen Lehrgang gemacht. Das riecht hier nach Haschisch.«

Es hatte zwar niemand einen Joint in der Hand, doch die Aschenbecher waren voller Kippen. Der Beamte ließ sie beschlagnahmen. Noch am selben Abend wurde die Kerntruppe von sechs Mann über Lautsprecher in die Verwaltung gerufen. Dort bekamen sie ohne viele Worte ihre Habe in die Hand gedrückt, draußen wartete schon die grüne Minna.

Die sechs wurden gemeinsam in die hintere Zelle des Busses gesperrt. Jan hatte noch ein Stück Haschisch in der Tasche, das während der Fahrt geraucht wurde. Johlend und singend kam der Trupp in der Anstalt 8 von Fuhlsbüttel an. Völlig breit und zugeraucht, die Füße gegen die Fenster gestemmt, rollten sie durch das Anstaltstor.

Die Party geht weiter

In Fuhlsbüttel wurden alle zusammen in einen Saal gesperrt, und dort ging die Party weiter. Die meisten von ihnen hatten nur noch wenige Monate abzusitzen und waren sich sicher, daß ihre gutbezahlten Anwälte sie aus dieser kleinen Sache schon herauspauken würden. Und tatsächlich wurde nach kurzer Zeit das Verfahren wegen Haschischrauchens gegen die ganze Gruppe mangels Tatverdachtes und mangels Beweisen eingestellt.

Währenddessen ließen es sich die sechs in der Gemeinschaftszelle mit Hilfe von Drogen gutgehen. Der Bordellbesitzer von St. Pauli hatte reichlich Bargeld. Es kam ihm auf ein paar Mark nicht an. Dafür mietete er sich regelmäßig einen »Arsch«, wie es im Anstaltsjargon hieß. Er heuerte Hafturlauber an, die für zwei- bis dreihundert Mark bei bestimmten Adressen Koks oder Haschisch abholten, um den Stoff auf analem Weg ins Gefängnis zu schmuggeln. Auch Bargeld wurde so in die Anstalt gebracht. Das Geld lag in der Gemeinschaftszelle unter der Tischdecke, immer mindestens fünfhundert bis siebenhundert Mark. Davon wurde unter anderem ein Beamter bestochen, der die ganze Zellenmannschaft regelmäßig mit Whisky für fünfzig Mark die Flasche versorgte.

Ab abends um acht wurde in der Zelle gefeiert. Einer der

Gefangenen hatte aus Glasmoor einen Farbfernseher mitgebracht, ein anderer eine Stereoanlage. Die Gefangenen hatten den Saal zum Fenster hin abgetrennt, so daß sie ein Wohnzimmer und ein Schlafzimmer bewohnen konnten. Auf einem Kocher, den sie aus der Anstaltsküche gestohlen hatten, brutzelten sie sich Pfannkuchen und Krebse. Sie dröhnten sich mit Drogen voll, ließen den Fernseher ohne Ton laufen und stellten die Stereoanlage auf volle Lautstärke. Die Leute aus den Nachbarzellen beneideten sie: »Also gestern war bei euch ja wieder tierisch was los.«

Als der Puffbesitzer aus St. Pauli kurz vor Weihnachten aus der Haft entlassen wurde, gab es einen herzzerreißenden Abschied. Einem persischen Zellenkollegen, mit dem er sich besonders angefreundet hatte, schenkte er seine teure Rolex. »Behalte die als persönliches Andenken an mich. Wenn du rauskommst, machen wir was zusammen.«

Die Abgänge aus der Gemeinschaftszelle wurden immer wieder aufgefüllt. Jan und seine Kumpane achteten streng darauf, wer in die verschworene Zellengemeinschaft einziehen durfte. Kamen neue Leute in die Anstalt, stand die Truppe am Treppengeländer und begutachtete die Neuzugänge. Bekannte oder sonstwie sympathisch aussehende Leute wurden dann umgehend angesprochen. »Du, melde dich für unsere Zelle. Bei uns geht das tierisch geil ab.«

Es wurden auch Leute aus der Gemeinschaft verstoßen, wenn sie sich nicht an die Abmachungen gehalten hatten. Zusammengehalten wurde die Truppe durch die gemeinsame Vorliebe für Drogen. Im Laufe der Wochen und Monate hatte sich im Wechselspiel zwischen Zugängen und Abgängen eine reine Heroinkultur im Saal entwickelt. Regelmäßig setzte man sich morgens, mittags und abends seinen Druck. Jan hatte dabei die medizinische Oberaufsicht und gab den anderen nicht selten die Injektionen. Nicht alle hatten schon vorher an der Nadel gehangen. Es waren Leute darunter, die Heroin nur geschnupft oder geraucht hatten und sich deswegen eigentlich als was Besseres fühlten, doch das gab sich schnell. Der komplizierte Weg, Heroin ins Gefängnis einzuschmuggeln, führte dazu, daß die Mengen begrenzt waren. Also mußte mit dem Stoff sparsam umgegangen werden, und eine kleine Dosis war besonders ergiebig, wenn sie gespritzt wurde. Somit kamen viele Leute im Gefängnis aus Mangel an die Nadel.

Vier Wochen vor seiner Entlassung sollte Jan zum letztenmal Urlaub machen. Doch weil man ihn in lallendem Zustand auf dem Flur angetroffen hatte, erhielt er als Hausstrafe eine Urlaubssperre. Sabine besuchte ihn immer noch regelmäßig jedes Wochenende. Jan hatte den Eindruck, daß seine Freundin ihre Drogensucht einigermaßen im Griff hatte. Allerdings stellte er fest, daß sie dünner und dünner wurde. Jans Kollegen spöttelten schon: »Na, war deine Biafra-Maus wieder da?«

Ende August 1981 hatte Jan seine Strafe abgesessen. Der Anstaltsleiter holte ihn zu sich und gab ihm die üblichen ermahnenden Worte mit auf den Weg. Gutgemeinte Routine. Er hatte jeden Tag drei oder vier Entlassungen vorzunehmen, von denen er die meisten in kurzer Zeit wieder begrüßen konnte.

»Ich wünsche Ihnen viel Glück«, sagte er zu Jan. »Auf Wiedersehen sagen wir hier ja nicht, das bringt Unglück. Versuchen Sie, auf die Füße zu kommen und Ihr Leben zu stabilisieren. Versuchen Sie, nicht wieder straffällig zu werden. Wir wollen Sie hier nicht wieder sehen.«

4. Teil

DAS WRACK

Kadaver im Schlafzimmer

Draußen vor dem Tor stand die kleine Sabine, und wieder brummte der Motor eines Taxis im Hintergrund. Sabine fiel ihm um den Hals. Freudentränen liefen ihr übers Gesicht. Und wieder einmal hatte Jan das Gefühl, als gehe er die ersten Schritte wie auf Watte oder Wolken.

Sie setzten sich ins Taxi und fuhren zu Sabines Altbauwohnung am Stadtpark. Und erst jetzt begriff Jan, was er während seiner kurzen Hafturlaube längst hätte begreifen müssen: Sabine war eine professionelle Prostituierte geworden, die sich fast jeden Tag regelrecht und mit vollem Bewußtsein gegen bares Geld verkaufte.

Sie nahm mittlerweile täglich dreißig bis vierzig Medinox, Schlaftabletten der härtesten Art, die in diesen Mengen wie Aufputschmittel wirkten. Alle drei Stunden mußte sie fünf Tabletten nehmen, und wenn sie aus Versehen einmal ein oder zwei Tabletten zuviel nahm, dann brach die mühsam austarierte Giftbalance in sich zusammen und mit ihr Sabine. Saßen sie gerade in einem Restaurant, konnte es passieren, daß ihr ganz einfach der Kopf ins Essen fiel. Sie lief rot an und war auch schon ohnmächtig. Nahm sie dagegen einige Tabletten zuwenig oder achtete nicht auf ihre Zeiten, dann bekam sie epileptische Anfälle und Krämpfe, und Jan mußte einen Rettungswagen rufen. Im Krankenhaus wurde sie dann künstlich beatmet und kam irgendwann wieder zu sich. Jan konnte sie wieder mit nach Hause nehmen.

Die ehemals fast luxuriöse Wohnung am Stadtpark war inzwischen so heruntergekommen, daß nur noch ein einziges Zimmer bewohnbar war. Die anderen Räume waren mit Gerümpel und Lumpen vollgestopft. Der ursprünglich als Schlafzimmer vorgesehene Raum war gefüllt mit abgelegten Kleidungsstücken und Müll. In einem Schuhkarton lagen drei tote Katzenbabys, die langsam verwesten und einen geradezu bestialischen Geruch verströmten. Als Jan Sabine entsetzt danach fragte, sagte sie: »Ich will die Kätzchen irgendwo begraben und ein kleines Kreuz draufmachen. Ich kann sie doch nicht in den Mülleimer werfen oder einfach zum Abdecker bringen. Ich hab sie in Seidenpapier gewickelt und eine Schleife um den Karton gemacht. Und Blumen hab ich mit hineingelegt.«

»Mein Gott, das sind nur noch drei stinkende Kadaver«, sagte Jan. »Die verwesen. Das sind keine Katzen, keine Kuscheltiere mehr. Das sind nur noch Anziehungspunkte für Ungeziefer.«

Sabine brach in Tränen aus.

Das war die Situation, in die Jan geriet, nachdem er aus der Haft entlassen worden war. Natürlich machte er sich sofort über die Drogenvorräte seiner Freundin her. Er stürzte sich auf ihre Tabletten und brachte auch seinen in der Haftzeit notgedrungen reduzierten Heroin- und Kokainkonsum wieder auf das frühere Niveau.

Den beiden blieb nichts anderes übrig, als Sabines eingespielte Geldquellen weiter zu nutzen. Zwei-, drei- oder auch viermal in der Woche bestellten sie gegen Mitternacht ein Taxi, mit dem Sabine zum »Interconti« fuhr. In ihrem heruntergekommenen Zustand brauchte sie allerdings gute zwei Stunden, um sich vorher zurechtzumachen, damit sie überhaupt irgendeine Chance hatte, einen Freier anzulocken. Doch schon kurz nach Jans Entlassung entdeckte ein Hoteldetektiv Sabine auf dem Hotelflur, als sie gerade mit einem Gast in dessen Zimmer verschwinden wollte. Da er sie schon öfter gesehen hatte, schloß der Detektiv, daß sie einem professionellen Gewerbe nachging.

Sabine erhielt Hausverbot, und mit der finanziellen Grundausstattung für den Drogenkonsum war es fürs erste vorbei.

Flucht am Tropf

Zu jener Zeit kannten Sabine und Jan noch einen einzigen Arzt, der bereit war, gegen nicht allzu hohe Summen auf Privatrezept unbegrenzte Mengen an Kodein-Kompretten und Medinox-Tabletten zu verschreiben. So steigerte Jan in Ermangelung von anderem Stoff seinen Tablettenkonsum. Es traten die üblichen Folgen ein.

Eines Tages hatte er gerade am Winterhuder Marktplatz auf eines seiner Rezepte Medinox-Tabletten besorgt, doch irgendwie hatte er den richtigen Zeitpunkt für seine neue Dosis verpaßt. Während er auf der Bank an der Bushaltestelle saß, bekam er plötzlich einen der so gefürchteten Krampfanfälle. Wie von einer Feder geschnellt, sprang er hoch und krachte auf das Straßenpflaster, wo er wild hin und her zuckte und zappelte und nach einiger Zeit das Bewußtsein verlor.

Erst im Barmbeker Krankenhaus kam er wieder zu sich. Es war vier Uhr morgens, und er lag, nur mit einem Flügelhemd bekleidet, auf einem Bett der Notfallabteilung, den rechten Arm am Tropf. An einer Stange auf drei Rädern hing eine Flasche mit zwei Litern Kochsalzlösung und Calcium. Seine Kleidung lag am Fußende, und das Bett stand auf dem Flur des Krankenhauses, das allem Anschein nach überbelegt war. Jan sah sich plötzlich in einer Situation, wie er sie bei Sabine schon häufig miterlebt hatte. Er hatte nur den einzigen Wunsch, das Krankenhaus sofort zu verlassen. Er wollte wieder zurück in seine Wohnung, zurück in die Nähe der Tabletten. Er brauchte sie, brauchte die Freiheit, nehmen zu können, was er nehmen wollte, jene trügerische Selbstbestimmung über sein eigenes Leben, die ihm in Wahrheit nur von Chemikalien diktiert wurde.

Jan hatte genügend medizinische Kenntnisse, um zu wissen, daß er sich die Kanüle nicht einfach selbst aus der Vene ziehen konnte. Das dünne Rohr, aus dem die Kochsalz- und Calciumlösung in seinen Körper floß, steckte zentimetertief in seiner Ader. Jan stand auf und ging in seinem Flügelhemd, den Tropf im Arm und das dreibeinige Gestell vor sich her schiebend, zur Nachtschwester.

»Entschuldigen Sie, ich möchte, daß Sie mir das Ding hier sofort abmachen. Dann möchte ich mich anziehen, und dann will ich gehen. Ich bin völlig gesund. Mit mir ist alles in Ordnung, was wollen Sie überhaupt von mir?«

»Wenn Sie das wollen«, antwortete die Schwester kalt, »dann müssen Sie warten, bis der diensthabende Arzt hier ist. Aber der kommt nicht vor acht Uhr. Bis dahin müssen Sie sich schon gedulden.«

Jan ging scheinbar gehorsam zu seinem Bett zurück. Dort kleidete er sich mit dem Schlauch und dem Tropf am Arm an. Er schaffte es, Unterwäsche und Hose einigermaßen korrekt anzuziehen, nur mit dem Hemd hatte er einige Probleme, denn der rechte Arm war in der Armbeuge immer noch mit der Kanüle, dem Schlauch, dem Tropf und dem riesigen dreirädrigen Gestänge verbunden. Er hängte sich seine Jacke über die linke Schulter und löste die Tropfflasche von der Aufhängung. So verließ er, die Tropfflasche in der linken, die Kanüle in der Vene des rechten Armes, das Krankenhaus durch eine Seitentür. Mit der U-Bahn, voll von Menschen auf dem Weg zur Arbeit, fuhr er nach Hause. Gegen sechs Uhr morgens stand er bei Sabine vor der Tür. Seine Freundin hatte in der Nacht bei sämtlichen Polizeiwachen angerufen, weil sie dachte, Jan sei verhaftet worden.

»Um Gottes willen, was ist passiert?« fragte Sabine.

»Ist alles klar. Ich bin bloß umgekippt, und die wollten mich im Krankenhaus festhalten. Die wollten mir das Ding hier nicht abmachen, also bin ich einfach so gegangen.« In einem Anflug von Selbstironie fügte er hinzu: »Ich mußte einfach zurück zur Quelle meiner spärlichen Erquickung, drogenmäßiger Art, alles andere ist mir Banane.«

Ein Freund, der gerade mit in der Wohnung nächtigte, zog Jan den langen feinen Plastikschlauch aus dem Arm. Einige Wochen später kam eine Rechnung vom Barmbeker Krankenhaus über einige hundert Mark. Jan sollte den Krankentransport, die Behandlung sowie einen nach der Aufnahmebehandlung verschwundenen Tropf bezahlen.

Jan legte Widerspruch ein.

Er wußte selbst nicht, warum, denn eigentlich war es gleichgültig, ob er die Rechnung mit oder ohne Widerspruch nicht bezahlte. Aber in dem Dreck, dem Elend und dem Chaos seines Lebens hatte er sich eine kleine bürgerlich ordentliche Nische erhalten, und die bestand darin, daß er in der Regel förmlich und korrekt auf Behördenbriefe und dergleichen reagierte – eine winzige Insel bürgerlich bürokratischer Wohlanständigkeit inmitten des Untergangs.

Rezepte selbst gemacht

Tablettenabhängig in schier nicht mehr zu steigerndem Maße, hing Jan an den Produkten von Chemiekonzernen wie Bayer-Leverkusen und Merck, Ciba-Geigy und Hoechst. Sabine und er waren durch den übermäßigen Konsum nahezu jeder marktfähigen, halblegalen Ersatzdroge so weit heruntergekommen, wie man es selbst von Heroin kaum sein konnte. Die Wohnung verrottete immer mehr. Niemand räumte auf, niemand machte sauber. Die Küche war von einer einzigen grünen Schimmelschicht bedeckt. Nur das Bad, der Flur und ein einziges Zimmer wurden noch bewohnt. Und dort drängten sich oft noch mehrere Schlafgäste in Schlafsäcken oder in Decken gehüllt auf dem harten Fußboden. Die Haustür war schon einmal von Leuten eingetreten worden, die in der Wohnung größere Mengen von Drogen vermuteten. Jan hatte sie notdürftig wieder zugenagelt. Schon in der letzten Zeit ihrer Arbeit im Spielkasino hatte Sabine sich nur noch mit Mühe zurück nach Hause schleppen können. Manchmal hatte sie die Spielbank schon lallend betreten, was dem Geschäft nicht gerade gut bekommen war. Nach ihrem Rausschmiß waren Jan und sie auf Sozialhilfe angewiesen und versuchten, dort ein paar zusätzliche Mark lockerzumachen.

»Mir ist meine Brieftasche geklaut worden«, spann Jan dem Beamten vor, »die Sozialhilfe ist weg.« Und dann gab es möglicherweise noch einmal einen Betrag für einen halben Monat. Zusätzliches Bekleidungsgeld und irgendwelche anderen Extras wurden sofort für die Rezepte angelegt.

Das Geld reichte gerade eben für den täglichen Tablettenkonsum, für mehr nicht. Es war ein stumpfsinniges Leben. Doch indem Jan und Sabine sich ständig mit den ihre Gehirnzellen zerstörenden Medikamenten vollstopften, merkten sie kaum etwas von ihrem Elend. Sie vegetierten in ihrer total verdreckten Wohnung vor sich hin und wurden zunehmend apathisch. Mit ihren dürftigen Geldmitteln war es natürlich schon bald nicht mehr möglich gewesen, einen Arzt zu bestechen, damit er ihnen genügend Rezepte ausstellte.

Also war Jan zur Selbsthilfe übergegangen. In einem Kaffeeglas steckten etliche verschiedene Kugelschreiber und Füllhalter. Jan hatte sich zu einem recht passablen Rezeptfälscher entwickelt und konnte die Unterschriften dreier verschiedener Ärzte perfekt nachmachen. So machte er zum Beispiel aus Verschreibungen von zwanzig Medinox- und ebensovielen Kodeintabletten durch den Zusatz »dreimal R. T. P.«, was soviel wie dreimal Wiederholung hieß, die dreifache Menge.

Eines Nachts holte sich Jan aus der Notapotheke eine solche vervielfachte Tablettenration. Kaum hatte er die Tüte in Empfang genommen, fingerte er schon ein paar Tabletten hervor. Er hatte gerade noch Geld, um sich bei »McDonald's« eine kleine Cola leisten zu können, und spülte sie damit runter. Dann wankte er in Richtung U-Bahn Eppendorfer Baum. Er merkte, die Wirkung der Tabletten begann, und er wußte, wie unberechenbar Barbiturate in hohen Dosen waren. Man konnte von einem Moment auf den anderen in Agonie fallen, das Bewußtsein noch mehr oder minder klar, aber ohne jede Kontrolle über seine Glieder. Jan hangelte sich am Geländer der Brücke über dem Isebek-Kanal entlang und die Treppe hinauf zum Bahnsteig. Schwankend stieg er in die nächste Bahn und fuhr bis zur Station Hudtwalckerstraße. Als er dort ausseigen wollte, mit seiner Medikamententüte im Arm, rutschte er plötzlich aus und fiel in den schmalen Zwischenraum zwischen U-Bahn und Bahnsteig.

Der Sturz brachte Jan wieder halbwegs zu Bewußtsein, und drei, vier kräftige Männerhände reckten sich ihm entgegen und zogen ihn aus der Gefahrenzone. Gleich hatte sich eine Menschentraube um ihn gebildet.

»Zurückbleiben bitte, der Zug fährt ab«, tönte es aus dem Lautsprecher.

Jan stand auf und klopfte sich den Staub von der Hose. »Alles in Ordnung«, sagte er, »ich bin nur ausgerutscht.«

Die Tüte mit den Medikamenten hielt er immer noch fest umklammert. Im nächsten Moment aber klappte er zusammen und blieb ohnmächtig auf dem Bahnsteig liegen.

Diesmal wachte er in der Eppendorfer Universitätsklinik auf, mit Mullbinden ans Bett fixiert. Jan riß sich los, stand auf und sagte in barschem Ton zur Krankenschwester: »Geben Sie mir sofort meine Kleidung wieder, was habe ich hier überhaupt zu suchen?« Die Schwester versuchte, Jan dazu zu überreden, bis zum nächsten Morgen zu bleiben, doch er sagte: »Sie geben mir jetzt auf der Stelle meine Kleidung, meine Papiere und mein Geld und alles, was ich sonst noch dabeihatte, oder ich rufe sofort die Polizei. Ich zeige Sie wegen Freiheitsberaubung und versuchten Diebstahls an.«

Die Schwester zuckte die Achseln und ließ Jan gehen. Sie nahm wohl an, daß an Jan nichts mehr zu behandeln war. Er sah längst aus, wie andere unheilbar Süchtige in seinem Stadium auch aussahen, obwohl er von sich selbst zu jener Zeit immer noch ein völlig anderes Bild hatte. Er glaubte, daß er sich nach außen hin, gegenüber Apothekern oder Beamten auf den Behörden, immer noch als solider, werktätiger, steuerzahlender Bürger präsentieren konnte. Doch das war, wie gesagt, längst vorbei, auch wenn es ihm selbst in seinem ständigen Drogennebel nicht mehr auffiel. Er war leichenblaß, hatte ein eingefallenes Gesicht, war völlig abgemagert, fast verhungert. Unrasiert, mit schmutzigen Kleidungsstücken, die um seine ausgemergelten Gliedmaßen flatterten, strömte er einen unangenehmen Geruch aus, ohne selbst etwas davon zu merken.

Die Schwester gab ihm seine Lumpen zurück und am Ende auch die Tüte mit den Medinox und den Kodeinkompretten.

Wie ein Gespenst tauchte er im Morgengrauen bei Sabine auf, die heulend in ihrem Dreck saß und Jan tot wähnte. Der machte die Tüte auf und verteilte einen Teil seines Schatzes an Sabine und die genauso heruntergekommenen Schlafgäste.

Die Vorräte reichten natürlich nicht lange, und so mußte Jan am Wochenende wieder einmal in höchster Not losziehen, um mit seinem verfälschten Rezept Medikamente einzukaufen.

Das Rezept war schon ziemlich abgegriffen. Insgesamt siebenmal hatte er darauf schon eingekauft. In der Lilien-Apotheke am Eppendorfer Baum bediente ihn eine alte Dame und sagte: »Leider habe ich im Moment nur zwanzig Medinox und zwanzig Kodeinkompretten da. Die anderen müssen Sie sich am Montag abholen.«

Sie behielt das Rezept da und gab Jan statt dessen eine Nummer. Jan zog nach Hause, und am Montag war sein erster Gang der in die Apotheke. Er hatte sich, so gut es ging, herausgeputzt, sich die Haare gekämmt, die Schuhe gesäubert, ein Jackett und eine Hose zumindest mit der Ahnung einer Bügelfalte angezogen. Er legte die Nummer auf die Ladentheke und sagte: »Ich möchte die Medikamente abholen.«

»Der Lieferant war noch nicht da«, sagte die Apothekerin. »Kommen Sie doch in zwanzig Minuten noch einmal vorbei, dann sind die Sachen ganz bestimmt da.«

Eine halbe Stunde später kam Jan zurück. Kaum hatte er die Apotheke betreten, tauchten vier uniformierte Polizeibeamte vor ihm auf.

»Sie sind festgenommen, wegen Urkundenfälschung und Arzneimittelmißbrauchs.«

Das war im April 1982.

Peepshow und Krankenbett

Auf der Polizeiwache mußte sich Jan entkleiden und wurde bis in die letzte Körperspalte durchsucht. Allerdings übersahen die Beamten einen kleinen Riegel mit zehn Medinox-Tabletten, die er als eiserne Reserve in der Tasche seines Oberhemdes aufbewahrte.

In einem grünen VW-Bus wurde Jan ins Rauschgiftdezernat am Berliner Tor verfrachtet. Während der Fahrt dachte er plötzlich an seine zehn Medinox. Aus Angst, daß sie bei der nächsten Leibesvisitation gefunden werden könnten, schluckte er sie alle auf einmal, ohne etwas zu trinken, allein mit seinem Speichel unzerkaut hinunter. Er hatte nicht gefrühstückt und nur ein wenig Flüssigkeit und die Chemie im Magen, als er ins Vernehmungszimmer geführt wurde.

Ein untergeordneter, wichtigtuerischer Beamter baute seine Schreibmaschine auf und wollte Jan zur Person und zur Sache vernehmen. Doch bei dem begannen die Tabletten langsam zu wirken. Er fühlte sich, als würde seiner Wahrnehmungsfähigkeit ein Filter nach dem anderen vorgeschoben. Anfangs war er noch verhältnismäßig keß, und auf die Frage: »Geboren?«, antwortete er mit einem einfachen »Ja«. Doch dann reagierte er brav auf alle weiteren Fragen, so lange, bis er wortlos vom Stuhl fiel.

Er erwachte angeschnallt in der »Peepshow«, wie die altgedienten Knackis die Station B 2 in der Untersuchungshaftanstalt Holstenglacis nannten. Es war die Beobachtungszelle für Freitodgefährdete. In ihr brannte Tag und Nacht Licht, und alle fünf Minuten sah ein Beamter herein. Jan lag auf dem Bett und mußte erst einmal in seinem vernebelten Gehirnkasten zusammenbekommen, wie er überhaupt hierhergekommen war.

Jan hatte Glück, daß der Chef der psychiatrischen Krankenabteilung des Untersuchungsgefängnisses gerade im Urlaub war und ein junger Assistenzarzt das Kommando hatte. So wurde er aus der tristen Einzelzelle in einen weiß gestrichenen

Krankensaal mit weißer Bettwäsche, Kopfkissen und echten Daunendecken verlegt. Dort traf er auf einen alten Knacki, dem er schon häufiger bei seinen verschiedenen Gefängnisaufenthalten begegnet war. Franz arbeitete in der Krankenabteilung als Gehilfe des Masseurs und kam deshalb mit vielen Gefangenen in Berührung. Gleich bei seinem zweiten Treffen mit Jan drückte er ihm ein kleines Stück Haschisch und eine kleine Pfeife in die Hand. Jan stellte sich an eines der großen Fenster im fünften Stock des Haftkrankenhauses und steckte sich die Pfeife an.

Doch im Gegensatz zu den Barbituraten, mit denen er sich ständig betäubt gehalten hatte, wirkte das Haschisch eher bewußtseinserweiternd und gefühlsverstärkend. Plötzlich ging ihm sein ganzes Elend, gingen ihm seine ganzen Schmerzen durch den Kopf. Er sah die Aussichtslosigkeit seiner Situation. Inzwischen waren weitere Anzeigen von Apotheken eingegangen, bei denen er gefälschte Rezepte vorgelegt hatte. Jan klopfte die Haschischpfeife aus und ließ sich am Abend vom Sanitäter zwei kümmerliche Schlaftabletten geben. Nach einer Stunde döste er ein, doch im Schlaf bekam er plötzlich Krämpfe. Er stürzte aus dem Bett und landete verkrümmt mit Schaum vor dem Mund auf dem Boden.

In einem völlig kahlen Raum, auf der Gummimatratze eines hohen Rollbetts kam er wieder zu sich. Er war festgeschnallt und von rechts oben in der Ecke der Zelle wurde er mit einer Videokamera beobachtet. Über seinem Körper baumelte eine Schnur mit einem kleinen Knopf, den er erreichen konnte, um Hilfe zu rufen. Kaum war er wieder halbwegs bei Bewußtsein, überfiel ihn eine panische Angst, und er drückte wie wild auf den Knopf. Den Sanitätern sagte er, sie müßten ihm unbedingt eine höhere Dosis Schlafmittel geben, denn er leide unter Barbituratentzug.

Vier Wochen blieb Jan in der Krankenabteilung und konnte sich zumindest ein wenig erholen. Weil er starkes Untergewicht hatte, bekam er morgens Grießbrei mit einem Stück Butter, Weißbrot mit Marmelade, einen Liter Milch extra und Obst.

Mittags erhielt er Diabetiker-Essen, das portionsweise in der Anstaltsküche gekocht wurde, und nicht die Einheitsnahrung aus den riesigen Dampftöpfen. Doch dann konnten die Ärzte die Vorzugsbehandlung des Gefangenen Jan C. ihren Vorgesetzten gegenüber nicht länger vertreten. Er mußte in den normalen Untersuchungshaftvollzug. Dort kam er bis zu seiner Verhandlung in eine Drei-Mann-Zelle. In erster Instanz wurde er schuldig gesprochen und zu zwei Jahren Gefängnis ohne Bewährung verurteilt. Sein Anwalt legte sofort Berufung ein.

Wenig später kam der Fall erneut vor die Strafkammer. Das Gericht tagte in einer ehemaligen Schule im Hamburger Stadtteil Barmbek. Dort gab es Ausweichräume, da die eigentlichen Gerichtssäle wegen der steigenden Zahl der Drogendelikte hoffnungslos überlastet waren. Diesmal war ein weißhaariger alter Psychiater als Gutachter eingesetzt worden, dem Jan erzählt hatte, daß er bereits unmittelbar nach seiner letzten Haftentlassung den ersten Rückfall in die Drogensucht erlitten habe. Von da an habe er in einer einzigen Kette von Betäubung und Beschaffung gelebt.

Die Strafe wurde zur Bewährung ausgesetzt.

Kaum hatte er gemeinsam mit seinem Anwalt den provisorischen Gerichtssaal verlassen und war in dessen Wagen einen knappen Kilometer in Richtung Innenstadt gefahren, da tauchten im Rückspiegel drei Peterwagen mit Blaulicht auf, überholten die beiden und stellten sich quer. Sechs Polizisten zerrten Jan aus dem Auto und sagten: »Moment, Sie sind noch nicht entlassen. Sie haben noch eine Geldstrafe von dreihundertdreiundzwanzig Mark zu bezahlen. Die ist umgewandelt worden in achtzehn Tagessätze. Demnach haben Sie noch achtzehn Tage zu verbüßen.« Zurück ging es ins Untersuchungsgefängnis, wegen eines Verkehrdelikts. Dort verlangte Jan, zum Sozialfürsorger gebracht zu werden.

»Bitte rufen Sie meine Mutter an. Und fragen Sie, ob sie diese dreihundertdreiundzwanzig Mark für mich bezahlen kann. Sie muß sofort hierherkommen und das Geld einzahlen, sonst muß ich in Haft bleiben.«

Noch vor Schluß der Kassenzeit erschien Jans Mutter und löste ihren Sohn aus. Jan war wieder in Freiheit. Jene fünf Monate und drei Wochen Haft, die er hinter sich gebracht hatte, waren seit langem die einzige Zeitspanne in und außerhalb des Gefängnisses gewesen, in der er so gut wie keine Drogen genommen hatte.

Völlig clean und klar im Kopf konnte er sich wieder in die Drogenszene begeben.

Ein Blick zurück ins Leben

In der Zwischenzeit war Sabine völlig zusammengebrochen. Sie war nicht mehr in der Lage gewesen, für sich selbst zu sorgen. Daraufhin hatten Jans und Sabines Mutter ihre Wohnung geräumt. Inneneinrichtung, Müll, Dreck und verkommene Kleidung sowie die immer noch in der Wohnung liegenden Katzenkadaver wanderten auf den Müll. Sabine selbst war bei einem alten Freund untergekrochen und hatte dort unter Wahnsinnsqualen einen allerdings erfolgreichen Tablettenentzug durchgestanden. Auch sie war inzwischen clean.

Jans Mutter nahm ihren Sohn im Auto mit. Nach kurzem Überlegen kam sie zu dem Schluß, daß Jan vorübergehend in der Wohnung seines Vaters in Blankenese am besten aufgehoben sei. Seit Jans Mutter von ihm geschieden war, lebte er völlig allein. Mit fünfzig Mark Taschengeld, zwei Plastiktüten und einem Pappkarton lieferte sie ihn in Blankenese ab.

Jans Vater begrüßte ihn nur kurz. »Hier in dem Zimmer machen wir dir ein Bett zurecht«, sagte er, »da kannst du erst einmal schlafen.«

Es war der Spätsommer des Jahres 1982. Wieder in der Umgebung seiner Jugend, ging Jan am ersten Tag der neuen Freiheit die Treppen zum Strandweg hinunter. Er traute sich nicht, bei Sabine anzurufen, da er wußte, daß er ihr nicht helfen konnte, wieder auf die Füße zu kommen. Jeder Kontakt, das war ihm klar, würde sie nur wieder in Gefahr bringen – genau wie ihn. Aber außer ihr hatte er keine Freunde und keine Bekannten mehr in Hamburg. Er war vollkommen allein.

Es war ein herrlicher Sommerabend. Über der Elbe ging die Sonne unter, die Wege und Straßen waren voller Liebespaare und Touristen. Die Büsche am Wegrand blühten noch, die Treppen und Stiegen waren zugewachsen mit Blumen, und über allem lag Blütenduft und der Geruch der Elbe. Er hatte das Gefühl, ein Stigma auf der Stirn zu tragen, das jedem, der ihn ansah, sagte, er komme gerade aus dem Gefängnis. Jan hatte Angst vor den Menschen und wagte kaum, sie anzusehen.

Am Ende des Strandweges ging er beim Süllberg die Treppe nach oben und weiter über die verschlungenen Wege, die er noch aus der Kindheit kannte. Unterhalb des Süllberg-Restaurants setzte er sich auf eine kleine Bierterrasse und bestellte sich ein Alsterwasser, halb Bier, halb Brause. Er saß allein an seinem Tisch und sah auf die Elbe hinunter, sah die Segelboote und dachte zurück an seine Jugend. Er geriet in eine vollkommen depressive, melancholische Stimmung. Zum ersten Mal seit langem begann er, über sein verpfuschtes, schnelles Leben nachzudenken.

Kaum jemals hatte er erlebt, daß seine Gefühle so weit an die Oberfläche gestiegen waren. Er hatte sich dagegen gesperrt, hatte dagegen angekämpft, doch plötzlich erlosch jeder Widerstand, plötzlich konnte er die Elbe nicht mehr klar erkennen. Tränen liefen ihm über das Gesicht. Das hatte er seit eineinhalb Jahrzehnten nicht mehr erlebt. Er saß allein da, war auf Bewährung frei, und man hatte ihm sogar eine Haftentschädigung zugesprochen. Er durfte bei seinem Vater wohnen, er hatte die Unterstützung seiner Mutter. Doch sein völlig zermanschtes und zerborstenes Leben lag nicht etwa hinter ihm, er steckte mittendrin. Seine erste Frau Meike fiel ihm ein, die gerade aus der Haft entlassen worden war, seine Tochter Petra, die er eine Ewigkeit nicht mehr gesehen hatte. Vollkommen klar, wenn auch durch einen tränenverhangenen Blick, sah er seine verpfuschte Existenz vor sich liegen.

Spät am Abend lief er niedergeschlagen auf Schleichwegen

zurück in sein Elternhaus. Er sagte seinem Vater kurz gute Nacht und zog die Zimmertür hinter sich zu. Er legte sich aufs Bett und starrte bis zum nächsten Morgen unentwegt an die Decke, ohne ein Auge zu schließen. Am Ende stand sein Entschluß fest. Er wollte Sabine anrufen, die einzige Bezugsperson, der er vertrauen konnte und die sicher auf ein Lebenszeichen von ihm wartete.

Am Morgen hatte er sich weit genug im Griff, um den Weg zurück in die Sucht systematisch zu planen. Er wußte, er konnte die alten Schienen nicht verlassen. Er war Morphinist und damit auch weiterhin auf Drogen fixiert. Er wußte sich keinen anderen Lebensinhalt zu geben, hatte keine anderen Ideen. Aber wenn er es doch versuchen würde?

Wieder fand er sich an einer Weggabelung, an der er entscheiden mußte, ob er die rechte oder die linke Route einschlagen wollte. Er wußte, wenn er Sabine anrief, die irgendwo weit weg von ihm desperat und desolat versuchte, wieder auf die Füße zu kommen, dann war der Weg klar vorgezeichnet, gemeinsam würden sie zurück in die Drogenhölle schlittern. Tat er das aber nicht, sondern versuchte, möglichst lange bei seinem Vater zu bleiben, sich eine Arbeit zu suchen, irgend etwas anderes zu tun, dann hatte er vielleicht eine Chance, vielleicht, und war sie noch so klein...

Schon einen Tag später hielt er die Stille des bürgerlichen Wohnviertels am Elbabhang nicht mehr aus. Er ging an die Orte, wo er sich während der Schulzeit mit seinen Freunden getroffen hatte, wo sie ihre ersten Mädchenbekanntschaften geschlossen und die ersten Joints geraucht hatten. Auf der Straße traf er ein paar Leute, die ihn wiedererkannten.

»Mensch, wie geht es dir? Was machst du denn?« wurde er gefragt, obwohl es ihm jeder ansehen konnte.

Er hatte den Freunden von einst nichts zu antworten. Sie hatten inzwischen Karriere in bürgerlichen Berufen gemacht. Früher hatte er sie alle überflügelt, war der Großdealer gewesen, mit Haschisch und Mercedes und Jaguar und einem Nummernkonto in der Schweiz. Aber jetzt war er nichts mehr, war ein Dreck, ein zerfledderter Tablettenfreak, der gerade wieder aus dem Knast entlassen worden war, mit einem Schuhkarton als ganzer Habe. Er war Müll, Abfall, und so hielt er sich einfach nicht mehr aus.

Jan nahm die S-Bahn, fuhr in die Stadt und ging im Karolinenviertel ins »Gewinde«, eine bekannte Drogenkneipe der sechziger, siebziger und frühen achtziger Jahre. Er setzte sich an einen Tisch und hielt nach Bekannten Ausschau. Es dauerte nicht lange, da bot ihm einer einen Riegel Kodeinkompretten an. Jan nahm sie und spülte sie gleich hinunter. Endlich war da wieder dieses dumpfe Gefühl, mußte er nicht mehr über seine aussichtslose Situation nachdenken. Endlich hatte er wieder ein Ziel vor Augen, nämlich die nächste Packung Betäubungsmittel. Er ging rüber nach St. Pauli in die Kneipe »Zur roten Laterne«, wo sich die Prostituiertenszene mit Medikamenten eindeckte. Die Reste seiner fünfzig Mark Taschengeld, die er von seiner Mutter erhalten hatte, legte er in zehn Kodeinkompretten und zehn Medinox an. Von beiden schluckte er sechs Stück und fuhr zurück ins »Gewinde«. Die Abendsonne schien noch ein wenig, er setzte sich in den Garten und bestellte sich einen halben Liter Bier. Dann ging er zum Telefon und rief Sabine an.

»Wo bist du denn?« fragte sie.

»Ich sitze nur ein paar hundert Meter Luftlinie von dir entfernt im ›Gewinde‹. Ich bin vor zwei Tagen auf Bewährung aus dem Knast entlassen worden. Jetzt bin ich hier und bin wahnsinnig allein und wahnsinnig durcheinander. Ich würde dich gern sehen.«

»Okay, ich komm vorbei.«

Nach einer knappen halben Stunde war sie da, immer noch vollkommen abgemagert, mit Ringen unter den Augen und den Spuren des Entzugs im Gesicht. Aber sie hatte sich hübsch gemacht und war ja auch noch ziemlich jung, noch nicht mal Mitte zwanzig. Als sie sich gegenüberstanden und dann in die Arme fielen, da schnappte auch die Falle der Drogensucht wieder zu. Sabines mühevoller Entzug war vergessen, Jans stilles, zurückgezogenes, normales Leben bei seinem Vater war nach nicht einmal zwei Tagen wieder vorbei. Die beiden entschlossen sich, zusammenzubleiben und ihr altes Leben wieder aufzunehmen. Sie hatten nichts, und sie standen vor dem Nichts.

Die Leichenfledderer

Jan fiel ein Rocker ein, den er bei seinem vorletzten Gefängnisaufenthalt kennengelernt hatte. Der wohnte in einer kleinen Wohnung in Eidelstedt. Jan und Sabine setzten sich in die S-Bahn und fuhren hin. Der Rocker und seine Freundin nahmen die beiden auf, denn sie hofften, daß die Gäste für ständigen Drogennachschub sorgen würden. Außerdem konnte man so die gemeinsame Haushaltskasse durch zusätzliche Zahlungen vom Sozialamt aufbessern. Über fingierte Untermietverträge erschlichen Jan und Sabine sich ein paar hundert Mark Mietbeihilfe, dazu Bekleidungsgeld. Insgesamt schafften sie es, gute dreitausend Mark zusammenzubekommen.

Ihre »Vermieter« lebten von Ladendiebstählen, kleinen Betrügereien und Einbrüchen. Sie hatten sich eine besonders miese Methode des Gelderwerbs ausgedacht. In ihrem großen Bekanntenkreis von Drogensüchtigen hörten sie mit gespitzten Ohren zu, wer gerade frisch verhaftet worden war. Dann fuhren sie zu deren Wohnungen, brachen die Türen auf, stahlen Fernseher, Stereoanlagen, Lederjacken und alles, was sich in An- und Verkaufsläden verhökern ließ. Es waren ihre Bekannten, ihre angeblichen Freunde und Kumpels, die sie da bestahlen, weil sie wußten, daß die nicht plötzlich auftauchen und sie bei ihrem Einbruch überraschen würden.

Jan und Sabine konnten nur auf ihre Sozialhilfe zurückgreifen, und schon bald wurden sie als Schlafgäste lästig. Sie wurden aufgefordert, ein bißchen Geld dazuzulegen, wenn es um die Drogenbeschaffung ging. Es war ein neues Schmerzmittel auf den Markt gekommen, das von den Ärzten nur in ganz schweren Fällen verschrieben wurde. Und ebendieses Mittel war plötzlich in der Szene angesagt.

Sie fuhren mit U-Bahn und Bussen Apotheken und Ärzte ab, um Rezepte dafür zu bekommen. Wieder erlebten sie eine neue Umdrehung in ihrer nach oben offenen Suchtspirale.

Es dauerte nicht lange, bis auch Jan ins Einbruchgeschäft mit hineingezogen wurde. Das Problem war, daß Sabine und er kein Auto hatten und auf Bus und Bahn angewiesen waren. Ein paar Mal hatte Jan bereits seinen Vater besucht und ihn angepumpt, und eines Tages dann fuhr er wieder hinaus nach Blankenese.

Sein Vater arbeitete nicht mehr. Er hatte eine Thrombose im Bein und war kaum noch in der Lage, selbst Auto zu fahren. Doch in der Tiefgarage hatte er einen gepflegten Audi 100 stehen. Der Wagen gab ihm das Gefühl, noch nicht zum alten Eisen zu gehören, sondern ein selbständiger älterer Herr zu sein, der nach wie vor mobil war. Nachdem Jan von seinem Vater zweihundert Mark geschnorrt hatte, stahl er ihm den Autoschlüssel und holte den Wagen aus der Garage. Dann fuhr er hinaus nach Eidelstedt und führte stolz seine neueste Errungenschaft vor.

»So, jetzt haben wir einen fahrbaren Untersatz. Das ist der Wagen von meinem Vater, er hat ihn mir geliehen, denn er braucht ihn nicht mehr. Er ist schon zu alt.« Doch so heruntergekommen er auch war, während er das erzählte, überkam ihn ein Anflug von Scham. Er hatte seinem alten, allein und einsam lebenden Vater das Auto geklaut, das, worauf er stolz war und woran er sich gegen sein Alter festklammerte.

Aber Jan mußte ohnehin gerade ein paar Tabletten einwerfen, um nicht in Krampfzustände zu verfallen, und das verdrängte jeden anderen Gedanken. Am Abend wollten ihre Vermieter wieder einmal auf Diebestour gehen. Ihr eigener Wagen war zu klein für die erwartete Beute, und so liehen sie sich bei Jan den Audi aus. Er mußte ihnen den Wagen überlassen, denn Sabine und er waren den beiden auf Gnade und Ungnade ausgeliefert.

»Hier sind die Schlüssel, aber fahrt langsam und vorsichtig. Wenn ihr ein Ding damit macht, dann parkt den Wagen bitte nicht direkt vor der Tür.«

Spät in der Nacht kamen sie wieder, den Wagen bis zum Dach beladen mit Diebesgut.

Jan und Sabine fuhren nun wieder öfter zum Kiez. Sabine machte in einem Stundenhotel, das sie kannte, gelegentlich ein oder zwei Freier. Jan wartete solange in einer Kneipe und trank Cola-Rum, damit die Wirkung der Medinox und Kodeinkompretten schneller einsetzte. Eines frühen Morgens dann fuhren er und Sabine mit dem Audi die Kieler Straße hinunter. Betrunken und von Tabletten halb betäubt, fuhr Jan nicht schneller als zwanzig. Er merkte kaum, daß er immer langsamer wurde, auf den Fahrradweg geriet und dann auf den Fußweg. Im gerade noch doppelten Fußgängertempo rammte er einen Laternenpfahl. Jan setzte kurz zurück und fuhr den Wagen in die nächste Seitenstraße. Dort ließen sie das Fahrzeug stehen und hielten ein Taxi an.

Am nächsten Tag rief die Polizei bei Jans Vater an und meldete ihm den Unfall. Der hatte inzwischen natürlich gemerkt, daß Jan ihm das Auto aus der Garage geholt hatte. Der Polizei sagte er: »Ja, das wird mein Sohn gewesen sein. Er hat den Wagen bei mir ausgeliehen.«

Schließlich kamen Jans und Sabines Mitbewohner auf die Idee, die umständlichen Einbruchsdiebstähle aufzugeben und sich statt dessen das Gift auf direktem Wege zu besorgen. So irrten sie nachts durch Hamburg und klapperten die verschiedensten Apotheken ab, um festzustellen, welche sich wohl am besten eignete. Sie hatten sich ein bißchen Mut angetrunken und ihre übliche Tablettenration noch obendraufgesetzt. Ihre Hemmungen und ihre Ängste waren weg.

Im Kellereingang einer Apotheke zerschlug Jan mit dem Ellbogen eine Scheibe. Die Lederjacke war zerrissen, der Arm blutete, aber die Tür ging nicht auf. Gegenüber bremste ein Streifenwagen, doch die vier versteckten sich im Kellerloch, und der Wagen fuhr weiter. Anschließend versuchten sie es bei einer anderen Apotheke und bearbeiteten das Kellerfenster mit Schraubenziehern, Hämmern und Zangen. Sie schafften es, in den Keller einzudringen und arbeiteten sich mit ihrem Handwerkszeug durch fünf Türen, bis sie tatsächlich in der Apotheke standen.

In einem hinteren Raum stand ein riesiger Stahlschrank mit Sicherheitsschloß. Sie versuchten, die Tür mit ihren Einbruchswerkzeugen aufzuhebeln, doch ohne Erfolg. So schlichen sie wieder nach draußen, kehrten zum Auto zurück und fuhren in ein Schrebergartenhäuschen nach Niendorf, wo weiteres Werkzeug bereitlag. Im Dämmerzustand, voll mit Barbituraten und Kodeintabletten, fuhren sie zurück zur Apotheke und drangen noch einmal bis in das Hinterzimmer vor, in dem der Stahlschrank stand. Mit ihrem Brecheisen schafften sie es, die Tür zu öffnen, und deckten sich mit Opiaten und Betäubungsmitteln ein. Wenige Tage später stand die Polizei vor der Tür. Zwei Leute in Overalls mit einer Feuerwehraxt und einem Brecheisen machten sich daran, die Wohnung auseinanderzunehmen. Zwei Beamte vom Mobilen Einsatzkommando mit Panzerwesten und Maschinenpistolen gaben ihnen Rückendeckung, und ein halbes Dutzend Leute vom Rauschgiftdezernat überwachte die Aktion. Die Tapeten wurden von den Wänden gerissen, die Matratzen aufgeschlitzt, der Teppichboden herausgerissen. Zu ihrem Glück hatten sie die Beute außerhalb der Wohnung deponiert.

Jan und sein Rocker-Freund wurden in einen vergitterten VW-Bus gesetzt, und sie fuhren zum Polizeihochhaus Berliner Tor. Es stellte sich heraus, daß jener Kumpel aus Niendorf, von dem die Brechstange stammte, bei der Polizei gesungen hatte. Doch die Beweise gegen Jan reichten nicht aus. Und so mußten die Beamten ihn wieder laufen lassen.

Die nächsten Wochen waren verhältnismäßig frei vom üblichen Beschaffungsdruck, aber dann gingen die besseren Stoffe aus dem Apothekeneinbruch zur Neige, und Jan und Sabine mußten mit den ebenfalls gestohlenen Ersatzdrogen auskommen. Das waren Gifte mit starken Nebenwirkungen, die zu geistigen Ausfallerscheinungen und Sehstörungen führten und die die Schleimhäute austrocknen ließen. Immer wieder kam es zum Streit mit den Wohnungsbesitzern, und schließlich mußten Jan und Sabine ausziehen.

Mit ihrer letzten Habe und ein paar Resten aus dem Apothekenbruch fuhren sie in die Innenstadt. Sie wußten nicht mehr, wo sie bleiben sollten. Zu seinem Vater traute sich Jan nicht mehr, denn er hatte keine Ahnung, wie der die Sache mit dem Auto aufgenommen hatte. Sie stiegen in einem billigen Hotel in St. Georg ab und hatten nur noch Geld für zwei oder drei Übernachtungen.

Zwischen Delirium und Strich

Jan brachte seine Zeit im »Wienerwald« zu, saß dort stundenlang vor einer einzigen Tasse Kaffee. In der Zwischenzeit versuchte Sabine auf dem Autostrich ein bißchen Geld zu verdienen, mit dem sie dann am Abend kam, um ihn auszulösen.

Sie wohnten in einem Zimmer ohne Bad, für sechzig Mark pro Tag. Sabine schaffte gerade so viel an, daß es für Übernachtung und Lebensunterhalt reichte. Die Apothekengifte waren bald verbraucht, bis auf ein paar äußerst gefährliche Scophedal-Ampullen, die Jan in Alsternähe vergraben hatte, und sie hatten keinen Kontakt zu irgendwelchen Heroindealern. So machten sie notgedrungen einen Entzug durch. Jan schaltete auf Jägermeister um. In seinen wachen Momenten wurde ihm durchaus klar, wie erbärmlich und phantasielos ihr Leben war. Ihm war peinlich, daß Sabine anschaffen ging. Doch alle hochkommenden Gefühle verdrängte er und betäubte sie vor allem mit Alkohol. Wie alle im Milieu überlegten sie ständig, wie sie vom Strich herunterkommen könnten. Und wie alle dort in St. Georg schafften sie es nicht.

Zu jener Zeit war die Szene in St. Georg noch nicht in der Hand von Türken und Nordafrikanern. Die Drogenszene war vorwiegend deutsch. Doch die Mädchen auf dem Babystrich hingen auch damals schon fast alle an der Nadel. Mehr und mehr zogen die professionellen Groß- und Kleindealer auf diesen aufblühenden Markt.

Trotz ihrer inzwischen jahrelangen Erfahrungen verhielt sich Sabine immer noch ziemlich naiv. Eines Abends ging sie von ihrem Standplatz am Hansaplatz ins Kellerlokal »Bei Tante Else«. Ein Tunesier sprach sie an und machte ihr mit Versprechungen den Mund wäßrig: Wenn Sie mit ihm nach Hause käme, würde er ihr ein Gramm Heroin schenken und noch fünfhundert Mark dazu. Sabine folgte ihm in eine Souterrainwohnung unter einer billigen Absteige. Dort wurde sie von dem Mann dann vergewaltigt und als sie nicht aufhörte, sich zu wehren, brutal zusammengeschlagen.

Mit blutiger Lippe, blutender Nase und aufgerissener Augenbraue konnte sie schließlich flüchten. Sie lief zur Polizeidienststelle in der Kirchenallee, um Anzeige zu erstatten, doch die Beamten lachten sie nur aus und erklärten: »Da können wir auch nichts machen. Das ist Ihre eigene Schuld.«

Sabine fing an zu weinen und zu schreien, und so wurde sie vor die Tür gesetzt.

Jan hatte im »City-Treff« auf sie gewartet. Als sie ihm atemlos und immer noch weinend ihre Geschichte erzählt hatte, stand er auf, um selbst auf die Polizeiwache zu gehen. Doch dann zögerte er. »Ist wohl besser, ich geh da nicht hin.« Er nahm Sabine beim Arm und sagte: »Wir können versuchen, den Kerl selbst zu finden. Den knöpfe ich mir vor.«

Sabine zeigte ihm, wo sie dem Tunesier in die Hände gefallen war, und Jan stürzte sich auf den erstbesten dort sitzenden Nordafrikaner.

»Der ist es nicht, der ist es nicht«, stammelte Sabine und versuchte Jan am Ärmel zurückzuhalten, doch der packte den Mann an den Schultern, schüttelte ihn und fragte: »Wo ist dieser Tunesier, dein Freund?«

»Was willst du, Mann. Ich kenne keinen Tunesier.«

Jan und Sabine mußten unverrichteter Dinge wieder abziehen.

Eines Nachts stieg Sabine zu einem Mann ins Auto, verabredete einen Preis und nahm an, daß er mit ihr auf einen nahegelegenen Parkplatz fahren würde. Doch der Mann gab Gas, fuhr über ein paar rote Ampeln bis hinaus zur Autobahnauffahrt Veddel. Dort stoppte er abrupt, nahm Sabine die Handtasche weg, stieß sie aus dem Auto und gab Gas. Da stand sie nun irgendwo zwischen den Elbbrücken, ohne Geld, ohne Handtasche und ohne Papiere. Zu Fuß ging sie zurück nach St. Georg.

Wenig später traf Jan auf der Straße in St. Georg einen alten Kumpel aus dem Knast, dessen Frau ebenfalls anschaffen ging. Die beiden wohnten in einer Drei-Zimmer-Sozialwohnung in der Eiffestraße. Als Jan ihm erzählte, daß Sabine gerade so viel Geld verdiente, daß sie das Zimmer in der Pension bezahlen konnten, lud Bernd die beiden ein, für ein paar Wochen bei ihnen zu wohnen.

Also zogen Jan und Sabine eines Abends mit ihren wenigen Habseligkeiten zu Jans altem Kumpel. Es war ein richtiger Junkie-Turm. Nur ein einziges Zimmer war bewohnbar. Das Hauptmöbelstück darin, ein großes Doppelbett, war ungemacht, zerrissen und schmutzig, mit riesigen Brandlöchern. Bernd und Brigitte waren so auf den Hund gekommen, daß sie sich kein richtiges Gift mehr leisten konnten. Sie waren vollkommen auf Kodeinkompretten dosiert, die ihnen ein freundlicher Arzt verschrieb. Den Stoff zerstampften sie, lösten ihn auf, filterten ihn und zogen ihn mit einer Spritze auf. Dann schossen sie ihn sich in die Vene.

Jan hatte es auch schon einmal probiert, mit einem Destillat aus fünf Tabletten. Er war gleich nach hinten weggekippt und hatte einen Erstickungsanfall erlitten. Eine halbe Stunde lag er bewußtlos auf dem Fußboden. Trotz dieser üblen Erfahrung versuchte er das Rezept immer wieder, so lange, bis sein Körper sich daran gewöhnt hatte.

Jan und Sabine lebten eine Reihe von Wochen bei Bernd und Brigitte, dann bekam Jan den Verdacht, daß sein Wohnungsgeber mit der Polizei zusammenarbeitete. Er erhielt merkwürdige Briefe vom Rauschgiftdezernat, und in St. Georg fing man an, über ihn zu munkeln. Jan hatte das Gefühl, er und Sabine müßten sich dringend eine andere Bleibe suchen.

Eines Nachts wachte Jan dann auf und stellte fest, daß Bernd neben ihm auf dem Bett saß und in seinen schmutzigen Socken herumfummelte.

»Was soll das denn werden?« fragte Jan.

»Willst du mit mir Socken tauschen?« nuschelte Bernd. »Ich tausche gerade die Socken gegen meine Brieftasche.«

Jan war jetzt hellwach, sah sich Bernd an und stellte fest, daß der vollkommen weggetreten war. Bernd stammelte etwas von Ampullen, die er gefunden habe, und Jan wußte sofort, daß es sich dabei nur um sein Scophedal handeln konnte, das letzte hochgiftige Überbleibsel aus dem Apothekenbruch, das er in seiner Not wieder ausgebuddelt hatte und sich in Miniaturdosen verabreichte. Es dauerte mehr als vierundzwanzig Stunden, bis Bernd wieder halbwegs zu sich kam.

Als er sah, daß sein Mitbewohner den Wahnsinns-Schuß zumindest lebend überstanden hatte, sank auch Jans Scheu vor dem Teufelszeug. So setzten er und Sabine sich, als sie wieder einmal ziemlich auf dem Affen waren, einen Scophedal-Schuß. Schlagartig verlor Jan die Orientierung.

In einer Ecke der Wohnung stand eine Rolle mit Teppichboden, die bleigraue Gummierung nach außen. Jan sah darin plötzlich »Papa Joe«, den Neger von St. Pauli, mit seiner blaßschwarzen Gesichtsfarbe. Jan begann ein endloses Gespräch mit der Teppichrolle, bis er neben sich plötzlich Sabine liegen sah, käseweiß im Gesicht. Er dachte, sie hätte sich eine Überdosis verpaßt, schüttelte sie und gab ihr links und rechts heftige Ohrfeigen. Er schrie sie an: »Wach auf, wach auf. Du hast eine Überdosis.«

In Wirklichkeit jedoch war es ein schmutziges Kopfkissen, das er da traktierte. Sabine war währenddessen dabei, die Schränke auszuräumen und den Inhalt in der Wohnung zu verstreuen. Dabei sagte sie immer wieder: »Du, komm mal her, der ganze Schrank, da sind überall Leichen im Schrank.« Als sie schließlich dabei war, das gesamte Geschirr aus der

Küche in die Badewanne zu werfen, kamen Bernd und Brigitte nach Hause. Minuten später lagen Jans und Sabines Siebensachen auf der Straße, und sie selbst flogen hinterher. Schritt für Schritt, ein Bein vor das andere setzend, tasteten sie sich vor, bis sie irgendwann wieder in St. Georg landeten.

Sabine schaffte wieder auf dem Autostrich an, und für fünfundvierzig Mark pro Nacht bezogen sie ein Zimmer im Hotel »Rose«. Mit Duschbad und Kochnische war es verhältnismäßig luxuriös ausgestattet. Vom Sozialamt bekamen sie aufgrund der drogenbedingten, behördlich bestätigten Vollinvalidität jeder siebenhundertachtzig Mark für den laufenden Monat. Dazu gab es noch einen Zuschuß für das Zimmer, so daß sie jeden Tag für ihre Unterkunft praktisch nur zwanzig Mark zahlen mußten.

So vegetierten sie in ihrem Hotelzimmer vor sich hin, abends zog Sabine los und verdiente das Geld für ein warmes Essen und vor allem für die Kodeintabletten. Manchmal stand sie stundenlang an der Straße und wurde von keinem einzigen Freier angesprochen. Einmal versprach ihr eine Gruppe Inder eine große lukrative Party mit reichlich Drogen. Sabine ging mit ihnen in einen der Hinterhöfe an der Langen Reihe. Dort wurde sie nacheinander von zehn Männern vergewaltigt.

Ein Dealer versucht sein Comeback

Eines Tages stürmte Sabine in den »City-Treff«, wo Jan wieder einmal den Tag absaß.

»Du, bezahl schnell und komm mit raus. Gerade hat mich jemand angesprochen, der Heroin verkaufen will. Der kennt hier keinen und braucht Kunden.«

Jan ließ sich durch das Fenster eine lange, dürre Gestalt auf der anderen Straßenseite zeigen, dann stand er langsam auf. »Ich seh ihn mir mal an.« Er schlenderte über die Straße und stellte sich neben den Mann: »Du, meine Frau hat mir gesagt, du willst mich sprechen und hast irgendwie was zu verkaufen.«

»Ja, ich hab was Gutes, kannst du was kaufen von mir, wenn du hast Interesse.«

»Es kommt darauf an, was für eine Qualität und wie teuer«, sagte Jan.

»Ja, geb ich dir billig. Geb ich dir ganz günstig und hab jede Menge, kannst du jede Menge von mir kriegen.«

Der Preis sollte bei dreihundert Mark pro Gramm Heroin liegen. Jan hatte sich von Sabine gerade ihren Tagesverdienst von hundert Mark geben lassen: »Hier, als Anzahlung. Du packst mir eine Probe ab, und ich teste das zu Hause an. Wir treffen uns morgen abend wieder. Wenn der Stoff gut ist, nehme ich dir eine größere Menge ab.«

Endlich hatte Jan wieder Zugang zu den harten Drogen. Im Eingang zu einem Kindergarten in einer der Seitenstraßen der Langen Reihe hatte der Nordafrikaner, ein Tunesier, einen riesigen, dunkelbraunen Briefumschlag mit Heroin versteckt. Jan ließ sich für die hundert Mark ein gutes Häufchen Heroin abpacken und eilte schnurstracks ins Hotel »Rose«. Dort setzten Sabine und er sich zum ersten Mal seit langem wieder einen ordentlichen Druck. Das Heroin hatte sie wieder.

Am nächsten Abend traf sich Jan mit dem Tunesier in einer Kellerkneipe. Der hatte tatsächlich noch keine anderen Kunden und war deshalb bereit, Jan den Stoff ohne Vorkasse auf Kommission zu geben. Zehn Gramm konnte Jan ohne Bezahlung gleich mitnehmen. In der Zwischenzeit hatten er und Sabine die Bewohner des Hotels gut kennengelernt. In sämtlichen Zimmern wohnten jugendliche Prostituierte, die an der Nadel hingen. Sie alle waren ständig auf der Jagd nach einem Druck. Und so hatte Jan nun wieder einen Lieferanten und gleich auch einen Kundenkreis: Er sammelte bei den Mädchen im Hotel »Rose« Hundertmarkscheine ein, bis er jeweils ein-, zwei- oder dreitausend Mark zusammenhatte. Davon kaufte er dann bei seinem tunesischen Lieferanten ein. Einen Teil des Geldes und etwas Heroin behielt Jan jeweils als Gewinn für sich selbst. Und langsam steigerte er wieder seine eigene Dosierung.

Der Tunesier erzählte ihm eines Tages sogar, woher er das Heroin hatte. Er war an einen Türken aus Oldenburg in Niedersachsen geraten, der den Stoff aus Holland über die Grenze geschmuggelt hatte. Da der Türke in Hamburg keine Menschenseele kannte, war er aufs Geratewohl in die Stadt gefahren und hatte irgendein Lokal aufgesucht, in dem Orientalen verkehrten. Rein zufällig war er auf den Tunesier getroffen, der sein Geld eigentlich mit Plattenspielern verdiente, sich aber bereitwillig einverstanden erklärte, den Stoff unter die Leute zu bringen. Von seinen Einnahmen hatte er noch nicht eine Mark an den Türken weitergegeben.

Jan fand wieder Gefallen am Geschäft. Endlich hatte er wieder etwas zu tun, konnte seine kaufmännischen Talente nutzen, war nicht nur auf die erbärmlichen Einnahmen seiner Freundin Sabine angewiesen und in der Lage, das triste St. Georg sporadisch zu verlassen. Der Tunesier war sehr ängstlich und bestand mittlerweile darauf, die Transaktionen irgendwo in einem Vorort abzuwickeln. Ein Helfershelfer, der im selben Asylantenheim wie Jans Lieferant wohnte, brachte das Heroin, beispielsweise versteckt in einer zusammengeknüllten Bild-Zeitung, zu einem S-Bahnhof und deponierte es in einem Papierkorb. Jan fand Spaß daran, sich gemeinsam mit seinem Lieferanten immer neue Variationen der Heroinübergabe auszudenken.

Es dauerte nicht lange, da sprach sich bei Jans alten Bekannten herum, daß er wieder mit Stoff handelte. So tauchten denn im Hotel »Rose« zunehmend Kumpane von einst auf, um ihren alten Freund, am besten gratis, um ein paar Kostproben Heroin zu erleichtern.

Und da die Jahre der Sucht offensichtlich auch an Jans Geschäftstalenten genagt hatten und er selbst mittlerweile reichlich von dem Gift konsumiert, etliches verschenkt und große Dosen auf Kommission abgegeben hatte, ohne jemals Geld dafür zu bekommen, stand er plötzlich da und konnte seinen Lieferanten nicht mehr bezahlen. Im übrigen war es nicht schwer, sich auszurechnen, daß dessen fünfhundert Gramm langsam dem Ende zugehen mußten. Jan selbst hatte davon allein fast dreihundert Gramm abgezockt. So übernahm er denn noch einmal sechsundvierzig Gramm, versprach dem Tunesier umgehende Bezahlung all seiner Schulden und packte im Hotel »Rose« sofort seine Koffer.

»Wir müssen hier augenblicklich verschwinden«, sagte er zu Sabine. »Spätestens heute abend ist der Tunesier da und will sein Geld. Dann müssen wir längst über alle Berge sein.«

Jan und Sabine waren inzwischen wieder so hoch dosiert, daß ihre Vorräte nicht lange reichen konnten. Die beiden schlüpften bei zwei Junkie-Freunden unter, die sich ihre Gastfreundschaft mit Gift bezahlen ließen. Jedesmal, wenn Jan und Sabine sich einen Schuß aufkochen wollten und ihre Gastgeber nur den Löffel klappern hörten, standen sie schon an und wollten auch ihre Ration. Auf diese Weise setzten sich alle vier gemeinsam zehnmal am Tag einen Schuß. Jan war so extrem hoch dosiert, daß er nachts um vier, wenn alle schlafen gegangen waren, aufstand, sich einen Löffel aufkochte und in die Vene jagte. Hörten die anderen ihn dabei, standen sie sofort mit dem Löffel in der Hand vor seinem Bett. »Wir auch, wir auch, wir wollen auch einen Druck.« Nach acht Tagen war der Heroinvorrat verbraucht, und von einem Tag auf den anderen änderte sich das Klima: kein Stoff, keine Freundschaft. Jan und Sabine mußten verschwinden.

Inzwischen hatte sich Jan wieder so sehr an sein altes Leben gewöhnt, daß er einen neuen Versuch unternahm, zurück ins Geschäft zu kommen. Mit dem letzten Geld, das er und Sabine zusammenkratzen konnten, setzte er sich in die Bahn und fuhr nach Amsterdam. Dort kam er vollkommen affig an. Er kaufte sich ein klein wenig Heroin, um die Entzugserscheinungen zu bekämpfen, dann geriet er an Leute, die vorwiegend mit Kokain dealten. Jan kaufte von seinem ganzen Geld Koks und schoß ihn sich nach und nach in die zerstochenen Adern, ohne noch an den geschäftlichen Zweck seiner Reise zu denken. Und als sich der Affe, nachdem er alles Gift verbraucht hatte, dann schlimmer denn je meldete, hatte er nicht einmal mehr eine

Rückfahrkarte. In seiner Not brachte er die Unverfrorenheit auf, seinen Vater anzurufen und ihn um fünfhundert Mark zu bitten. Telegraphisch erhielt er das Geld, kaufte sich eine Notration Heroin und setzte sich in den Zug nach Hamburg.

Sabine war in der Zwischenzeit aus ihrem Zimmer geflogen. Der Portier der billigen Absteige, in der sie Unterschlupf gefunden hatte, hatte sogar ihr Gepäck dabehalten, weil sie die letzte Miete nicht bezahlt hatte. Am Steindamm fanden Jan und sie dann in einer noch erbärmlicheren Absteige ein neues Zimmer, meldeten sich beim Sozialamt um, damit sie weiter Geld beziehen konnten, und sannen über neue Verdienstmöglichkeiten nach. Das einzige, worauf sie kamen, war Sabines altes Gewerbe. Sie ging also wieder auf den Strich, mehr denn jemals zuvor auf den Hund gekommen.

Irgendwann begegnete Jan auf dem Hansaplatz zufällig dem von ihm geprellten Tunesier. Der packte ihn am Kragen und drohte: »Wenn du nicht in vierundzwanzig Stunden deine Schulden bezahlst, dann schieß ich dich tot. Ich habe zwei Knarren zu Hause.«

Jan versuchte, ihn zu beschwichtigen: »Du, paß auf, es ist da eine große Scheiße passiert. Ich bin selbst gelinkt worden. Wir können uns doch sicher irgendwie einigen. Ich unterschreibe dir einen Schuldschein, irgendwann kommt schon wieder Geld rein, dann kriegst du es von mir.« Dann fragte er den Tunesier, ob er nicht noch ein bißchen Heroin übrig habe. Das könne er dann gewinnbringend verkaufen und seine Schulden bezahlen. Doch der Tunesier hatte keinen Stoff mehr.

Der türkische Lieferant des Tunesiers hatte in der Zwischenzeit ebenfalls gemerkt, daß er verladen worden war. Mit den restlichen sechshundert Gramm Heroin, die er aus Amsterdam mitgebracht hatte, wollte er nicht noch einmal das Risiko eines fragwürdigen Kommissionsgeschäftes eingehen. Er fuhr nach Hamburg, um seinen untreuen Abnehmer zu suchen und um gleichzeitig den restlichen Stoff selbst zu verhökern. Prompt geriet er an einen Kontaktmann des Rauschgiftdezernats, der vorgab, Verbindungen zu Heroinhändlern in Skandinavien zu haben. Als der Türke aus Oldenburg sich in der Budapester Straße mit den angeblichen dänischen Dealern traf, endete seine Expedition in die große Welt des Rauschgifthandels abrupt. Er hatte seine sechshundert Gramm Heroin direkt an Hauptkommissar König vom Rauschgiftdezernat verkauft.

Einzige Geldquelle für Jan war außer der Sozialhilfe immer noch Sabine, die mühsam ihre Geschäfte auf dem Straßenstrich machte. Dabei geriet sie eines Tages an einen Israeli, der sich als wichtiger Mafioso aufspielte: Er könne kiloweise Heroin besorgen. Er gab Sabine eine Probe. Jan war sofort Feuer und Flamme und machte über Sabine einen Treffpunkt aus. An der Langen Reihe ließ er sich von einem schwarzen Mercedes abholen. Der Israeli erzählte die tollsten Geschichten darüber, was er alles beschaffen könne. Und Jan erzählte die tollsten Geschichten darüber, was er alles absetzen könne. Nach endlosen Vorsichtsmaßnahmen und unter Einschaltung etlicher Mittelsmänner kam Jan tatsächlich in den Besitz einer Probe von zehn Gramm Heroin. Da er inzwischen wieder auf dem Affen war, hatte er keine Zeit, den Stoff abzusetzen, und verbrauchte ihn deshalb zügig selbst.

Anschließend gingen Sabine und er wieder dazu über, Kodeinkompretten durchzufiltern und sich zu injizieren. Doch auch diesen Stoff gab es nicht umsonst.

Der direkte Weg zu den Drogen

Immer weiter heruntergekommen, körperlich und psychisch am Ende, abgerissen, abgemagert und verdreckt traf Jan auf einen alten Bekannten. Seit seiner ersten Inhaftierung in der Jugendstrafanstalt Neuengamme war ihm Manuel immer wieder mal über den Weg gelaufen. Um halb drei Uhr morgens an einem Sommertag, als es langsam hell wurde, trafen sich die beiden auf einem Parkplatz am Spadenteich. Manuel besaß einen schrottreifen orangefarbenen Renault R 4. Beiden ging es fürchterlich schlecht, vor allem Jan war ziemlich auf dem

Affen. Manuel machte den Vorschlag, sich in einer Apotheke auf »die direkte« mit Nachschub zu versorgen.

»Okay«, sagte Jan, »ist in Ordnung, wenn du eine gute Apotheke weißt, in die wir reinkommen, bin ich dabei. Hast du vernünftiges Werkzeug?«

»Ich hab ein Brecheisen und einen Hammer dabei, verschiedene Zangen und eine Eisensäge. Das müßte eigentlich reichen.«

»Auch Handschuhe?« erkundigte sich Jan, denn er war immerhin so weit bei Bewußtsein, daß er wußte, es war besser, bei derartigen Aktionen keine Fingerabdrücke zu hinterlassen.

Manuel nickte nur und machte sich daran, sein Auto in Gang zu setzen. Dazu brauchte er eine gute halbe Stunde, denn der Wagen war wirklich schrottreif. Außerdem war Manuel durch die Einnahme größerer Mengen Barbiturat stark sediert.

Gegen drei Uhr schließlich brachen die beiden in dem klapprigen R 4 zu einer Ortsbesichtigung auf. Die Apotheken in der City Nord ließen sie gleich links liegen, da sie in aller Regel mit Panzerglas, Alarmanlagen und Stahlbeton uneinnehmbar gemacht worden waren. So nahmen sie die Apotheken in den Wohngebieten am nordöstlichen Stadtrand der Hansestadt in Augenschein. Mehrmals hielten sie an, stiegen aus und begutachteten die Sicherungsanlagen ihrer Zielobjekte. Währenddessen verschlimmerte sich ihr Zustand immer mehr, der Entzug schritt fort. Zum Glück hatte Manuel noch dreißig Medinox in der Tasche. Doch auch die zeigten kaum Wirkung. Schließlich hatten sie an die zwanzig Apotheken inspiziert, und keine davon schien für einen Einbruch geeignet. Über die Autobahn fuhren sie bis Ahrensburg und sahen sich auch dort um. Ohne Ergebnis.

Als sie zurück nach Hamburg kamen, stand die Sonne bereits als roter Ball im Osten am Himmel. Der erste Frühverkehr setzte ein. Irgendwo zwischen Berne und Wandsbek hielten sie in der Nähe einer Haltestelle an, wo einige Arbeiter auf ihren Bus warteten. Da war eine Apotheke. Das Glas in der Seitentür war nicht vergittert. Und unmittelbar dahinter lag der Verkaufsraum. Das Gift war in erreichbare Nähe gerückt. Manuel holte seinen großen Hammer aus dem R 4. Mit voller Kraft schlug er zweimal weitausholend gegen die Scheibe, doch nichts passierte. Es war Panzerglas. Die Schläge hatten allerdings einen solchen Lärm verursacht, daß Jan und Manuel ihr Vorhaben erschreckt aufgaben und zurück zum Auto liefen. Frustriert, mutlos und ratlos fuhren sie zurück in die Innenstadt.

Neben der U-Bahn-Station Alter Teichweg fiel ihr Blick dann im Vorbeifahren auf die Beethoven-Apotheke, die bereits geöffnet hatte. Es herrschte ziemlich viel Verkehr, so daß auch deshalb an einen normalen Einbruch nicht mehr zu denken war.

Jan wandte sich Manuel zu und sagte: »Paß mal auf, wir können jetzt maximal noch drei oder vier Stunden so durch die Gegend fahren, dann brechen wir unter unserem Affen zusammen und wachen im Krankenhaus wieder auf, an Schläuche angeschlossen, mit Kollaps und epileptischen Anfällen und was weiß ich für Sachen. Dann gibt es für uns kein Weiterkommen mehr, dann sind wir am Ende. Es gibt nur eins, wir nehmen jetzt unseren ganzen Mut zusammen, rüsten uns entsprechend aus und machen einen Frontalangriff auf die Apotheke da.«

Manuel sah ihn fragend an.

»Ein Apothekenüberfall«, sagte Jan. »Ich kenne genügend Leute, die das gemacht haben und die damit klargekommen sind. Warum sollten wir das nicht schaffen? Was wir benötigen, ist zunächst mal 'ne vernünftige Verkleidung, damit man uns nicht identifizieren kann, und dann irgendwelche Waffen, die bedrohlich genug aussehen, um den Apotheker dazu zu bewegen, den Tablettenschrank aufzumachen.«

Jan und Manuel standen unter höchstem Druck. Immer wieder preßten sie die Füße gegen das Armaturenbrett; sämtliche Gelenke schmerzten. Jan konnte sich kaum noch bewegen. Er wußte nicht mehr, wie er sich hinsetzen sollte. Alles tat ihm weh, der Rücken brannte, der Kopf drohte zu platzen.

Manuel stimmte dem Plan zu. Sie fuhren zu ihm nach Hause

und kramten grüne Armeeparkas hervor, Sonnenbrillen und Palästinensertücher. Jan stöberte in der Küchenschublade herum und fand ein großes Schlachtermesser. Manuel holte sich aus dem Werkzeugkasten ein Beil, das er so geschickt in eine Plastiktüte packte, daß es wie eine eingewickelte Schußwaffe aussah. Wenn er das Beil an der Schneide festhielt und man den Griff als Lauf betrachtete, konnte man es mit viel Phantasie für einen großkalibrigen Revolver halten.

So ausstaffiert, fuhren sie los und parkten das Auto hundertfünfzig Meter von der Apotheke entfernt. Über die Risiken eines Überfalls machten sie sich keinerlei Gedanken, so sehr war ihr ganzes Empfinden und Handeln durch die Entzugserscheinungen eingeschränkt. Sie hatten nur noch den Betäubungsmittelschrank vor Augen. Wie durch einen Tunnel sahen sie die dort gelagerten Drogen. Was links, rechts, oben, unten oder sonstwo noch existierte, war völlig belanglos. Sie hatten nur das eine Ziel, den Betäubungsmittelschrank, und dort wollten sie jetzt hin.

Sie zogen die Parkas an, wickelten sich die Schals um den Kopf, setzten die Sonnenbrillen auf und zogen die Handschuhe an. An Jans Arm baumelte eine große schwarze Tasche. Zunächst konnten sie sich nicht zum endgültigen Schritt durchringen. Sie umkreisten den Häuserblock mehrere Male, dann sagte der eine: »Laß uns endlich reingehen und das Ding hinter uns bringen.« Darauf der andere: »Mensch, guck mal da, die Bauarbeiter. Das ist jetzt nicht gut.«

Worauf sie eine weitere Runde drehten, noch eine Zigarette rauchten und wieder ein paar Medinox schluckten. So ging das Spiel eine ganze Weile, dann setzten sie sich noch mal hin, rauchten eine weitere Zigarette und sprachen alles noch mal durch. Wieder gingen sie an der Apotheke vorbei, und wieder kamen Leute.

Nach der sechsten Runde um den Block schließlich schien die Luft rein. In der Apotheke stand nur eine einsame weiße Gestalt. Jan und Manuel zogen die Kapuzen so weit es ging über das Gesicht, rissen die Apothekentür auf und knallten sie hinter sich zu. Das Schlüsselbund steckte von innen im Türschloß. Jan verriegelte die Tür und steckte die Schlüssel ein. Von einer leicht erhöhten Etage kam ihnen über die Treppe der ängstliche Apotheker entgegen.

Jan sagte: »Vorsicht, Raubüberfall! Wir sind zwei Morphinisten. Wir wollen Ihnen nichts tun. Wir wollen nur an den Betäubungsmittelschrank ran, an die Opiate. Wir sind hochgradig süchtig und auf Entzug. Bitte, händigen Sie uns die Opiate aus, dann passiert Ihnen nichts.«

In einem hysterischen Falsett begann der Apotheker zu schreien. Jan blieb nichts anderes übrig, als sich den Mann zu greifen. Er packte ihn mit dem linken Arm von hinten und bedrohte ihn mit dem Tranchiermesser, das er in der rechten Hand hielt.

»Nun seien Sie bloß ruhig, sonst passiert ein Unglück. Seien Sie doch ruhig. Wir wollen nur Ihre Betäubungsmittel. Die sind doch ohne Wert. Wir wollen nicht an Ihre Kasse. Wir wollen gar nichts, wir wollen nur die Betäubungsmittel.«

Der Apotheker schrie immer weiter und weiter und versuchte freizukommen. Dabei schlug er mit der rechten Hand gegen die Klinge des Messers. Er schnitt sich in den Daumen und ließ sich zu Boden fallen, als sei er schwer verletzt. Laut stöhnend wälzte er sich hin und her.

Mittlerweile war eine junge Apothekenhelferin hinzugekommen. Manuel hatte ihr sofort erklärt, um was es ging. Sie sprach beruhigend und begütigend auf ihren Chef ein: »Jetzt seien Sie doch vernünftig. Stehen Sie auf, und kommen Sie mit nach hinten. Die beiden Leute sind gefährlich, aber wenn Sie Ihnen geben, was sie wollen, dann sind sie gleich wieder weg.«

Der Apotheker hielt sich den blutenden Daumen, stand auf und führte die Eindringlinge ins Hinterzimmer der Apotheke. Jan sah das vergitterte Fenster und wußte, daß sie das Haus wieder vorn durch die Eingangstür verlassen mußten. Schwer atmend hatte sich der Apotheker auf ein Sofa gesetzt. Er hielt sich das Herz und war furchtbar erregt. Seine Helferin klebte ihm ein Pflaster um den Daumen. Auch Jan und Manuel gerieten zunehmend unter Druck. In harschem Ton drängten sie zur Eile.

»Wir wollen jetzt langsam an die Opiate ran. Wir haben nicht mehr viel Zeit.«

Plötzlich hörte Jan die Ladenklingel. Er griff sich sofort wieder den Apotheker und setzte ihm das Messer an die Kehle. Zur Apothekenhelferin gewandt, sagte er: »Sie gehen jetzt runter und sehen nach, wer da ist. Dann kommen Sie zurück und sagen uns Bescheid.«

Es war ein Arzneimittellieferant, den die Apothekenhelferin auf Jans Anweisung hin aufforderte, die Waren vor die Tür zu stellen und den Lieferschein durch den Briefschlitz zu stecken.

Jan fragte nach dem Giftschrankschlüssel. Der Apotheker weigerte sich, ihn herauszugeben. Manuel trat ihm brutal in die Rippen und sagte: »So, Alter, jetzt mach keinen Quatsch, sonst ist gleich alles zu spät. Wir sind kurz vor dem Durchdrehen. Sieh zu, daß du in die Puschen kommst.« Er warf dem Apotheker das Schlüsselbund vom Eingang vor die Füße. »Jetzt zeigst du uns sofort den Schlüssel für den Giftschrank, oder es passiert ein Unglück.«

Nachdem die Apothekenhelferin ihm ein weiteres Mal gut zugeredet hatte, hielt der Mann schließlich einen kleinen Schlüssel nach oben und gab das Bund seiner Helferin. Jan ging mit der jungen Frau nach vorn und ließ sich den Giftschrank aufschließen. Er schob die Türen zur Seite und stellte seine Tasche darunter. Mit dem Unterarm fegte er die Medikamente aus dem Schrank und in die Tasche.

»Um Gottes willen«, rief die Apothekenhelferin, »die guten, teuren alten Standgefäße! Die sind ja wertvoller als der ganze Inhalt.« Daraufhin ging Jan etwas vorsichtiger mit den geschliffenen Glasbehältern um. Er füllte noch zusätzlich einen herumstehenden Koffer des Apothekers mit Medikamenten und machte sich für den Aufbruch bereit.

Da fiel ihm eine Geschichte ein, die ihm ein alter Bekannter im Gefängnis erzählt hatte. Zwölf Jahre zuvor hatte der mit einer Strumpfmaske und einer scharf durchgeladenen Waffe eine Apotheke überfallen. Als er seine Beute eingesackt hatte, fischte er eine Flasche mit Polamidon aus der Beute und stellte sie auf den Tresen zurück. Jan tat das gleiche und sagte großzügig: »Hier, falls Sie einen Notfall haben. Ich will Sie nicht Ihrer ganzen Opiate berauben. Wenn hier vor der Tür jemand überfahren wird, dann haben Sie wenigstens etwas, um Erste Hilfe zu leisten.«

Manuel griff sich noch die Handtasche der Apothekenhelferin und zog ein Portemonnaie heraus, in dem mehrere hundert Mark waren.

»Mensch, laß das liegen«, schrie Jan ihn an. »Das kann uns das Genick brechen.«

»Quatsch, das wird jetzt eingesteckt«, brüllte Manuel zurück, öffnete auch die Ladenkasse und steckte noch weitere sechshundert Mark ein.

Von hinten schrie die Apothekenhelferin: »Bitte, lassen Sie uns das Geld! Das ist mein Urlaubsgeld, bitte, lassen Sie uns das Geld!«

Jan griff sich die beiden Taschen und schloß, immer noch mit Sonnenbrille, Tuch und Kapuze maskiert, die Apothekentür auf. Eine dicke alte Frau wollte hereinkommen, doch Jan stoppte sie. »Die Apotheke ist vorübergehend geschlossen. Da müssen Sie noch ungefähr eine halbe Stunde warten.«

Jan und Manuel rannten bis zur nahen U-Bahn, rissen sich auf der Treppe die Maskierung herunter, zogen auch die Handschuhe aus und stopften alles zu den Medikamenten in die Taschen. Außer Atem steckten sie sich eine Zigarette an und gingen eilig bis zu ihrem Auto. Unbehelligt kamen sie nach St. Georg. Zweihundert Meter von ihrer Pension entfernt parkten sie den Wagen und liefen in den fünften Stock hinauf, wo sie Sabine auf dem Bett vorfanden. Schweißgebadet, mit verrenkten Gliedern, vollkommen auf dem Affen lag sie da.

Jan entleerte den Inhalt der beiden Taschen auf den Tisch und machte daraus zwei etwa gleichwertige Haufen. Dazu zählte er jede Sorte Gift sorgfältig durch – soundsoviel Ampullen Morphium: durch zwei; soundsoviel Pulver im Standgefäß:

ebenfalls durch zwei. Nach diesem Schema teilte er die gesamte Beute in zwei gleichwertige Anteile auf. Dann sagte er zu Manuel: »Such du dir einen Haufen aus.«

Manuel ging wieder und wieder um den Tisch herum, beäugte die Schachteln und Ampullen von allen Seiten und sagte dann: »Den will ich haben.«

Jan nickte, und Manuel stopfte die Medikamente gierig in seine Tasche. Bevor sein Komplize das Zimmer verließ, suchte Jan mit Kennerblick aus den Giftvorräten eine wirkungsvolle Mischung zusammen und präparierte für alle einen kräftigen Schuß. Das war es, was zählte: Der Entzug hatte ein Ende. Für die nächsten Tage und Wochen war genügend Stoff vorhanden. Nur das war wichtig. Jan verstaute seinen Drogenanteil in drei großen Plastiktüten, und er und Sabine ließen sich von Manuel zum U-Bahnhof Jungfernstieg fahren. Dort suchten sie drei nebeneinanderliegende Schließfächer aus, verteilten die Medikamente auf zwei von ihnen und steckten die Tasche des Apothekers in das dritte.

Mit dem Taxi fuhren sie dann noch einmal kurz in die Pension zurück, packten ihre letzten Habseligkeiten und quartierten sich in einer winzigen, versteckt gelegenen Absteige in St. Pauli ein. Das hotelähnliche Etablissement hatte keinen Namen und befand sich im ersten und zweiten Stock zwischen zwei Animierlokalen. Gegenüber der Davidswache gelegen, war es in Insiderkreisen dafür bekannt, daß dort Leute wohnten, die auf der Flucht vor der Polizei waren.

Einen Tag und eine Nacht lang feierten Jan und Sabine eine Drogensession bis zum Exzeß. Am nächsten Nachmittag schlich Jan sich auf die Straße, um eine Zeitung zu besorgen. Auf der vorletzten Seite entdeckte er eine kleine Meldung über den Apothekeneinbruch. Genaue Hinweise auf die Täter gebe es nicht, nur daß einer von beiden weiße Turnschuhe getragen haben sollte.

Daraufhin kaufte sich Jan im nächsten Schuhgeschäft ein paar schwarze Turnschuhe und warf die weißen weg.

Begegnung mit einem Ex-Junkie

Nach einer Woche kehrten er und Sabine in ihre alte Pension in St. Georg zurück. Da sie gerade vom Sozialamt Geld bekommen hatten, konnten sie die Miete für die nächsten Tage im voraus bezahlen. Sie genossen es, nicht mehr stündlich hinter irgendwelchem Nachschub für ihre Sucht her sein zu müssen, sondern auf einer Tasche voller Drogen zu sitzen. Jan verschwendete keinen Gedanken daran, daß die Vorräte allenfalls für drei bis vier Wochen reichen würden. Eine solch lange Zeit ohne den täglichen Beschaffungsdruck sorglos leben zu können, das erschien ihm so paradiesisch, daß er nicht daran dachte, was danach kam, auch wenn die Qualität der Stoffe, die sie aus ihren Vorräten verbrauchten, schon sehr bald immer schlechter wurde. Von den edleren Dingen wie Kokain und Morphium kamen sie zu den Tabletten, Zäpfchen und Ampullen mit unangenehmen Zusätzen.

Kurz bevor die Vorräte vollkommen aufgebraucht waren, wurde Jan bei einem Spaziergang von hinten in ziemlich scharfem Ton angesprochen.

»He, Jan Christopher!«

Jan zuckte zusammen, und sein Kopf ruckte herum. Hinter ihm stand ein Mann mit kurzen blonden Haaren, korrekt angezogen und durchgestylt. Ein typischer Kriminalbeamter. Doch der Mann war ein alter Kumpel aus der Drogenszene, der fünf Jahre zuvor mit Hilfe einer Therapie tatsächlich von seiner Sucht losgekommen war und jetzt als Offizier zur See fuhr. Jan ging mit ihm ein Bier trinken.

»Ich bin völlig weg von der Nadel«, sagte der Seemann. »Ich hab die Sache voll hinter mich gebracht. Allerdings habe ich Urlaub, und da würde ich gern mal wieder was drücken.«

Jan lud ihn zu sich in die Absteige ein und offerierte ihm ein paar Schüsse vom Besten, was noch übrig war. Der Mann hatte seine gesamten Ersparnisse von fast zwanzigtausend Mark dabei, die er auf Tankerfahrten in den Persischen Golf verdient hatte. Er blieb für den Rest seines Urlaubs, und als Jans Vorräte aufgebraucht waren, legte er sein gesamtes Geld in Drogen an. Nach wenigen Wochen war er wieder voll auf der Nadel.

Der letzte Frontalangriff

Schließlich saßen Jan und Sabine wieder auf dem trockenen, doch da tauchte auch Manuel wieder auf und erzählte von einer Apotheke gegenüber vom Barmbeker Krankenhaus, an der gerade gebaut werde. Die könne man ohne Zweifel ganz bequem ausräumen. Sie kletterten über einen Bauzaun und schlugen die Glastür ein. Doch in die Vorratsräume vermochten sie ohne schwereres Brechwerkzeug nicht einzudringen. Also mußten sie mit leeren Händen wieder umkehren. Inzwischen war auch die Alarmanlage losgegangen, und nur mit knapper Mühe konnten sich die beiden auf die andere Straßenseite in das Buschwerk am Rande des Krankenhauses retten, als auch schon die Polizei mit Blaulicht und Martinshorn anrückte. An einen zweiten Versuch mit anderem Werkzeug war nicht zu denken, und so machte Manuel einen neuen Vorschlag: »Hör zu, das letzte Mal hat es doch bombig geklappt. Wollen wir's nicht noch einmal mit einem Frontalangriff machen?«

Jan war einverstanden, und sie fuhren zu Manuels Wohnung, um sich mit den notwendigen Utensilien einzudecken. Manuels Freundin Mareike lag auf der Matratze und jammerte über ihre furchtbaren Entzugserscheinungen. Manuel fuhr sie an: »Sei gefälligst ruhig. Wir versuchen ja gerade, was zu machen.«

Seit ihrem letzten Überfall hatte sich Manuel eine Gaspistole besorgt, außerdem ein riesiges Stilett, das Jan einsteckte. Und wieder sahen sie sich die verschiedensten Objekte an, und wieder begannen die Entzugserscheinungen schlimmer und schlimmer zu werden. Abwechselnd drohten sie einzuschlafen oder gerieten in Wachträume, dann wieder wurden sie aufgekratzt und hektisch. Wie ziellos umkreisten sie etliche Apotheken und fuhren dabei kreuz und quer durch die Stadt. In Alsterdorf schließlich entdeckten sie, hinter mächtigen Laubbäumen verborgen, eine altmodische Apotheke ohne erkennbare Sicherung. Es war bereits Mittag, die Apotheke hatte geschlossen, und sie parkten den Wagen in Sichtweite, um darauf zu warten, daß sie wieder öffnete. Schweißgebadet, mit Kopf- und Gliederschmerzen schlief Jan vor Erschöpfung ein und schreckte nach kurzer Zeit wieder hoch. Nach schier endloser Warterei war es dann endlich kurz vor halb drei. Um halb war die Mittagspause zu Ende.

Gerade als sie aussteigen und ihren Frontalangriff starten wollten, sagte Manuel plötzlich: »Ich hab die ganzen Sachen, mit denen ich mich maskieren wollte, verloren.«

»Wo denn?« Jan war entsetzt. »Wir haben doch die ganze Zeit im Auto gesessen. Das kann doch gar nicht sein. Das ist doch ein Trick von dir. Hast du Angst? Bist du zu feige, um mit reinzugehen?«

»Nein, nein, ich hab's verloren«, beteuerte Manuel, »bitte glaub mir, ich weiß auch nicht, wo das Zeug ist. Es ist nicht da.«

Sie suchten das ganze Auto ab, doch die Verkleidung blieb verschwunden. Jan war überzeugt, daß Manuel die Sachen heimlich weggeworfen hatte, als er eingeschlafen war.

»Paß auf«, sagte Manuel, »wir fahren jetzt direkt vor die Tür der Apotheke, und zwar genau um eine Minute vor halb drei. Dann stelle ich den Wagen direkt neben den Eingang. Ich laß den Motor leise laufen. Du maskierst dich, nimmst die Knarre und das Messer und gehst allein rein. Du machst das diesmal allein, und ich warte mit dem Fluchtauto. Bitte, mach es diesmal allein, das nächste Mal, wenn wir eine Apotheke machen, dann sitzt du am Steuer, und ich gehe allein rein.«

Jan wußte, daß seinen Freund der Mut verlassen hatte. Er selbst konnte sich vor lauter Entzugsschmerzen kaum noch auf den Beinen halten. Die Zeit drängte, er mußte unbedingt an Stoff kommen. Alles andere war ihm egal. Er wollte nur noch rein in die Apotheke, wollte nur noch die Gifte und Betäubungsmittel in seinen Besitz bringen, wollte sich irgend etwas davon greifen und es sich, so schnell es ging, in den Körper pumpen.

Jan machte sich fertig, dann sprang er aus dem Wagen und betrat die Apotheke. Zwei alte Apothekerinnen und ein jüngeres Mädchen standen im Verkaufsraum. Jan griff sich eine der älteren Damen und drückte ihr die Pistole in den Rücken. »Halt, alles herhören! Dies ist ein Überfall! Ich bin Morphinist. Ich bin auf Entzug. Ich verlange, daß Sie sofort den Tabula-C-Schrank öffnen und mir alle Opiate aushändigen. Dann passiert Ihnen nichts.«

»Um Himmels willen, junger Mann, seien Sie doch vernünftig«, antwortete die Apothekerin. »Ich gebe Ihnen etwas Valium.«

Jan wurde ärgerlich. »Schnauze! Ich will den ganzen Opiatschrank. Und wenn das nicht ein bißchen plötzlich geht, dann gibt es ein Unglück. Rücken Sie die Sachen raus.«

Jan riß die nächste Tür auf und sah zu seinem Entsetzen, daß dort noch zwei weitere Frauen saßen. Jetzt hatte er insgesamt fünf Personen zu bewachen. In aller Eile verriegelte er das Fenster, riß das Telefon aus der Wand, zog die eine Apothekerin mit sich und schloß seine anderen Geiseln ein. Die Frau begann zu weinen, doch Jan herrschte sie an: »Ruhe jetzt, ich hab genug von dem Geseire. Machen Sie den Schrank auf!«

Jan füllte die Medikamente in seinen riesigen Nylonsack und schleuderte ihn sich auf den Rücken. Mit der Pistole und dem Messer trieb er die Apothekerin vor sich her zu den anderen Frauen ins Nebenzimmer. Er kam gerade richtig, um zu sehen, wie das junge Mädchen das Fenster aufstieß, um hinauszuklettern. Jan riß sie zurück und hechtete, die Beute in der Hand, nach draußen. Es war genau das Fenster, vor dem Manuel mit dem Auto warten wollte. Jan stand im Vorgarten, bis zu den Knöcheln im weichen Rasen, und sah sich um. Von Manuel und dem Auto keine Spur. Statt dessen standen auf der anderen Straßenseite an die zwanzig Passanten und sahen entgeistert zu Jan herüber, der in voller Maskierung, mit Gummihandschuhen, der Pistole und dem Messer, wie festgenagelt stehenblieb, den Sack auf dem Rücken wie ein Weihnachtsmann. Aus allen Richtungen hörte er plötzlich Polizeisirenen.

Endlich kam er wieder in Bewegung, sprang über einen kleinen Zaun, riß sich die Maskierung vom Gesicht, steckte die Pistole und das Messer in die Tasche und rannte los, !en Sack mit der Beute umklammernd. Er lief ein Stück den Fußgängerweg hinunter und wollte dann auf die andere Straßenseite wechseln, doch die Fußgängerampel stand auf Rot. Jan blieb stehen und wartete, bis sie grün wurde. Dann ging er so ruhig wie möglich durch eine angrenzende Laubenkolonie und warf nach und nach die Maskierung und die Waffen in die Büsche. Nach einem längeren Fußmarsch traf er zufällig einen alten Bekannten und fragte ihn, ob er in der Gegend wohne: »Ich muß mal ganz dringend zur Toilette. Ich hab auch was Geiles für dich.«

Der Bekannte nahm Jan mit in die Wohnung seiner Großmutter, von der er gerade gekommen war. Jan schubste die alte Frau zur Seite und ging sofort ins Bad. Er schloß die Tür hinter sich ab, setzte sich auf die Toilette und öffnete den Sack. Nach einigem Wühlen stieß er auf einen Karton mit sechs Ampullen eines starken Amphetamins. Aus seinem Strumpf zog er eine zehn Zentimeter lange Spritze, die er immer bei sich hatte, und füllte sie mit dem Inhalt aller sechs Ampullen. Dann spritzte er die gesamte Dosis langsam in seine Vene.

Beim Herausgehen drückte er seinem Bekannten unauffällig eine Flasche Polamidon in die Hand und sagte: »Hier, mach dir einen schönen Tag.«

Von einer Telefonzelle aus rief er in der Pension an und ließ Sabine ausrichten, er habe kein Geld mehr, sie solle bitte in ein bestimmtes Lokal kommen und ihn dort auslösen. Jan ging mit der Beute auf dem Rücken ebenfalls dorthin, setzte sich ins Hinterzimmer allein an einen Tisch und bestellte sich eine halbe Ente mit Rotkohl und Apfelmus und ein großes Bier. Alle zehn Minuten lief er zur Toilette und setzte sich eine Spritze Kokain. Als Sabine endlich kam, setzte auch sie sich sofort eine Koksinjektion, und danach fuhren sie zurück nach St. Georg. Dort mieteten sie in einer anderen Pension das billigste Zimmer und verpaßten sich den ganzen restlichen

Nachmittag und die ganze folgende Nacht über einen Schuß nach dem anderen.

Vierzehn Tage später saß Jan abends allein im »City-Treff« vor einem Bier, als die Tür aufging und Manuel erschien. Er setzte sich ungefragt zu Jan an den Tisch und sagte: »Na, Alter, wo ist denn mein Teil von der Beute?«

»Ich hab eine Bitte an dich«, antwortete Jan, »erheb dich hier ganz schnell wieder und such dir einen anderen Platz. Und sprich mich nie wieder an!«

Ohne ein Wort verschwand Manuel aus dem Lokal.

Hilferuf aus dem Junkie-Loch

Es war wie immer: Nach vier Wochen war die Beute aus dem Apothekenüberfall so gut wie verbraucht, und wieder waren Jan und Sabine auf Entzug. Jan lief abends auf der Suche nach irgendwelchem Gift allein durch St. Georg. Er und Sabine hatten nicht eine Mark mehr, nur noch einen Farbfernseher oben in der Pension. Jetzt suchte er jemanden, der ihm für den alten Kasten noch ein vernünftiges Päckchen Heroin geben würde. Nach endlosen Versuchen stieß er schließlich auf Günther, um den er normalerweise einen großen Bogen machte, denn es hieß, Günther arbeite gelegentlich mit der Polizei zusammen. Doch Günther hatte die Tasche voll mit kleinen Päckchen, und es war gutes Heroin. Da waren alle anderen Überlegungen nebensächlich. Jan sagte: »Du, Günther, paß auf, gib mir drei von den Päckchen, und du kriegst einen tragbaren Farbfernseher, der ist in Ordnung.«

Günther war einverstanden, wollte das Gerät allerdings zunächst mal sehen. Im Eiltempo schob Jan den Dealer in die Pension am Steindamm und führte den Fernseher vor. Günther übergab ihm die drei Päckchen, und gemeinsam schleppten sie den Apparat aus dem Haus. Dabei kam ihnen Sabine völlig aufgelöst entgegen und erklärte, die Polizei halte auf dem ganzen Kiez nach Jan Ausschau. Jan beschloß, sich in ein

Nachtlokal abzusetzen, dessen Chef er kannte und in dem normalerweise keine Junkies verkehrten. Sabine wollte währenddessen versuchen, auf dem Strich noch ein paar hundert Mark zu verdienen, und anschließend das Zimmer in der Pension räumen. Mit den drei Päckchen Heroin in der Tasche saß Jan bis zwei Uhr morgens in »Rudi's Nightclub«, bis Sabine endlich auftauchte. Sie hatte fast dreihundert Mark in der Tasche und obendrein eine neue Bleibe bei einer Kollegin vom Strich und deren Freund aufgetan.

»Der Nachteil dabei ist nur«, sagte Sabine, »die beiden sind völlig blank und völlig affig. Sie haben sieben Katzen in der Wohnung, und der Kühlschrank ist leer. Dafür, daß wir bei ihnen wohnen, erwarten die wahrscheinlich von uns, daß wir sie mit durchschleppen.«

Das war Jan im Augenblick völlig gleichgültig. Sie nahmen ein Taxi. Die Wohnung war ein absolutes Loch. Das einzig Normale waren die sieben Katzen, doch es stank auch entsprechend. Wieder einmal ohne Geld, war das bißchen Heroin bald aufgebraucht. Zu allem Überfluß wurde Sabine in der Wohnung auch noch krank. Mit einer Nierenbecken- und einer Lungenentzündung lag sie auf ihrem total verdreckten Bett. Das Fieber stieg auf über vierzig Grad, und sie wog gerade noch sechsunddreißig Kilo. Jan ging zu einem alten Hausarzt, den er immer wieder aufsuchte, wenn er wirklich nicht mehr weiterwußte, und fragte ihn um Rat.

»Sabine, die ist am Verrecken, da müssen wir irgend etwas machen. Können Sie nicht in unserem alten Krankenhaus einen Platz für sie besorgen? Sie ist wahnsinnig hoch dosiert und darf nicht knallhart auf Null gesetzt werden, sondern muß da langsam runter.«

»Ich werde es versuchen«, sagte der Arzt, »nur, mit Opiaten ist da nichts. Die dürfen ihr nichts geben, sonst gibt es sofort Ärger mit der Staatsanwaltschaft. Aber ich werde mit dem Chefarzt sprechen, daß man dich Tag und Nacht zu ihr läßt, und wenn du ihr was mitbringst, dann machen alle anderen die Augen zu.«

Jan grübelte fieberhaft, wie er an Drogen kommen könnte. Ohne Tabletten und ohne Opiate wollte Sabine auf keinen Fall ins Krankenhaus. Sie hatte ungeheure Angst vor einem kalten Entzug. Jan konnte beobachten, wie sie langsam immer mehr in sich zusammensank, vor sich hinsiechte, wie sie wirklich nahe am Krepieren war. Sie bestand nur noch aus Haut und Knochen, begann zu phantasieren und hatte ständig neue Fieberschübe. Jan und das Fixerpärchen, bei dem sie wohnten, setzten sie dann in eine Badewanne mit kaltem Wasser. Niemand in der Wohnung hatte mehr etwas zu drücken und auch nichts mehr zu essen. Selbst die Katzen hungerten.

Jan rief seine Mutter an: »Du, können wir uns bitte in Harburg treffen. Ich stecke bis zum Hals in der Scheiße, du mußt mir helfen.«

Sie trafen sich auf dem Bahnhof, Jan sah heruntergekommener, schmutziger und verhungerter aus als je zuvor. Mit fiebrigen Augen schaute er seine Mutter an und sagte: »Wir haben nichts zu essen. Sabine ist schwer krank. Sie muß ins Krankenhaus. Hinter mir ist wahrscheinlich die Polizei her, ich kann mich nirgends mehr hintrauen. Ich hab selbst seit Tagen nichts mehr gegessen.«

»Also, Geld kann ich dir nicht geben«, antwortete seine Mutter. »Aber wenn dir an Lebensmitteln gelegen ist, dann fahren wir in einen Supermarkt. Dort können wir einkaufen, damit ihr erst mal über die nächsten Tage kommt.«

Gemeinsam kauften sie ein, die Mutter bezahlte. Jan langte ordentlich zu. Er kaufte zwanzig Dosen Katzenfutter, etliche Liter Milch, jede Menge Obst, Schokolade, Brot, Käse, Tomaten, Aufschnitt, Salate, Dosen mit Fertiggerichten, Kaffee, Tee, Sahne, Zucker, Salz, Pfeffer, Senf, Ketchup, Eier... Mit sechs riesengroßen Tüten kam Jan zurück in die Wohnung. Unterwegs hatte er einem Arzt noch ein paar Riegel Remedazin abgeschwatzt, so daß sie die schlimmsten Entzugserscheinungen zumindest ein wenig mildern konnten. Doch nach wenigen Stunden schlug der Affe wieder voll durch, und weil Jan keine Drogen mehr hatte, fingen seine Gastgeber erneut an zu meckern. Auch sie waren auf Entzug, nörgelten und quengelten herum, daß Jan seine kranke Freundin doch endlich aus dem Hause schaffen solle.

Jan wurde ärgerlich: »Ich habe gerade eure gesamte Wohnung mit Fressalien vollgestopft, ihr seid wohl nicht ganz dicht. Ihr könnt uns doch jetzt nicht rausschmeißen. Jetzt bleiben wir erst mal hier und fressen das mit weg.«

Jans Gastgeber meinten, daß er sich sein Wohnrecht schon mit anderen Dingen als mit Obst und Konserven erkaufen müsse. Er hätte doch schon ein paar Apotheken ausgeräumt, warum nehme er sich nicht noch einmal eine vor?

Aber Jan hatte andere Pläne. Wenn Sabine auskuriert war, dann wollten sie gemeinsam über die Grenze nach Holland gehen. Dort gab es Roulettespieler, die auf System spielten und deshalb bereits in vielen Kasinos Hausverbot hatten. Jan stellte sich in seinen Drogenträumen vor, man könnte für solche professionellen Spieler den Strohmann machen und gegen Provision die Chips setzen. Etwas Realistischeres fiel ihm nicht ein. Er stand mit dem Rücken an der Wand.

Doch die Sucht verlangte nach mehr als derart vagen Zukunftsplänen. Am nächsten Morgen borgte er sich das Fahrrad seines Gastgebers aus, band sich die langen Haare zu einem Pferdeschwanz zusammen und stülpte sich eine Ballonmütze auf den Kopf. Mit einem Parka, Turnschuhen und einer Sonnenbrille als Tarnung radelte er los. In der Tasche hatte er ein Brotmesser. Morgens um sieben sah er sich in Eimsbüttel und Stellingen die Apotheken an. Er hatte die Vorstellung, daß irgendwo vielleicht einsam eine Putzfrau ihrer Arbeit nachging. Dann würde er einfach hineinspazieren, sich ihr Schlüsselbund schnappen und den Giftschrank aufschließen. Eine Putzfrau würde sich sicherlich nicht zwischen ihn und die Opiate werfen. Zwei Stunden später hatte er immer noch keine Apotheke gefunden, die seinen Plänen entsprach. Der Affe wurde langsam schlimmer.

Bei der nächstbesten Apotheke lehnte er daraufhin sein Fahrrad gegen ein Verkehrsschild und zog sich die Kapuze über den Kopf. Er stieß die Tür auf und betrat den Verkaufsraum. Ein jüngerer Apotheker kam zum Tresen gelaufen. Jan zog sein Messer heraus und sagte seinen Spruch auf: »Dies ist ein Überfall. Ich bin Morphinist. Ich bin hochgradig süchtig. Ich leide unter Entzugssymptomen. Ich bin kurz vorm Durchdrehen. Geben Sie mir alle Opiate raus, dann passiert überhaupt nichts, und ich bin sofort wieder verschwunden. Machen Sie eine falsche Bewegung, kann ich für nichts garantieren.«

»Bleiben Sie ruhig«, sagte der Apotheker, »und kommen Sie mit nach hinten.« Er führte Jan in einen Nebenraum und öffnete seinen großen Stahlschrank. Jan konnte kaum noch richtig sehen, so aufgeregt war er, so affig und so durcheinander. Er erkannte lediglich im oberen Fach eine große Blechschale mit Opiaten und Betäubungsmitteln aller Art, die er in seine Plastiktüte schüttete, und wollte die Apotheke schon eiligst wieder verlassen, als ihm eine Kundin entgegenkam.

Der Apotheker blieb ganz ruhig. »Warten Sie bitte einen Moment, der Herr will eben raus.«

Jan schwang sich auf sein Fahrrad und raste durch ein paar Seitenstraßen zum Hochhaus am Doormannsweg. Dort fuhr er in die Tiefgarage, drückte den Fahrstuhlknopf und fuhr mitsamt Fahrrad und Beute in den zwölften Stock. Er klingelte an der Tür einer alten Bekannten, die zufällig auch zu Hause war: »Laß mich mal schnell rein und mach die Tür hinter mir zu. Ich hab 'nen Riesen-Apothekenbruch, jede Sorte Gift, alles, was du willst.«

Die Frau ließ ihn in die Wohnung. »Hast du für mich auch was?«

»Ja, natürlich.«

Jan holte seine Spritze aus der Socke, und die Frau kramte ebenfalls eine hervor. Sie mixten sich einen Opiatcocktail und setzten sich einen Schuß. Dann gingen sie auf den Balkon und sahen sich von ihrem Logenplatz an, wie rund um die Batavia-Apotheke die Polizei die Spuren des Überfalls aufnahm.

Nach einer Stunde schnappte Jan sich sein Fahrrad und fuhr nach Hause.

»Gleich geht es dir besser...«

Sabine hatte wieder einmal einen Fieberschub von gut vierzig Grad und erkannte ihn kaum noch. Jan schüttete die Apothekengifte aus der Plastiktüte auf ihre schmutzige Bettdecke und versuchte, die apathische, ausgemergelte Gestalt aufzumuntern: »Guck mal hier, was ich mitgebracht habe, gleich geht es dir besser.«

Jan setzte Sabine eine Injektion gegen die Schmerzen. Dann füllte er zehn Gramm Morphium ab und schenkte es seinem Gastgeber. »Hier, für euch, teilt euch das gut ein. Du mußt ja schließlich auch mal wieder zur Arbeit.«

Klaus arbeitete als Aushilfe im Stückgutdienst bei der Bundesbahn. Er mußte vor allem Pakete sortieren. Es war ein harter Job, und er war hochgradiger Morphinist. Aufgrund seiner Entzugserscheinungen war er mehrere Tage lang nicht bei der Arbeit erschienen. Klaus setzte sich einen Schuß, ging dann aber nicht zur Bahn, sondern ins »Micky-Mouse« in St. Georg, wo er sich auf der Toilette einschloß und das restliche Gift in kleine Verkaufsportionen aufteilte, die er für fünfzig Mark das Stück absetzen wollte.

Nach wenigen Stunden war er alles los. Nur hatte er unter anderen an jemanden verkauft, der den Stoff weiterverkaufte, und zwar an jemanden, der dann seinerseits an einen Polizeispitzel geriet. Die Beamten vom Rauschgiftdezernat verfolgten die Verkaufskette zurück und waren binnen weniger Stunden bei Klaus angekommen. Der packte gleich aus.

»Ja, ich weiß, wo der Stoff herkommt. Den hat jemand, der bei mir wohnt, aus einem Apothekenüberfall. Den können Sie ganz einfach schnappen. Der geht morgens immer sehr früh aus dem Haus und telefoniert dann in der Telefonzelle an der Ecke.«

Am nächsten Morgen wollte Jan ein Taxi rufen, um Sabine endlich ins Krankenhaus bringen zu lassen. Schließlich hatte er nun die nötigen Opiate, um sie dort ambulant versorgen zu können. Als er die Straße in Richtung Telefonzelle hinunterging, in der Tasche eine Flasche Polamidon als Notreserve, kam ihm ein goldfarbener Mercedes 500 entgegen. Auf dem Dachgepäckträger lagen zwei Surfbretter. Die Scheiben waren heruntergekurbelt, und drinnen saßen zwei braungebrannte, muskulöse Typen mit goldenen Rolex-Uhren, breiten goldenen Ketten und Ray-Ban-Sonnenbrillen. Jan dachte, es wären irgendwelche Zuhälter. Dann hörte er, wie hinter ihm am Ende der Straße der Wagen leise wendete, zurückkam und neben ihm hielt. Plötzlich lag Jan mit dem Gesicht im Dreck, und seine Hände wurden mit Handschellen klickend auf den Rükken gefesselt. Ein Sondereinsatzkommando der Polizei hatte ihn geschnappt.

Die Beamten drückten ihm eine schwere Waffe ins Genick, erklärten ihn für festgenommen und verfrachteten ihn auf den Rücksitz ihres goldenen Schlittens. Dann ging es zum Rauschgiftdezernat im Polizeihochhaus am Berliner Tor. Jan versuchte den Beamten klarzumachen, daß seine Freundin Sabine schwer krank sei und unbedingt ins Krankenhaus müsse, es sei höchste Eile geboten. Doch die Polizei machte keine Anstalten, Jan aufgrund dieser Notsituation wieder auf freien Fuß zu setzen. Erst am Nachmittag erzählte man ihm, daß Sabine ins Altonaer Krankenhaus gebracht worden sei. Eine halbe Stunde später, und sie wäre tot gewesen, so hoch sei ihr Fieber und so miserabel sei ihr Gesamtzustand gewesen. Auf der Intensivstation habe man ihr Leben gerade noch retten können.

Jan wurde wieder einmal auf die Sicherheitsstation für Selbstmordgefährdete gebracht, wo alle fünf Minuten ein Beamter nachsah, ob sich der Delinquent ruhig verhielt. Jan erlitt in der »Peepshow« einen Kollaps und einen jener epileptischen Anfälle, wie er sie nach jedem Barbituratentzug bekam. Daraufhin wurde er in einen Zehn-Mann-Saal des Gefängniskrankenhauses verlegt.

Jans bisheriger Anwalt war mittlerweile nicht mehr bereit, einen neuen Fall seines Mandanten zu übernehmen, denn inzwischen stapelten sich bei ihm die unbezahlten Rechnungen.

Ein Mithäftling riet Jan zu einem neuen Anwalt. Der erschien auch umgehend und klärte Jan über seine schwierige Lage auf. Aufgrund der von ihm eingesehenen Akten sei die Beweislage in Sachen Apothekeneinbruch ziemlich eindeutig.

»Die Sache ist dicht«, sagte der Anwalt, »da ist nicht dran zu rütteln. Am besten wir machen erst mal keine Aussage. Wir können bloß versuchen, mit Gutachtern und Psychologen dahin zu kommen, daß man Sie als strafrechtlich nicht voll verantwortlich einstuft und Sie daraufhin milder bestraft oder gar freispricht.« Das sei nur ziemlich gefährlich: »Das sind Paragraphen, die durchaus zweischneidig sind. Es kann nämlich auch passieren, daß man freigesprochen wird, der Richter aber im gleichen Atemzug eine unbegrenzte Einweisung in eine Heil- und Pflegeanstalt nach Paragraph 64 ausspricht. Dann hat man zwar seinen Freispruch in der Tasche, aber verschwindet für Jahre in Ochsenzoll.«

Jan hatte noch einundzwanzig Monate Haft aus alten Bewährungsstrafen auf seinem Konto. Die mußte er nun zunächst einmal absitzen. Über den Staatsanwalt ließ er zwei Beamte des Rauschgiftdezernates zu sich in die Haftanstalt rufen und erklärte sich aussagebereit. Die Bedingung sei, daß man ihn seine persönlichen Papiere und Kleidungsstücke aus der Wohnung holen lasse. »Und anschließend fahren wir im Altonaer Krankenhaus vorbei und besuchen kurz Sabine.«

Die Beamten waren einverstanden, und gleich am nächsten Tag durfte Jan mit Polizeibegleitung seine Sachen aus der Wohnung holen. Von dort aus fuhren sie weiter nach Altona. Mit einer Handschelle an einen der Drogenfahnder gekettet, ging es in den neunten Stock. Jan mußte im Besucherraum warten, und nach ein paar Minuten kam Sabine. Sie schob ein dreirädriges Gestell vor sich her, an dem ein Tropf mit Kochsalzlösung hing, die ihr über einen Schlauch zugeführt wurde. Jan durfte sich neben sie auf ein Ecksofa setzen. Die Beamten zogen sich diskret zurück, so daß die beiden kurze Zeit ungestört miteinander reden konnten. Er machte ihr klar, daß es besser sei, in vollem Umfang auszusagen. Sie solle zugeben, daß Jan mit Taschen und Beuteln, gefüllt mit Apothekengiften, nach Hause gekommen sei. Sie hätte jedoch nie gewußt, woher die Medikamente stammten.

Sabine verriet Jan noch, daß sie hundert Tabletten mit Morphin-Präparaten ins Krankenhaus geschmuggelt habe. Nur deshalb sei sie noch so verhältnismäßig gut beieinander.

Gruppentherapie mit Drogen

Jan wurde wieder einmal in die Anstalt 8 nach Fuhlsbüttel verlegt. Dort traf er in einem Zehn-Mann-Saal auf reichlich alte Bekannte aus der Drogenszene. Nach einer knappen Woche war alles organisiert. Die Junkies beschlossen, gemeinsam zu wirtschaften und alles Geld, alle Lebensmittel, alle Tabakwaren und alle Rauschgifte brüderlich zu teilen. Wieder begann das triste, lustige Leben in der Gruppenzelle, wo heimlich gekocht wurde und der Joint kreiste. Am Abend wurde Karten gespielt, am Wochenende wartete man auf Besuch. Sabine war inzwischen aus dem Krankenhaus entlassen worden und begann ihren inhaftierten Freund zu vernachlässigen. Häufig stand Jan am Sonntag um halb zwei vorn am Gitter vor dem Besucherraum der Anstalt und hoffte darauf, daß sein Name aufgerufen wurde. Doch Sabine ließ auf sich warten. Manchmal erschien sie gar nicht und manchmal erst so spät, daß gerade noch eine Viertelstunde bis zum Ende der Besuchszeit blieb. Abgehetzt und schweißtriefend erzählte sie irgendwelche Geschichten, daß sie verschlafen habe oder die Taxe ihr vor der Nase weggefahren sei. Zum Trost für Jan hatte sie aber fast immer ein kleines Päckchen Heroin dabei.

Wie verabredet, wurde in der Zellengemeinschaft alles redlich geteilt, unter sieben Junkies. Der Stoff reichte kaum einmal für alle, doch es ging ums Prinzip. Jeder mußte etwas abbekommen, damit er das Gefühl hatte, nicht leer auszugehen. So kam es tatsächlich zu so etwas wie einer Gemeinschaft, man verstand sich, und wenn einer in eine depressive

Phase geriet, dann kümmerten die anderen sich um ihn. Die Gruppe hatte sich organisiert und die verschiedenen Arbeiten untereinander aufgeteilt, so daß die Zelle und die sanitären Anlagen immer sauber waren und es regelmäßig frische Wäsche gab. Es war ein Zusammenleben fast wie in einer therapeutischen Wohngemeinschaft. Die gelegentlichen kleinen Dosen von Rauschgift, die über Sabine in die Haftanstalt kamen, wirkten eher symbolisch, als daß sie wirklich ausgereicht hätten, um die sieben Junkies von Zelle 1 auf ihrem gewohnten Suchtniveau zu halten. Im Endeffekt war das Ganze so etwas wie ein »weicher Entzug«, den die sieben gemeinsam durchführten.

Doch nach einigen Monaten endete die Idylle urplötzlich. Ein Junkie namens Ralf, der im großen Stil Heroin von Amsterdam in die Bundesrepublik verschoben hatte, wurde nach seiner Verurteilung in die Gemeinschaftszelle 1 der Anstalt 8 verlegt. Ralf hatte sehr gute Verbindungen nach draußen und konnte schon sehr bald über Besucher und Knasturlauber größere Mengen Heroin besorgen. Plötzlich gab es reichlich Gift in der Zelle. Und von einem Tag auf den anderen veränderten sich die Leute und damit das Klima. Sofort kam jener Futterneid auf, der in der Szene im Grunde jeden Heroinkonsumenten zum Feind des anderen macht. Das Gemeinschaftsgefühl verlor sich in Gemeinheit und Egoismus. Alle waren zugedrückt mit Heroin, mit kleinen Pupillen und verhärmtem Gesichtsausdruck belauerten und belauschten sie sich gegenseitig. Es gab kein Vertrauen mehr, jeder hatte Angst, zu kurz zu kommen, argwöhnte, daß der andere sich vielleicht einen Extraschuß setzen könnte. Dann bildeten sich Fraktionen, die sich wieder auflösten und neu zusammensetzten. Es wurde getuschelt, es gab Heimlichkeiten, Unehrlichkeiten und Lügen. Manchmal gingen drei oder vier Leute gemeinsam hinunter in den Duschraum, um sich einen Schuß zu setzen. Wenn die anderen das mitbekamen, reagierten sie entsprechend sauer.

Und auch Ralf, der durch seinen schier unerschöpflichen

Heroinnachschub die Krise ausgelöst hatte, wurde selbst zunehmend unzufrieden, da alle gierig seinen Stoff in sich hineinpumpten, ohne dafür irgendeine Gegenleistung zu bringen. Als sich die Gelegenheit dazu bot, ließ er sich daraufhin in eine Einzelzelle verlegen. Damit war der Giftnachschub zunächst gestoppt.

Der Todesschuß

In den ersten Wochen seines Gefängnisaufenthaltes hatte Jan einen griechischen Seemann kennengelernt, der in Untersuchungshaft saß, weil er versucht hatte, siebenhundert Gramm Opium in einem griechischen Restaurant zu verkaufen. Der Kellner hatte sofort beim Rauschgiftdezernat angerufen. Der Mann war selbst hochgradig opiatabhängig und fuhr zur See, um seinen Eigenkonsum zumindest zum Teil so finanzieren zu können. Zudem gab es in Seehäfen fast immer Gelegenheit, günstig an gutes Heroin zu kommen. Normalerweise hatte er nie mit Stoff gehandelt, und der einzige Versuch ging dann auch prompt schief. Jan hatte sich mit ihm angefreundet und ihm gelegentlich bei Behördenschreiben geholfen.

Zufällig traf Jan ihn wieder, als der Heroinstrom gerade versiegt war. Heimlich steckte ihm der Grieche aus Dankbarkeit für seine Hilfe eine große Portion reinstes, weißes Thai-Heroin zu. Jan füllte sich den Großteil in ein Extrapäckchen und versteckte es auf der Toilette. Den Rest verstaute er in seiner Hosentasche und trat zu den anderen an den Tisch der Gemeinschaftszelle.

»Leute, ich hab eine kleine Überraschung. Hab ein bißchen Thai-›H‹ aufgerissen. Scheint eine sehr gute Qualität zu sein. Wollen wir uns einen aufkochen?«

Alle waren Feuer und Flamme. Der alte Gemeinschaftsgeist der sieben von Zelle 1 flackerte wieder auf. Nach dem Auszug von Ralf gab es allerdings kein Spritzbesteck mehr. Die einzige Pumpe im Block befand sich ein Stockwerk tiefer, wo ein gewisser Willi K. ebenfalls in einer Gemeinschaftszelle lag. Jan marschierte mit den anderen im Schlepptau nach unten und sprach mit ihm: »Wie ist das, können wir die Pumpe mal benutzen?«

Der fragte sofort zurück: »Wieso? Habt ihr irgendwie was? Habt ihr Gift? Wie ist das, kann ich was abhaben?«

Da konnte Jan nicht nein sagen. Willis Zellenkollegen wurden nach draußen geschickt, die Fenster mit Wolldecken verhängt, und dann saßen acht Leute um den Tisch herum. Eine Kerze wurde angezündet, und in einem gewaltigen Eßlöffel wurde das thailändische Heroin aufgekocht.

Es begann jene Drogensitzung, auf der sich sechs von den sieben aus Zelle 1 sowie der Spritzengeber Willi K. mit dem tödlichen Virus infizieren sollten. Die Fünf-Kubik-Spritze machte die Runde, und einer von ihnen trug das Aids-Virus bereits in sich. Erst Monate später stellte sich heraus, daß sie sich an diesem Abend alle angesteckt hatten, bis auf einen. Nur Sven war zu Beginn der Drogensitzung vom selbstgebrauten Schnaps zu betrunken gewesen, um sich zusammen mit den anderen einen Druck zu setzen. Statt dessen verfiel er in Schlaf. Als er wieder aufwachte, standen die anderen schon voll unter Stoff. Die Spritze hatte eine Stunde unbenutzt herumgelegen. Im Eßlöffel war noch ein Rest Heroin. Sven kochte sich das Gift auf, reinigte die gemeinschaftlich benutzte Spritze und setzte sich dann allein einen Schuß.

Als einziger der sieben von Zelle 1 infizierte er sich in jener Nacht nicht. Damals war Aids für die Öffentlichkeit noch kein Thema. Zwar gab es in einigen Fachzeitschriften bereits vereinzelte Informationen über eine neue, rätselhafte Krankheit, doch die Zahl der Infizierten war gering. Jedenfalls ahnte noch niemand, welch tödliche Krankheit da immer weiter um sich griff. In Junkie-Kreisen hatte man Angst vor Gelbsucht, die ebenfalls durch verunreinigte Spritzen übertragen wurde. Daß es etwas Schlimmeres gab, das ahnte niemand.

Als die Zellengemeinschaft endgültig zerbrochen war und die ehemals »verschworene« Truppe auf Einzelzellen verteilt wurde, hörten sie, daß Willi, der Besitzer der Fünfer-Pumpe, mit Hepatitis ins Haftkrankenhaus eingeliefert worden war. Jan bekam einen Schrecken. Er hatte Angst, sich ebenfalls angesteckt zu haben. Doch er hatte Schlimmeres.

Erst nach Willis Hepatitis-Infektion wurden die Junkies in Fuhlsbüttel vorsichtiger. Knasturlauber wurden dazu »verurteilt«, nicht nur Heroin, sondern auch kleine Spritzen mit in die Anstalt zu schmuggeln. Meistens waren es Leute, die nicht im Verdacht standen, mit Drogen zu tun zu haben. Sie schleppten gegen Bezahlung gutverpacktes Heroin sowie zerlegte kleine Insulinspritzen im Darm mit ein. Sobald sie die Anstalt wieder betreten hatten, wurden sie auf die Toilette gelotst und mußten dort ihr »Ei« legen. Für den Transport bekamen sie zwischen fünfzig und hundert Mark. So kamen die langjährigen Junkies von Fuhlsbüttel immer wieder an Heroin, und jeder verfügte schon bald über seine eigene Spritze.

Anwalt in eigener Sache

Im Sommer 1984 wurde Jan zurück ins Untersuchungsgefängnis gebracht, von wo aus er zu seinem Prozeß sollte. Kurz vor Beginn des Termins setzte Jan sich auf der Toilette noch einen kleinen Schuß Heroin in den Oberarm, zog das Hemd wieder darüber und rückte sich die Krawatte zurecht. Es war gerade so viel Stoff gewesen, daß er einigermaßen klar im Kopf war, gleichzeitig aber seine Hemmschwelle gesenkt wurde. Einigermaßen locker ließ er sich in den Saal der Großen Strafkammer 24 führen. Die Anklage wurde verlesen, und der Vorsitzende Richter fragte Jan, ob er bereit sei, sich zu seinen Taten zu bekennen.

Jan nickte. Die kleine Dosis Heroin in seinem Körper hatte ihn gesprächig gemacht. Er holte weit aus, fing an bei seiner Geburt und erzählte, wie er gemeinsam mit seinem Bruder in gutbürgerlichen Verhältnissen aufgewachsen war. Er schilderte seine Schulzeit, die Verhältnisse im Internat und wie er zum ersten Mal mit Drogen in Berührung gekommen war. Er erwähnte seine Tätigkeit für den Verein, der betrügerisch Spenden gesammelt hatte, und seine Geschäfte mit den Schallplattenraubpressungen. In allen Einzelheiten breitete er vor dem Gericht seine Entwicklungsgeschichte bis zum großen sozialen Absturz in die Gosse von St. Georg aus. Er erzählte, wie seine Freundin Sabine sich prostituiert hatte, damit sie überhaupt noch existieren konnten, wie sie nichts mehr zu essen gehabt hatten und dabei fürchterlich hoch dosiert gewesen waren. Langsam näherte er sich der verzweifelten Situation, in der er die Apotheken überfallen hatte. Er malte ein plastisches Bild seiner Sucht und des Entzugs, der ihn nichts mehr habe sehen lassen als jenen imaginären Giftschrank. Fünfzehn Meter Luftlinie, nicht weiter, seien sie von ihm entfernt gewesen, und alle Hindernisse seien aus ihrem Blickfeld verschwunden. Sie hätten nur noch das Gift im Kopf gehabt, als einzige Erlösung von den Schmerzen, als einziges Mittel, den beißenden Hunger der Sucht zu stillen. Jans Vortrag schien eine Ewigkeit gedauert zu haben, als er schließlich erschöpft innehielt.

Der Vorsitzende Richter, der Staatsanwalt, der Verteidiger und der bestellte Gutachter hatten ohne Zwischenfrage still zugehört. Jan hatte versucht, sich ordentlich zu artikulieren und nicht in eine Szenesprache abzurutschen. Immer wieder hatte er von sich und anderen Geschichten und Anekdoten erzählt, hatte sie wiederholt und ständig neu in seinem Kopf hin und her gewälzt. Trotz des jahrelangen Drogenkonsums hatte ihn sein Gedächtnis nicht verlassen. Er blätterte in seinen Erinnerungen wie in einem längst geschriebenen Buch und stieß dabei auf Einzelheiten, die andere längst vergessen hatten, denn das einzige, was für ihn Realität besaß, war seine eigene Geschichte. Den Bezug zur Welt, zu dem, was sich nicht unmittelbar um ihn herum abspielte, hatte er häufig verloren, mit Drogen zerstört. Doch auch durch den dichtesten Nebel hatte er immer unauslöschlich registriert, was sich mit Bezug auf ihn um ihn herum abspielte und wie er darauf reagierte. Ständig hielt er den Blick, gleichsam von außen, auf sich gerichtet und belauerte sich und wurde dadurch auf besondere Weise zum Zeugen seiner eigenen Geschichte. Es war die Gespaltenheit seiner Person, die ihn zum Chronisten seiner eigenen Misere machte. So war er einerseits ein unbestechlicher Archivar der Ereignisse und andererseits ein benebelter, ein den Verlockungen der Droge Ausgelieferter.

Und Jan besaß gleichzeitig die Fähigkeit, seine Berichte und Geschichten zu seinen Gunsten einzusetzen. In seinen großen Zeiten als Rauschgiftdealer hatte er unendlich komplizierte Geschichten, ja Mythen erdacht und bei seinen geschäftlichen Transaktionen damit jongliert. Und genauso schilderte er dem Gericht jetzt seine eigene Geschichte, so wahr und so schonungslos, wie er sie in Erinnerung hatte. Denn er wußte, in dieser Situation konnte ihm zur Abwechslung einmal nur die ungeschminkte Wahrheit helfen. Instinktiv spürte er, daß der Staatsanwalt, der Richter und der Psychiater, alles erfahrene Leute, jede Beschönigung, jede Unwahrheit sofort erkennen würden. Und darauf stellte er sich ein.

Nach einem Moment betretenen und betroffenen Schweigens fragte ihn der Vorsitzende: »Haben Sie sich darauf vorbereitet? Haben Sie Ihre Aussage schriftlich niedergelegt?«

»Herr Vorsitzender, ich wußte ja gar nicht, was mir heute passieren würde. Wie hätte ich mich darauf vorbereiten sollen.«

»Aha«, sagte der Richter, »danke.«

Jan durchströmte das wohlige Gefühl, daß er das Gericht in der Tasche hatte. Er sah zum Psychiater hinüber und dachte, daß der als einziger bemerkt haben mochte, daß Jan während seiner Aussage zur Person unter Opiat stand.

Jan hatte den Eindruck, daß der Gutachter ihm sein rhetorisches Glanzstück persönlich übelnahm. Es war derselbe Psychiater, der ihm bei seinem letzten Prozeß Schuldunfähigkeit wegen starker Tablettensucht attestiert hatte. So war Jan auf Bewährung frei und obendrein zu Haftentschädigung gekommen. Und ebendieser Psychiater kam diesmal, von Jans klug vorgebrachter Geschichte völlig unbeeindruckt, zu dem

Ergebnis, Jan sei bei den Apothekeneinbrüchen dermaßen intelligent, planvoll, routiniert und kaltblütig vorgegangen, daß er nur zu einem einzigen Ergebnis kommen könne: »Ich halte ihn in meiner Eigenschaft als Gutachter für voll zurechnungsfähig im Sinne der Anklage.«

Der Vorsitzende war wie vor den Kopf geschlagen: »Würden Sie das bitte noch einmal wiederholen?«

Ungerührt wiederholte der Psychiater seine Auffassung. Es kam zum Eklat, der Vorsitzende, der Staatsanwalt und der Gutachter begannen sich zu streiten. Nach einem endlosen Hin und Her stellte sich heraus, daß weder der Richter noch der Staatsanwalt dem Gutachten folgen wollten. Da stand der Psychiater auf, griff sich seinen Krückstock und stolzierte aus dem Gerichtssaal. Mit einem Krachen schlug die Tür hinter ihm ins Schloß. Damit war der Termin geplatzt. Es wurde auf die Plädoyers verzichtet und vereinbart, ein neues Gutachten einzuholen.

Vergessen hinter Gittern

Jan wanderte zurück nach Fuhlsbüttel. Dort begann er, sich in der Gefangenenvertretung zu engagieren, was sein Verhältnis zur Anstaltsleitung nicht gerade verbesserte. Dennoch konnte sich Jan seine Zelle einigermaßen gemütlich einrichten. Zudem arbeitete er als Schneider in der Hauskammer, konnte über zwei elektrische Nähmaschinen verfügen und verdiente sich ein kleines Zubrot, indem er die von Hamburger Kaufhäusern zur Verfügung gestellten Kleiderspenden, die nicht mehr dem neuesten Modetrend entsprachen, änderte und an die Mitgefangenen verkaufte. Trotz seines immer noch andauernden regelmäßigen Drogenkonsums trieb er wieder zunehmend Sport und kam langsam in eine etwas bessere körperliche Verfassung.

Psychisch jedoch steuerte er auf einen Tiefpunkt zu. Das Leben bewegte sich im Zeitlupentempo.

»Langsam dämmert es mir«, schrieb er in einem Brief an Sabine, »ich habe mich selbst erschossen und bin jetzt ein Zombie. Ich rangiere noch zwei Etagen unter den herrenlosen Hunden der Süderstraße.«

Monate später, einen Tag vor Silvester 1984/85, wurde Jan gemeinsam mit einigen anderen Gefangenen bei einem Rauschgifthandel ertappt und wanderte in den Terroristentrakt im Keller der Anstalt. Der Hofgang fand nun in einem fünfzig mal dreißig Meter großen Drahtkäfig statt, in dem Jan und seine Leidensgefährten jeweils eine Stunde lang in eisiger Kälte ihre Kreise ziehen durften. Sie nahmen diese Möglichkeit dennoch wahr, da sie den Rest des Tages vollkommen isoliert waren. Erst nach Monaten konnten sie durchsetzen, sich nachmittags jeweils einmal am Tag für eine Stunde gegenseitig in der Zelle besuchen zu dürfen.

Endlich hatte Jan seine zur Bewährung ausgesetzte und widerrufene Altstrafe verbüßt. Er wurde zurück ins Untersuchungsgefängnis gebracht. Als er Fuhlsbüttel an einem Freitagnachmittag im Gefangenentransporter verließ, war der Abschied endgültig. Nicht einmal als Besucher kehrte er später zurück, denn der Anstaltsleiter hatte ihm brieflich Hausverbot erteilt.

Im Untersuchungsgefängnis bezog Jan eine Zwei-Mann-Zelle, gemeinsam mit Karl, einem hochgewachsenen, dürren, von Kopf bis Fuß tätowierten Rocker. Karl steckte in Lederkleidung, war apathisch und vegetierte nur vor sich hin. Jan war es ganz recht, daß er einen Mithäftling hatte, den er dazu verdonnern konnte, die Zelle in Schuß zu halten.

Noch einen Tag vor seiner Verlegung hatte Jan Besuch von Sabine bekommen. Im Untersuchungsgefängnis dann tauchte sie nicht wieder auf. Es verging eine Woche, es vergingen zwei Wochen. Es vergingen vier Wochen. Kein Brief von ihr, kein Telegramm, keine Karte, kein Geld, kein Besuch und keine Drogen. Jan wußte nicht, ob sie überhaupt noch lebte, und hatte keine Möglichkeit, in Erfahrung zu bringen, was mit ihr los war. Er schrieb einen Brief nach dem anderen an ihre

Adresse, doch es kam keine Antwort. Von Mal zu Mal wurde sein Ton aggressiver, und irgendwann machte er eine Pause. Zwei Wochen später dann schickte er ihr die Mitteilung, sie sei für ihn gestorben.

Plötzlich nahm er jetzt wieder Briefkontakt zu seinem alten Vater auf, der ihm auch regelmäßig antwortete. Von seiner Mutter bekam Jan gelegentlich Postkarten und Briefe mit Fotos von seiner Tochter Petra, die selbst aber nie schrieb.

Die neue Verhandlung rückte näher, und zur Vorbereitung sollte Jan noch einmal neu untersucht werden. Er wurde für achtzehn Tage in die geschlossene psychiatrische Anstalt Ochsenzoll verlegt, Haus 18, die Abteilung für wahnsinnige Häftlinge und gefährliche Irre.

Im September 1985 fand endlich der neue Gerichtstermin statt. Der Zuschauerraum blieb diesmal leer, und Jan merkte schmerzlich, daß niemand mehr Interesse an ihm hatte. Nach längerer Zeit hinter Gittern geriet man bei denen draußen in Vergessenheit. Die Anklageschrift wurde verlesen, und im Gegensatz zur ersten Verhandlung schenkte sich das Gericht eine umfangreiche und blumige Aussage zur Person. Am vierten Verhandlungstag kam dann der Gutachter zu Wort. Professor Dr. Wolfgang Buchner, der Jan bereits während der Isolierhaft in Fühlsbüttel mehr als ein Dutzend Mal aufgesucht und exploriert hatte, trug fast einen halben Tag lang seine Erkenntnisse vor.

Ihm hatte Jan es zu verdanken, daß er für drei schwere, bewaffnete Raubüberfälle auf Apotheken mit einer Gesamtstrafe von siebenundzwanzig Monaten ohne Bewährung davonkam. Die drei einzelnen Taten wurden getrennt bewertet. In zwei Fällen schloß der Gutachter die Schuldfähigkeit des Angeklagten zur Tatzeit vollkommen aus. Zum dritten Überfall sagte er: »Wir müssen davon ausgehen, daß hier Paragraph 21, das heißt vermindert schuldfähig zur Tatzeit, an der Grenze zu Paragraph 20, schuldunfähig zur Tatzeit, vorliegt.«

So wurde Jan nur für diesen letzten Überfall verurteilt, und auch das verhältnismäßig milde. Zudem erklärte ihm der Vorsitzende Richter: »Sie haben bereits einundzwanzig Monate Überhaft hinter sich. Danach sind Sie noch drei weitere Monate hier im Untersuchungsgefängnis gewesen. Nur diese Zeit kann Ihnen auf das neue Urteil angerechnet werden. Das heißt, Sie haben noch einen Rest von vierundzwanzig Monaten zu verbüßen. Und zwei Jahre sind die oberste Grenze für eine Haftverschonung. Genau das werde ich jetzt tun. Ich werde Sie von der Haft verschonen, mit der Auflage, sich sofort von hier per Gefangenentransport in eine Drogen-Langzeittherapie zu begeben.«

Sabine, die an diesem vierten Verhandlungstag völlig unerwartet für Jan plötzlich im Zuschauerraum aufgetaucht war, sprang nach Sitzungsende über die Schranke, die den Zuschauerraum vom übrigen Gerichtssaal trennte. Jan ging zögernd auf sie zu. Sabine fiel ihm um den Hals und drückte ihm per Zungenkuß ein pappiges Päckchen in den Mund. Er wußte sofort, was es war, und versteckte es unauffällig in seiner Hosentasche. Als er dann später in der Zelle seine Habseligkeiten zusammenkratzte, setzte er sich noch schnell einen Schuß und schenkte den Rest des Heroins und die Spritze seinem Zellengenossen Karl.

5. Teil

DER TODGEWEIHTE

Von 1985 bis 1989 stieg die Zahl der in der Bundesrepublik begangenen Drogendelikte von rund 60 000 auf etwa 90 000.
Die Menge beschlagnahmten Haschischs nahm wieder leicht zu, die Menge beschlagnahmten Heroins verdreifachte sich innerhalb dieser fünf Jahre auf 727 Kilogramm im Jahre 1989. Seit Anfang der 80er Jahre wurde auch Kokain sichergestellt, 1985 waren es 164 Kilogramm »Koks«, 1989 bereits 1 405 Kilogramm.
Die Zahl der Drogentoten stieg von 324 im Jahre 1985 auf 991 im Jahre 1989.

Zur Therapie verurteilt

Vollgepackt mit seiner Habe stieg Jan in den grünen VW-Bus und ließ sich von fünf Beamten ins Allgemeine Krankenhaus Ochsenzoll, Haus 25, bringen. Am Eingang wurden ihm die Handschellen abgenommen, und ein Drogentherapeut begrüßte ihn. Der Psychologe war etwa in Jans Alter, und man duzte sich sofort. Jan erledigte die Formalitäten und wurde dann losgeschickt in sein neues Quartier. Mutterseelenallein spazierte er durch den Park des Krankenhauses. Nirgends gab es eine Mauer, um ihn an der Flucht zu hindern. Dennoch meldete er sich brav in Haus 32 und machte dann einen Abstecher zu einem Hähnchengrill auf der anderen Seite der Straße, bestellte sich einen halben Hahn und trank dazu ein Bier. Vielleicht wirkte sein letzter Schuß noch nach, vielleicht war es das Bier und die ungewohnt friedliche Umgebung – Jan hatte das Gefühl, er könne die Therapie nun auf sich zukommen lassen. Er bezog ein Einzelzimmer und nahm am Abend ein riesiges Schaumbad. Endlos lange lag er in der Wanne, las Zeitung und rauchte eine Zigarette nach der anderen.

Am nächsten Morgen wurde Jan in seine Therapiegruppe eingeführt, ein gutes Dutzend Leute, von denen allerdings niemand direkt aus dem Gefängnis kam. Sie alle machten ihre Therapie mehr oder minder freiwillig. Jan erzählte seine Lebensgeschichte – wie oft und wie lange er im Gefängnis gesessen, welche und wieviel Drogen er schon genommen hatte – und schmückte alles mit Anekdoten und kleinen Schnörkeln aus. Er hatte mehr Lebens- und auch mehr Gruppenerfahrung als die übrigen Therapieteilnehmer, und schon nach zwei Stunden hatte er vier Leute um sich geschart, mit denen er bis zum Abend Karten spielte.

Beim Abendessen schauten die Psychologen kurz herein,

wünschten ihm einen guten Appetit und sagten: »Nach dem Essen setzen wir uns zum ›Feedback‹ zusammen. Da wird erzählt, wie es jedem einzelnen den Tag über ergangen ist. Dann sagen die anderen, was sie davon halten.«

Nachdem das Geschirr abgeräumt worden war, setzten sie sich um einen Tisch, und fast alle zündeten sich hektisch eine Zigarette an. Jan beobachtete den ersten, der seine Tageserlebnisse zum besten geben mußte, und dachte sich, daß der sicher deshalb so geübt darin war, weil er schon zwei oder drei Therapien mitgemacht hatte und wußte, wie man sich zu geben und zu verhalten hatte: Morgens sei er ein bißchen traurig gewesen, weil er nachts von seinem verstorbenen Vater geträumt habe. »Tagsüber ging es mir ganz gut, doch dann bin ich wieder traurig geworden, weil ich im Moment ein bißchen Liebeskummer habe. Nachmittags war ich allein und habe gelesen, und am Ende war ich ziemlich froh, als es Abendessen gab und in der Küche alle zusammen Kartoffeln geschält haben.«

Aha, dachte Jan, darauf wollen sie hinaus. Nichts leichter als das. Doch kaum war der Patient mit seinem Bericht fertig, wurde er von links und rechts unter Beschuß genommen.

»Du redest doch jeden Tag den gleichen Mist. Kannst du uns nicht mal was anderes erzählen, 'ne andere Platte auflegen? Du drückst dich doch bloß in all den Therapien herum, weil du sonst nicht lebensfähig bist.«

Jan hatte sich das alles viel lockerer vorgestellt, und ihm wurde klar, daß er nicht einfach irgend etwas heruntererzählen konnte, sondern tatsächlich darüber berichten mußte, wie es ihm ging und wie er sich fühlte. Er begriff, daß er etwas von sich preisgeben mußte, doch gleichzeitig auch, daß er den Tag über eigentlich überhaupt nichts wirklich gefühlt hatte. Er hatte alles mögliche gemacht, hatte Karten gespielt und sich gefreut, wenn er gewonnen hatte, hatte gelacht und seine Anekdoten zur allgemeinen Erheiterung beigesteuert, aber gefühlt hatte er eigentlich nichts. Er hatte kein Gespür für die Eigenarten seiner Mitspieler gewonnen, kein Gefühl von Zuneigung oder

Abneigung, Kameradschaft oder Freundschaft entwickelt. Da war nichts. Er war innerlich vollkommen leer, war ohne normale menschliche Regungen und Gefühle. Allein die Drogen brachten noch so etwas wie die Ahnung eines Inhalts in das Vakuum seiner Selbstwahrnehmung.

Als die Reihe zu erzählen dann an ihm war, geriet Jan in arge Verlegenheit. Er redete so lange um den heißen Brei herum, bis die Leute am Tisch ungehalten wurden.

»Was willst du uns eigentlich erklären? Soll das ein Roman werden? Sag doch ganz einfach, wie's dir geht und was du fühlst und wie du den heutigen Tag erlebt hast.«

Jan war verunsichert. Er schwieg zunächst, nahm dann aber all seine Kraft zusammen, schilderte möglichst knapp die Ereignisse des Tages und gab ein paar knappe Kommentare über die anderen Leute ab. Dann rettete er sich in seine mangelnden Erfahrungen mit der Therapie: »Ich habe mich aus dem ganzen Betrieb noch ein bißchen rausgehalten, weil ich neu hier bin und etwas scheu.« Aus dem Augenwinkel sah Jan, daß der Therapeut verhalten schmunzelte. Das Echo der Gruppe war nicht gerade positiv, man nannte ihn arrogant und überheblich, doch irgendwie brachte er den Abend hinter sich, ohne seine Fassade ganz niederreißen zu müssen.

Der Schicksalsspruch

Zu den Eingangsmaßnahmen der Therapie gehörte unter anderem eine Gesundheitsuntersuchung. Der Arzt entnahm Jan verschiedene Blutproben, um den Zustand seiner Leber zu überprüfen, die Beschaffenheit der Blutwerte allgemein und den Zustand seiner Abwehrkräfte. Inzwischen gehörte auch ein Aids-Test zur Routine. Noch wenige Tage zuvor hatte Jan im Gefängnis großspurig verbreitet, sollte ihn jemand mit Aids infiziert haben, dann würde er sich eine Knarre besorgen und dem Schwein, das ihn angesteckt habe, eine Kugel in den Kopf jagen.

Vierzehn Tage nach der Blutentnahme spielte die Therapiegruppe gerade auf dem Anstaltsplatz Tennis, als der zuständige Arzt alle Neuankömmlinge der Reihe nach zu sich kommen ließ. Zuerst wurde die kleine Perserin aus Berlin aufgerufen. Jan und die anderen spielten weiter. Es kam darauf an, sich die Nervosität nicht anmerken zu lassen. Nach einer Viertelstunde kam die dünne Perserin mit der Berliner Kodderschnauze wieder nach draußen, hüpfte von einem Bein auf das andere, streckte die Arme in die Luft und rief: »Juhu, ich bin negativ! Ich hab nichts. Alles klar, ich bin gesund.«

Nach dem Alphabet hätte jetzt eigentlich Jan an der Reihe sein müssen, doch statt seiner wurde zunächst der dritte Neuzugang hineingerufen. Später kam dann der Arzt ganz still aus seiner Praxis und setzte sich auf eine Gartenbank. Er steckte sich eine Zigarette an und gab Jan ein Zeichen, er solle sich neben ihn setzen. Jan ließ den Tennisschläger sinken, ging auf den Arzt zu und wußte, daß man in seinem Blut irgend etwas entdeckt hatte.

»Paß mal auf«, sagte der Arzt mit unsicherer Stimme. »Ich hätte auch dir heute gern was Konkretes gesagt. Leider sind aber die drei Röhrchen mit deinem Blut auf dem Weg zum Labor runtergefallen und auf dem Fußboden zerdeppert. Also geht das Ganze noch mal von vorne los, und du mußt dich noch zwei Wochen gedulden.«

Für Jan war der Fall klar, doch er ließ sich nichts anmerken.

Nach den zwei Wochen dann, als Jan und die anderen wieder einmal im Klinikgarten Federball und Tennis spielten, wurde Jan zum Arzt hereingerufen.

Er blieb an der Tür stehen, und der Arzt sagte: »Setz dich doch.« Jan folgte der Aufforderung, und die beiden sahen sich eine Weile schweigend an. Schließlich sagte der Arzt: »Wir haben in deinem Blut Antikörper gegen das Aids-Virus gefunden. Das heißt zunächst einmal, in medizinischer Sprache ausgedrückt, du bist positiv. Du bist HIV-positiv. Aber das muß überhaupt nichts heißen. Wir sind mit unseren medizinischen Kenntnissen heutzutage so weit, daß wir wissen, von hundert

Leuten, die das Virus in ihrem Blut haben, erkranken höchstens fünfundzwanzig. Die übrigen fünfundsiebzig überleben; durch ein gesundes Leben und eine positive Einstellung.«

Das tröstete Jan wenig, denn mit solcherart Dingen konnte er nicht dienen. Er wußte, daß er gerade sein Todesurteil empfangen hatte, doch da ihm niemand sagen konnte, wie lange es dauern würde, bis die Krankheit tatsächlich ausbrach, hatte die schreckliche Nachricht noch etwas Unwirkliches. Lediglich die banale Erkenntnis, daß jeder Mensch letztlich sterben muß, rückte für ihn plötzlich in größere Nähe, auch wenn sie damit nicht wirklich faßbar wurde.

Jeder Mensch, so dachte sich Jan, ist im Prinzip von seiner Unsterblichkeit überzeugt. Das war für ihn aber nun wohl nicht mehr so. Es schwante ihm, daß es damit endlich an der Zeit war, sich ernsthaft mit dem eigenen Leben auseinanderzusetzen. Jene Wochen, Monate und Jahre, die er am Rande des Goldenen Schusses zugebracht hatte, wurden zu kostbarer, verlorener Zeit. Er hatte sein Leben vergeudet, aus dem vollen geschöpft, wo die Vorräte schon zur Neige gegangen waren. Plötzlich schien ihm begreiflich zu werden, daß seine Zeit begrenzt war, begann er darüber nachzudenken, wie er diesen kostbaren Schatz bewahren oder doch zumindest sinnvoller nutzen könnte. Und gleichzeitig stieg eine andere Angst in ihm auf: Er hatte sich tatsächlich auf die Gruppe und die Therapie eingelassen, sein Kontakt zu den anderen war enger geworden, und er fürchtete, daß sie sich von seiner Krankheit abstoßen lassen würden.

Trotzdem behielt Jan sein Geheimnis nicht für sich, doch während er sonst viele Worte brauchte, um das Erlebnis einer Angst, die er einmal empfunden hatte, zu schildern, reichten jetzt wenige Sätze, um den anderen mitzuteilen, wie es um ihn stand. Und niemand zog sich zurück. Plötzlich saßen sieben, acht Leute um ihn herum, ja, man kam sich näher als je zuvor. Das war nun wiederum für Jan mehr, als er verkraften konnte, und er versteckte sich seinerseits erneut hinter der gewohnten Fassade.

Im übrigen versuchte er auch weiterhin, vor allem durch ein gezieltes Fitneßprogramm, wieder zu Kräften zu kommen. Die Therapeuten gaben gute Ratschläge für gesundes Essen und warnten vor erneutem Drogenkonsum. Es wurden allgemeine Verhaltensmaßregeln ausgegeben wie: nicht ohne Kondom miteinander zu schlafen, nicht gemeinsam aus einer Tasse zu trinken oder das Eßbesteck miteinander zu teilen. HIV-Positive mußten beim Küchendienst Gummihandschuhe tragen, die bis zu den Ellbogen reichten.

Sabine war benachrichtigt worden. Jan hatte sie angerufen und ihr gesagt: »Du mußt sofort vorbeikommen. Ich muß mit dir reden. Es ist etwas ganz, ganz Wichtiges passiert.« Gleich am nächsten Tag war sie erschienen und hatte trotz der sonst geübten strengen Kontaktsperre eineinhalb Stunden lang allein im Frühstücksraum mit Jan reden können. Er erklärte ihr, daß er das Aids-Virus im Blut habe und daß auch sie sich dringend untersuchen lassen müsse.

Sabine ließ den Test machen, ebenfalls mit positivem Ergebnis. Trotzdem ging sie weiter auf St. Georg anschaffen, um ihr Leben fristen zu können. Jan versuchte noch mehrmals, Kontakt mit ihr aufzunehmen, doch die Therapeuten verstanden es, sich dazwischenzuschalten und Jan zu sagen, sie hätten Sabine nicht erreicht.

Noch bevor die eigentliche Therapie begann – die bisherige Arbeit hatte noch der Vorbereitung gedient –, zog die ganze Truppe eines Nachmittags zum Steilufer der Elbe. Sie betrachteten die Schiffe, die elbabwärts fuhren, und Jan erzählte den anderen von seinen Abenteuern am Blankeneser Strand. Abends fuhren sie zurück ins Krankenhaus, und nach diesem Ausflug in die Welt seiner Schulzeit schien Jan das Virus bereits Teil seiner Persönlichkeit. In den folgenden Tagen gewann der Zynismus wieder die Oberhand, und Jan gelang es sogar, wieder Witze über Aids zu reißen.

In der ersten Phase der Therapie mußte sich Jan dann von Grund auf mit der Tatsache seiner Infektion auseinandersetzen. Der Weg vor ihm war lang, bloßes Verdrängen war ihm nicht erlaubt. Die Therapeuten wollten wissen, wie Jan es aufgefaßt habe, als er erfuhr, daß er positiv sei. Jan versuchte ernsthaft auf das Thema einzusteigen und trotz allem sein Inneres dabei dadurch zu schonen, daß er das Gespräch auf allgemeinere Bahnen lenkte und über sein Verhältnis zu Tod und Sterben überhaupt sprach. Doch der Therapeut fiel ihm sofort ins Wort. Er wolle wohl von sich selbst ablenken, indem er die Sache unnötig verallgemeinere.

Jan wurde persönlicher: »Ich habe zunächst mit aller Kraft, so wie ich das mein ganzes Leben lang bei ernsten und bitterernsten Nachrichten getan habe, versucht, jeden Gedanken an die Krankheit zu verdrängen. Ich habe versucht, mich abzulenken und nicht zuviel darüber nachzudenken. Und deshalb kann ich auch jetzt nicht viel dazu sagen.«

Das entsprach der Wahrheit. Jan war aus dem Verhör entlassen. Er kam sich in solchen therapeutischen Situationen so vor, als stehe er im Rampenlicht einer Bühne, und wenn der Scheinwerfer dann endlich von ihm wegschwenkte, um den nächsten zu erfassen, sank er zurück in die als gnädig empfundene Dunkelheit. Zu große Nähe war Jan unerträglich.

Der »Stuhl als Vater«

Nach einigen Wochen in Ochsenzoll wurde Jan dann ins Therapiezentrum »Do-it« in Großhansdorf verlegt. Wieder mußte Jan die Aufnahmezeremonie über sich ergehen lassen. Die gesamte Gruppe von etwa zwanzig Leuten saß auf bequemen Sesseln und Sofas im gemütlichsten Zimmer des Hauses um ihn herum, zwischen ihnen die Therapeuten. Er selbst saß auf einem harten Holzstuhl, kerzengerade, als hätte er ein Lineal verschluckt. Alle sahen ihn an, aber niemand sagte ein Wort. Jan brauchte eine ganze Weile, um zu begreifen, worum es ging. Und wieder tat er, was er in solchen Situationen immer getan hatte: Er trat die Flucht nach vorn an.

Wieder einmal erzählte Jan seine Lebensgeschichte. Was für

Leute seine Eltern waren, wie er aufgewachsen war, welche Probleme er in der Schule hatte, wie seine Drogenkarriere begonnen und wie sie ihn schließlich in die Gosse gebracht hatte. Ehe er sich versah, war er in einen schier endlosen Monolog verfallen.

Schließlich unterbrach ihn ein Therapeut: »Du, entschuldige, wie lange könntest du jetzt noch so weitermachen?«

Ohne zu zögern, antwortete Jan: »Das kann ich dir ganz genau sagen: bis ich mit meiner Erzählung auf diesem Stuhl, auf dem ich hier sitze, angekommen bin. Alles andere steht in der Zukunft.«

Alle lachten, nur der Therapeut nicht. Die Eingangsbefragung war beendet. Jan wurde in sein Zimmer geschickt, damit man darüber beraten konnte, ob er in die Gruppe aufgenommen werden sollte oder nicht. Das gehörte zu den demokratischen Prinzipien der Gruppentherapie, auch wenn die Entscheidung wie bei Jan längst gefallen war. Ein junges Mädchen, das bereits sechzehn Monate Therapie hinter sich gebracht hatte und als Jans »Patin« über sein Blühen, Wachsen und Gedeihen in der Therapie wachen sollte, überbrachte ihm die positive Nachricht: »Wir sind alle dafür, daß du aufgenommen wirst. Wir freuen uns darauf, mit dir hier gemeinsam die Therapie zu machen. Bei uns ist es unwahrscheinlich schön.«

Die Therapie sollte insgesamt zwischen achtzehn und vierundzwanzig Monate dauern. Die Krankenkasse trug die Kosten. Es gab auch Patienten, die schon drei Jahre in der Gruppe waren und denen das Aufgehobensein in der Gemeinschaft zur Lebensform geworden war. Sie waren nicht mehr fähig, selbständig in Freiheit zu leben, und machten es sich im warmen Schoß der Therapiegemeinschaft gemütlich.

So traf Jan im »Do-it« einen Alt-Junkie namens Mike, den er Jahre zuvor kennengelernt hatte. Das letzte Mal, als Jan ihn gesehen hatte, saß Mike im Rollstuhl. Er hatte sich, nachdem er in seinen Venen keinen Platz mehr fand, das Heroin in den Rücken spritzen lassen und sich dabei eine Knochenmarksentzündung zugezogen, die zu einer Querschnittlähmung führte.

In der Therapie hatte er sich nach fast zwanzig Jahren Rauschgiftsucht so weit erholt, daß er sogar wieder lernte, auf den Rollstuhl zu verzichten und ohne Krücken selbständig zu gehen. Eigentlich war die Therapie für ihn vorüber, doch kurz bevor er die Gruppe verlassen sollte, verfiel er in eine tiefe Depression. Er kannte plötzlich niemanden mehr, saß teilnahmslos am Tisch und lachte unmotiviert und wie irre los. Daraufhin durfte er bleiben.

Jan hatte seine Erfahrungen mit Situationen von Kasernierung und fand immer wieder Schliche, sich durchzuwurschteln, ohne allzu große Leistungen bringen und allzu großen Frust ertragen zu müssen. Er fand Spaß daran, für die ganze Gruppe zu kochen, organisierte Skatturniere und Tanzveranstaltungen und machte sich der Gruppe auf diese Weise unentbehrlich. Die Therapiesitzungen brachte er, so gut es ging, hinter sich. Seine Erfahrungen aus anderen gruppendynamischen Prozessen, allerdings ohne Therapeut, halfen ihm dabei. Die Krisen seines Lebens hatten ihn gelehrt, sich gegenüber anderen auch psychisch zu behaupten.

Die Sitzungen liefen fast immer auf die gleiche Weise ab. Der Therapeut setzte sich in seinen Sessel am Kopf der Runde. Die Tür wurde geschlossen, und man zählte kurz durch, ob auch alle anwesend waren. Dann trat tiefes Schweigen ein, und jeder versuchte, seinen Blick auf irgendeine Stelle des Raumes zu heften und auf jeden Fall dem Blick des Therapeuten auszuweichen. Niemand rührte sich, denn jede auffällige Bewegung konnte den Scheinwerfer, das Augenmerk des Therapeuten, auf sich ziehen. Nach einer Weile kam dann ein »Naaa, Peter« oder »Naaa, Jan«, und der Betreffende wußte, jetzt war er dran. Jan gab dem Therapeuten und den anderen Gruppenmitgliedern allerdings immer nur bis zu einer bestimmten Grenze Einblick in sein Innenleben. Alles weitere blockte er dann ab und sagte: »Der Rest ist meine Sache. Ich weiß nicht, warum ich das hier vor euch ausbreiten sollte. Alles hat seine Grenzen. Das geht niemanden etwas an.«

Was natürlich regelmäßig zum Disput mit dem Therapeuten

führte, aber das war für Jan immer noch besser, als sich wirklich zu öffnen und die Gruppe an seinem wahren Denken und Empfinden teilhaben zu lassen.

Ständig hatte er vor Augen, wie es anderen Mitgliedern der Gruppe in den Sitzungen erging. Er sah mit an, wie sich manche in ekstatischen Heulkrämpfen auf dem Boden wälzten, hatte mehr als einmal erlebt, daß ein Therapeut einen Stuhl vor einen der Patienten stellte und sagte: »So, der Stuhl ist jetzt dein Vater. Nun erzähl ihm mal, was du von ihm hältst.« Und pflichtgemäß wurde dann der Stuhl als Arschloch beschimpft oder gar verprügelt. Einer hatte ganz einfach den Stuhl genommen und ihn vor die Tür gestellt. Das war immerhin eine Abwechslung gewesen in der müden Routine abgedroschener Rollenspiele, bei denen fast immer geschauspielert wurde, um die Anforderungen der Therapie zu erfüllen.

Jan war es unmöglich, sich wirklich fallenzulassen, seine Emotionen angesichts eines Stuhls nach außen zu kehren, und die in sich zusammensackenden und sich in Heulkrämpfen verausgabenden Patienten konnten ihm höchstens leid tun.

Die Todsünde

Jan hatte eine Affäre mit seiner »Patin« Inge begonnen. Die Silvesternacht von 1985 auf 1986 verbrachten die beiden gemeinsam im Bett. Wenige Tage später kam es zu einer der »Feedback« genannten Gruppenrunden, in denen jeder jeden kritisieren sollte – was Inge ausgiebig tat, indem sie Jan als sexuellen Versager hinstellte. Vor versammelter Mannschaft erzählte sie in allen Einzelheiten, wie Jan versagt habe. Er dagegen hatte die Nacht ganz anders in Erinnerung.

Nachdem er so bloßgestellt worden war, bekam Jan wahnsinnige Aggressionen gegen das Mädchen. Er wollte es ihr heimzahlen und den anderen beweisen, daß sie mit ihren Behauptungen schieflag. So kam ihm ein Neuzugang aus einer anderen Therapieeinrichtung gerade recht. Es war ein einundzwanzigjähriges blondgelocktes Mädchen, das bereits eine ziemliche Drogenkarriere hinter sich hatte. Jan schaffte es, in das Zimmer überzusiedeln, in dem Heidi, so hieß das Mädchen, zusammen mit einer anderen Frau namens Margarete wohnte. Jede Nacht schliefen Jan und Heidi miteinander, und Jan achtete darauf, daß Margarete alles genauestens mitbekam.

Nun war es ein eisernes Gesetz, daß alle, die in der Therapieeinrichtung miteinander schliefen, Kondome benutzten. Die Therapeuten achteten streng darauf, daß im Badezimmerschrank immer genügend vorhanden waren. Heidi und Jan mochten die Dinger aber einfach nicht mehr. Beide wußten zwar, daß Jan HIV-positiv war, in der suizidalen Grundstimmung fast aller Drogenabhängigen aber kümmerte sich Heidi nicht darum. Um Margarete zu täuschen, raschelten sie mit den Packungen herum, benutzten den Inhalt aber nicht.

Nach sechs Wochen äußerte Margarete gegenüber einem Therapeuten den Verdacht, daß Heidi und Jan ungeschützt miteinander schliefen. Es kam zu einem ungeheuren Eklat. Eine Woche lang fielen alle Veranstaltungen aus, es wurde nur noch telefoniert, um die Therapeuten der verschiedenen »Do-it«-Niederlassungen zu einem Krisengipfel zusammenzurufen. Jan mußte in ein Einzelzimmer ziehen. Jeder weitere Kontakt mit Heidi wurde ihm strengstens verboten.

Nach ein paar Tagen rückten insgesamt fast zwanzig Therapeuten in Großhansdorf an, die gesamte Gruppe wurde zusammengetrommelt, und was zwischen Heidi und Jan vorgefallen war, wurde in allen Einzelheiten diskutiert. Jan fühlte sich wie vor der heiligen Inquisition. Haßerfüllte Blicke schossen kreuz und quer durch den Raum, und alles, was er sagen konnte, war: »Ja, es stimmt, es ist richtig, wir haben es gemacht, also ohne Gummis, ohne Schutz. Jetzt im nachhinein finde ich es selbst beschissen. Ich habe riesengroße Angst, daß ich die Heidi infiziert haben könnte. Es ist unüberlegt gewesen und triebhaft, oder wie immer man es nennen will. Aber es ist halt mal passiert, mehr kann ich im Moment dazu nicht sagen. Ich finde es doch selbst beschissen, und es ekelt mich an.«

Die Therapeutenrunde zog sich zurück und kam dann mit ihrem Urteil wieder: »Es ist eine Riesenscheiße, was du da gemacht hast. Kein Mensch kann auch nur das geringste bißchen Verständnis dafür aufbringen. So etwas grenzt an vorsätzlichen Totschlag.«

»Wenn zwei Menschen es miteinander treiben«, warf einer der Anwesenden daraufhin zögernd ein, »und beide wissen, daß einer von beiden Virusträger ist, und sie verzichten trotzdem auf jeglichen Schutz, dann sind die beiden, soweit sie erwachsen sind, doch zumindest jeder zu fünfzig Prozent an der Sache beteiligt.«

Der Einwand wurde schlichtweg niedergebrüllt.

Nach langem Hin und Her, und nachdem Jans Schandtat und seine Unmoral ausgiebig erörtert worden waren, kamen die Therapeuten mit ihrem Beschluß heraus: »Hör mal, Jan, es ist so: Zunächst waren und sind wir sauer auf dich. Wir finden das beschissen, was du gemacht hast, und unverantwortlich. Unser erster Gedanke war ganz spontan, dich aus der Gruppe auszuschließen. Einzig und allein deine Situation, daß du aus dem Strafvollzug kommst und noch eine ziemliche Freiheitsstrafe zu verbüßen hättest, hat uns dazu gebracht, noch ein einziges Mal Gnade vor Recht ergehen zu lassen. Du kannst ausnahmsweise in der Therapie bleiben.«

Im übrigen werde sich für ihn allerdings einiges ändern. Er müsse ein Einzelzimmer beziehen, und jeder körperliche Kontakt zu anderen Gruppenmitgliedern sei ihm fortan strengstens untersagt.

Jan wollte soviel Gnade und Barmherzigkeit nicht annehmen. Er spielte den Überlegenen: »Ich finde es unheimlich nett und bin euch ewig dankbar dafür, daß ihr noch einmal Gnade vor Recht ergehen lassen wollt. Aber ich denke, in Anbetracht der Tatsache, daß wir hier Gestalttherapie, Psychotherapie, Psychoanalyse und all diese Sachen betreiben, und daß eine Grundvoraussetzung für die Durchführung einer solchen Therapie absolutes Vertrauen zwischen Therapeut und Patient ist, ist es doch wohl besser, wenn ich nachher meine Sachen packe und das Haus verlasse.« Tatsächlich fühlte er sich wie ein junger Hund, der irgendwo einen Haufen hingemacht hatte und nun mit der Nase hineingesteckt wurde. Lieber wäre er auf geradem Wege ins Gefängnis zurückgegangen, als sich der Großzügigkeit der Therapeuten auszuliefern.

Innere Einkehr

Als er seine Sachen zusammenpackte, ging ihm der Ablauf der Therapie noch einmal durch den Kopf. Er hatte sich zwar den Anforderungen der Gruppe, so gut es ging, entzogen, dennoch war ihm einiges über sein bisheriges Leben klargeworden, auch wenn es keine besonders tiefschürfenden Erkenntnisse waren, die er da gesammelt hatte, sondern eher psychologische Grundweisheiten, an die er vorher nie gedacht hatte. Er hatte begriffen, daß der Grundstein für seinen Drogenkonsum und seinen Niedergang schon sehr früh gelegt worden war, möglicherweise bereits in seiner Kindheit. Was es aber im einzelnen war, das ihn ins Elend der Abhängigkeit getrieben hatte, wußte er nicht. Schmerzhaft mußte er erkennen, daß seine gesamte Persönlichkeit schon seit langem nur noch durch sein Suchtverhalten geprägt wurde. Vor jedem möglichen Problem hatte er sich in die Droge geflüchtet, nie hatte er Konflikte mit seiner Umwelt ausgetragen, nie versucht, seiner eigenen Person auf die Spur zu kommen, sein Leben tatsächlich in die Hand zu nehmen. Nie hatte er Frustrationen ertragen können, nie hatte er Schwierigkeiten durchgestanden und bewältigt. Immer hatte er sich in den schnellen Griff zur Droge geflüchtet, hatte sich betäubt, anstatt sich mit den Dingen auseinanderzusetzen.

Und es schien ihm klar, daß er sich mit seinen nunmehr sechsunddreißig Jahren nicht mehr wirklich wandeln konnte. Er war beträchtlich älter als die übrigen Gruppenmitglieder, genau wie seine Drogensucht, die es inzwischen auch schon fast auf zwanzig Jahre brachte. Diese verfestigten Strukturen niederzureißen wäre die Aufgabe der Langzeittherapie gewesen, doch Jan konnte sich nicht vorstellen, was er an die Stelle seines demontierten Ichs hätte setzen sollen. Darüber hinaus erschien es ihm unmöglich, sich den Ritualen des gruppendynamischen Prozesses wirklich auszusetzen. Wenn er zum Beispiel während eines Gesprächs mit seiner Erzählung an einen Punkt gekommen war, wo es darum gegangen wäre, einzelne Schwierigkeiten mit seinen Eltern tatsächlich ungeschminkt und hautnah zu schildern, hatte er automatisch abgeblockt. Es war ihm peinlich und unangenehm, sich vor der Gruppe zu entblößen. Und wenn dann ein Therapeut aufstand und einen leeren Stuhl mitten ins Zimmer stellte und Jan aufforderte, so zu tun, als sei das jetzt sein Vater, dann kam ihm das vor wie eine Geschichte, die er noch aus früher Kindheit im Kopf behalten hatte, als er und sein Bruder diese roten Baskenmützen hatten tragen müssen. Damals hatte er sich die »Bastelmütze« vom Kopf gerissen, ins Gestrüpp geworfen und mit todernster Miene gesagt: »Albern.«

Zeit seines Lebens hatte er eine höllische Angst davor gehabt, albern zu wirken. Und bei dem Versuch, es nicht zu tun, hatte er sich in wirklich tödliche Albernheiten verstrickt.

All das war ihm in der Therapie durchaus bewußt geworden, doch war er der festen Meinung, zu viele Jahre auf derselben verhängnisvollen Schiene gefahren zu sein, als daß er nun plötzlich das Rad hätte zurückdrehen können. Zudem hätte er sich zu diesem Zweck zu sehr und zu grundlegend in Frage stellen müssen. Ein tiefsitzender Narzißmus machte es ihm unmöglich, Schwäche zu zeigen. Und die Tragik seiner Situation bestand darin, daß er vor lauter Angst, Schwäche zu zeigen, seine Schwächen ununterbrochen offenbarte.

Er hatte verschiedene Verhaltensrituale entwickelt, mittels derer er in seiner elenden Situation über die Runden gekommen war. Statt sich wirklich auf die Therapie einzulassen, hatte er sich in die Rolle des »Herbergsvaters« begeben, hatte sich in hektische Aktivitäten gestürzt, Fußball- und Skatturniere organisiert, Langläufe und alle möglichen anderen Freizeitaktivitäten. Er hatte eine Gesprächsrunde von acht, neun Leuten um sich geschart und sich in der Rolle des lebenserfahrenen Gurus gesonnt, der zu jedem Thema seine Geschichten beisteuern und seine Weisheiten vom Stapel lassen konnte.

Nur in den therapeutischen Sitzungen kehrte sich das Bild immer wieder um. Dort drohte sein Selbstbewußtsein jeden Augenblick zu zersplittern. Vor den Rollenspielen hatte er Angst wie vor nichts sonst.

Abschied von der letzten Chance

Jan wußte, daß die Therapie für ihn an einem entscheidenden Punkt war. Bei einer weiteren Teilnahme mußte er früher oder später grundsätzlich Farbe bekennen, und so kam ihm die Gelegenheit zum Abbruch sehr zupaß. Im übrigen konnte er die einmal geäußerte Absicht, die Therapie zu beenden, auf keinen Fall mehr zurücknehmen. Die Großzügigkeit, mit der die Therapeuten verkündet hatten, sie würden noch einmal Gnade vor Recht ergehen lassen, traf seinen Lebensnerv. Gnade war auch so etwas, was er nicht akzeptierte. Gnade war Unterwerfung, die tiefste Schmach, die man seinem Selbstbewußtsein antun konnte. Da wollte er lieber mit einem Kloß im Hals und zusammengebissenen Zähnen aufrecht und stolz in den Untergang marschieren. Und schon begann er, sich in seiner selbstzerstörerischen Verhärtung zu sonnen.

Für die Gruppe allerdings hatte Jan inzwischen eine solche Bedeutung gewonnen, daß ihn nacheinander fast alle Mitpatienten zu überreden versuchten, die Therapie fortzusetzen. Und es ging Jan durchaus nahe, daß die anderen ihn förmlich anflehten, doch in der Gruppe zu bleiben, und kurzzeitig wurde er unsicher. Mensch, was machst du da eigentlich? dachte er. Ist es nicht besser, wenn du bleibst? Alle haben Angst davor, daß du jetzt gehst. Alle haben Angst um dich. Alle machen sich Gedanken um dich, und alle wünschen sich nichts sehnlicher, als daß du hierbleibst. Alle wissen genau, daß du wieder in die Scheiße gerätst, wenn du jetzt gehst. Und du selbst weißt es tief in deinem Innern ebenfalls. Es würde an ein Wunder grenzen, wenn du nicht wieder in die Scheiße gerietest.

Doch er war zu stolz, seine einmal getroffene Entscheidung wieder rückgängig zu machen. Allerdings schob er seinen Abschied hinaus. Die Verwirrung seiner Gefühle, der Abschiedsschmerz und die plötzlich empfundene Zuneigung der anderen verursachten in ihm eine so wohlige Traurigkeit, daß er das Gefühl bis zum Ende auskosten wollte. Es war der gleiche masochistische Schmerz, den er immer wieder empfunden hatte, wenn er sich eine Spritze in seine zerstochenen Adern gejagt hatte.

Jan ging noch einmal nach oben und ließ sich ein ausgiebiges Schaumbad einlaufen. Als er bis zum Hals im heißen Wasser saß, kam Heidi herein, kniete sich neben die Wanne und sagte: »Wenn du jetzt abhaust und die Therapie abbrichst, dann will ich auch nicht hierbleiben. Du kannst mich nicht allein zurücklassen. Ich hab Angst vor den Leuten hier.«

Auch Heidis Worte ließen Jan nicht ungerührt, aber das war ihm unangenehm und machte ihn aggressiv. Er war in eine Situation geraten, wie er sie zeit seines Lebens gehaßt hatte und wie er sie vielleicht gerade deswegen immer wieder hatte erleben müssen. Im Grunde hatte er immer Schwierigkeiten gehabt, sich den Forderungen anderer Menschen zu widersetzen und zum richtigen Zeitpunkt in angemessener Form nein zu sagen. Wieder und wieder hatte er eigentlich längst fällige Entscheidungen bis zum letzten Moment aufgeschoben und sie dann, wenn es nicht mehr anders ging, aggressiv und brutal gefällt. Diesen Punkt hatte er jetzt auch mit Heidi erreicht. Doch zunächst spielte er noch den edlen Ritter.

»Wenn du darauf bestehst, mit mir zusammen die Therapie abzubrechen, zwingst du mich, meinen Entschluß rückgängig zu machen. Ich gehe hier nicht weg, wenn ich weiß, daß du dann auch wegläufst. Das hier ist für dich die einzige Chance zu überleben. Ich kann es nicht auf mein Gewissen laden, daß du mit mir in die Stadt fährst und womöglich wieder auf die Spritze kommst und rückfällig wirst. Für mich ist diese Therapie unmöglich geworden, ich muß irgendwo neu anfangen. Wenn du mich wirklich liebst, bleibst du hier und läßt mich gehen.«

Jan wußte genau, daß er log. Er saß in seinem Schaumbad, und Heidi hockte heulend auf den Fliesen neben der Wanne. Und dann holte Jan die Keule heraus.

»Im übrigen gibt es da draußen eine Frau. Die heißt Sabine, und sie wartet auf mich. Für dich ist überhaupt kein Platz in meinem Leben.«

Heidi sprang auf, rannte aus dem Badezimmer und knallte die Tür hinter sich zu. Jan atmete auf, denn damit war die Sache überstanden, ein für allemal.

Nachdem er sich später von allen verabschiedet hatte, schulterte Jan seine beiden Müllsäcke, hängte sich seine Taschen um, setzte seinen alten Strohhut auf und ging in die Nacht hinaus. Er hatte nicht genügend Geld, um sich ein Taxi zum Bahnhof zu bestellen, und so ging er von Großhansdorf zu Fuß zur S-Bahn nach Ahrensburg. Die Therapeuten hatte er zum Abschied noch um einen letzten Gefallen gebeten: »Ich wäre euch dankbar, wenn ihr mir ein paar Tage Zeit gebt, bevor ihr den Staatsanwalt anruft, damit ich Gelegenheit habe, vorher von mir aus mit ihm zu sprechen und mich nach etwas anderem umzusehen. Ich habe eine ganze Menge bei euch gelernt, und dafür bin ich euch dankbar. Ich will versuchen, mich in eine andere Gruppe einzubringen, wo keine Vorurteile gegen mich bestehen. Danke für alles, was ihr für mich getan habt.«

Dieser edle Monolog ging ihm noch einmal durch den Kopf, als er durch die Nacht wanderte. Die Szene erinnerte ihn irgendwie an literarische Vorbilder. Hatte sich so nicht auch Tom Sawyer gefühlt, als er gemeinsam mit Huckleberry Finn auf einer einsamen Insel im Mississippi verschwand und sich genüßlich ausmalte, wie Tante Polly vor Angst und Schmerz zerfloß? Es war das typische Gefühlsbild eines jugendlichen Ausreißers oder Selbstmörders, der sich die trauernden Mienen der Hinterbliebenen bei der eigenen Beerdigung vorstellte. Er strafte die Therapeuten und anderen Gruppenmitglieder, indem er sich selbst dem Elend auslieferte. Und kurz, sehr kurz schoß ihm der Gedanke durch den Kopf, wen er wohl die ganzen Jahre über mit seiner selbstzerstörerischen Drogensucht hatte bestrafen wollen.

Wiedersehen im Elend

Am Schalter kaufte er sich eine S-Bahnkarte nach Hamburg und am Kiosk einen Flachmann Jägermeister und eine Dose Bier und kippte beides in sich hinein. Seit etlicher Zeit hatte er keine Drogen und keinen Alkohol zu sich genommen, und so kam er stark benebelt in Hamburg an. Am Hauptbahnhof war der letzte Bus der Linie 108 gerade weg. So lief Jan denn mit seinem Gepäck auf der Schulter den ganzen Weg vom Hauptbahnhof bis zur Alsterdorfer Straße zu Fuß. Er hatte zwar Sabines neue Adresse, war aber noch nie dagewesen.

Jan tastete sich durch einen Hinterhof und fand Sabines Tür, die im Parterre des Hinterhauses lag. Er klingelte, doch niemand öffnete, obwohl ein Lichtschein durch die Türritzen fiel. Jan ging zurück in den Hof und schaute durch einen Spalt der Fenstervorhänge in die Küche. Dort stand ein Mann mit Glatze, der gerade eine Dose Bier an den Mund setzte. Jan hatte Angst, noch einmal zu klingeln, und lief einen guten Kilometer zurück bis zum nächsten geöffneten Lokal, der »Strohlampe«. Von dort aus versuchte er, bei Sabine anzurufen, doch es nahm keiner ab.

Von der Kellnerin ließ er sich einen Rechnungsblock und einen Kugelschreiber geben und schrieb einen Brief: »Liebe Sabine, ich habe eben bei dir an der Haustür geklingelt. Ich rufe in etwa zwanzig Minuten von der ›Strohlampe‹ aus an. Wenn du mich sprechen willst, dann mußt du das Telefon abnehmen. Dein Jan.«

Dann lief er zurück zu Sabines Wohnung, klingelte gewaltig Sturm, öffnete laut klappernd den Briefkastenschlitz in der Tür und ließ den Zettel durchflattern. Zwanzig Minuten später rief er noch einmal an, und Sabine nahm auch gleich ab.

»Bist du allein zu Hause?« fragte Jan. »Kann ich vielleicht vorbeikommen, daß wir reden?«

»Ja, natürlich bin ich allein. Was denkst du denn. Hast du vorhin schon mal geklingelt?«

»Ja, allerdings.«

»Ich hatte Angst aufzumachen«, sagte Sabine, »weil ich nicht wußte, wer da war.«

Als sie dann die Tür öffnete, war sie tatsächlich allein und fiel Jan, auf den die Szene wie ein einstudiertes Ritual wirkte, sofort um den Hals. Sabine hatte eine furchtbare Alkoholfahne und wirkte total aufgeschwemmt.

Jan erkannte ein paar seiner alten Möbel und fühlte sich doch wie ein Fremder. Er wollte nicht fragen, wer der Mann gewesen war. Schließlich waren sie sehr lange getrennt gewesen, und er konnte nicht erwarten, daß Sabine die ganze Zeit wie eine Nonne gelebt hatte. Und doch schmerzte es ihn, sich vorzustellen, daß sie möglicherweise einen neuen Liebhaber hatte. Daß sie nicht nur in den letzten drei Jahren, sondern auch vorher schon auf den Strich gegangen war und es für Geld mit den verschiedensten Männern gemacht hatte, spielte für ihn keine Rolle. Das war reines Geschäft, Gelderwerb, keine Konkurrenz für ihn.

Das alles, der ganze Tag war zuviel für Jan gewesen. Er hatte zuviel erlebt, was sein sorgsam gehütetes inneres Gleichgewicht aus der Balance gebracht hatte: zuerst das gruppendynamische Inquisitionstribunal, dann sein heldenhafter Abschied aus dem »Do-it«, der Fußmarsch zu Sabines Wohnung, der glatzköpfige Biertrinker und schließlich das Wiedersehen mit Sabine und diese Spannung, die gewitterschwül in der Luft lag.

»Sag mal, hast du was zum Ballern hier?« fragte er.

»Ich hab gerade zweihundert Remedazin besorgt.« Sabine sah ihn entsetzt an.

»Dann gib mir mal ganz schnell zwanzig davon.«

»Bist du verrückt, so viele?«

»Egal. Gib sie mir, ich halt's nicht mehr aus, ich platze gleich, ich werde wahnsinnig, ich brauch das jetzt.«

Sabine kam mit einer ganzen Schachtel an. Jan nahm sich zwanzig und spülte sie mit einer Dose Bier auf einmal hinunter. Dann stellte sich heraus, daß Sabine auch noch Medinox im Hause hatte. Also nahm er auch davon ein paar. Minuten später sackte er auf seinem Sessel in sich zusammen und wurde bewußtlos. Sabine schleppte ihn aufs Bett.

Als er am nächsten Tag mit dröhnendem Kopf aufwachte, nahm er gleich wieder ein paar Tabletten und machte sich auf den Weg zu seinem Anwalt. Er schilderte ihm seine Situation, und der Anwalt entwickelte plötzlich eine unerwartet fürsorglich-väterliche Art. Mit seiner Hilfe nahm Jan Kontakt zur Therapiekette Niedersachsen auf und machte einen Termin bei dem für seinen Fall zuständigen Staatsanwalt. Der reagierte durchaus freundlich und sagte am Telefon: »Das finde ich sehr gut, daß Sie angerufen haben. Kommen Sie doch gleich morgen früh um neun Uhr hier bei mir im vierten Stockwerk des Strafjustizgebäudes vorbei.«

Gewaschen und gekämmt, die Zähne geputzt und mit sauberen Fingernägeln marschierte Jan, gestärkt mit ein paar Medikamenten, ins Vorzimmer des Staatsanwalts, der ihm schon entgegenkam.

»Sie brauchen gar nicht erst zu mir ins Büro zu kommen. Diese vier Justizwachtmeister da draußen bringen Sie gleich runter ins Untersuchungsgefängnis.« Und schon klickten die Handschellen um Jans Handgelenke.

Durch die Treppenhäuser und Flure wurde er nach unten geführt. Sabine war mit Jan mitgekommen, und als sie nun sah, wie man ihn abführte, fing sie fürchterlich an zu heulen. Es war Freitag, und es gab keine Möglichkeit, Jan noch vor dem Wochenende wieder aus der Haft herauszuholen. Da er kein Untersuchungshäftling war, sondern noch eine gehörige Haftstrafe abzusitzen hatte, war kein Untersuchungsrichter für ihn zuständig. Unmittelbar vor dem Gespräch mit dem Staatsanwalt hatte Jan noch eine Handvoll Tabletten geschluckt, die langsam ihre Wirkung zu entfalten begannen. So überstand er die ersten Stunden seiner erneuten Haft im üblichen benebelten Zustand. Als dann die Wirkung der Drogen nachließ, kam ihm seine elende Lage voll zu Bewußtsein, und er dachte darüber nach, wie »heldenmütig« er sich aus dem »Do-it« abgesetzt hatte. Das war wohl etwas vorschnell gewesen.

Es dauerte drei Wochen, bis Jan mit Hilfe einer Sozialarbeiterin und seines Anwalts aus der Haft entlassen wurde, um einen neuen Therapieversuch zu unternehmen. In der Zwischenzeit war sein Vater gestorben, doch die Behörden hatten ihm auch zur Bestattung keinen Ausgang gewährt. Man hätte ihm nur erlaubt, in Begleitung von vier Beamten auf die Beerdigung zu gehen. Die Kosten der Ausführung hätte er allerdings selbst tragen müssen. Da hatte Jan verzichtet.

Jan wurde wieder einmal mit dem kleinen grünen Auto zum Allgemeinen Krankenhaus Ochsenzoll gebracht, wo er vor Beginn seiner neuen Therapie entgiftet werden sollte. Kaum hatten die Justizbeamten ihn dort gegen Quittung abgeliefert, hatte Jan die Therapeuten auch schon überredet, ihm drei Tage freizugeben, damit er sich um das Testament seines Vaters kümmern konnte. Trotz schwerer Bedenken ließ man ihn gehen. Schnurstracks fuhr er zu Sabine, und die beiden pumpten sich drei Tage lang mit Heroin voll. Dann trat er pünktlich in Ochsenzoll an.

Allerdings versuchte Jan die Therapeuten davon zu überzeugen, daß eine stationäre Langzeittherapie für ihn nicht mehr sinnvoll sei. Er hänge nun schon seit zwanzig Jahren an den verschiedensten Drogen. Seine Infektion mit dem Aids-Virus gehe mittlerweile ins fünfte Jahr. Seine Lebenserwartung sei nur noch äußerst begrenzt. Zudem könne er auch schon aufgrund seines fortgeschrittenen Lebensalters durch eine Therapie nicht mehr völlig umgemodelt werden. Es sei für ihn wesentlich sinnvoller zu versuchen, draußen sein eigenes Leben zu leben. Er könne sich allerdings vorstellen, sich in eine ambulante Therapie zu begeben, um die Ursachen seiner Drogensucht zu erforschen und um so einen möglichen Rückfall zu vermeiden.

Resigniert ließen sich die Therapeuten davon überzeugen,

daß Jans Sicht der Dinge wohl die richtige war. Sie wollten sogar beim Staatsanwalt dafür eintreten, daß er eine neuerliche Haft durch eine ambulante Therapie ersetzen durfte.

Aufgegeben

Doch Jans Pläne wurden jäh durchkreuzt, als plötzlich ein verbeulter alter Renault R 4 mit zwei Männern der Therapiekette Niedersachsen vor der Tür stand, die ihn abholen kamen. Es sollte in eine berüchtigte Therapieanstalt im tiefsten Ostfriesland gehen, und Jan blieb nichts anderes übrig, als mitzufahren, wollte er nicht zurück ins Gefängnis.

Als sie auf dem verlotterten, vor Dreck starrenden alten Bauernhof ankamen, hingen überall Wimpel und Fähnchen. Es gab gerade ein Fest für einen Psychologen, der sich nach sechs Jahren Tätigkeit von der Einrichtung verabschiedete. Als Fremder stand Jan völlig desorientiert zwischen Trauben von Leuten. Er fühlte sich in all der Fröhlichkeit so schlecht wie schon lange nicht mehr.

Jan wurden all seine Kleidungsstücke abgenommen und in die Waschmaschine gesteckt. Das war eine allgemeine Vorschrift, um Infektionen vorzubeugen und um mögliche versteckte Rauschgifte unbrauchbar zu machen. Als Jan seine Kleidungsstücke zurückbekam, waren sie sämtlich um Nummern eingelaufen.

Sein Bett stand in einem verdreckten, zugigen Schlafsaal zwischen zwei Junkies, deren Gesichter und Körper mit Akne und anderen Ekzemen übersät waren und die sich ständig überall kratzten. Hunde rannten zwischen den Betten herum. Jan entschied sofort, lieber zurück ins Gefängnis zu gehen, als in diesem Desaster zu bleiben. Am nächsten Morgen ging er zum Leiter der Einrichtung und sagte: »Ich muß hier weg, ich bin HIV-positiv und kann es nicht riskieren, mit Leuten im selben Zimmer zu schlafen, die womöglich irgendwelche ansteckenden Krankheiten haben. Meine Immunabwehrkräfte sind nicht so hoch, daß ich so was verkraften könnte. Ich hab keine Lust, mir hier meine Gesundheit zu ruinieren. Ende. Aus. Vorbei.«

Jan war in wirklicher Panikstimmung und ließ sich auf keine Diskussionen mehr ein. Mit seinem letzten Geld nahm er sich ganz einfach ein Taxi und ließ sich zum Bahnhof bringen. Von dort fuhr er über Bremen nach Hamburg und stand spätabends wieder bei Sabine vor der Tür. Doch seitdem er den Mann mit der Bierdose bei ihr gesehen hatte, war für ihn das Ende seiner Beziehung zu ihr besiegelt. Er, der über Jahre davon gelebt hatte, daß Sabine anschaffen ging, wollte nicht mehr von ihr und ihrer Wohnung abhängig sein.

Auf dem Sozialamt schilderte er seine soziale und gesundheitliche Lage. Er ließ sich ins Krankenhaus einweisen, um seine Immunabwehr-Werte testen zu lassen. Ausgestattet mit einem Attest, ließ er sich dann beim Sozialamt in die Abteilung für Schwerbehinderte schicken. Dort bekam er zusätzlich zum Sozialhilfesatz eine Kostgeldzulage, Reinigungs-, Bekleidungs- und Bettwäschezuschüsse, man bewilligte ihm sogar das Geld für eine eigene Wohnung. Dank seiner HIV-Erkrankung hatte Jan zum erstenmal seit Jahren wieder eigene vier Wände um sich, die sauber, komfortabel und neu waren. Dennoch blieb er an Sabine hängen, denn er brachte es nicht fertig, allein zu sein.

Erbschaft für die Nadel

Nach der Testamentseröffnung hatte es eine herbe Enttäuschung für Jan gegeben. Sein Vater, mit dem er in den vergangenen Jahren einen so vertrauensvollen Briefkontakt gepflegt hatte, hatte ihn enterbt. An seiner Stelle war Jans Tochter Petra gemeinsam mit seinem Bruder als Erbin eingesetzt worden. Jan erhielt nur den Pflichtanteil, immerhin noch knapp zwanzigtausend Mark.

Wie der Zufall in solchen Situationen meist spielt, trafen der plötzliche Geldfluß und eine günstige Drogenquelle zusammen. Im Laufe weniger Monate legte Jan den Großteil seiner Erbschaft in Heroin und Kokain an. Sabine gab kurzfristig die Prostitution auf, und gemeinsam spritzen sie sich das Gift in die Adern, bis sie nicht mehr konnten. Immerhin war Jan noch so diszipliniert, daß er zweimal pro Woche zur ambulanten Drogentherapie ging. Der Fachmann erkannte nicht, daß Jan ständig unter harten Drogen stand. Er ließ sich im Gespräch von Jan davon überzeugen, daß der alles im Griff habe und es keine Gefahr eines Rückfalls gebe.

Anfang 1987 sagte der Therapeut eines Tages: »Jan, ich habe das Gefühl, wir sollten mit unserer Gesprächstherapie eine Pause einlegen. Laß uns die Sache für ein Vierteljahr unterbrechen. Ich fahre jetzt sowieso für vier Wochen in Urlaub. In drei Monaten nehmen wir wieder Kontakt miteinander auf, dann überlegen wir gemeinsam, ob wir weitermachen wollen oder nicht.«

Jan war natürlich einverstanden. Die nächsten Monate bedeuteten für Jan den totalen Rückfall in die exzessivste Drogensucht seit Jahren. Die Besuche bei seinem Therapeuten zweimal in der Woche hatten trotz aller Nutzlosigkeit einen gewissen Halt für ihn bedeutet. Er hatte pünktlich sein müssen und jemanden gehabt, mit dem er hatte reden können. Seine einzige Gemeinsamkeit mit Sabine bestand in der Drogensucht und der mühsamen Bewältigung der üblichen Alltagsprobleme. Mit dem Therapeuten hatte er seine letzte Verbindung zur Normalität verloren. Das ganze Kartenhaus seiner mühsam zusammengehaltenen, wackligen Existenz brach zusammen. Durch den Monate andauernden Drogenkonsum war das Fundament allerdings ohnehin bereits mehr als morsch gewesen.

Drogenbrüder

Eines Tages besuchte er seinen Bruder, der auf einer Werft in Harburg an einem alten Fischkutter herumbastelte, den er mit Hilfe seines Erbschaftsanteils wieder flottmachen wollte. Mit dem Auto fuhren sie gemeinsam zu einem Abwrackdock in Waltershof, wo Ludwig ihm die Ballastgewichte für seinen Segler zeigen wollte. Unterwegs bog er jedoch unvermittelt von der Straße auf einen Parkplatz ab und sagte: »Macht es dir was aus, wenn ich mir eben etwas Koks drücke?«

Jan fiel aus allen Wolken. Sein Bruder, der jahrelang jeden Kontakt zu ihm abgelehnt hatte, da er nicht bereit gewesen war, eine Therapie zu machen, hing selbst wieder an der Nadel.

»Hast du für mich vielleicht auch einen kleinen Druck?« fragte er.

Sein Bruder nickte, und Jan setzte sich ebenfalls einen Schuß Kokain.

Nachdem sie gemeinsam das Schiff besichtigt hatten, mit dem Ludwig eine Seereise rund um die Welt machen wollte, erkundigte sich Jan, woher Ludwig denn seinen Stoff beziehe. Bereitwillig gab sein Bruder Auskunft und deutete an, daß auch Jan sich die Quelle erschließen könnte. Er selbst sei bei seinem Dealer zur Zeit leider etwas verschuldet, und der sei ebenfalls etwas klamm. Wenn Jan aus den Resten der Erbschaft vielleicht fünftausend Mark lockermachen könnte, dann sei allen gedient. Er selbst habe dann etwas Ruhe vor seinem Lieferanten, der habe genug Geld, um neuen Stoff einzukaufen, und Jan könne genauso billig wie er selbst Koks beziehen. Der Kredit müsse natürlich schriftlich vereinbart und abgesichert werden, und Jan könne sogar noch Zinsen beziehen.

Gemeinsam machten sie sich auf den Weg zu Ludwigs Koksdealer, der in St. Pauli im vierten Stock über einer Kneipe wohnte. Dort platzten die beiden Brüder in eine regelrechte Koksparty hinein. Die übrigen Leute schnupften, und Jan und Ludwig setzten sich eine Spritze nach der anderen. Gramm für Gramm wurde abgewogen und in die Vene gejagt. Als sie im

Morgengrauen das Einzimmerappartement verließen, waren sie um über tausend Mark ärmer. Und zu allem Überfluß hatte Jan sich tatsächlich breitschlagen lassen, dem Dealer seine letzten fünftausend Mark als Kredit zu überlassen, den dieser innerhalb von drei Monaten tausendmarkweise zurückzahlen wollte. Jan verzichtete großzügig auf irgendwelche Zinsen und wollte statt dessen günstiges Kokain beziehen.

Erstaunt beobachtete Jan, wie sein Bruder, der über zehn Jahre völlig clean gewesen war, plötzlich wieder wie ein Wahnsinniger spritzte. Doch seine anfänglichen Gedanken darüber schliefen sehr schnell ein. Er selbst war binnen Stunden voll und ganz auf der Koksrolle. Nur unterschwellig spürte er noch ein dumpfes Unbehagen und merkte, wie sie beide wie von einem unwiderstehlichen Sog immer tiefer in die Katastrophe hineingezogen wurden.

Zunächst hatte Jan nicht verstanden, daß sein Bruder, der ja aus der Erbschaft des Vaters sehr viel mehr Geld bekommen hatte als er selbst, vollkommen pleite war. Erst nach und nach kam er dahinter, daß Ludwig bereits seine ganze Erbschaft, bis auf einen kleinen Restbestand, teils für seinen Kutter, mit dem er um die Welt segeln wollte, teils für Kokain ausgegeben hatte. Und genau wie Ludwig war auch Jan schon nach den ersten Koksschüssen seiner jahrelangen Problemdroge wieder vollkommen erlegen. Er war, im Szenejargon, »voll in der Kanne«.

Immerhin hatte er sich für seinen Kredit einige Wechsel unterschreiben lassen, und der Dealer zahlte am Anfang tatsächlich auch zuverlässig. Jan machte die Rolle des kapitalkräftigen Finanziers im Hintergrund großen Spaß. Endlich konnte er sich wieder einmal als cleverer Geschäftsmann aufspielen. Der Dealer verdiente sein Geld nebenbei noch mit zwei Mädchen, die für ihn in St. Pauli anschaffen gingen. Jan kreuzte fast jeden Tag bei ihm auf und ließ sich jeweils Mengen zwischen einem halben und dreieinhalb Gramm Kokain aushändigen.

»Streich das von den Schulden«, sagte er dem Dealer großzügig. Doch der verstand die Sache irgendwie anders. Er bestand darauf, daß Jan seine inzwischen zu erklecklicher Höhe angewachsenen Koksschulden erst einmal in bar beglich. Sein eigener Kredit sei eine ganz andere Sache. Diese Schulden werde er später zurückzahlen.

Jans Bruder, voll abhängig vom Kokain des Dealers, schloß sich dieser absurden Argumentation an. Zum Knall kam es dann eines Abends, als Jans Bruder, der Dealer und ein paar Schlägertypen vor Sabines Wohnungstür auftauchten. Mit Baseballschlägern rammten sie die Tür ein und wollten Jans Koksschulden kassieren. Als der sich im Hinblick auf den von ihm gegebenen Kredit weigerte, schlug das Rollkommando die Wohnung zusammen.

Jans Bruder sah dabei zu und sagte zu ihm: »Das, was du machst, ist Scheiße. Du mußt den Kredit von deinen Schulden trennen.« Zum Schluß nahmen sie noch einen falschen alten Sekretär mit und steckten Sabines nachgemachte Cartier-Uhr ein.

Nachdem Jan und Sabine die Trümmer beiseite geräumt und die Tür für die Nacht zumindest notdürftig repariert hatten, sagte sie leise: »Siehst du, das ist dein Bruder, der eine Langzeittherapie gemacht hat. Der da total gefestigt rausgekommen ist. Der dir nicht mal den kleinen Finger zur Hilfe im Knast reichen wollte, es sei denn, auch du hättest in eine Therapie eingewilligt. Und der auch mich bekehren wollte. Das ist dein Bruder, der da jetzt mit einer Bande von Koksdealern, Zuhältertypen und Hartgeldluden, die minderjährige Mädchen auf den Strich schicken, bei dir auftaucht und versucht, Geld aus dir herauszupressen.«

Irgendwann später schien Jans Bruder dann doch noch einmal die Kurve zu kriegen. Er ließ sich in einem Blankeneser Krankenhaus entziehen und flog anschließend mit seiner Freundin nach Teneriffa, plötzlich schien für ihn das Leben wieder klar, zumindest vorläufig.

Der dreckigste Teil der Gosse

Jan kriegte die Kurve nicht. Er hatte die Koksbande von St. Pauli auf dem Hals und hing voll an der Nadel. Sämtliches Geld wurde in Kokain und schließlich auch wieder in Heroin angelegt. Und als sie schließlich wie schon so oft ohne einen Pfennig dastanden und nicht mehr wußten, wie es weitergehen sollte, ging Sabine wieder einmal los und prostituierte sich auf dem Strich in St. Georg. Schlimmer denn je und schneller denn je wanderten sie in den dreckigsten Teil der Gosse. Wieder lernten sie Leute kennen, die am Ende der Handelskette mit gestrecktem Heroin in winzigen Dosen handelten, und wieder beteiligten sie sich auch selbst an den kleinsten und schmutzigsten Geschäften. Jan steckte in der Tretmühle der Sucht wie eine Ratte im Laufrad. Dabei wußte er genau, in welchem Abgrund er gelandet war, schließlich kannte er das alles aus den periodischen Totalzusammenbrüchen der vergangenen Jahre zur Genüge. Er war sich selbst zuwider, doch er sah keine Möglichkeit, seiner inzwischen zwei Jahrzehnte andauernden Sucht noch etwas entgegenzusetzen, geschweige denn wirklich wieder auf die Füße zu kommen.

Jan besserte seinen Lebensunterhalt mit erbärmlichen kleinen Ladendiebstählen auf. Er klaute Schnaps und verhökerte ihn flaschenweise an die Taxifahrer am Altonaer Bahnhof. Er stahl in Kaufhäusern Videokassetten und Kofferradios und verscherbelte sie irgendwo billig auf der Szene.

Morgens wachte er in Sabines Schlafzimmer immer total zerschlagen auf. Vor seinen Augen auf dem Schrank standen Unmengen von Trockenblumen, vor allem vertrocknete und verschimmelte Mohnkapseln ohne Blätter. Irgendwann hatte Sabine sich einen Gewerbeschein als Blumenhändlerin besorgt, um auf dem Großmarkt Mohnblumen kaufen zu können. Dann hatte sie sich, wenn sie sich auf andere Weise nicht mit Drogen hatte versorgen können, einen Sud daraus gebraut. Die Reste verfaulten in ihrem schmutzigen, dunklen Zimmer. Das Bett war übersät mit Brandlöchern, die dadurch entstanden, daß Sabine und Jan immer wieder angeknallt mit brennender Zigarette einschliefen.

Das totale Elend jeden Morgen ließ sich meist nicht einmal mit einer kleinen Dosis Heroin oder Tabletten lindern. In der Nacht hatten sie alles in sich hineingeschluckt oder -geschossen, was sie zur Verfügung hatten, und so begann der Tag mit der immer gleichen Überlegung, wo und wie sie an diesem Tag wohl ihre Drogen beschaffen könnten, welcher Art der Stoff auch immer war.

In höchster Not rief Jan schließlich eine Ärztin an, die er dazu bewegen konnte, ihm Betäubungsmittel zu verschreiben. Er schluckte Schlaftabletten in Dosen, die für jeden gesunden Menschen zum Suizid gereicht hätten. Wenn er sich morgens von der mildtätigen Ärztin sein Rezept abgeholt und aus der Apotheke seine Tabletten besorgt hatte, hängte er die Tablettentüte im Supermarkt an einen Wagen und kaufte zur Tarnung ein paar Lebensmittel ein. Unter der Lederjacke schleppte er dabei regelmäßig Brandy und Whisky mit nach draußen. Auf einer Bank gleich in der Nähe warf er dann seine morgendliche Ration von drei Dutzend Tabletten aus der flachen Hand in den Mund und spülte sie mit einem Schluck Cola hinunter. Dann mischte er die restliche halbe Dose mit Brandy und schüttete den Cocktail obendrauf. Die Mischung wirkte wie ein Katalysator für die Tabletten, deren Wirkung auf diese Weise schneller und intensiver zustande kam. Die restlichen Medikamente nahm er mit nach Hause, damit auch Sabine ihr morgendliches »Feeling« hatte.

Sabines Geschäfte auf dem Strich gingen aufgrund ihres miserablen Gesamtzustands immer schlechter. Es gab schreckliche Nächte, in denen sie nicht eine Mark verdiente, und andere, in denen man ihr das mühsam verdiente Geld wieder abgenommen hatte. Nicht selten kam sie erst gegen Mittag nach Hause, mit einem zugeschwollenen Auge, Blut an der Nase und aufgeschlagenen Lippen.

In seinen wenigen wachen Momenten kam sich Jan so entsetzlich schäbig vor. Trotz Therapie war er wieder an jenem

Tiefpunkt angelangt, an dem er Jahre zuvor die Apotheken überfallen hatte. Er konnte den Gedanken nicht mehr verdrängen, daß er das völlig willenlose Opfer seiner Sucht geworden war. Er besaß keine eigene Persönlichkeit mehr, kein Durchsetzungsvermögen, kein bißchen Charakter, keinen Funken Ehre und keinen Rest von Anstand.

Nachts, wenn er nicht völlig zugeknallt war, wälzte er sich schweißgebadet und affig im Bett herum. Er war abgemagert, schmutzig, unrasiert, verlottert und inzwischen fast ohne Zähne. So vegetierten Sabine und er nebeneinander her. Sabine erzählte ihm, sie hätte einen zweiten Aids-Test machen lassen, und der sei negativ ausgefallen, was Jan nicht überprüfen konnte und wollte. Schon seit Monaten hatten sie nicht mehr miteinander geschlafen.

Ganz selten traf Jan sich noch mit seiner Mutter, fast konspirativ abends spät auf dem Bahnhof in Harburg. Sie steckte ihm mal fünfzig und mal hundert Mark zu, womit er sich etwas zu essen kaufen sollte.

Warten auf den Tod

Auf diesem Tiefpunkt seiner Existenz stolperte Jan in eine Therapieeinrichtung der Hamburger Aids-Hilfe. Ein alter Mitgefangener hatte ihm geraten, dort hinzugehen. Ein holländischer Suchttherapeut war gerade dabei, die sogenannte Substitutionstherapie zu erläutern. Er hatte zu Hause in Amsterdam an Methadon-Programmen mitgewirkt, einem im Prinzip resignativen Konzept der Drogenbekämpfung.

Nicht der Königsweg der Drogenfreiheit wird dabei angesteuert, sondern ein praktikabler Mittelkurs. Um die Drogenabhängigen aus der permanenten Abhängigkeit vom illegalen Drogenmarkt zu befreien, ihnen den Beschaffungsdruck mit seinen entsetzlichen Folgen zu nehmen, will man den Junkies eine legale Droge zur Verfügung stellen, um die tägliche Sucht zu stillen.

»Allein das Gefühl der Sicherheit, morgens aufzuwachen und nicht mehr diesen Beschaffungsdruck zu haben, mir keine Gedanken mehr machen zu müssen, was sein wird, wie ich an diesem Tag zweihundert oder dreihundert Mark zusammenkriege, um meinen Drogenbedarf zu finanzieren. Das ist so eine unglaubliche Erleichterung.

Es hat für mich den Anschein, daß das ein Stück Gesundheitspolitik, oder besser eine ›hygienische Maßnahme‹ der Gesundheitspolitik ist für die HIV-Infizierten, damit die nicht als ›Aids-Desperados‹ weiter auf der Szene rumlaufen und sich beispielsweise ohne Schutz auf dem Autostrich verkaufen. Von den elf oder zwölf Patienten, die es jetzt in Hamburg in diesem Programm gibt, ist eine einzige Person nicht positiv.«

Jan hofft, so noch etwa drei Jahre überleben zu können. Nach über zwanzig Jahren Sucht lebt er nun in legaler Abhängigkeit dem Tod entgegen.

Nachtrag

Die Drogenkarriere des Jan C. hat zwanzig Jahre gedauert; nur wenige Junkies haben so lange durchgehalten. Manche sind irgendwann mit Hilfe von Therapien oder auch aus eigener Kraft »clean« geworden, aber viele, viel zu viele, starben an einer Überdosis, an Infektionen, an Aids, wurden Opfer von Gewalttaten – verelendet, vereinsamt fand ihr Leben ein unmenschliches Ende.

Jan gehört zu jener traurigen »Pioniergeneration«, die in den 60ern mit sanften Drogen begann und schließlich auf der Nadel landete, und so veranschaulicht sich in seiner Person die allgemeine Entwicklung der Drogenszene in der Bundesrepublik. Jede Niederung hat er durchlaufen, jede Wendung zum Schlechteren mitgemacht. Sein Leben steht für zwei Jahrzehnte Rauschgiftgeschichte.

Die Drogenkarrieren verkürzen sich. Vierzehnjährige, die sich heute ihren ersten Schuß setzen, sind häufig schon in einem Jahr nur noch einen »Druck« vom Tod entfernt. Anfang und Ende einer Drogensucht rücken immer enger zusammen. Fast täglich finden Rettungsmannschaften Drogenabhängige, oft noch halbe Kinder, auf irgendeiner Bahnhofstoilette oder in irgendeiner Absteige tot auf, das Fixerbesteck neben sich und die Nadel womöglich noch in der Vene.

Insgesamt 553 Menschen starben allein in den ersten sechs Monaten des Jahres 1990 in der Bundesrepublik an ihrer Sucht. Einhundert mehr als im ersten Halbjahr 1989. Das Drogengeschäft boomt wie nie zuvor. Der Konkurrenzkampf zwischen Kokain- und Heroin-Mafia wächst. Der Markt wird überschwemmt von Rauschmitteln aller Art, und die Behörden dürfen sich freuen, wenn die von ihnen beschlagnahmten Giftmengen ebenfalls steigende Tendenz aufweisen.

Mehr als 25 000 Dealer wurden im vergangenen Jahr aktenkundig. Wahrscheinlich aber gingen mindestens viermal soviel ihrem mörderischen Gewerbe nach. Zumeist selbst rauschgiftabhängig, finanzieren sie ihre Sucht mit Kleinhandel. Dahinter stehen die internationalen Drogenkartelle – unangreifbar. Und seit der Öffnung der Grenze nach Osten gibt es auch dort einen wachsenden Markt für das Geschäft mit dem Tod.

In keinem Bereich der Kriminalität verwischen sich die Grenzen zwischen Täter und Opfer so wie auf dem Drogensektor. Die Wege sind vorgezeichnet: Sucht, Straffälligkeit, Gefängnis, Rückkehr in die Unfreiheit der Sucht, Beschaffungskriminalität, Gefängnis, Prostitution – die Gosse und am Ende der »Goldene Schuß«, eine Zahl in der Statistik.

Sichtbar in jeder Großstadt sind außer den Junkies nur die oft ausländischen Straßenhändler. Die Hintermänner, nicht selten biedere deutsche Geschäftsleute, bleiben meist unerkannt. Immer mehr Leute drängen ins Geschäft, um am Vertrieb der großen und kleinen Tüten mitzuverdienen. Und die Brutalität wächst proportional zum Umsatz.

Besseres als den Tod finden Junkies in der Drogenszene nicht. Der Tag ist so elend wie die Nacht – immer auf der Jagd nach der kurzen Erleichterung durch den Schuß und auf der Suche nach Geld und Stoff. Programme mit Ersatzdrogen wie Methadon, die den Teufelskreis von Sucht und Beschaffungskriminalität zu durchbrechen vermögen, sind heute noch selten. Zunehmende soziale Entwurzelung und Verwahrlosung wiederum forcieren den Griff zur Droge: der Rausch als einzige Heimstatt.

Die überforderten Beamten der Rauschgiftdezernate laufen verzweifelt hinter Kleindealern und straffälligen Junkies her, ändern können sie nichts. Es fehlt an Therapieeinrichtungen und neuen Konzepten, aber solche Forderungen sind leichter ausgesprochen als in die Praxis umgesetzt. Die Ausgabe von Ersatzdrogen wie Methadon bietet zumindest einen Ansatz, um den Teufelskreis aus Sucht und Kriminalität zu durchbrechen. Vielleicht bedeutet sie eine Kapitulation – sicher aber keine bedingungslose.

Zeitgeschichte

(3874)

(3943)

(3985)

(4008)

(4834)

(4804)